NEW

어법

맛있는 books

ᴺᴱᵂ맛있는 중국어 어법

제1판 1쇄 발행	2014년 5월 30일
제2판 1쇄 발행	2016년 6월 10일
제3판 1쇄 인쇄	2023년 5월 15일
제3판 1쇄 발행	2023년 5월 30일

기획	JRC 중국어연구소
저자	한민이
발행인	김효정
발행처	맛있는books
등록번호	제2006-000273호
편집	최정임
디자인	이솔잎
제작	박선희
삽화	정민경
녹음	曹红梅

주소	서울시 서초구 명달로 54 JRC빌딩 7층
전화	구입문의 02·567·3861 │ 02·567·3837
	내용문의 02·567·3860
팩스	02·567·2471
홈페이지	www.booksJRC.com

ISBN	979-11-6148-073-2 13720
정가	17,500원

100만 독자의 선택
맛있는 중국어 시리즈

회화

첫걸음·초급
▶ 중국어 발음과 기본 문형 학습
▶ 중국어 뼈대 문장 학습

초·중급
▶ 핵심 패턴 학습
▶ 언어 4대 영역 종합 학습

맛있는 중국어
Level ❶ 첫걸음

맛있는 중국어
Level ❷ 기초 회화

맛있는 중국어
Level ❸ 초급 패턴1

맛있는 중국어
Level ❹ 초급 패턴2

맛있는 중국어
Level ❺ 스피킹

맛있는 중국어
Level ❻ 중국통

기본서

▶ 재미와 감동, 문화까지 **독해**
▶ 어법과 어감을 통한 **작문**
▶ 60가지 생활 밀착형 회화 **듣기**

▶ 이론과 트레이닝의 결합! **어법**
▶ 듣고 쓰고 말하는 **간체자**

맛있는 중국어 독해 ❶❷

맛있는 중국어 작문 ❶❷

맛있는 중국어 듣기

NEW 맛있는 중국어 어법

맛있는 중국어 간체자

비즈니스

▶ 비즈니스 중국어 초보 탈출! **첫걸음**
▶ 중국인 동료와 의사소통이 가능한 **일상 업무편**
▶ 입국부터 출국까지 완벽 가이드! **중국 출장편**
▶ 중국인과의 거래, 이젠 자신만만! **실전 업무편**

맛있는
비즈니스 중국어
Level ❶ 첫걸음

맛있는
비즈니스 중국어
Level ❷ 일상 업무

맛있는
비즈니스 중국어
Level ❸ 중국 출장

맛있는
비즈니스 중국어
Level ❹ 실전 업무

머리말

엄마가 차려 주신 밥상처럼
맛있는 중국어 어법!

중국어를 처음 시작하면 발음과 성조의 낯섦과 변화무쌍함에서 한 번쯤 휘청하고,
주술술어문(主谓谓语句)에서는 고개를 갸우뚱하게 되며,
이합사(离合词)가 나오면 중국어가 조금 미워지고,
연동문(连动句)과 겸어문(兼语句)을 만나면 둘 사이에서 살짝 길을 잃고 헤매다,
존현문(存现句)쯤에 이르러서는 한편으로는 안도의 한숨을, 한편으로는 '내가 이 험난한 중국어의 길에 계속 존재해야 할까?' 하고 물음표를 던지게 되지요.

어법(语法)이 그래요. 좀 아는 것 같다가, 때론 아무것도 모르는 것 같다가, 또 어떤 때는 개념을 설명해 놓은 우리말이 이해가 안 되다가……

중국어를 공부하는 학습자들도 이렇게 느끼셨겠지만, 저도 여러분과 똑같은 고민을 하면서 중국어 공부를 했었거든요. 그래서 이런 생각을 했지요. 중국어 학습자들을 좌절하게 만드는 이런 문제들을 속 시원히 해결해 줄 수 있는 어법 책을 만들어 보면 어떨까? 잔뜩 힘이 들어간 무거운 어법 책 말고, 힘을 빼서 가벼워 보이지만 내가 찾는 어법이 다 들어있는 그런 어법 책이 있으면 좋지 않을까? 그럼 아예 발음, 성조에서 주의할 점부터 알려주는 어법 책이 있으면 좋겠는걸!

필자의 이런 생각에, 중국어 어법 지식을 학습한 후에는 문제를 풀어 실력을 확인하고 가는 것이 학습자들한테 도움이 될 것 같다는 맛있는북스 최정임 편집장님의 아이디어가 더해져 『맛있는 중국어 어법』이 나오게 되었지요.

이 책을 쓰면서 엄마와 마주한 밥상을 생각했어요. 엄마가 차려 주시는 밥상은 크게 화려하거나 기교가 들어가지 않아도 달고 맛있잖아요. 거기에 가끔씩 곁들여지는 잔소리도 따지고 보면 다 우리들에게 피가 되고 살이 되는 말씀이고요. 『맛있는 중국어 어법』 역시 엄마의 밥상처럼 소박하고 간결하지만 꼭 필요한 영양소만 담아 '어법' 자체에서 느껴지는 어려움과 부담을 덜고자 했고, 중간중간 어머니의 살가운 잔소리 같은 Tip을 넣어 학습자들의 궁금증을 풀어드리고자 했지요.

『맛있는 중국어 어법』을 맛있게 보신 후에는 우리 학습자들의 중국어가 튼튼하게 뿌리를 내렸으면 좋겠다는 작은 바람을 가져봅니다. 『맛있는 중국어 어법』과 동행해 주신 학습자님들 참 고맙습니다.

또 한 번의 재미난 작업을 할 수 있게 무대를 내어 주신 맛있는북스 김효정 대표님, 멋진 편집을 위해 정성을 다해 주신 편집팀, 뒤에서 묵묵히 도와주신 디자인팀, 영업팀 여러분, 끝으로 교정에 도움을 주신 张玲玲, 南楠 선생님께 진심으로 감사드립니다.

한민이

차례

차례

이 책의 구성

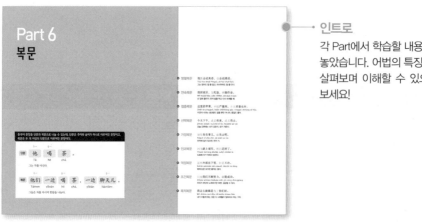

인트로
각 Part에서 학습할 내용을 한눈에 정리해
놓았습니다. 어법의 특징을 전체적으로
살펴보며 이해할 수 있으니 반드시 읽어
보세요!

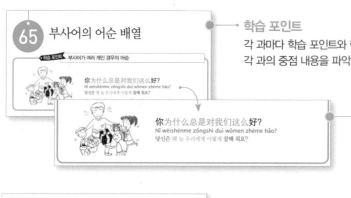

학습 포인트
각 과마다 학습 포인트와 핵심 문장을 제시하여
각 과의 중점 내용을 파악할 수 있습니다.

딱딱하고 지루하게만 생각했던
어법을 삽화를 활용해 쉽고
재미있게 학습할 수 있습니다.

핵심 어법
기본적으로 꼭 알아야 할 핵심 내용을 중점으로
구성했습니다. 평소 어법을 어려워하던 학습자들도
쉽게 이해할 수 있도록 도식화된 설명 방식과
일상생활에서 활용할 수 있는 예문을 제시하였습니다.

어법 내용 중에서 추가로 더
알아야 할 부분은 Tip으로 제시했
습니다. Tip을 통해 관련 내용을
보다 자세히 학습할 수 있습니다.

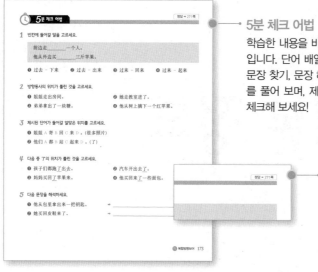

5분 체크 어법
학습한 내용을 바로 복습할 수 있는 코너
입니다. 단어 배열하여 문장 만들기, 틀린
문장 찾기, 문장 해석하기 등 다양한 문제
를 풀어 보며, 제대로 내용을 이해했는지
체크해 보세요!

〈5분 체크 어법〉의 정답 페이지가 적혀
있어 쉽게 답을 찾아 보며 자신의 실력을
체크해 볼 수 있습니다.

＊266쪽에 있는 점수 기입표를 활용해
　자신의 실력을 확인해 보세요.

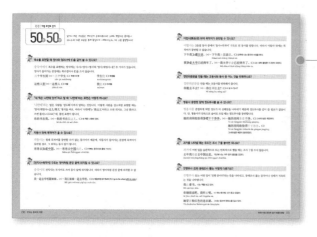

콕콕! 어법 포인트 잡기 50문 50답
학습자들이 가장 헷갈려하고 어려워하는
질문만을 모았습니다. 명쾌한 답을 통해
그동안 궁금했던 점들을 속~ 시원히 해결
할 수 있습니다.

부록
▶ **관용어·성어·속담 파헤치기**
부록에 제시된 관용어와 성어,
속담을 공부하며 자신의 중국어
실력을 한 단계 업그레이드 시킬
수 있습니다.

워크북
다양한 유형의 문제를 풀면서,
어법 실력을 다져 보세요.

Part 0
중국어 기본 정보

중국어의 음절은 기본적으로 성모(声母), 운모(韵母), 성조(声调) 세 가지로 구성됩니다.

성모

우리말의 자음에 해당하며 모두 21개가 있다.

쌍순음 아랫입술과 윗입술을 붙였다 떼면서 내는 소리이다.
▶ b p m

순치음 아랫입술을 윗니에 대고 그 틈으로 공기를 마찰하여 내는 소리이다.
▶ f

설첨음 혀를 윗잇몸 안쪽에 댔다 떼면서 내는 소리이다.
▶ d t n l

설근음 혀뿌리로 목구멍을 막았다가 떼면서 내는 소리이다.
▶ g k h

설면음 입을 옆으로 벌리고 혀를 넓게 펴서 내는 소리이다.
▶ j q x

권설음 혀끝을 말아 입천장에 닿을 듯 말 듯하게 하고, 그 사이로 공기를 내보
내면서 내는 소리이다.
▶ zh ch sh r

설치음 혀끝을 앞니의 뒷면에 붙였다 떼면서 내는 소리이다.
▶ z c s

운모

우리말의 모음에 해당하며 모두 36개가 있다.

단운모 가장 기본이 되는 운모이다.
▶ a o e i u ü

복합운모 두 개 이상의 운모가 합쳐져 만들어진 운모이다.
▶ ai ei ao ou an en ang eng ong

결합운모 운모 i, u, ü와 결합해서 만들어진 운모이다.
· i 결합운모 ▶ ia ie iao iou ian in iang ing iong
· u 결합운모 ▶ ua uo uai uei uan uen uang ueng
· ü 결합운모 ▶ üe üan ün

🎧 발음 MP3 파일은 맛있는북스 홈페이지에서 무료로 다운로드 할 수 있습니다.

01 발음과 성조

Track01

mā	má	mǎ	mà
妈	麻	马	骂
엄마	삼베	말	꾸짖다

1 중국어 발음

중국어의 발음 구조는 성모(声母 shēngmǔ)와 운모(韵母 yùnmǔ)로 이루어져 있다.

〈성모〉

b p m　f

d t n l　g k h　j q x

z c s　zh ch sh r

〈운모〉

a o e i u ü　ai ao an ang

ou ong　ei en eng er

ia ie iao iou ian iang iong in ing

ua uo uai uan uang uei uen ueng

üe üan ün

2 중국어 성조

중국어는 글자마다 고유의 높낮이가 정해져 있다. 이것을 성조(声调 shēngdiào)라 한다.
성조는 제1성, 제2성, 제3성, 제4성과 경성이 있다.

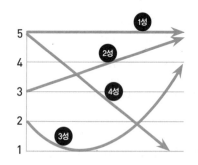

성조	발음 방법	표기	예
제1성 ◉	높고 평평한 음으로, '솔'음(그림의 5 높이)에서 시작하여 같은 음으로 끝까지 유지한다.	—	mā
제2성 ◉	중간 높이(그림의 3 높이)에서 시작하여 제1성 높이까지 곧게 끌어올린다.	╱	má
제3성 ◉	약간 낮은 음(그림의 2 높이)에서 시작하여 가장 낮은 음으로 내렸다가 다시 올려준다.	∨	mǎ
제4성 ◉	가장 높은 음인 제5성 높이에서 가장 낮은 음으로 툭 떨어뜨린다.	╲	mà

3 병음 표기와 성조 표시

성조는 운모 a, o, e, i, u, ü 위에만 표시하고, 경성은 표시하지 않는다.

韩
▸ 성조: 제2성
Hán
성모 ◂ ┘ └ ▸ 운모

我
▸ 성조: 제3성
wǒ
▸ 운모(모음)만으로 음절 구성
uo → wo

5분 체크 어법 Track02

정답 ➡ 268쪽

1 다음 발음을 읽으세요. 🎧

❶	p	f	t	g	q	sh	c
❷	e	ao	ang	ia	in	uo	uang
❸	ua	üe	ian	ou	j	r	s

2 다음 성조를 읽으세요. 🎧

❶	fā	xué	yǎn	duì
❷	nǐ	shì	rén	ma
❸	tā	ràng	wǒ	lái

3 다음 단어의 병음을 표기하세요.

❶	你	去	我	来

❷	妈妈	老师	中国	学校

4 다음 단어의 성조를 표시하세요.

❶	好	是	王	在
	hao	shi	wang	zai

❷	学习	工作	喜欢	吃饭
	xuexi	gongzuo	xihuan	chifan

02 품사로 문장 만들기

중국어 품사의 종류

我弟弟在家看电视。 내 남동생은 집에서 TV를 본다.
Wǒ dìdi zài jiā kàn diànshì.

1 품사의 종류

명사	韩国 Hánguó 한국	水 shuǐ 물	钱 qián 돈	太阳 tàiyáng 해
대명사	你 nǐ 너	这 zhè 이, 이것	大家 dàjiā 여러분	什么 shénme 무엇
형용사	漂亮 piàoliang 예쁘다	高 gāo 높다	干净 gānjìng 깨끗하다
조동사	想 xiǎng ~하고 싶다	会 huì ~할 수 있다	可以 kěyǐ ~해도 좋다
동사	来 lái 오다	去 qù 가다	爱 ài 사랑하다	吃 chī 먹다
부사	都 dōu 모두	非常 fēicháng 대단히	不 bù ~가 아니다	已经 yǐjing 이미
전치사	在 zài ~에서	给 gěi ~에게	从 cóng ~에서	对 duì ~에 대해
접속사	和 hé ~와	但是 dànshì 그러나	因为 yīnwèi 왜냐하면
수사	一 yī 1	十 shí 10	百 bǎi 백	千 qiān 천	万 wàn 만	零 líng 0
양사	只 zhī 마리	本 běn 권	次 cì 번	斤 jīn 근
조사	的 de ~의	了 le ~했다	过 guo ~한 적이 있다	吗 ma ~합니까?
감탄사	啊 à 아하!	喂 wèi 여보세요	嘿 hēi 어이!
의성어	哈哈 hāhā 하하	嗡嗡 wēngwēng 윙윙	咕噜 gūlū 꼬르륵

2 품사로 문장 파악하기

대명사	명사	전치사	명사	동사	명사	
我	哥哥	在	家	看	书 。	우리 오빠(형)는 집에서 책 봐.
Wǒ	gēge	zài	jiā	kàn	shū.	

감탄사	대명사	양사	명사	부사	형용사	
哇 !	这	朵	玫瑰	真	漂亮 。	와! 이 장미는 정말 예쁘네요.
Wā!	Zhè	duǒ	méigui	zhēn	piàoliang.	

명사	조동사	동사	수사	양사	명사	접속사	수사	양사	명사
姐姐	想	买	一	张	桌子	和	两	把	椅子 。
Jiějie	xiǎng	mǎi	yì	zhāng	zhuōzi	hé	liǎng	bǎ	yǐzi.

언니(누나)는 책상 하나와 의자 두 개를 사려고 해.

대명사	형용사	조사	명사	의성어	동사
我	饿	了,	肚子	咕噜咕噜	叫 。
Wǒ	è	le,	dùzi	gūlūgūlū	jiào.

배고파라. 배에서 꼬르륵거리네.

정답 ➡ 268쪽

5분 체크 어법

1 다음 단어의 품사와 뜻을 쓰세요.

❶ 他 _____ _____   ❷ 等 _____ _____

❸ 飞机 _____ _____   ❹ 非常 _____ _____

❺ 今年 _____ _____   ❻ 很 _____ _____

❼ 漂亮 _____ _____   ❽ 吧 _____ _____

❾ 从 _____ _____   ❿ 学 _____ _____

⓫ 美国 _____ _____   ⓬ 爱 _____ _____

2 다음 문장을 품사로 분석하세요.

❶　我们　　都　　想　　喝　　茶　。

＿＿＿＿　＿＿＿　＿＿＿　＿＿＿　＿＿＿

❷　妹妹　　在　　书店　　买　　了　　一　　本　　书　。

＿＿＿＿　＿＿＿　＿＿＿　＿＿＿　＿＿＿　＿＿＿　＿＿＿　＿＿＿

❸　他　　先　　去　　北京　，　然后　　去　　上海　。

＿＿＿　＿＿＿　＿＿＿　＿＿＿　＿＿＿　＿＿＿　＿＿＿

❹　我　　哥哥　　也　　喜欢　　看　　电影　。

＿＿＿　＿＿＿　＿＿＿　＿＿＿　＿＿＿　＿＿＿

3 다음 단어를 어순에 맞게 배열하세요.

❶ 很 │ 我 │ 聪明 │ 妹妹 　　➡ _____ 。

❷ 他也 │ 跟 │ 去 │ 我们 │ 一起 　　➡ _____ 。

❸ 喝 │ 哥哥 │ 喜欢 │ 非常 │ 咖啡 　　➡ _____ 。

❹ 去 │ 都 │ 他们 │ 学校 　　➡ _____ 。

❺ 我 │ 不 │ 朋友 │ 苹果 │ 买 　　➡ _____ 。

03 문장 성분으로 문장 만들기

我妈妈很漂亮。 우리 엄마는 예쁘시다.
Wǒ māma hěn piàoliang.

1 중국어의 문장 성분

주어	문장에서 주인공이 되는 가장 중요한 말이다.	
	我是中国人。 나는 중국인이다. Wǒ shì Zhōngguórén.	张老师去学校。 장 선생님은 학교에 가신다. Zhāng lǎoshī qù xuéxiào.
술어	주어의 상태나 동작을 설명하는 말로, 주로 동사나 형용사가 그 역할을 한다.	
	他很帅。 그는 멋있다. Tā hěn shuài.	爸爸去公司。 아빠는 회사에 가신다. Bàba qù gōngsī.
목적어	동사의 행위나 동작에 영향을 받는 말이다.	
	她看书。 그녀는 책을 본다. Tā kàn shū.	他吃面条。 그는 국수를 먹는다. Tā chī miàntiáo.
부사어	술어를 꾸미는 말이다.	
	这个非常漂亮。 이것은 아주 예쁘다. Zhège fēicháng piàoliang.	他已经走了。 그는 이미 갔다. Tā yǐjing zǒu le.
관형어	주어와 목적어를 꾸미는 말이다.	
	我妹妹喜欢红色。 내 여동생은 빨간색을 좋아한다. Wǒ mèimei xǐhuan hóngsè.	明天有汉语课。 내일 중국어 수업이 있다. Míngtiān yǒu Hànyǔ kè.
보어	술어를 보충 설명하는 말이다.	
	我吃饱了。 나는 배부르다. Wǒ chībǎo le.	他下来了。 그가 내려왔다. Tā xiàlai le.

2 문장 성분으로 문장 파악하기

관형어	주어	부사어	술어	
我	爸爸	很	帅	。 우리 아빠는 멋지시다.
Wǒ	bàba	hěn	shuài.	

주어	부사어	술어	보어	목적어	
他	想	学	好	汉语	。 그는 중국어를 마스터하고 싶어 한다.
Tā	xiǎng	xué	hǎo	Hànyǔ.	

주어	술어	목적어	술어	목적어
姐姐	去	机场	接	客人 。
Jiějie	qù	jīchǎng	jiē	kèrén.

언니(누나)는 공항으로 손님을 마중하러 간다.

5분 체크 어법

정답 ➡ 268쪽

1 다음 문장을 문장 성분으로 분석하세요.

❶ 姐姐   也   吃   面包   。

_____ _____ _____ _____

❷ 他   住   在   三   楼   。

_____ _____ _____ _____

❸ 我   朋友   坐   明天上午的   火车   。

_____ _____ _____ _____ _____

2 다음 문장을 품사와 문장 성분으로 분석하세요.

❶ 我   家   有   四   口   人   。

➡ _____ _____ _____ _____ _____ _____

➡ _____ _____ _____ _____ _____ _____

❷ 他们   已经   准备   好   了   。

➡ _____ _____ _____ _____ _____

➡ _____ _____ _____ _____ _____

❸ 我   想   买   三   斤   苹果   。

➡ _____ _____ _____ _____ _____ _____

➡ _____ _____ _____ _____ _____ _____

❹ 去   那儿   的   人   很   多   。

➡ _____ _____ _____ _____ _____ _____

➡ _____ _____ _____ _____ _____ _____

04 漢字와 汉字

• 학습 포인트 간체자와 번체자 ┃ 중국어와 한국어의 어순 비교

韩國vs韩国   中國vs中国

---

1 漢字와 汉字

漢字와 汉字, 이 두 글자는 모두 '한자'의 뜻을 갖는데, 그 모양새는 전혀 다르다. 전자는 우리나라를 비롯해 동양권에서 주로 쓰는 한자 즉 **繁体字**(fántǐzì 번체자)이고, 후자는 중국에서 쓰는 **简体字**(jiǎntǐzì 간체자)이다.

중국어를 갓 시작한 학습자들이 어렵게 느끼는 '간체자'는 1949년 毛泽东(Máo Zédōng)이 집권하면서 중국 국민들이 모국어(즉 중국어)를 쉽게 배우게 하자는 취지로 새로 정리된 단어를 말한다.

韓國	➡	韩国		練習	➡	练习
한국		Hánguó		연습		liànxí

絲	➡	丝		見	➡	见
사		sī		견		jiàn

2 중국어와 한국어의 어순

한국어에서는 어떤 동작을 하는 '목적'에 중점을 두고 말하지만, 중국어에서는 동작이 일어나는 순서대로 말을 한다. 즉, 아래 두 예문을 보면 한국어로는 두 가지 형식으로 자유롭게 표현할 수 있지만, 중국어로는 반드시 아래의 예문처럼 써야 한다.

한국어　난 공원으로 친구 만나러 가.

　　　　난 친구 만나러 공원에 가.

중국어　我　去　公园　见　朋友。
　　　　Wǒ　qù　gōngyuán　jiàn　péngyou.
　　　　↓　↓　↓　↓　↓
　　　　나　가다　공원　만나다　친구　(주의! 이 문장을 '我见朋友去公园。'이라 쓸 수 없다.)

정답 ➡ 268쪽

1 다음 한자에 맞는 간체자를 쓰세요.

❶ 學 ➡ _____ ❷ 買 ➡ _____

❸ 樹 ➡ _____ ❹ 書 ➡ _____

❺ 貴 ➡ _____ ❻ 遠 ➡ _____

❼ 園 ➡ _____ ❽ 兒 ➡ _____

❾ 實 ➡ _____ ❿ 場 ➡ _____

⓫ 業 ➡ _____ ⓬ 飛 ➡ _____

2 다음 한자에 맞는 간체자와 병음을 쓰세요.

❶ 說 ➡ _____ _____ ❷ 愛 ➡ _____ _____

❸ 語 ➡ _____ _____ ❹ 長 ➡ _____ _____

❺ 賣 ➡ _____ _____ ❻ 電 ➡ _____ _____

❼ 機 ➡ _____ _____ ❽ 歲 ➡ _____ _____

3 다음 문장을 중국어로 쓰세요.

❶ 아빠는 회사(公司)에 가시고, 나는 학교에 가요.

➡ _____

❷ 그도 차(茶) 마시는 것을 좋아해요.

➡ _____

❸ 나는 서점(书店)으로 친구를 만나러 가요.

➡ _____

4 다음에서 한자와 간체자의 결합이 잘못된 것을 고르세요.

❶ 辭 – 辞 ❷ 傳 – 传

❸ 過 – 过 ❹ 豆 – 头

05 문장의 종류

• 학습 포인트 평서문 | 의문문 | 명령문 | 감탄문

我是韩国人。 나는 한국인이야.
Wǒ shì Hánguórén.

你是哪国人? 너는 어느 나라 사람이니?
Nǐ shì nǎ guó rén?

1 평서문

일반적으로 '주어+동사+(목적어)' 형식으로 이루어져 있다.

주어 동사
[妈妈] [笑]。 엄마가 웃으신다.
Māma xiào.

주어 동사 목적어
[他] [听] [音乐]。 그는 음악을 듣는다.
Tā tīng yīnyuè.

주어 부사 동사 목적어
[我们] [都] [是] [中国人]。 우리는 모두 중국인이다.
Wǒmen dōu shì Zhōngguórén.

2 의문문

의문대명사, 의문조사, 의문부사 등을 써서 의문의 뜻을 나타낸다.

你买什么? 넌 뭐 사니? (의문대명사)
Nǐ mǎi shénme?

他来了吗? 그 사람 왔어? (의문조사)
Tā lái le ma?

你今年多大了? 자넨 올해 몇 살인가? (의문부사)
Nǐ jīnnián duō dà le?

3 명령문

조사 '吧, 啊, 了, 嘛'나 '别……', '别……了' 형식 등을 써서 '부탁, 제안, 재촉, 권고'의 뜻을 나타내는 명령문을 만들 수 있다. 别는 不要와 바꿔 쓸 수 있고, 别 앞에 千万을 써서 어감을 강조할 수 있다.

快去吧! 어서 가!
Kuài qù ba!

千万别说! 절대 얘기하지 마!
Qiānwàn bié shuō!

别提那些事了。 그 일들에 대해선 꺼내지 마세요.
Bié tí nàxiē shì le.

20 맛있는 중국어 어법

4 감탄문

감탄문에는 부사 好, 多, 多么와 감탄사가 자주 동반된다.

哎呀! 今天好冷啊! 어머, 오늘 꽤 춥네!
Āiyā! Jīntiān hǎo lěng a!

哇! 这里真美! 왜, 여기 정말 아름답네요!
Wā! Zhèli zhēn měi!

他多帅呀! 저 친구 너무 멋진데!
Tā duō shuài ya!

这个故事多么有意思啊! 이 이야기는 굉장히 재밌어!
Zhège gùshi duōme yǒu yìsi a!

5분 체크 어법

정답 → 268쪽

1 다음 중 문장 표현이 바른 것을 고르세요.

❶ 他什么买?

❷ 我们是都中国人。

❸ 这里真美!

❹ 别说千万!

2 다음 중 틀린 문장을 고르세요.

❶ 他来了吗?

❷ 今天好冷啊!

❸ 他听音乐。

❹ 快你去吧。

3 다음 문장을 평서문으로 바꾸세요.

❶ 他去中国吗?   ➡ _____

❷ 弟弟吃不吃面包?   ➡ _____

➡ _____

4 감탄문에 들어가는 단어가 아닌 것을 고르세요.

❶ 哇   ❷ 多么   ❸ 好   ❹ 吧

5 다음 문장을 정반의문문과 谁를 쓰는 의문문으로 바꾸세요.

他喜欢看电影。   ➡ _____

➡ _____

Part 1
발음과 성조

중국어는 글자마다 고유의 높낮이가 정해져 있다. 이것을 성조(声调 shēngdiào)라 한다.
성조는 제1성, 제2성, 제3성, 제4성과 경성이 있다. 성조가 변하는 경우에는 주의해야 한다.

nǐ hǎo → ní hǎo   你好。안녕.

제3성 + 제3성   제2성 + 제3성

○ 제3성의 성조 변화

· **제3성 + 제3성 → 제2성 + 제3성**
  xǐ liǎn → xí liǎn 洗脸 세수하다

· **제3성 + 제1, 2, 4, 경성 → 반3성 + 제1, 2, 4, 경성**

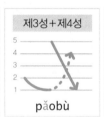

제3성+제1성	제3성+제2성	제3성+제4성	제3성+경성
huǒchē	xiǎoxué	pǎobù	zǎoshang

○ 不의 성조 변화

bù + 제4성 ◐ bú + 제4성

bú qù 不去 안 가다

○ 一의 성조 변화

yī + 제1성 / 제2성 / 제3성 ◐ yì + 제1성 / 제2성 / 제3성

yìbiān 一边 한쪽
yì guó 一国 한 나라
yì běn 一本 한 권

yī + 제4성 / 경성 ◐ yí + 제4성 / 경성

yídàn 一旦 일단
yí ge 一个 한 개

발음 MP3 파일은 맛있는북스 홈페이지에서 무료로 다운로드 할 수 있습니다.

01 주의해야 할 운모(韵母)

Track03

학습 포인트 | 성모 + uei, iou, uen, ü의 표기법 | ü와 결합하는 성모

nǚ
女 여자

xué
学 배우다

1 uei의 표기법 : 운모 uei는 성모와 결합할 때, 'ui'로 쓴다.

| 성모 | + | uei | ➡ | chui | dui | gui | hui | kui | tui | zui |

2 iou의 표기법 : 운모 iou는 성모와 결합할 때, 'iu'로 쓴다.

| 성모 | + | iou | ➡ | diu | jiu | liu | miu | niu | qiu | xiu |

3 uen의 표기법 : 운모 uen은 성모와 결합할 때, 'un'으로 쓴다.

| 성모 | + | uen | ➡ | cun | dun | gun | kun | lun | run | tun |

4 ü의 표기법

① 운모 ü와 결합할 수 있는 성모는 'n, l, j, q, x'뿐이다.

② 운모 ü가 성모 'j, q, x'와 결합할 때는 두 점을 생략하고 u로 쓰지만, 발음할 때는 ü로 읽는다.

	ü	üe	üan	ün
n	nü	nüe	–	–
l	lü	lüe	–	–
j	ju	jue	juan	jun
q	qu	que	quan	qun
x	xu	xue	xuan	xun

※ 다음 발음을 따라 읽어 보세요.

- nǚ(女) – nüè(虐)
- lǜ(绿) – lüè(略)

- jù(句) – jué(决) – juǎn(卷) – jūn(君)
- qù(去) – què(却) – quán(全) – qún(群)
- xǔ(许) – xué(学) – xuǎn(选) – xún(寻)

정답 ➡ 268쪽

5분 체크 어법

1 제시된 단어에 공통으로 들어 있는 운모를 고르세요.

对	水	腿	贵	会

❶ iao　　　　❷ ei　　　　❸ uei(ui)　　　　❹ uai

2 제시된 단어에 공통으로 들어 있는 운모를 고르세요.

牛	丢	就	修	有

❶ uei　　　　❷ iou(iu)　　　　❸ uo　　　　❹ uai

3 제시된 단어에 공통으로 들어 있는 운모를 고르세요.

句	去	女	绿	许

❶ ü　　　　❷ u　　　　❸ iou　　　　❹ üe

4 대화 중 밑줄 친 부분의 발음에 맞는 한자를 고르세요.

A : 这个字怎么念?　　　　B : 念"<u>yòu</u>"。

❶ 友　　　　❷ 油　　　　❸ 月　　　　❹ 右

5 밑줄 친 부분과 같은 발음을 고르세요.

A : 你去哪儿?　　　　B : 我<u>回</u>家。

❶ huī　　　　❷ huí　　　　❸ huǐ　　　　❹ huì

02 운모의 병음 표기법

Track04

è
饿 배고프다

wèi
味 맛, 냄새

1 단독 운모의 병음 표기 : 중국어의 운모는 성모와 결합하지 않고 단독으로 단어를 구성해 병음을 표기할 수 있다.

a	o	e	ai	ei	ao	ou	an	en	ang
a	o	e	ai	ei	ao	ou	an	en	ang

단독 표기 o

2 i 운모 병음 표기 : i 운모는 단독으로 병음을 표기할 때 yi로 표기하고, i로 시작하는 결합 운모는 i를 y로 바꿔 표기한다.

i	ia	iao	ie	iou	ian	in	iang	ing	iong
yi	ya	yao	ye	you	yan	yin	yang	ying	yong

단독 표기 o

3 u 운모 병음 표기 : u 운모는 단독으로 병음을 표기할 때 wu로 표기하고, u로 시작하는 결합 운모는 u를 w로 바꿔 표기한다.

u	ua	uo	uai	uei	uan	uen	uang	ueng
wu	wa	wo	wai	wei	wan	wen	wang	weng

단독 표기 o

4 ü 운모 병음 표기 : ü 운모와 ü로 시작하는 결합 운모는 ü를 yu로 바꿔 표기한다.

ü	üe	üan	ün
yu	yue	yuan	yun

단독 표기 o

※ 다음 발음을 따라 읽어 보세요.

• a(啊)	ò(哦)	è(饿)		
• ài(爱)	èi(诶)	ào(奥)	ōu(欧)	
• ān(安)	ēn(恩)	áng(昂)		
• yī(一)	yá(牙)	yào(要)	yě(也)	yǒu(有)

- yǎn(眼)　　yīn(因)　　yáng(阳)　　yīng(英)　　yòng(用)
- wǔ(五)　　wá(娃)　　wǒ(我)　　wài(外)　　wèi(味)
- wàn(万)　　wèn(问)　　wáng(王)　　wēng(翁)
- yǔ(雨)　　yuè(月)　　yuán(元)　　yún(云)

정답 ➡ 268쪽

5분 체크 어법

1 다음 단어의 발음과 성조를 표기하세요.

❶ 要 ➡ _____　　❷ 我 ➡ _____　　❸ 雨 ➡ _____

❹ 牙 ➡ _____　　❺ 问 ➡ _____　　❻ 眼 ➡ _____

❼ 衣 ➡ _____　　❽ 不 ➡ _____　　❾ 也 ➡ _____

❿ 用 ➡ _____　　⓫ 晚 ➡ _____　　⓬ 远 ➡ _____

2 다음 중 병음이 잘못 표기된 것을 고르세요.

A : 你　也　今天 去 吗?
　　　① ye

B : 不, 我　五　月　二　号 去。
　　　② wu　③ yüe　④ yi

3 다음 중 단어의 발음이 같지 않은 것을 고르세요.

❶ ⓐ 鱼　　　ⓑ 雨　　　ⓒ 与　　　ⓓ 已

❷ ⓐ 为　　　ⓑ 位　　　ⓒ 外　　　ⓓ 尾

❸ ⓐ 也　　　ⓑ 医　　　ⓒ 夜　　　ⓓ 爷

4 다음 중 밑줄 친 단어의 병음과 성조가 옳은 것을 고르세요.

A : 你去哪儿?
B : 我去公园。

❶ yüān　　　❷ yuán　　　❸ yüán　　　❹ yuǎn

03 성조 변화(1)

Track05

●학습 포인트 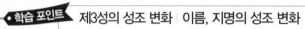 제3성의 성조 변화 | 이름, 지명의 성조 변화

nǐ hǎo
你好 안녕

xiǎoxué
小学 초등학교

1 제3성+제3성의 결합 시 성조 변화 : 제3성과 제3성이 결합하면 앞의 제3성을 제2성으로 읽는다.

| 제3성 | + | 제3성 | ➡ | 제2성 | + | 제3성 |

nǐ hǎo → ní hǎo 你好 안녕

xǐ liǎn → xí liǎn 洗脸 세수하다

wǔ běn → wú běn 五本 다섯 권

2 제3성+제1, 2, 4, 경성의 결합 시 성조 변화 : 제3성과 제1, 2, 4, 경성이 결합하면 제3성을 반3성으로 읽는다.

| 제3성 | + | 제1, 2, 4, 경성 | ➡ | 반3성 | + | 제1, 2, 4, 경성 |

제3성+제1성 / 제3성+제2성

huǒchē 火车 기차   xiǎoxué 小学 초등학교

제3성+제4성 / 제3성+경성

pǎobù 跑步 달리다   zǎoshang 早上 아침

3 제3성의 특수 변화 : 제3성과 제3성에서 변한 경성이 결합하면 앞의 제3성을 제2성으로 읽는다.

| 제3성 | + | 제3성에서 변한 경성 | ➡ | 제2성 | + | 경성 |

xiǎojiě → xiǎojie → xiáojie 小姐 아가씨

děngděng → děngdeng → déngdeng 等等 등등

lǎohǔ → lǎohu → láohu 老虎 호랑이

4 이름, 지명의 특수한 성조 : 세 글자로 된 이름, 지명, 나라 이름에서 두 번째 글자는 경성으로 읽는다.

Jīn Chenggōng → 金成功 김성공 (이름)

Shíjiazhuāng → 石家庄 스지아주앙 (지명)

Jiānadà → 加拿大 캐나다 (나라)

5분 체크 어법

정답 ➡ 268쪽

1 밑줄 친 부분의 성조 변화가 다른 것을 고르세요.

❶ ⓐ 很大   ⓑ 你好   ⓒ 写信   ⓓ 我们

❷ ⓐ 洗澡   ⓑ 法语   ⓒ 雨伞   ⓓ 你们

2 밑줄 친 부분의 공통된 성조 변화를 고르세요.

老虎	小姐	等等	朋友

❶ 제1성   ❷ 제2성   ❸ 제3성   ❹ 제4성   ❺ 경성

3 대화에서 밑줄 친 부분의 성조 변화가 잘못된 것을 고르세요.

A: 你 叫 什么 名 字 ?
　　① Ní ② jiào ③ shénme míng ④ zi

B: 我 叫 金 成 功。
　　Wǒ jiào Jīn ⑤ Cheng gōng

4 아래 제시된 我의 성조 변화를 쓰세요.

❶ 我爷爷　　我奶奶　　我爸爸　　我妈妈

❷ 我哥哥　　我姐姐　　我弟弟　　我妹妹

04 성조 변화(2)

Track06

 제4성의 성조 변화 | 不와 一의 성조 변화

zàijiàn
再见 안녕히 가세요

bù chī
不吃 먹지 않다

---

1 제4성의 변화 : 제4성과 제4성이 결합하면 앞의 제4성을 반4성으로 읽는다.

| 제4성 | + | 제4성 | ➡ | 반4성 | + | 제4성 |

kuàilè 快乐 즐겁다   zhùhè 祝贺 축하하다   jìnbù 进步 진보하다

2 不의 성조 변화

① 不가 제1, 2, 3성과 결합할 때는 不를 제4성으로 읽는다.

| bù | + | 제1, 2, 3성 | ➡ | bù | + | 제1, 2, 3성 |

bù hē 不喝 마시지 않다   bù lái 不来 오지 않다   bù hǎo 不好 좋지 않다

② 不가 제4성과 결합할 때는 不를 제2성으로 읽는다.

| bù | + | 제4성 | ➡ | bú | + | 제4성 |

bú qù 不去 안 가다   bú ài 不爱 사랑하지 않다   bú lèi 不累 피곤하지 않다

3 一의 성조 변화

① 一는 단독으로 쓰이거나 서수로 쓰일 때, 또는 다른 단어의 끝에 동반될 때는 제1성으로 읽는다.

- 단독으로 쓰일 때 : 一 yī 1, 하나
- 서수로 쓰일 때 : 第一 dì-yī 첫 번째   星期一 xīngqīyī 월요일   十一 shíyī 11   二十一 èrshíyī 21

② 一가 제1, 2, 3성과 결합할 때는 一를 제4성으로 읽는다.

| yī | + | 제1, 2, 3성 | ➡ | yì | + | 제1, 2, 3성 |

yìbiān 一边 한쪽   yì guó 一国 한 나라   yì běn 一本 한 권

③ 一가 제4성이나 제4성에서 변한 경성과 결합할 때는 一를 제2성으로 읽는다.

| yī | + | 제4성, 경성 | ➡ | yí | + | 제4성, 경성 |

yídàn 一旦 일단   yígòng 一共 모두   yí ge 一个 한 개

④ 一가 1음절 동사 중첩형에 쓰일 때는 경성으로 읽는다.

cāi yi cai 猜一猜 추측하다, 맞혀보다   kàn yi kan 看一看 좀 보다   shì yi shi 试一试 시도하다

⏱ 5분 체크 어법

정답 ➡ 268쪽

1 밑줄 친 不와 같은 성조 변화가 일어난 것을 고르세요.

> 他不在家。

❶ 不来   ❷ 不吃   ❸ 不见   ❹ 不好

2 밑줄 친 단어와 같은 성조로 이루어진 것을 고르세요. (＊성조 변화 적용)

> 他看电视。

❶ 电脑   ❷ 谢谢   ❸ 大学   ❹ 汉字

3 밑줄 친 단어와 성조 변화가 다른 것을 고르세요.

> 我买了一双鞋。

❶ 一边   ❷ 一个   ❸ 一本   ❹ 一只

4 다음 대화에서 성조 변화가 틀린 것을 고르세요.

> A : 我 | 们 | 一 | 起 吃 | 饭 | 吧。   B : 好 | 的 | 。
> ① men   ② yī   ③ fàn   ④ de

5 다음 빈칸에 공통으로 들어갈 단어를 고르세요.

> 我＿＿＿喝咖啡，我喝牛奶。   ｜   这个＿＿＿好，我喜欢那个。

❶ 很   ❷ 没   ❸ 不   ❹ 也

05 성조 변화(3)

Track07

● 학습 포인트 1음절 형용사 중첩형의 성조 변화 | 경성으로 읽어야 하는 단어

máng bu máng?
忙不忙? 바빠, 안 바빠?

---

1 정반의문문과 가능보어 不의 성조 변화 : 정반의문문에 들어가는 不와 가능보어의 부정형에 들어가는 不는 경성으로 읽는다.

忙不忙? máng bu máng? 바빠, 안 바빠?	去不了 qù bu liǎo 갈 수 없다
[정반의문문] 来不来? lái bu lái? 오니, 안 오니?	[가능보어 부정형] 买不到 mǎi bu dào 살 수 없다
洗不洗? xǐ bu xǐ? 씻니, 안 씻니?	进不去 jìn bu qù 들어갈 수 없다

2 1음절 형용사 중첩형의 성조 변화 : 1음절 형용사 중첩형에서 중첩되는 부분은 원래 성조와 상관없이 제1성으로 읽는다.

甜甜 tiántiān 달콤하다	好好 hǎohāo 좋다	远远 yuǎnyuān 멀다
快快 kuàikuāi 빠르다	胖胖 pàngpāng 포동포동하다	长长 chángchāng 길다

3 방위사의 성조 변화 : 명사, 대명사, 형용사 뒤에 방위사가 동반되면 보통 경성으로 읽는다.

这里 zhèli 여기	上边儿 shàngbianr 위쪽	地下 dìxia 지하
书包里 shūbāo li 책가방 안	上头 shàngtou 위, 위쪽	前面 qiánmian 앞, 앞부분

4 1음절, 2음절 동사 중첩형의 성조 변화 : 1음절 동사와 2음절 동사를 중첩했을 때, 중첩된 부분은 경성으로 읽는다.

[1음절 동사 중첩] 听听 tīngting 들어 보다	摇摇 yáoyao 흔들흔들하다
尝尝 chángchang 맛보다	
[2음절 동사 중첩] 学习学习 xuéxí xuexi 학습하다	商量商量 shāngliang shangliang 상의하다

5 양사의 성조 변화 : '동사+양사+명사' 형식에서 양사는 보통 경성으로 읽는다.

喝杯水 hē bei shuǐ 물 한 잔 마시다
抽支烟 chōu zhi yān 담배 한 대를 피우다
吃点儿菜 chī dianr cài 음식을 좀 먹다

정답 ➡ 268쪽

1 밑줄 친 不의 성조 변화와 성조가 같은 단어를 고르세요.

> A : 你今天忙<u>不</u>忙?
> B : 我很忙。

❶ 都   ❷ 是   ❸ 了   ❹ 来

2 다음 대화에서 성조 표시를 바르게 한 것을 고르세요.

> A : 你看 | 看 ① kàn | , | 这 ② zhè | 个 ③ gè | 好看 | 吧 ④ bā | ?
> B : 好看。

3 밑줄 친 단어의 성조 변화를 쓰세요.

❶ 我<u>不</u>能来。   _____

❷ 他吃<u>不</u>吃?   _____

❸ 前<u>面</u>有一家商店。   _____

4 제시된 단어의 성조와 같은 것을 고르세요.

> 快快 – 好好

❶ 再见 – 好吃   ❷ 坐车 – 英语

❸ 爸爸 – 姐姐   ❹ 大家 – 很多

5 다음에서 밑줄 친 부분의 성조가 같지 않은 것을 고르세요.

❶ 一<u>个</u>人   ❷ 上<u>头</u>   ❸ <u>不</u>去   ❹ 听<u>听</u>

콕콕! 어법 포인트 잡기

앞에서 배운 내용들은 재미있게 공부하셨나요? 그래도 헷갈리는 문제들이 있다고요? 50문 50답을 통해 확실하게 이해하자고요. 자! 그럼 출발할까요?

제1, 2, 3, 4성 중에서 가장 주의해야 할 성조는 무엇일까요?

처음 중국어 공부를 시작하면 성조 중에서 제2성과 제3성이 가장 어렵게 느껴지는데요, 사실 중국어에서 가장 중요한 성조는 '제1성'입니다. '제1성'의 높이를 잘 잡아주어야 나머지 성조도 정확히 제 높이를 낼 수 있기 때문이지요. 중국어에서 '제1성'은 가장 높은 음으로, '솔' 정도의 음에 맞춰 연습하는 것이 좋습니다. 성조 연습을 할 때는 '성조표처럼 똑같이 소리를 내겠다'라는 생각으로 접근하면 훨씬 빨리 마스터할 수 있습니다. 하지만 가장 중요한 것은 꾸준한 연습임을 잊지 마세요.

운모 'uei'가 성모와 결합할 때는 병음 표기를 'ui'로 쓰는 데요. 읽을 때 발음을 'ui'로 하나요?

예를 들어 '对(duì 맞다)'를 볼까요? 'duì'는 원래 'd+uei'였지요. 그러니 'ui'라고 쓴다 해도 발음은 'uei'로 하는 것이 정확합니다.

$$ dui \;=\; d \;+\; uei $$

有는 '여우'로 읽나요? 아니면 '요우'로 읽나요?

有의 발음은 'iou(이어우)'입니다. '여우'와 '요우'는 'iou'를 축약해서 읽은 것인데요. 정확한 발음은 '이어우'라고 해야 하고, 혹시 "난 죽어도 축약해서 읽어야겠는데요!" 한다면, 그래도 '여우'가 원래 발음에 더 가깝다고 할 수 있겠네요.

병음 표기법에 나와 있는 'y'나 'w'는 운모인가요?

'i, u, ü'로 시작하는 결합운모만으로 음절을 구성할 때는 병음을 다르게 표시하는데요. 이때, 'i'로 시작하는 운모는 'y'로, 'ü'로 시작하는 운모는 'yu'로, 'u'로 시작하는 운모는 'w'로 표기합니다. 예를 들면, 我의 원래 발음은 'uo'이지만 병음으로 표기할 때는 'u'를 'w'로 바꿔 'wo'로 표기하고, 也의 원래 발음은 'ie'이지만, 병음으로 표기할 때는 'i'를 'y'로 바꿔 'ye'로 표기하는 것이지요. 그러니, 병음 표기법에서 'y'나 'w'를 보면, 이 병음이 어떤 운모에서 바뀐 것인지를 빨리 파악하는 것이 중요합니다.

예   一 i◦yī   无 u◦wú   雨 ü◦yǔ

세 글자로 된 이름이나 지명은 어떻게 읽는 것이 가장 정확한가요?

세 글자로 된 이름이나 지명에서 두 번째 글자는 '경성'으로 읽는 것이 가장 정확합니다. 이 부분은 숙지하여 실제 회화에서 꼭 활용하세요!

⑩ 邓小平 Dèng Xiǎopíng 등소평 | 意大利 Yìdàlì 이탈리아

어떻게 하면 발음이 좋아질까요?

발음 연습을 할 때는 정확한 혀의 위치와 입모양을 확인하면서 연습하는 것이 좋습니다. 중국어에는 우리말에 없는 발음이 많기 때문에 입모양도 다양하게 변하기 때문이죠. 그러니 발음 연습을 하면서 '혀가 정확한 위치에 닿아있는지를 확인하는 것'이 아주 중요합니다. 입모양을 확인할 때는 강의하시는 선생님의 입모양을 똑같이 따라 하면 도움이 많이 됩니다. 이밖에 绕口令(ràokǒuling : 잰말놀이)을 꾸준히 연습하면 발음과 성조가 모두 좋아지니 참고하시기 바랍니다.

⑩ 四是四，十是十，十四是十四，四十是四十，四十四是四十四。

중국 노래를 부를 땐 성조를 어떻게 하나요?

중국 노래를 부를 땐 성조는 무시하고 발음에만 주의하면 됩니다. 우리말로 된 노래도 처음 부르는 곡일 경우에는 박자도 잘 안 맞고 발음도 꼬일 때가 있듯이, 중국 노래도 발음 연습이 안 된 상태에서 곡을 따라 부르다 보면 같은 실수를 하기가 쉽습니다. 그러니 충분히 읽기 연습을 한 후에 따라 부르는 게 좋습니다. 중국 노래를 따라 부르다 보면 발음 교정에도 도움이 많이 되니, 쉬우면서도 좋은 노래를 선곡해 자주 불러보시기 바랍니다.

'ü' 운모는 병음으로 표기할 때 언제 두 점을 생략하나요?

'ü'는 성모 'n, l, j, q, x'와만 결합하는데요, 'n, l'와 결합할 때는 'ü'를 그대로 써주고, 'j, q, x'와 결합할 때는 두 점을 생략하고 'u'만 씁니다. 그리고 'ü'로 시작하는 결합운모만으로 음절을 구성할 때는 두 점을 생략하고 앞에 'y'를 써주세요.

⑩ 女 nǚ 여자 | 绿 lǜ 푸르다 | 句 jù 문장 | 去 qù 가다 | 许 xǔ 허락하다 | 雨 yǔ 비 | 云 yún 구름

汉语(Hànyǔ)를 발음할 때, 'n'이 확실하지 않고, 구령이 담 넘어가듯 굴러가는 것 같은데 왜 그럴까요?

중국어 발음을 할 때, 'n' 뒤에 'h, a, y' 발음이 뒤따라 나오면, 'n' 발음을 삼키듯 발음합니다. 그래서 들을 때는 마치 'n'을 안 하고 그냥 넘어가는 것 같은 착각을 하는데요. 이 발음은 우리의 경상도 사투리에서 '영선이'를 '영서이' 하고 발음하는 것과 같은 것이라고 이해하시면 됩니다. 자~ 그럼 다 같이 '영서이'를 외쳐 보시고, 'Hànyǔ'를 발음해 볼까요!

⑩ 文化 wénhuà 문화 | 便宜 piányi 싸다 | 晚安 wǎn'ān 안녕히 주무세요

Part 2
품사

중국어는 크게 13개의 품사로 분류된다.

대명사	명사	전치사	명사	동사	명사
我	哥哥	在	家	看	书 。
Wǒ	gēge	zài	jiā	kàn	shū.

우리 오빠(형)는 집에서 책을 봐.

명사 사람이나 사물, 시간 등을 나타낸다.
韩国 Hánguó 한국 | 水 shuǐ 물 | 钱 qián 돈 | 太阳 tàiyáng 해

대명사 **인칭대명사** 你 nǐ 너 | 我 wǒ 나 | 他 tā 그
*명사를 대신 하는 말이다. **지시대명사** 这 zhè 이, 이것 | 那 nà 저, 저것
의문대명사 什么 shénme 무엇 | 哪儿 nǎr 어디 | 谁 shéi 누구

수사 숫자를 말한다.
一 yī 1 | 十 shí 10 | 百 bǎi 백 | 千 qiān 천 | 万 wàn 만 | 零 líng 영, 0

양사 사람이나 사물을 세는 단위를 말한다.
只 zhī 마리 | 本 běn 권 | 次 cì 번 | 斤 jīn 근

동사 사람이나 사물의 동작, 존재 등을 나타낸다.
来 lái 오다 | 去 qù 가다 | 爱 ài 사랑하다 | 吃 chī 먹다

조동사 동사 앞에 쓰여 희망, 허락, 능력, 가능 등의 의미를 나타낸다.
想 xiǎng ~하고 싶다 | 会 huì ~할 수 있다 | 可以 kěyǐ ~해도 좋다

형용사 성질을 나타내거나 동작, 행위 등의 상태를 나타낸다.
漂亮 piàoliang 예쁘다 | 高 gāo 높다 | 干净 gānjìng 깨끗하다

부사 동사나 형용사 앞에 쓰여 정도나 어기, 부정 등을 나타낸다.
都 dōu 모두 | 非常 fēicháng 대단히 | 不 bù ~가 아니다 | 已经 yǐjing 이미

전치사 명사나 대명사 앞에 놓여 전치사구를 만들어 동사나 형용사를 수식한다.
在 zài ~에서 | 给 gěi ~에게 | 从 cóng ~에서 | 对 duì ~에 대해

접속사 구, 절, 문장 등을 연결한다
和 hé ~와 | 但是 dànshì 그러나 | 因为 yīnwèi 왜냐하면

조사 구조조사, 동태조사, 어기조사로 나뉜다.
的 de ~의 | 了 le ~했다 | 过 guo ~한 적이 있다 | 吗 ma ~합니까?

감탄사 감탄, 응답 등을 나타낸다.
啊 à 아해! | 喂 wéi 여보세요

의성어 사람, 사물 등에서 나는 소리를 나타낸다.
哈哈 hāhā 하하 | 嗡嗡 wēngwēng 윙윙 | 咕噜 gūlū 꼬르륵

06 년, 월, 주, 일 표현

2023年 4月 26日 星期三 2023년 4월 26일 수요일
èr líng èr sān nián sì yuè èrshíliù rì xīngqīsān

1 연도 표현

연도를 말할 때는 숫자를 하나씩 읽는다.

2014年 ◐ 二零一四年 èr líng yī sì nián 2014년 　　**2031年** ◐ 二零三一年 èr líng sān yī nián 2031년

2 월, 일, 요일 표현

① '월'을 나타낼 때는 月(yuè)를 쓴다.

1월	2월	3월	4월	5월	6월
一月 yī yuè	二月 èr yuè	三月 sān yuè	四月 sì yuè	五月 wǔ yuè	六月 liù yuè
7월	8월	9월	10월	11월	12월
七月 qī yuè	八月 bā yuè	九月 jiǔ yuè	十月 shí yuè	十一月 shíyī yuè	十二月 shí'èr yuè

② '일'은 회화체에서는 号(hào)를, 문어체에서는 日(rì)를 쓴다.

1일	5일	8일	14일	17일
一号 yī hào	五号 wǔ hào	八号 bā hào	十四号 shísì hào	十七号 shíqī hào
20일	22일	25일	29일	31일
二十日 èrshí rì	二十二日 èrshí'èr rì	二十五日 èrshíwǔ rì	二十九日 èrshíjiǔ rì	三十一日 sānshíyī rì

③ '요일'은 보통 星期(xīngqī)를 가장 많이 쓴다.

월요일	화요일	수요일	목요일	금요일	토요일	일요일
星期一 xīngqīyī	星期二 xīngqī'èr	星期三 xīngqīsān	星期四 xīngqīsì	星期五 xīngqīwǔ	星期六 xīngqīliù	星期天(日) xīngqītiān(rì)
周一 zhōuyī	周二 zhōu'èr	周三 zhōusān	周四 zhōusì	周五 zhōuwǔ	周六 zhōuliù	周日 zhōurì
礼拜一 lǐbàiyī	礼拜二 lǐbài'èr	礼拜三 lǐbàisān	礼拜四 lǐbàisì	礼拜五 lǐbàiwǔ	礼拜六 lǐbàiliù	礼拜天(日) lǐbàitiān(rì)

1 다음 밑줄 친 부분을 중국어로 잘못 옮긴 것을 고르세요.

> A : 今天星期几?
> B : 今天 __일요일__ 。

❶ 星期天　　　　❷ 周日　　　　❸ 周日天　　　　❹ 礼拜天

2 다음 중 빈칸에 들어갈 수 없는 말을 고르세요.

> 明天_____星期五。

❶ 不　　　　❷ 不是　　　　❸ 就是　　　　❹ 是

3 다음 중 빈칸에 공통으로 들어갈 말을 고르세요.

> 今天3_____8号。　　　　　你看 ,_____亮很漂亮。

❶ 星　　　　❷ 月　　　　❸ 年　　　　❹ 日

4 다음 연도를 중국어로 쓰면서 읽으세요.

❶ 2008년　➡　_____

❷ 2016년　➡　_____

5 다음 빈칸에 들어갈 알맞은 숫자를 고르세요.

> 一年有_____个月。

❶ 7　　　　❷ 10　　　　❸ 12　　　　❹ 24

6 다음 문장을 바르게 읽은 것을 고르세요.

> 我星期四去。

❶ Wǒ xīngqīsī qù.　　　　❷ Wǒ xīngqīshí qù.

❸ Wǒ xīngqīshì qù.　　　　❹ Wǒ xīngqīsì qù.

07 시간 표현

학습 포인트 과거-현재-미래 표현 | 시간과 하루 일과 표현

今天下午两点半**开会**。 오늘 오후 2시 반에 회의를 한다.
Jīntiān xiàwǔ liǎng diǎn bàn kāihuì.

1 과거, 현재, 미래 표현

	과거		현재	미래	
연	前年 qiánnián 재작년	去年 qùnián 작년	今年 jīnnián 올해	明年 míngnián 내년	后年 hòunián 내후년
월	上上个月 shàngshàng ge yuè 지지난달	上个月 shàng ge yuè 지난달	这个月 zhège yuè 이번 달	下个月 xià ge yuè 다음 달	下下个月 xiàxià ge yuè 다다음 달
주	上上个星期 shàngshàng ge xīngqī 지지난 주	上个星期 shàng ge xīngqī 지난주	这个星期 zhège xīngqī 이번 주	下个星期 xià ge xīngqī 다음 주	下下个星期 xiàxià ge xīngqī 다다음 주
일	前天 qiántiān 그저께	昨天 zuótiān 어제	今天 jīntiān 오늘	明天 míngtiān 내일	后天 hòutiān 모레

2 시간 표현법

一点零三分
yī diǎn líng sān fēn

1:03

三点三十分
sān diǎn sānshí fēn

三点半
sān diǎn bàn

3:30

五点五十五分
wǔ diǎn wǔshíwǔ fēn

差五分六点
chà wǔ fēn liù diǎn

5:55

两点十五分
liǎng diǎn shíwǔ fēn

两点一刻
liǎng diǎn yí kè

2:15

四点四十五分
sì diǎn sìshíwǔ fēn

四点三刻
sì diǎn sān kè

4:45

① 시간 중간에 숫자 '0'이 들어갈 때는 零(líng)으로 읽는다.
② '2시'를 말할 때 숫자 2는 两(liǎng)이라 읽는다.

③ 30분은 半(bàn)으로 표현할 수도 있다.

④ 15분은 一刻(yí kè), 45분은 三刻(sān kè)라고 한다. 단, 30분은 '两刻'라 하지 않는다.

⑤ '몇 시 몇 분 전'은 '差……分……点'으로 표현한다.

3 하루 일과 시간

凌晨 língchén	早上 zǎoshang 早晨 zǎochén	中午 zhōngwǔ	下午 xiàwǔ	傍晚 bàngwǎn	晚上 wǎnshang	半夜 bànyè
새벽	아침	점심	오후	저녁 무렵	밤	한밤중

5분 체크 어법

정답 ➡ 268쪽

1 다음 중 빈칸에 공통으로 들어갈 말을 고르세요.

他这_____星期来。	我有一_____苹果。

❶ 几   ❷ 个   ❸ 斤   ❹ 月

2 다음 병음에 해당하는 단어를 고르세요.

他 _hòutiān_ 去中国。

❶ 前天   ❷ 今天   ❸ 明天   ❹ 后天

3 제시된 시간을 두 가지 방법으로 표현하세요.

❶ _____   ❷ _____

2:30   5:45

4 빈칸에 알맞은 단어를 쓰세요.

_____ → 早上 → _____ → 下午 → 傍晚 → _____ → 半夜
새벽   점심   밤

08 방위사의 종류와 쓰임

· 학습 포인트 · 단순방위사와 합성방위사 | 방위사의 역할 | '在+방위사'의 의미

学校在医院东边。 학교는 병원 동쪽에 있다.
Xuéxiào zài yīyuàn dōngbian.

1 단순방위사

上 shàng 위	下 xià 아래	前 qián 앞	后 hòu 뒤	里 lǐ 안	外 wài 밖	左 zuǒ 좌, 왼쪽	右 yòu 우, 오른쪽
东 dōng 동	西 xī 서	南 nán 남	北 běi 북	旁 páng 옆	间 jiān 사이	中 zhōng 중간	内 nèi 안, 속

2 합성방위사 : 단순방위사 뒤에 边, 面, 头, 方을 붙이거나, 단순방위사 앞에 以, 之를 붙인다.

东边 dōngbian 동쪽	西边 xībian 서쪽	南边 nánbian 남쪽	北边 běibian 북쪽	左边 zuǒbian 왼쪽	右边 yòubian 오른쪽
上边 shàngbian 위쪽	下边 xiàbian 아래쪽	前边 qiánbian 앞쪽	后边 hòubian 뒤쪽	对面 duìmiàn 맞은편	身边 shēnbiān 곁
中间 zhōngjiān 가운데	旁边 pángbiān 옆쪽	里边 lǐbian 안쪽	外边 wàibian 바깥쪽	以内 yǐnèi ~이내	之间 zhījiān ~사이

> **Tip** · 对面은 对边으로 쓸 수 없다.
> · 旁边, 身边은 旁面이나 身面으로 쓸 수 없다.
> · 中间도 中边이나 中面으로 쓸 수 없다.

3 방위사의 역할

[주어] 左有一条青龙，右有一只白虎。 왼쪽에는 청룡이 있고, 오른쪽에는 백호가 있다.
Zuǒ yǒu yì tiáo qīnglóng, yòu yǒu yì zhī báihǔ.

[목적어] 邮局在学校南边。 우체국은 학교 남쪽에 있다.
Yóujú zài xuéxiào nánbian.

[관형어] 下边的包是我的。 아래쪽에 있는 가방은 내 거야.
Xiàbian de bāo shì wǒ de.

4 在와 방위사

① **在……上 ~에서** ● 방면, 분야

他在学习上很努力。 그는 학습 면에서 노력한다.
Tā zài xuéxí shang hěn nǔlì.

② 在……中 ~중 ○ 범위

在我认识的人中，她最漂亮。 내가 알고 있는 사람 중, 그녀가 가장 예쁘다.
Zài wǒ rènshi de rén zhōng, tā zuì piàoliang.

③ 在……下 ~하에 ○ 조건

在老师的帮助下，他进步很快。 선생님의 도움 하에, 그는 빠르게 실력이 늘었다.
Zài lǎoshī de bāngzhù xià, tā jìnbù hěn kuài.

④ 在……里 ~에 ○ 장소

有人在房间里唱歌。 누군가 방에서 노래 부른다.
Yǒu rén zài fángjiān li chànggē.

5분 체크 어법

정답 ➡ 269쪽

1 다음 중 빈칸에 공통으로 들어갈 말을 고르세요.

_____星期　　　　_____个月　　　　_____午　　　　马_____

❶ 这　　　　❷ 上　　　　❸ 下　　　　❹ 那

2 다음 중 틀린 문장을 고르세요.

❶ 左边的自行车是妹妹的。　　❷ 我在楼下。

❸ 学校对边有一个餐厅。　　❹ 我旁边的人是张老师。

3 다음 중 방위사가 어떤 문장 성분으로 쓰이는지 쓰세요.

❶ 学校在我家东边。　　➡ _____

❷ 前边的自行车是姐姐的。　　➡ _____

4 다음 글을 읽고 해석한 후 약도에 알맞은 장소를 쓰세요.

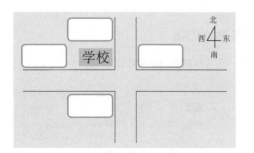

图书馆在学校东边。商店在学校西边。
学校南边是银行。邮局在学校北边。

_____

_____

_____

09 방위사의 특징

● 학습 포인트 ● 방위사와 관형어 | 방위사의 여러 가지 용법 | 장소명사

办公室里有四个人。 사무실 안에 네 사람이 있다.
Bàngōngshì li yǒu sì ge rén.

1 방위사와 관형어

방위사가 관형어로 쓰일 때는 반드시 的를 쓰며, 방위사가 관형어의 수식을 받을 때는 的가 필요 없다.

前边的医院很大。 앞쪽의 병원은 크다.
Qiánbian de yīyuàn hěn dà.

我喜欢左边的衣服。 나는 왼쪽의 옷이 맘에 들어.
Wǒ xǐhuan zuǒbian de yīfu.

银行在超市旁边。 은행은 마트 옆쪽에 있다.
Yínháng zài chāoshì pángbiān.

火车站后边有很多餐厅。 기차역 뒤쪽에 식당이 많다.
Huǒchēzhàn hòubian yǒu hěn duō cāntīng.

2 장소명사+里边/上边

장소명사 뒤에 里边과 上边이 동반되면, 边을 생략하고 里나 上만 쓴다.

会议室里有三个人。 회의실에 세 사람이 있다.
Huìyìshì li yǒu sān ge rén.

你的手机在椅子上。 너의 휴대 전화는 의자 위에 있어.
Nǐ de shǒujī zài yǐzi shang.

3 前, 后, 上, 下는 다른 단어와 결합해 시간을 나타내기도 한다.

下星期 xiàxīngqī 다음 주 　　　前一天 qián yì tiān 전날 　　　上半年 shàngbànnián 상반기

结婚前 jiéhūn qián 결혼 전 　　　午饭后 wǔfàn hòu 점심을 먹은 후

4 보통명사가 장소의 뜻을 나타낼 때, 종종 뒤에 방위사를 붙인다.

我的护照在抽屉。(×) → 我的护照在抽屉里。(○) 내 여권은 서랍 안에 있다.
　　　　　　　　　　　Wǒ de hùzhào zài chōuti li.

> **Tip**
> • 早上, 晚上의 上은 방위를 나타내지 않는다.
> • 政治上, 历史上의 上은 어떤 방면이나 분야를 나타낸다.
> • 以上, 以下는 한계를 나타낸다.
> • '正在……中'은 동작의 진행, 상태의 연속을 나타낸다.

5 나라 이름이나 지명 뒤에는 방위사 里를 붙일 수 없다.

他在美国里。(✕) → 他在美国。(○) 그는 미국에 있다.
    Tā zài Měiguó.

天津里的自行车太多了。(✕) → 天津的自行车太多了。(○) 티엔진에는 자전거가 너무 많다.
        Tiānjīn de zìxíngchē tài duō le.

⏱ 5분 체크 어법

정답 ➡ 269쪽

1 다음 중 방위사 里의 쓰임이 잘못된 것을 고르세요.

❶ 教室里没有人。　　　　　❷ 他在北京里。

❸ 房间里有很多人。　　　　❹ 他在里边。

2 '장소목적어 + 방위사' 형식에서 边을 생략할 수 있는 것을 고르세요.

❶ 上边 – 前边　　　　　　❷ 上边 – 旁边

❸ 里边 – 上边　　　　　　❹ 里边 – 旁边

3 다음 중 틀린 문장을 고르세요.

❶ 办公室里有很多人。　　　❷ 学校东边在一家餐厅。

❸ 医院在银行左边。　　　　❹ 前边的书店很大。

4 빈칸에 알맞은 단어를 쓰세요.

> [보기]　下　　　前　　　后

❶ 我想_____星期回国。

❷ 午饭_____他睡午觉。

❸ 结婚_____，他已经买房子了。

5 다음 병음에 해당하는 단어의 한자와 뜻을 쓰세요.

> 妈妈在我和姐姐zhōngjiān。

중국어 _____　　뜻 _____

10 인칭대명사

학습 포인트 ▶ 1인칭, 2인칭, 3인칭 인칭대명사 | 咱们, 人家의 쓰임

我们在银行。 우리는 은행에 있어.
Wǒmen zài yínháng.

咱们都是北京人。 우리는 다 베이징 사람이다.
Zánmen dōu shì Běijīngrén.

1 인칭대명사의 종류

	1인칭	2인칭	3인칭		
단수형	我 wǒ 나	你 nǐ 너 您 nín 당신	他 tā 그	她 tā 그녀	它 tā 그것
복수형	我们 wǒmen 우리	你们 nǐmen 너희들 *您们(×)	他们 tāmen 그들	她们 tāmen 그녀들	它们 tāmen 그것들

① 您은 你의 경어이다.

② 남성과 여성이 같이 있을 때는 他们이라고 한다.

③ 기본 인칭대명사 외에 자주 쓰는 인칭대명사에는 大家(dàjiā 모두, 다들), 咱们(zánmen 우리),
自己(zìjǐ 자기, 자신), 人家(rénjiā 남, 타인, 본인), 别人(biéren 남, 타인) 등이 있다.

2 咱们

咱们은 구어에 많이 쓰이고, 화자와 청자 양측을 모두 포함한다. 상대어는 他们이다. 참고로 我们은
화자측만 포함하고 상대어는 你们이다.

咱们一起去怎么样? 우리 같이 가면 어떨까?
Zánmen yìqǐ qù zěnmeyàng?

咱们都是大学生。 우린 다 대학생이다.
Zánmen dōu shì dàxuéshēng.

3 人家

人家는 제3자, 남, 자기 자신을 가리킨다.

你看人家小李，多帅呀! 이 군 좀 봐봐, 얼마나 잘생겼는지! (제3자)
Nǐ kàn rénjiā Xiǎo Lǐ, duō shuài ya!

你应该多学习人家的长处。 너는 다른 사람의 장점을 본받아야 해. (남, 타인)
Nǐ yīnggāi duō xuéxí rénjiā de chángchù.

人家快急死了，你怎么还不来? 남은 급해 죽겠는데, 너는 왜 아직도 안 오는 거야? (본인)
Rénjiā kuài jísǐ le, nǐ zěnme hái bù lái?

정답 ➡ 269쪽

* 다음 대화를 읽고 답을 고르세요. [1-3]

> A : ①你姐姐在吗?
> B : ②她出去了。
> A : 你③弟弟呢?
> B : ④他在家。

1 밑줄 친 부분 중 대명사가 아닌 것을 고르세요.　　(　　　)

2 대화의 내용으로 보아 현재 집에 있는 사람을 고르세요.

❶ 姐姐　　　　　❷ 弟弟　　　　　❸ 妹妹　　　　　❹ 哥哥

3 姐姐와 弟弟를 합쳐서 부를 때 어떤 대명사를 쓰는지 고르세요.

❶ 我们　　　　　❷ 你们　　　　　❸ 她们　　　　　❹ 他们

4 다음 중 각 단어의 상대어가 잘못 연결된 것을 고르세요.

❶ 我 – 你　　　❷ 他 – 她　　　❸ 我们 – 你们　　　❹ 咱们 – 她们

5 동물을 표현할 수 있는 대명사끼리 바르게 묶인 것을 고르세요.

❶ 我 – 我们　　　❷ 他 – 他们　　　❸ 它 – 它们　　　❹ 你 – 你们

6 다음 문장을 해석하세요.

❶ 咱们都是留学生。

➡ _____

*留学生 liúxuéshēng 圆 유학생

❷ 您喜欢中国吗?

➡ _____

❸ 人家能做的，我也能做。

➡ _____

11 지시대명사

학습 포인트 지시대명사 这, 那 | 명사 강조

这是我的衣服。 이것은 내 옷이야.
Zhè shì wǒ de yīfu.

你的毛衣在我这儿。 네 스웨터는 나한테 있어.
Nǐ de máoyī zài wǒ zhèr.

1 지시대명사의 종류

지시대명사에는 가까이 있는 것을 가리키는 这와 멀리 있는 것을 가리키는 那가 있다.

	근칭	원칭
사람, 사물	这 zhè 이 | 这个 zhège 이것 | 这些 zhèxiē 이것들	那 nà 저 | 那个 nàge 저것 | 那些 nàxiē 저것들
장소	这儿(这里) zhèr(zhèli) 여기	那儿(那里) nàr(nàli) 저기
성질, 방법, 정도	这么 zhème 이렇게, 이만큼	那么 nàme 저렇게, 그렇게

2 这, 那와 양사

지시대명사 这, 那가 명사를 수식할 때는 양사를 동반한다.

这本书 zhè běn shū 이 책

这点儿钱 zhè diǎnr qián 이 정도의 돈

那位老师 nà wèi lǎoshī 저 선생님

那些人 nà xiē rén 저 사람들

3 지시대명사로 장소명사를 나타내는 방법

동사 来, 去, 到, 回, 上, 在와 전치사 从, 在 등은 목적어로 '장소명사'를 동반한다. 만약 목적어가 장소명사가 아니고, 인칭대명사나 사람의 뜻을 갖는 단어이면, 목적어 뒤에 这里, 这儿 혹은 那里, 那儿을 붙여 장소명사를 만들 수 있다. 그 밖에 '~가 있는 곳'이라는 뜻의 장소명사를 만들 때도 쓸 수 있다.

> 인칭대명사/사람을 뜻하는 단어+这儿/那儿 ○ 장소를 나타냄

下午我想去王老师。(✕) → 下午我想去王老师那儿。 오후에 나는 왕 선생님께 가려고 해.
　　　　　　　　　　　　　Xiàwǔ wǒ xiǎng qù Wáng lǎoshī nàr.

你的手套在我这儿。 네 장갑은 나한테 있어.
Nǐ de shǒutào zài wǒ zhèr.

您这儿有汉语词典吗? 여기 중국어 사전 있나요?
Nín zhèr yǒu Hànyǔ cídiǎn ma?

4 명사 강조 용법

지시대명사 这, 那가 관형어로 쓰여 뒤에 나오는 명사를 강조하기도 한다.

骑自行车的那个人 자전거를 타는 저 사람
qí zìxíngchē de nàge rén

他买的这件衬衫 그가 산 이 셔츠
tā mǎi de zhè jiàn chènshān

5분 체크 어법

정답 ➡ 269쪽

1 다음 중 빈칸에 공통으로 들어갈 말을 고르세요.

> _____是我的手机。
>
> 爸爸_____个星期去出差。

❶ 这儿   ❷ 这   ❸ 那   ❹ 那儿

2 다음 중 빈칸에 공통으로 들어갈 말을 고르세요.

> 这里的东西怎么_____贵啊!
>
> 他有你_____大。

❶ 这么   ❷ 那么   ❸ 非常   ❹ 更

3 这儿 또는 那儿을 써서 문장을 완성하세요.

❶ 明天上午九点，请你来我们_____吧。

❷ 我的词典在你_____吗?

❸ 他在朋友_____。

❹ 他的本子不在我_____。

4 다음 문장을 해석하세요.

❶ 这位是张小姐。

➡ _____

❷ 那本书是韩老师写的。

➡ _____

❸ 你的钱包在我这儿。

➡ _____

12 의문대명사

• 학습 포인트 의문대명사의 종류와 여러 가지 용법

谁喜欢喝茶? 누가 차 마시는 걸 좋아하지?
Shéi xǐhuan hē chá?

你什么时候来都行。 너는 언제 와도 괜찮아.
Nǐ shénme shíhou lái dōu xíng.

---

1 의문대명사의 종류

사람	谁 shéi 누구	이유	为什么 wèishénme 왜
사물	什么 shénme 무엇		怎么 zěnme 어째서
	哪 nǎ 어느 것	방식	怎么 zěnme, 怎样 zěnyàng 어떻게
장소	哪儿 nǎr, 哪里 nǎli 어디	상태	怎么样 zěnmeyàng 어떠한가
	什么地方 shénme dìfang 어디	수량	几 jǐ 몇
시간	什么时候 shénme shíhou 언제		多少 duōshao 얼마나

2 의문대명사의 용법

[주어] 谁喜欢喝咖啡? 누가 커피 마시는 걸 좋아하지?
Shéi xǐhuan hē kāfēi?

[부사어] 他什么时候到? 그는 언제 도착하니?
Tā shénme shíhou dào?

[관형어] 这是什么东西? 이건 뭐야?
Zhè shì shénme dōngxi?

[목적어] 妈妈去哪儿? 엄마는 어디 가세요?
Māma qù nǎr?

3 의문대명사의 특수 용법

① 의문대명사가 문장에 쓰여 임의의 사람, 사물, 장소, 시간 등을 가리키기도 한다.

他对什么都感兴趣。 그는 뭐든 다 관심이 있어.
Tā duì shénme dōu gǎn xìngqù.

你什么时候来都行。 너는 언제 와도 괜찮아.
Nǐ shénme shíhou lái dōu xíng.

② 같은 의문사가 앞뒤로 쓰여, 두 의문사가 같은 사람, 사물, 장소, 방식 등을 가리키기도 한다.

你喜欢去哪儿就去哪儿。 네가 가고 싶은 곳에 가렴.
Nǐ xǐhuan qù nǎr jiù qù nǎr.

你想吃什么就吃什么。 네가 먹고 싶은 것 먹어.
Nǐ xiǎng chī shénme jiù chī shénme.

③ 문장의 주어와 목적어 자리에 의문사가 쓰여 이 두 의문사가 다른 사람, 사물, 장소, 방식 등을 나타내기도 한다.

他们吵架了，谁也不理谁。 그들은 싸우더니, 누구도 서로에게 말을 안 걸어.
Tāmen chǎojià le, shéi yě bùlǐ shéi.

他们是同事，可是谁也不了解谁。 그들은 동료인데, 누구도 서로에 대해 잘 몰라.
Tāmen shì tóngshì, kěshì shéi yě bù liǎojiě shéi.

④ 의문사를 써서 반어문을 만들기도 한다.

谁说不想去呢? 누가 가기 싫대? (가고 싶다)
Shéi shuō bù xiǎng qù ne?

我哪儿能不来呢? 내가 어떻게 안 오겠어? (온다)
Wǒ nǎr néng bù lái ne?

5분 체크 어법

정답 → 269쪽

1 다음 중 빈칸에 공통으로 들어갈 말을 고르세요.

这是_____?
你想吃_____就吃_____。

❶ 谁   ❷ 什么   ❸ 为什么   ❹ 哪儿

2 다음 대화를 읽고 빈칸에 들어갈 알맞은 말을 고르세요.

A : 你的电话号码是_____?
B : 我的电话号码是15901673595。

❶ 谁   ❷ 哪儿   ❸ 多少   ❹ 怎么

3 다음 중 의문사의 위치가 잘못된 것을 고르세요.

❶ 你去哪儿?   ❷ 他是谁?   ❸ 你叫名字什么?   ❹ 她为什么哭?

4 다음 중 밑줄 친 의문사와 바꿔 쓸 수 있는 것을 고르세요.

你为什么不去?

❶ 什么时候   ❷ 怎么样   ❸ 什么   ❹ 怎么

13 숫자 읽기와 수사의 종류

• 학습 포인트 | 여러 가지 숫자 세기 | 수사의 종류

一百一十一 yìbǎi yīshíyī 111

百分之百 bǎi fēn zhī bǎi 100%

1 숫자 세기

0	1	2	3	4	5	6	7	8	9	10
零	一	二	三	四	五	六	七	八	九	十
líng	yī	èr	sān	sì	wǔ	liù	qī	bā	jiǔ	shí

10	20	60	80	90	99	100
十	二十	六十	八十	九十	九十九	一百
shí	èrshí	liùshí	bāshí	jiǔshí	jiǔshíjiǔ	yìbǎi

101	110	120	200	1,000	2,000	20,000
一百零一	一百一十	一百二十	二百(两百)	一千	两千	两万
yìbǎi líng yī	yìbǎi yīshí	yìbǎi èrshí	èrbǎi (liǎngbǎi)	yìqiān	liǎngqiān	liǎngwàn

Tip • 주의해서 읽어야 할 숫자
100, 101, 110, 1,000, 10,000 읽기에 주의한다.
2천, 2만, 2억을 읽을 때 '2'를 '两(liǎng)'이라 읽는 것에 주의한다.

2 수사의 종류

기수	一 yī 1 | 二 èr 2 | 十 shí 10 | 二百零八 èrbǎi líng bā 208 | 一千 yìqiān 1,000 | 一万 yíwàn 10,000
서수	第一 dì-yī 첫 번째 | 第二 dì-èr 두 번째 | 第三百六十五 dì-sānbǎi liùshíwǔ 365번째
배수	一倍 yí bèi 두 배 | 两倍 liǎng bèi 두 배 | 十倍 shí bèi 열 배 * 중국에서는 '두 배'라고 할 때, 一倍와 两倍를 같이 쓴다.
분수	五分之一 wǔ fēn zhī yī $\frac{1}{5}$ | 四分之三 sì fēn zhī sān $\frac{3}{4}$ | 二分之一 èr fēn zhī yī $\frac{1}{2}$
소수	三百一十四点五 sānbǎi yī shí sì diǎn wǔ 314.5 | 十点一二 shí diǎn yī èr 10.12
어림수	一个多小时 yí ge duō xiǎoshí 1시간 남짓 | 三百来公里 sānbǎi lái gōnglǐ 300여 킬로미터 | 五百人左右 wǔbǎi rén zuǒyòu 500명 정도 | 三十岁上下 sānshí suì shàngxià 30살 전후

3 퍼센트 표현하기

50% ◐ 百分之五十 bǎi fēn zhī wǔshí

4.5% ◐ 百分之四点五 bǎi fēn zhī sì diǎn wǔ

200% ◐ 百分之二百 bǎi fēn zhī èrbǎi

30% ◐ 百分之三十 bǎi fēn zhī sānshí

0.8% ◐ 百分之零点八 bǎi fēn zhī líng diǎn bā

66% ◐ 百分之六十六 bǎi fēn zhī liùshíliù

5분 체크 어법

1 다음 중 빈칸에 들어갈 숫자를 고르세요.

> 我家有_____辆自行车。爸爸、妈妈每人一辆，哥哥有一辆，姐姐也有一辆。我本来有两辆，昨天丢了一辆。

❶ 四　　　　　　　❷ 五　　　　　　　❸ 六　　　　　　　❹ 七

2 다음 중 숫자를 잘못 읽은 것을 고르세요.

❶ 100 ➡ 一百　　　　　　　❷ 101 ➡ 一百零一

❸ 110 ➡ 一百十　　　　　　❹ 2,000 ➡ 两千

3 다음 백분율을 중국어로 쓰세요.

❶ 3.8%　　　　　➡ _____

❷ 99.9%　　　　➡ _____

❸ 200%　　　　　➡ _____

4 다음 중 잘못 읽은 것을 고르세요.

❶ 208 – èrbǎi líng bā　　　　❷ 第二 – dì-liǎng

❸ 1,000 – yìqiān　　　　　　❹ 十倍 – shí bèi

5 빈칸에 알맞은 단어를 쓰세요.

> [보기]　第　　　　分之　　　　倍

❶ 二十四是三的八_____。

❷ 地球的三_____二是海洋。

❸ _____二天他就走了。

6 다음 중 의미가 바르게 연결된 것을 고르세요.

❶ 一百一十 – 111　　　　　　❷ 两万 – 20,000

❸ 百分之三十 – 3%　　　　　❹ 一百零八 – 100.8

14 어림수(概数)의 종류

• 학습 포인트 多 | 来 | 左右 | 上下 | 前后

我们认识一年多了。
Wǒmen rènshi yì nián duō le.
우리가 안 지 1년 넘었다.

爷爷十号前后来北京。
Yéye shí hào qiánhòu lái Běijīng.
할아버지께서는 10일 전후에 베이징에 오신다.

1 숫자로 어림수 나타내기

三四岁 sān sì suì 서너 살 　　七八天 qī bā tiān 7, 8일 　　一两个月 yì liǎng ge yuè 한두 달

2 多로 어림수 나타내기

多가 어림수로 쓰일 때는 앞의 수사보다 약간 많음을 나타낸다.

> 수사 1~9+양사(혹은 天, 年, 点, 岁)+多(+명사)

一天多 하루 남짓 　　三年多 3년여 　　八点多 8시 남짓
yì tiān duō 　　sān nián duō 　　bā diǎn duō

一个多月 한 달여 　　一个多星期 1주일여
yí ge duō yuè 　　yí ge duō xīngqī

> 수사+多+양사(+명사)

＊이때 수사는 十, 百, 千, 万, 亿 자리의 정수(10, 200, 3,000……)다.

四十多个小时 40여 시간 　　六十多岁 60여 세 　　十万多 10만여
sìshí duō ge xiǎoshí 　　liùshí duō suì 　　shíwàn duō

Tip • 十万多vs十多万
十万多는 10만은 넘고 11만은 안 되는 것을 나타내고, 十多万은 12~3만을 가리킨다.

3 来로 어림수 나타내기

① 정수+来+양사

三十来岁 30여 세 　　一百来斤 50킬로그램 정도 　　十来天 10여 일
sānshí lái suì 　　yìbǎi lái jīn 　　shí lái tiān

② 수사+양사+来+(형용사/명사)

五个来月 5개월 정도 　　三个来小时 3시간여 　　八斤来重 4킬로그램 정도 무게
wǔ ge lái yuè 　　sān ge lái xiǎoshí 　　bā jīn lái zhòng

4 左右로 어림수 나타내기

일반적으로 수량사와 같이 쓰여 앞의 수사보다 약간 많거나 적은 수를 나타낸다.

三天左右 3일 가량
sān tiān zuǒyòu

六公斤左右 6킬로그램 정도
liù gōngjīn zuǒyòu

一米八左右 180센티미터 가량
yì mǐ bā zuǒyòu

5 上下로 어림수 나타내기

上下는 左右의 뜻과 비슷하지만 주로 성인의 연령을 추측하는 용법으로 많이 쓰인다.

三十岁上下 30살 가량
sānshí suì shàngxià

五十五上下 55세 정도
wǔshíwǔ shàngxià

6 前后로 어림수 나타내기

前后는 특정한 시간과 같이 쓰여 '~전후'의 뜻을 나타낸다.

国庆节前后 건국기념일 전후
Guóqìngjié qiánhòu

七号前后 7일 전후
qī hào qiánhòu

정답 ➡ 269쪽

1 다음 중 빈칸에 들어갈 알맞은 말을 고르세요.

> 中国有五十六个民族，有十＿＿＿＿＿亿人口，是世界上人口最多的国家。现在的首都是北京。中国大＿＿＿＿＿数人都喜欢喝茶。

❶ 来 – 多   ❷ 多 – 来   ❸ 多 – 多   ❹ 来 – 来

2 제시된 단어가 들어갈 알맞은 위치를 고르세요.

❶ 妈妈买了五 A 斤 B 肉 C 。(来)

❷ 这个体育馆可以坐 A 三万 B 个 C 人。(多)

3 다음 중 틀린 문장을 고르세요.

❶ 这儿有三百个人多。   ❷ 这些东西十公斤左右。

❸ 我们认识五年多了。   ❹ 爸爸二十号前后回来。

4 빈칸에 알맞은 어림수를 쓰세요.

> [보기]   左右   多   上下

❶ 我们学校有两千三百＿＿＿＿＿＿＿个学生。

❷ 你过一个小时＿＿＿＿＿＿＿再来吧。

❸ 他大概三十岁＿＿＿＿＿＿＿。

15 인민폐 읽는 방법

학습 포인트 | 중국의 화폐 단위 | 二, 两, 俩의 차이점

110.00元 ⇨ 一百一十块 yìbǎi yīshí kuài
2.73元 ⇨ 两块七毛三分 liǎng kuài qī máo sān fēn

1 인민폐 단위

8.53元

회화체 八块五毛三分 bā kuài wǔ máo sān fēn
문어체 八元五角三分 bā yuán wǔ jiǎo sān fēn

1000.00元	100.00元	10.00元	1.00元	0.10元	0.01元
一千块	一百块	十块	一块	一毛	一分
yìqiān kuài	yìbǎi kuài	shí kuài	yí kuài	yì máo	yì fēn

2 인민폐 읽기

① 인민폐의 단위는 块(kuài), 毛(máo), 分(fēn)이다.

87.00元 → 八十七块 bāshíqī kuài

568.00元 → 五百六十八块 wǔbǎi liùshí bā kuài

356.78元 → 三百五十六块七毛八分 sānbǎi wǔshíliù kuài qī máo bā fēn

② 돈의 액수 중간에 0이 나올 때는, 零(líng)이라고 읽는다.

403.50元 → 四百零三块五毛 sìbǎi líng sān kuài wǔ máo

900.08元 → 九百块零八分 jiǔbǎi kuài líng bā fēn

③ 2가 단독으로 돈의 단위로 쓰일 때는 两(liǎng)으로 읽는다.

2.00元 → 两块 liǎng kuài   0.20元 → 两毛 liǎng máo

0.02元 → 两分 liǎng fēn

> **Tip**
> '200.00元'은 两百块 혹은 二百块라고 읽을 수 있다.

④ 2가 돈의 액수 중간에 나오거나 끝자리에 쓰일 때는 二(èr)로 읽는다.

2.20元 → 两块二 liǎng kuài èr   2.22元 → 两块二毛二 liǎng kuài èr máo èr

3 二 vs 两 vs 俩

	二	两	俩
용법	기수와 서수로 쓰인다.	양사를 동반하여 양적인 것을 표현한다.	两个를 합쳐 俩라 쓰고, 두 사람을 나타낸다.

예문	二号 èr hào 2일 | 第二名 dì-èr míng 2등	两个人 liǎng ge rén 두 사람 | 两只狗 liǎng zhī gǒu 개 두 마리	我们俩 wǒmen liǎ 우리 둘 | 他们俩 tāmen liǎ 저 둘

5분 체크 어법

정답 ➡ 269쪽

1 다음을 바르게 읽은 것을 고르세요.

402.05元

❶ 四百二块零五分

❷ 四百零两块零五分

❸ 四百零二块零五分

❹ 四百零二块五分

＊ 다음 대화를 읽고 질문에 답하세요. [2-3]

> A : 师傅, 苹果多少钱一斤?
>
> B : 四块一斤, 十块三斤。
>
> A : 葡萄呢?
>
> B : 葡萄六块一斤。
>
> A : 我要三斤苹果和三斤葡萄。

2 사과는 한 근에 얼마인지 고르세요.

❶ 3块　　　　❷ 4块　　　　❸ 5块　　　　❹ 6块

3 A가 지불해야 할 가격은 얼마인지 고르세요.

❶ 26块　　　　❷ 28块　　　　❸ 30块　　　　❹ 32块

4 빈칸에 알맞은 단어를 쓰세요.

[보기]　　二　　　　两　　　　俩

❶ 我回中国已经_____个月了。

❷ 他们_____是一对幸福的双生兄弟。

❸ 这次考试她考了第_____名。

16 명량사(名量词)와 집합양사

我买了两本书。 나는 책 두 권을 샀다.
Wǒ mǎi le liǎng běn shū.

这双鞋很好看。 이 신발은 예쁘다.
Zhè shuāng xié hěn hǎokàn.

1 명량사 : 명사의 수량을 나타내는 품사로, 우리말의 단위 의존명사와 같은 역할을 한다.

> 수사/지시대명사(这/那)+양사+명사

个 개	一个人 한 사람 yí ge rén	条 항목, 줄기	这条裙子 이 치마 zhè tiáo qúnzi
位 분, 명	这位老师 이 선생님 zhè wèi lǎoshī	辆 대	两辆自行车 자전거 두 대 liǎng liàng zìxíngchē
本 권	两本书 책 두 권 liǎng běn shū	滴 방울	一滴眼泪 눈물 한 방울 yì dī yǎnlèi
张 장, 개	这张桌子 이 책상 zhè zhāng zhuōzi	块 조각, 덩어리	一块面包 빵 한 조각 yí kuài miànbāo
只 짝, 마리	几只狗 개 몇 마리 jǐ zhī gǒu	台 대	三台冰箱 냉장고 3대 sān tái bīngxiāng
把 자루	五把椅子 의자 5개 wǔ bǎ yǐzi	支 자루, 개피	十支铅笔 연필 10자루 shí zhī qiānbǐ
封 통, 꾸러미	一封信 편지 한 통 yì fēng xìn	家 집	一家商店 상점 하나 yì jiā shāngdiàn
根 가닥, 대	七根黄瓜 오이 7개 qī gēn huángguā	座 좌, 동, 채	那座山 저 산 nà zuò shān
口 사람, 마리	三口人 세 식구 sān kǒu rén	件 건, 벌	这件事情 이 일 zhè jiàn shìqing
棵 그루, 포	一棵树 나무 한 그루 yì kē shù	所 채, 동	那所学校 저 학교 nà suǒ xuéxiào
顶 개, 채	那顶帽子 저 모자 nà dǐng màozi	碗 그릇, 공기	三碗米饭 밥 세 그릇 sān wǎn mǐfàn
斤 근	一斤肉 고기 한 근 yì jīn ròu	杯 잔	几杯水 물 몇 잔 jǐ bēi shuǐ

> **Tip**
> 양사는 명사의 성질을 말하므로, 동반되는 명사를 생략할 수 있다.
> 一本书 (○) 책 한 권 | 一书 (×) → 一本 (○) 한 권

2 집합양사 : 명량사 중에서 한 쌍, 한 벌, 세트를 나타내는 양사를 말한다.

双 쌍, 켤레	一双袜子 yì shuāng wàzi 양말 한 켤레 ㅣ 一双鞋 yì shuāng xié 신발 한 켤레
副 쌍, 세트	一副眼镜 yí fù yǎnjìng 안경 하나 ㅣ 一副手套 yí fù shǒutào 장갑 한 쌍
套 벌, 세트	一套家具 yí tào jiājù 가구 세트 ㅣ 一套西装 yí tào xīzhuāng 양복 한 벌
群 무리, 떼	一群学生 yì qún xuésheng 한 무리의 학생들
帮 무리	一帮人 yì bāng rén 한 무리의 사람들
伙 떼, 무리	一伙土匪 yì huǒ tǔfěi 한 무리의 도적떼
批 무더기, 무리	一批货 yì pī huò 한 무더기의 물건 ㅣ 一批客人 yì pī kèrén 한 무리의 손님
对 쌍	一对夫妻 yí duì fūqī 부부 한 쌍 ㅣ 一对鸟 yí duì niǎo 새 한 쌍

5분 체크 어법

정답 ➡ 269쪽

1 빈칸에 알맞은 양사를 쓰세요.

[보기] 把   块   辆   只   条   张   家

❶ 这_____小狗非常可爱。   ❷ 我想吃一_____蛋糕。

❸ 上星期我买了一_____自行车。   ❹ 这_____领带很好看。

❺ 房间里有两_____桌子和两_____椅子。   ❻ 公司前面有一_____西餐厅。

2 다음 중 빈칸에 들어갈 양사로 알맞은 것을 고르세요.

A : 这_____夫妻怎么样？

B : 他们是天生一_____。

❶ 群   ❷ 双   ❸ 对   ❹ 副

3 다음 중 빈칸에 들어갈 말로 알맞은 것을 고르세요.

❶ 我想去配一_____眼镜。(副 / 对)

❷ 她有一_____美丽的眼睛。(对 / 双)

17 동량사(动量词)와 부정양사(不定量词)

她每天只吃一顿饭。 그녀는 매일 한 끼만 먹어요.
Tā měitiān zhǐ chī yí dùn fàn.

来，喝点儿水吧。 자, 물 좀 마셔.
Lái, hē diǎnr shuǐ ba.

1 동량사 : 동작의 횟수를 나타내는 양사로, 동사 뒤에 위치하여 동량보어 역할을 한다.

> 주어＋동사＋동량사＋목적어

次 번, 차례	가장 기본적인 동량사이다.	**下** 번, 회	① 짧은 시간 동안 가볍게 하는 동작에 쓰인다.
	我去过一次泰国。 Wǒ qùguo yí cì Tàiguó. 난 태국에 한 번 갔었어.		**他拍了我两下。** 그는 나를 두 번 쳤다. Tā pāi le wǒ liǎng xià.
顿 끼니, 차례	밥을 먹거나, 맞을 때 또는, 욕 얻어먹는 일에 쓰인다.		② '~해보다'의 뜻으로 쓰인다. 이때 수사 一와 결합하여 一下로 쓰인다.
	她一天只吃一顿饭。 Tā yìtiān zhǐ chī yí dùn fàn. 그녀는 하루에 한 끼만 먹는다.		**你听一下。** 좀 들어봐! Nǐ tīng yíxià.
趟 번, 차례	왕복을 해야 한 번으로 간주되는 동작에 쓰인다.	**场** cháng 차례	시간의 경과가 필요한 동작이나 자연 현상에 쓰인다.
	我得去趟公司。 Wǒ děi qù tàng gōngsī. 나는 회사에 한 번 갔다 와야 한다.		**昨晚下了一场春雨。** Zuówǎn xià le yì cháng chūnyǔ. 어젯밤에 봄비가 한차례 내렸다.
遍 번	시작과 끝이 있는 동작에 쓰인다.	**场** chǎng 회, 번, 차례	문예, 체육 활동에 쓰인다.
	这部电影我看了很多遍。 Zhè bù diànyǐng wǒ kàn le hěn duō biàn. 이 영화를 나는 여러 번 봤다.		**这场比赛太棒了!** Zhè chǎng bǐsài tài bàng le! 이번 경기 완전 멋졌어!

> **Tip**
> • 인칭대명사＋동량사
> 문장에 인칭대명사가 나오면 동량사는 인칭대명사 뒤에 위치한다.
> 我见过她两次。나는 그녀를 두 번 만났다.
> Wǒ jiànguo tā liǎng cì.

2 부정양사

수량이 정해지지 않아 '약간'이라고 표현할 때는 부정양사를 쓴다. 부정양사에는 点(儿)과 些가 있는데, 이 두 양사는 보통 수사 一, 지시대명사 这, 那와 같이 쓰인다. 点(儿)은 'much'에, 些는 'many'에 가깝다.

一些书 책 몇 권
yì xiē shū

喝点儿水 물을 좀 마시다
hē diǎnr shuǐ

这些水果 이 과일들
zhè xiē shuǐguǒ

这点儿钱 이 정도의 돈
zhè diǎr qián

> **Tip**
> 点(儿)과 些 앞에 오는 '一'는 생략할 수 있다.

5분 체크 어법

정답 ➡ 269쪽

1 빈칸에 알맞은 단어를 쓰세요.

[보기]　次　　遍　　趟　　下　　一下　　场

❶ 昨天我给你打了几_____电话。　　❷ 这本书我已经看了好多_____。

❸ 他推了我三_____。　　❹ 今天上午下了一_____雪。

❺ 你可以去一_____上海吗?　　❻ 你看_____, 这是谁的书?

2 다음 중 틀린 문장을 고르세요.

❶ 今天买了一些书。　　❷ 这篇文章我看了一遍。

❸ 他骂了一顿我。　　❹ 我想喝点儿水。

* 다음 대화를 읽고 질문에 답하세요. [3-4]

> A : 我想下午去超市买东西。
> B : 你想买点儿什么?
> A : 我想买点儿吃的。

3 A가 언제 슈퍼마켓에 가는지 고르세요.

❶ 아침　　❷ 오전　　❸ 오후　　❹ 밤

4 A가 무엇을 사려고 하는지 고르세요.

❶ 먹을 것　　❷ 마실 것　　❸ 입을 것　　❹ 볼 것

18 동사의 종류

학습 포인트 자동사 | 타동사 | 이합사 | 이중목적어를 갖는 동사

我们都看电影。 우리는 다 영화를 봐요.
Wǒmen dōu kàn diànyǐng.

➕ 동사의 종류

자동사	목적어를 동반하지 않는 동사	旅行 lǚxíng 여행하다	出发 chūfā 출발하다	出差 chūchāi 출장 가다
		我们8点就出发。 우리는 8시에 출발해. Wǒmen bā diǎn jiù chūfā.
타동사	목적어를 동반하는 동사	学 xué 배우다	去 qù 가다	看 kàn 보다	吃 chī 먹다
		我去图书馆。 나는 도서관에 간다. Wǒ qù túshūguǎn.
지속동사	계속적으로 동작할 수 있는 동사	等 děng 기다리다	看 kàn 보다	学习 xuéxí 공부하다
		我要等你一万年。 난 너를 만년 동안 기다릴 거야. Wǒ yào děng nǐ yíwàn nián.
비지속동사	동작을 완료하는 시점부터 시간 계산이 되는 동사 ＊시간보어와 같이 쓰이며, 이합사와 중복되기도 함	来 lái 오다	死 sǐ 죽다	毕业 bìyè 졸업하다
		他死了三年了。 그가 죽은 지 3년째다. Tā sǐ le sān nián le.
이합사	2음절 동사 중에서 '동사+목적어' 구조로 이루어진 동사	睡觉 shuìjiào 잠자다	游泳 yóuyǒng 수영하다	上班 shàngbān 출근하다	上课 shàngkè 수업하다
		他今天上夜班。 그는 오늘 야간 근무를 한다. Tā jīntiān shàng yè bān.
이중목적어를 갖는 동사	'간접목적어+직접목적어'를 동반하는 동사	给 gěi 주다	教 jiāo 가르치다	告诉 gàosu 알려주다
		他教我们数学。 그는 우리에게 수학을 가르친다. Tā jiāo wǒmen shùxué.
사역동사	다른 사람으로 하여금 어떤 일을 하게끔 시키는 동사 ＊겸어문에 쓰임	请 qǐng ~를 초청해 ~하게 하다	让 ràng ~로 하여금 ~하게 하다
		我请你喝茶。 내가 차 살게. Wǒ qǐng nǐ hē chá.
방향동사	방향을 나타내는 동사 ＊방향보어와 같이 쓰임	上 shàng 올라가다	下 xià 내려가다	进 jìn 들어가다
		快下来吧。 얼른 내려와. Kuài xiàlai ba.

판단동사	동작이나 행위에 대해 판단하는 동사	是 shì ~이다
		他是学生。그는 학생이다. Tā shì xuésheng.
존재동사	사람과 사물의 존재를 나타내는 동사 *방위사와 같이 쓰임	在 zài ~에 있다 | 有 yǒu ~가 있다 | 是 shì ~이다
		学校在医院旁边。학교는 병원 옆쪽에 있다. Xuéxiào zài yīyuàn pángbiān.
심리 · 감정동사	사람의 심리나 감정 상태를 나타내는 동사	爱 ài 사랑하다 | 喜欢 xǐhuan 좋아하다 | 讨厌 tǎoyàn 미워하다
		我爱你。나는 너를 사랑해. Wǒ ài nǐ.
조동사	동사 앞에 위치해 주어의 의지, 바람, 허락 등을 나타내는 동사	想 xiǎng ~하고 싶다 | 要 yào ~하려고 하다 | 会 huì ~할 줄 알다
		我想去美国。난 미국에 가고 싶어. Wǒ xiǎng qù Měiguó.
동사(구)를 목적어로 갖는 동사	동사나 동사구를 목적어로 갖는 동사	进行 jìnxíng 진행하다 | 打算 dǎsuan 계획하다 | 喜欢 xǐhuan 좋아하다 | 加以 jiāyǐ ~을 가하다 | 值得 zhídé ~할 만하다
		他打算去旅游。그는 여행을 가려고 한다. Tā dǎsuan qù lǚyóu.

5분 체크 어법

정답 ➡ 269쪽

1 빈칸에 알맞은 동사를 쓰세요. (*중복 사용 가능)

[보기]   出发   去   爱   在   给   毕业

❶ 妈妈_____家。

❷ 他们下午三点_____。

❸ 我不_____美国, _____中国。

❹ 我_____你一本书。

❺ 你_____我吗?

❻ 姐姐大学_____一年了。

2 다음 중 동사를 목적어로 동반할 수 없는 단어를 고르세요.

❶ 打算   ❷ 喜欢   ❸ 去   ❹ 进行

3 다음 중 자동사가 아닌 것을 고르세요.

❶ 玩儿   ❷ 告诉   ❸ 出发   ❹ 笑

4 다음 중 비지속동사가 아닌 것을 고르세요.

❶ 死   ❷ 来   ❸ 毕业   ❹ 等

19 이합사(离合词)

我吃饭。 나는 밥을 먹어.
Wǒ chīfàn.

我吃早饭了。 난 아침 먹었어.
Wǒ chī zǎofàn le.

1 이합사 : 이합사는 2음절 동사 중에서 '동사+목적어' 형태로 이루어진 단어를 말한다.

见|面 jiànmiàn 만나다	吃|饭 chīfàn 밥을 먹다	帮|忙 bāngmáng 돕다	上|课 shàngkè 수업하다	下|课 xiàkè 수업을 마치다	上|班 shàngbān 출근하다	下|班 xiàbān 퇴근하다	散|步 sànbù 산책하다	游|泳 yóuyǒng 수영하다
起|床 qǐchuáng 기상하다	睡|觉 shuìjiào 잠자다	放|假 fàngjià 방학하다	请|假 qǐngjià 휴가 내다	结|婚 jiéhūn 결혼하다	离|婚 líhūn 이혼하다	吵|架 chǎojià 싸우다	聊|天儿 liáotiānr 한담하다	抽|烟 chōuyān 담배를 피우다
毕|业 bìyè 졸업하다	考|试 kǎoshì 시험 보다	唱|歌 chànggē 노래하다	打|折 dǎzhé 할인하다	生|气 shēngqì 화내다	请|客 qǐngkè 대접하다	点|菜 diǎncài 주문하다	跑|步 pǎobù 달리기하다	开|玩笑 kāi wánxiào 농담하다
辞|职 cízhí 사직하다	干|活 gànhuó 일하다	说|话 shuōhuà 말하다	开|会 kāihuì 회의하다	跳|舞 tiàowǔ 춤추다	问|好 wènhǎo 안부를 묻다	洗|澡 xǐzǎo 목욕하다	握|手 wòshǒu 악수하다	道|歉 dàoqiàn 사과하다

2 이합사의 특징

① 이합사는 동사 자체에 목적어를 이미 포함하고 있으므로 목적어를 동반할 수 없다.

我上课汉语。(×) → 我上汉语课。(○) 나는 중국어 수업을 들어.
　　　　　　　　　Wǒ shàng Hànyǔ kè.

他已经毕业大学了。(×) → 他已经大学毕业了。(○) 그는 이미 대학을 졸업했어.
　　　　　　　　　　　Tā yǐjing dàxué bìyè le.

② 이합사는 용도에 따라 붙여 쓰거나 분리해서 쓸 수 있다.

你先去睡觉吧。 네가 먼저 가서 자.
Nǐ xiān qù shuìjiào ba.

奶奶每天睡午觉。 할머니는 매일 낮잠을 주무셔.
Nǎinai měitiān shuì wǔ jiào.

③ 이합사 뒤에 보어나 조사가 동반될 때는 반드시 동사 부분 뒤에 위치해야 한다.

她跳舞得很好。(×) → 她跳舞跳得很好。(○) 그녀는 춤을 잘 춰요.
　　　　　　　　　　Tā tiàowǔ tiào de hěn hǎo.

我跟他见面过。(×) → 我跟他见过面。(○) 나는 그와 만난 적이 있다.
　　　　　　　　　　Wǒ gēn tā jiànguo miàn.

5분 체크 어법

1 다음 동사 중에서 이합사를 고르세요.

见面	喜欢	结婚	进行	学习	感动	跑步
出现	运动	帮忙	生气	毕业	请客	开玩笑

➡ _____

2 다음 문장에서 밑줄 친 부분을 바르게 고치세요.

❶ 她经常请了客。

➡ _____

❷ 他正在生气我呢。

➡ _____

3 다음 중 틀린 문장을 고르세요.

❶ 我唱了一首歌。　　　❷ 他经常跟我开玩笑。

❸ 我毕业高中一年了。　　❹ 他跳舞跳得非常好。

4 괄호 안에 주어진 단어를 써서 문장을 만드세요.

❶ 나는 자고 싶다. (睡觉)

➡ _____

❷ 나는 이미 잠이 들었다. (睡)

➡ _____

❸ 나는 잠이 들지 않는다. (睡觉)

➡ _____

❹ 나는 매일 낮잠을 잔다. (睡觉)

➡ _____

❺ 나는 잠을 잘 못 잤다. (睡)

➡ _____

20 이중목적어를 갖는 동사

他送了我一束花。 그는 나에게 꽃 한 다발을 주었다.
Tā sòng le wǒ yí shù huā.

1 이중목적어를 갖는 동사

教 jiāo 가르치다	问 wèn 묻다	给 gěi 주다	请教 qǐngjiào 가르침을 청하다	还 huán 돌려주다	告诉 gàosu 알리다	求 qiú 구하다	拖 tuō 끌다	通知 tōngzhī 통지하다
借 jiè 빌리다	拿 ná 가져가다	送 sòng 보내다	租 zū 세내다	分 fēn 나누다	赏 shǎng 상을 주다	称 chēng 칭하다	留 liú 남기다	找 zhǎo 찾다
叫 jiào ~라 부르다	称呼 chēnghu ~라 부르다	交 jiāo 제출하다	寄 jì 부치다	卖 mài 팔다	传 chuán 전하다	递 dì 건네다	输 shū 지다	发 fā 보내다

2 이중목적어를 갖는 동사의 특징

① 이중목적어를 갖는 동사는 간접목적어와 직접목적어를 동반한다.

我 告诉 【간접목적어】你 【직접목적어】答案 。 내가 너에게 답을 말해 줄게.
Wǒ gàosu nǐ dá'àn.

我送 【간접목적어】他 【직접목적어】一件礼物 。 나는 그에게 선물을 하나 줬다.
Wǒ sòng tā yí jiàn lǐwù.

② 직접목적어 부분은 '수사+양사+명사' 구조로 이루어진 경우가 많다.

我问你一个问题。 너한테 뭐 하나 물어볼게.
Wǒ wèn nǐ yí ge wèntí.

他借了我六百块钱。 그는 나에게 600위엔을 빌렸어.
Tā jiè le wǒ liùbǎi kuài qián.

③ 이중목적어를 갖는 동사는 간접목적어만 동반하거나, 직접목적어만을 동반할 수 있다.

我给 【간접목적어】你 。 내가 너에게 줄게.
Wǒ gěi nǐ.

王老师教 ^{간접목적어} 英语 。 왕 선생님께서는 영어를 가르치신다.

Wáng lǎoshī jiāo Yīngyǔ.

정답 ➡ 269쪽

⏱ 5분 체크 어법

1 다음 동사 중에서 이중목적어를 갖는 동사를 고르세요.

告诉	还	换	找	谈	给	问	散步
发	送	踢	借	翻译	交	骑	开会

➡ _____

2 빈칸에 알맞은 동사를 쓰세요.

[보기]　告诉　　找　　给　　问　　教

❶ 我_____你一个秘密。

❷ 先生，我_____您十块钱。

❸ 张老师_____我们音乐。

❹ 明明，我想_____你一个问题。

❺ 你_____我这本书，好吗?

3 다음 중 틀린 문장을 고르세요.

❶ 你告诉我吧。　　　　　❷ 王老师不教他们。

❸ 他给我两张电影票。　　❹ 我想不还他钱。

4 다음 문장을 해석하세요.

❶ 他送了我一百朵玫瑰。　➡ _____

❷ 你能不能借我点儿钱?　➡ _____

❸ 我还图书馆一本小说。　➡ _____

＊玫瑰 méigui 명 장미, 장미꽃

21 지속동사vs비지속동사

她画画。 그녀는 그림을 그린다.
Tā huà huà.

他们坐着看电视。 그들은 앉아서 TV를 본다.
Tāmen zuòzhe kàn diànshì.

1 지속동사

① 지속동사의 종류

笑 xiào 웃다	哭 kū 울다	追 zhuī 쫓다	站 zhàn 서다	坐 zuò 앉다	睡 shuì 자다	抱 bào 안다	带 dài 휴대하다
贴 tiē 붙이다	陪 péi 모시다	指 zhǐ 가리키다	等 děng 기다리다	玩 wán 놀다	用 yòng 사용하다	照顾 zhàogù 보살피다	关心 guānxīn 관심을 갖다
关 guān 닫다	开 kāi 열다	挂 guà 걸다	放 fàng 놓다	写 xiě 쓰다	画 huà 그리다	穿 chuān 입다	停 tíng 멈추다

② 지속동사 뒤에 동태조사 着를 써서 '동작이나 상태의 지속'을 나타낸다.

你坐着说吧。 앉아서 얘기해요.
Nǐ zuòzhe shuō ba.

门开着。 문이 열려 있다.
Mén kāizhe.

③ 지속동사 뒤에 시간보어가 올 수 있다.

我们等了你一个小时。 우리는 널 한 시간 동안 기다렸어.
Wǒmen děng le nǐ yí ge xiǎoshí.

2 비지속동사

① 비지속동사의 종류

死 sǐ 죽다	丢 diū 잃다	到 dào 도달하다	来 lái 오다	去 qù 가다	回 huí 되돌아오다	走 zǒu 걷다	离开 líkāi 떠나다
出发 chūfā 출발하다	毕业 bìyè 졸업하다	结婚 jiéhūn 결혼하다	离婚 líhūn 이혼하다	分手 fēnshǒu 헤어지다	开始 kāishǐ 시작하다	结束 jiéshù 끝나다	断 duàn 끊다

塌	散	灭	批准	发生	发现	出现	失败
tā	sàn	miè	pīzhǔn	fāshēng	fāxiàn	chūxiàn	shībài
무너지다	흩어지다	소멸하다	허가하다	발생하다	발견하다	출현하다	실패하다

② 비지속동사 뒤에 了를 써서 '동작의 완성'을 나타낸다.

我去年<u>毕业了</u>。 나는 작년에 졸업했다.
Wǒ qùnián bìyè le.

护照<u>丢了</u>。 여권을 잃어버렸다.
Hùzhào diū le.

③ 비지속동사 뒤에 시간보어가 올 수 있다.

他<u>来</u>韩国<u>三年</u>了。 그는 한국에 온 지 3년 되었다.
Tā lái Hánguó sān nián le.

我们<u>结婚</u><u>五年</u>了。 우리는 결혼한 지 5년 되었다.
Wǒmen jiéhūn wǔ nián le

④ 이합사이면서 비지속동사인 경우에는 동사 뒤에 목적어가 올 수 없다.

我们毕业大学十年了。(×) → 我们大学<u>毕业</u>十年了。(○) 우리는 대학 졸업한 지 10년 되었다.
Wǒmen dàxué bìyè shí nián le.

5분 체크 어법

정답 ⇒ 269쪽

1 다음 동사 중 비지속동사를 고르세요.

站	毕业	死	听	来	去	坐	看	结婚

➡ _____

2 다음 중 틀린 문장을 고르세요.

❶ 办公室的灯还亮着。

❷ 爷爷死着已经三年了。

❸ 我等了他一个小时。

❹ 我们分手不到一个月。

3 빈칸에 알맞은 동사를 쓰세요. (*중복 사용 가능)

[보기] 看	穿	结婚	站	离开

❶ 她昨天_____这儿了。

❷ 他一直_____在门口。

❸ 他们_____已经十年了。

❹ 我_____了_____，还是这个好。

❺ 今天她_____着牛仔裤。

22 조동사(1)

• 학습 포인트 想, 要, 会, 能, 可以의 용법

他**会**说汉语。 그 사람은 중국어를 할 줄 알아.
Tā huì shuō Hànyǔ.

这儿**可以**抽烟吗? 여기서 담배를 피워도 되나요?
Zhèr kěyǐ chōuyān ma?

1 여러 가지 조동사(1)

조동사	의미	예문	부정형
想 xiǎng	~하고 싶다(희망, 계획)	我**想**吃火锅。 나는 샤브샤브가 먹고 싶어. Wǒ xiǎng chī huǒguō.	不想
要 yào	~하려고 하다(주어의 의지)	我**要**去中国。 난 중국에 가려고 해. Wǒ yào qù Zhōngguó.	不想
	~해야만 하다(당위성)	你**要**参加会议。 넌 회의에 참가해야만 해. Nǐ yào cānjiā huìyì.	不用
	곧 ~하려 하다(일이나 사건의 발생이 임박함)	**要**下雪了。 눈이 오겠어. Yào xià xuě le.	
会 huì	~할 수 있다(학습 능력)	她**会**说法语。 그 사람 프랑스어를 할 줄 알아. Tā huì shuō Fǎyǔ.	不会
	~할 것이다(가능성)	她今天**会**回来。 그녀는 오늘 돌아올 거야. Tā jīntiān huì huílai.	不会
	~를 잘하다(능숙함) *会 앞에 정도부사를 동반함	他很**会**说话。 그는 말을 참 잘해. Tā hěn huì shuōhuà.	不会
	당연히 ~할 것이다(확신에 찬 추측) *'会……的'의 형식으로 쓰임	这次他一定**会**帮我们的。 Zhècì tā yídìng huì bāng wǒmen de. 이번에 그는 꼭 우리를 도울 거야.	
能 néng	~할 수 있다(육체적, 지능적 능력)	我**能**看中文小说。 난 중문 소설을 읽을 수 있어. Wǒ néng kàn Zhōngwén xiǎoshuō.	不能
	~할 수 있다(조건 환경의 허락)	明天你**能**不**能**来? 내일 너 올 수 있어? Míngtiān nǐ néng bu néng lái?	不能
	~에 능하다(일정 수준에 도달) *能 앞에 정도부사를 동반함	他真**能**喝酒。 그는 정말 술을 잘 마셔. Tā zhēn néng hē jiǔ.	不会
	~할 것이다(예측과 추측)	妈妈的病**能**治好吗? 엄마의 병은 고칠 수 있을까? Māma de bìng néng zhìhǎo ma?	不能
	~할 수 있다(사물 자체가 갖고 있는 가능성)	这个箱子只**能**装十个苹果。 Zhège xiāngzi zhǐnéng zhuāng shí ge píngguǒ. 이 상자에는 사과 10개밖에 못 담아.	不能

70 맛있는 중국어 어법

可以 kěyǐ	~할 수 있다(능력)	他可以自己走路。 그는 혼자서 걸을 수 있어. Tā kěyǐ zìjǐ zǒu lù.	不能, 不可以
	~할 수 있다(객관적인 가능성)	雨停了，可以出去了。 비가 그쳐서 나갈 수 있어. Yǔ tíng le, kěyǐ chūqu le.	不能
	~해도 되다(도의적인 허가)	现在可以回家了。 이제 집에 돌아가도 돼. Xiànzài kěyǐ huíjiā le.	不能
	~해도 되다(조건, 환경의 허락) *주로 의문문에 쓰임	这儿可以停车吗？ 여기에 주차해도 되나요? Zhèr kěyǐ tíngchē ma?	不能
	~할 만한 가치가 있다(가치) *주로 추천, 건의에 쓰임	这本书可以看看。 이 책은 볼 만해. Zhè běn shū kěyǐ kànkan.	

2 不要의 용법

① 不要는 '~하지 마라', '~해서는 안 되다'의 의미로 '금지'와 '만류'를 나타낸다.

不要忘了带随手杯来。 텀블러 가져오는 거 잊지 마.　　不要太难过了。 너무 슬퍼하지 마.
Búyào wàng le dài suíshǒubēi lái.　　Búyào tài nánguò le.

② 不要 앞에는 부사 千万이 자주 동반된다.

千万不要告诉妈妈。 절대로 엄마께 말씀드리지 마.
Qiānwàn búyào gàosu māma.

5분 체크 어법

정답 ➡ 269쪽

1 다음 중 빈칸에 들어갈 조동사로 알맞은 것을 고르세요.

A : 明天你_____来我家玩儿吗？　　　　B : 对不起，不_____去。

❶ 要　　　　　❷ 得　　　　　❸ 能　　　　　❹ 会

2 빈칸에 알맞은 조동사를 쓰세요.

[보기]　会　　能　　想　　不要

❶ 我不饿，我真的不_____吃。　　❷ 你放心，他_____来的。

❸ 这儿不_____抽烟。　　❹ 千万_____告诉他。

3 다음 단어를 어순에 맞게 배열하세요.

❶ 你 ┃ 这儿 ┃ 他 ┃ 觉得 ┃ 吗 ┃ 来 ┃ 会 ➡ 你_____?

❷ 留学 ┃ 我 ┃ 要 ┃ 美国 ┃ 去　　➡ _____。

23 조동사(2)

学生**应该**努力学习。 학생은 당연히 열심히 공부해야 한다.
Xuésheng yīnggāi nǔlì xuéxí.

他**可能**去出差了。 그는 아마 출장 갔을 거야.
Tā kěnéng qù chūchāi le.

➕ 여러 가지 조동사(2)

조동사	의미	예문	부정형
得 děi	~해야만 하다(당위성)	你**得**去上课。 너는 수업받으러 가야 해. Nǐ děi qù shàngkè.	不用
	반드시 ~할 것이다(추측)	你又迟到了，老师一定**得**说你了。 Nǐ yòu chídào le, lǎoshī yídìng děi shuō nǐ le. 네가 또 지각을 했으니, 선생님께서 틀림없이 혼내실 거야.	不会
应该 yīnggāi	당연히 ~해야만 하다(도리 상의 당위성)	我们**应该**保护环境。 Wǒmen yīnggāi bǎohù huánjìng. 우리는 당연히 환경을 보호해야 한다.	不应该
	당연히 ~할 것이다(추론, 추 측)	他们昨天出发，现在**应该**到家了。 Tāmen zuótiān chūfā, xiànzài yīnggāi dào jiā le. 그들은 어제 출발했으니, 지금이면 당연히 집에 도착했을 거야.	
该 gāi	당연히 ~해야만 하다(정리 상의 당위성)	天黑了，我**该**走了。 날이 어두워졌네, 가야겠어. Tiān hēi le, wǒ gāi zǒu le.	不该
	감탄문에 쓰여 어감 강화	假如我会飞，那**该**有多好! Jiǎrú wǒ huì fēi, nà gāi yǒu duō hǎo! 내가 날 수 있으면, 얼마나 좋을까!	
可能 kěnéng	아마도 ~일지도 모르다(예 측, 추측) ＊주어 앞이나 술어 앞에 위치함 ＊부사 很이나 조동사 숤를 동반함	张总**可能**走了。 장 사장님은 아마도 가셨을 거야. Zhāng zǒng kěnéng zǒu le. 这样做，很**可能**会失败。 Zhèyàng zuò, hěn kěnéng huì shībài. 이렇게 하면 실패할 가능성이 커.	不可能
敢 gǎn	감히 ~하다(용기 있고 대담 하게 일을 함) ＊주로 不敢 형식으로 많이 쓰임	他**敢**说，不怕说错了。 Tā gǎn shuō, búpà shuōcuò le. 그는 자신 있게 말하고, 말실수를 두려워하지 않아. 路远，我**不敢**走。 길이 멀어, 난 갈 엄두가 안 나. Lù yuǎn, wǒ bùgǎn zǒu.	不敢
	감히 ~하다(어떤 판단에 대 한 확신)	我**敢**肯定他一定是小偷。 Wǒ gǎn kěndìng tā yídìng shì xiǎotōu. 내가 감히 확신하건대 그 사람 틀림없이 도둑이야.	

肯 kěn	기꺼이 ~하다(바람, 동의) *不肯 형식으로 많이 쓰임	他肯来这儿工作。 그는 기꺼이 여기로 일하러 오려 해. Tā kěn lái zhèr gōngzuò. 这个孩子不肯去睡觉。 이 아이는 잠을 자려하지 않는다. Zhège háizi bùkěn qù shuìjiào.	不肯
愿意 yuànyì	~하기를 원하다(바람)	我愿意跟你结婚。 난 당신과 결혼하길 원해요. Wǒ yuànyì gēn nǐ jiéhūn.	不愿意

5분 체크 어법

정답 ➡ 269쪽

1 다음 중 빈칸에 들어갈 알맞은 말을 고르세요.

> A : 我身体有点儿不舒服。
>
> B : 你_____多休息。

❶ 可能　　　　　❷ 应该　　　　　❸ 肯　　　　　❹ 愿意

2 다음 중 빈칸에 들어갈 알맞은 말을 고르세요.

> A : 时间不早了，我_____走了。
>
> B : 再玩儿一会儿吧。

❶ 可能　　　　　❷ 该　　　　　❸ 肯　　　　　❹ 愿意

3 다음 중 빈칸에 들어갈 알맞은 말을 고르세요.

> A : 张先生在哪儿?
>
> B : 他_____已经走了吧。

❶ 可能　　　　　❷ 敢　　　　　❸ 肯　　　　　❹ 愿意

4 빈칸에 알맞은 조동사를 쓰세요.

> [보기]　　愿意　　　该　　　敢

❶ 都十点了，我_____走了。

❷ 他_____在贸易公司工作。

❸ 我_____肯定，他喜欢你。

24 조동사의 기능

• 학습 포인트 **조동사의 특징 및 위치**

我想休息。 나는 쉬고 싶어.
Wǒ xiǎng xiūxi.

---

1 조동사는 동사, 형용사 앞에 위치한다.

我想去中国。 난 중국에 가고 싶어.
Wǒ xiǎng qù Zhōngguó.

他会高兴。 그는 기뻐할 거야.
Tā huì gāoxìng.

2 정반의문문에서는 조동사를 반복한다.

你能不能来? 너 올 수 있어?
Nǐ néng bu néng lái?

这儿可不可以抽烟? 여기서 담배 피울 수 있나요?
Zhèr kě bu kěyǐ chōuyān?

3 조동사는 중첩할 수 없다.

我会会说英语。(✕) → 我会说英语。(○) 나는 영어를 할 줄 알아.
Wǒ huì shuō Yīngyǔ.

我得得去学校。(✕) → 我得去学校。(○) 나는 학교에 가야만 해.
Wǒ děi qù xuéxiào.

4 조동사는 동태조사나 보어와 결합할 수 없다.

我想过见他。(✕) → 我想见他。(○) 나는 그를 만나고 싶어.
Wǒ xiǎng jiàn tā.

我要好学会德语。(✕) → 我要学会德语。(○) 나는 독일어를 마스터하려 해.
Wǒ yào xuéhuì Déyǔ.

5 조동사는 부사 뒤 전치사구 앞에 위치한다.

我也愿意帮助他。 나도 그를 돕고 싶어.
Wǒ yě yuànyì bāngzhù tā.

他想在家吃饭。 그는 집에서 밥을 먹고 싶어 한다.
Tā xiǎng zài jiā chīfàn.

6 연동문과 겸어문에서는 첫 번째 동사 앞에 위치한다.

[연동문] 我<u>得</u>去欧洲出差。 나는 유럽으로 출장을 가야만 해.
Wǒ děi qù Ōuzhōu chūchāi.

[겸어문] 他<u>想</u>请大家吃饭。 그는 모두에게 밥을 사고 싶어 해.
Tā xiǎng qǐng dàjiā chīfàn.

7 조동사 会, 想, 能, 愿意 앞에는 정도부사가 올 수 있다.

她<u>很</u>会买东西。 그녀는 물건을 아주 잘 산다.
Tā hěn huì mǎi dōngxi.

你<u>真</u>能吃。 너 정말 잘 먹는구나.
Nǐ zhēn néng chī.

5분 체크 어법

정답 ➡ 269쪽

1 다음 중 틀린 문장을 고르세요.

❶ 我会说汉语。

❷ 你想去不去旅行?

❸ 这是我应该做的。

❹ 你要去哪儿?

2 제시된 단어가 들어갈 알맞은 위치를 고르세요.

❶ 我 A 问 B 你 C 一个 D 问题。(想)

❷ 下星期 A 我 B 去 C 中国 D 出差。(得)

❸ A 我 B 也 C 买 D 一双皮鞋。(要)

3 다음 조동사의 부정형이 잘못된 것을 고르세요.

❶ 想 - 不想   ❷ 要 - 不要   ❸ 能 - 不能   ❹ 得 - 不用

4 다음 단어를 어순에 맞게 배열하세요.

❶ 我 | 跟 | 你 | 想 | 去 | 一起   ➡ 我_____。

❷ 注意 | 你们 | 身体 | 应该   ➡ _____。

5 다음 문장을 해석한 후 의미를 분석하세요.

❶ 她很会说话。   [해석] _____   [의미] _____

❷ 她能说话。   [해석] _____   [의미] _____

25 부사의 종류

학습 포인트 | 시간부사 | 정도부사 | 범위부사 | 빈도부사 | 부정부사

她也来了。 그녀도 왔어.
Tā yě lái le.

我也经常坐公交车。 나도 자주 시내버스를 타.
Wǒ yě jīngcháng zuò gōngjiāochē.

➕ 부사의 종류

시간부사	어떠한 상황이나 동작의 시간적 상황을 말한다.
	才 cái 비로소 | 就 jiù 바로, 이미 | 马上 mǎshàng 바로 | 刚 gāng, 刚刚 gānggāng 막 | 已 yǐ, 已经 yǐjīng 이미 | 曾 céng, 曾经 céngjīng 예전에 | 始终 shǐzhōng 한결같이 | 随时 suíshí 아무 때나 | 永远 yǒngyuǎn 영원히 | 就要 jiùyào 곧 ~하다 | 将要 jiāngyào 장차 ~하려고 하다 | 快要 kuàiyào 곧 ~하다 | 正 zhèng 마침 ~하는 중이다 | 在 zài, 正在 zhèngzài ~하는 중이다 | 一直 yìzhí 계속 | 原来 yuánlái 원래 | 本来 běnlái 본래
정도부사	정도를 나타내는 부사로 주로 형용사 앞이나 심리 활동 동사 앞에 위치한다.
	很 hěn 아주 | 挺 tǐng 매우('挺……的' 형식으로 많이 쓰임) | 怪 guài 매우('怪……的' 형식으로 많이 쓰임) | 太 tài 너무('太……了' 형식으로 많이 쓰임) | 非常 fēicháng 아주 | 十分 shífēn 대단히 | 格外 géwài 특별히 | 相当 xiāngdāng 상당히 | 最 zuì 가장 | 真 zhēn 정말로 | 更 gèng 더욱 | 比较 bǐjiào 비교적 | 稍微 shāowēi 약간 | 极 jí 극도로 | 极其 jíqí 지극히 | 有点儿 yǒudiǎnr 조금 | 多么 duōme 얼마나
범위부사	동작의 범위를 제한한다.
	都 dōu 모두 | 全 quán 전부 | 一共 yígòng 모두 합쳐 | 只 zhǐ 단지 | 仅仅 jǐnjǐn 겨우 | 光 guāng 단지 | 一起 yìqǐ 같이 | 一块儿 yíkuàir 함께
빈도 · 중복부사	어떠한 동작이나 상태의 발생 빈도수를 말한다.
	也 yě ~도, 역시 | 还 hái 또 | 再 zài 다시 | 又 yòu 또 | 再三 zàisān 재삼 | 反复 fǎnfù 반복적으로 | 不断 búduàn 끊임없이 | 重新 chóngxīn 재차, 새로 | 常 cháng, 常常 chángcháng 자주 | 时常 shícháng 항상 | 经常 jīngcháng 늘, 자주 | 往往 wǎngwǎng 종종 | 总是 zǒngshì 늘 | 老是 lǎoshì 언제나 | 偶尔 ǒu'ěr 이따금
부정부사	어떠한 동작이나 상태, 행위를 부정하는 역할을 한다.
	不 bù ~가 아니다 | 没(有) méi(you) ~하지 않았다 | 别 bié ~하지 마라 | 甭 béng ~하지 마라 | 不必 búbì ~할 필요 없다 | 未必 wèibì 반드시 ~한 것은 아니다
예측부사	어떠한 상황에 대해 미리 짐작하여 예측하는 것을 말한다.
	也许 yěxǔ 어쩌면 | 大概 dàgài 아마도 | 恐怕 kǒngpà 아마도(주로 좋지 않은 일에 쓰임) | 可能 kěnéng 아마도 | 一定 yídìng 반드시

어기부사	말할 때의 어감을 나타낸다.
	可 kě 그러나 | 却 què 오히려 | 倒 dào 오히려 | 究竟 jiūjìng 결국 | 到底 dàodǐ 도대체 | 几乎 jīhū 거의 | 差点儿 chàdiǎnr 하마터면 | 简直 jiǎnzhí 정말이지 | 果然 guǒrán 과연 | 难道 nándào 설마 ~한가? | 明明 míngmíng 분명히 | 毕竟 bìjìng 어쨌든 | 反正 fǎnzhèng 어쨌든 | 幸亏 xìngkūi 다행히 | 终于 zhōngyú 마침내 | 千万 qiānwàn 절대로 | 偏偏 piānpiān 일부러
의문부사	多를 사용해 정도나 수량을 묻는다.
	多 duō 얼마나
정태부사	동작의 상황이나 상태를 표현한다.
	渐渐 jiànjiàn 점점 | 逐渐 zhújiàn 점차 | 亲自 qīnzì 친히, 직접 | 互相 hùxiāng 서로 | 仍然 réngrán 여전히 | 特地 tèdì 일부러 | 赶快 gǎnkuài 재빨리 | 赶紧 gǎnjǐn 얼른 | 忽然 hūrán 문득 | 突然 tūrán 갑자기 | 不禁 bùjīn 자기도 모르게

5분 체크 어법

1 빈칸에 알맞은 부사를 쓰세요.

[보기]　已经　　就　　一直　　一定　　才　　非常

❶ 我相信你_____会梦想成真。　　❷ 他一毕业_____回国了。

❸ 昨天晚上她很晚_____到家。　　❹ 从这儿_____往前走。

❺ 她_____知道了。　　❻ 我哥哥_____帅。

＊梦想成真 mèngxiǎng chéngzhēn 꿈을 이루다

2 빈칸에 알맞은 부사를 쓰세요.

[보기]　互相　　只　　都　　不　　多　　常常

❶ 该来的_____来了。　　❷ 今天我_____请了三个朋友。

❸ 你_____重？　　❹ 我现在_____想吃。

❺ 你们应该_____帮助。　　❻ 他_____去中国。

3 다음 단어를 어순에 맞게 배열하세요.

❶ 他 \| 好吃 \| 做的 \| 很 \| 菜　　➡ _____。

❷ 星期 \| 我 \| 北京 \| 才 \| 一个 \| 来　　➡ _____。

❸ 姐姐 \| 太 \| 看书 \| 了 \| 喜欢　　➡ _____。

25 부사의 종류　77

26 부사의 기능

● 학습 포인트 ● 부사의 역할과 위치

她非常漂亮。 그녀는 아주 예쁘다.
Tā fēicháng piàoliang.

他们都在看她。 그들은 모두 그녀를 보고 있다.
Tāmen dōu zài kàn tā.

1 부사는 동사와 형용사를 수식한다.

马上就到 곧바로 도착한다
mǎshàng jiù dào

正在吃饭 밥을 먹고 있다
zhèngzài chīfàn

都去 다 간다
dōu qù

非常可爱 아주 귀엽다
fēicháng kě'ài

2 동사, 형용사를 대체하는 지시대명사를 수식한다.

事情已经这样了，我也没办法。 일이 이미 이 지경이 되었으니, 나도 어쩔 수 없어.
Shìqing yǐjing zhèyàng le, wǒ yě méi bànfǎ.

他不会再那样了。 그 사람 더는 그렇게 못할 거야.
Tā bú huì zài nàyàng le.

3 일부 부사는 주어 앞에 위치할 수 있다.

光他一个人来，行吗? 그 사람 혼자만 와도 괜찮아?
Guāng tā yí ge rén lái, xíng ma?

就星期天没有课。 일요일에만 수업이 없어.
Jiù xīngqītiān méiyǒu kè.

4 부사와 조동사를 같이 쓸 때, 부사는 보통 조동사 앞에 위치한다.

我们也想去黄山。 우리도 황산에 가고 싶어.
Wǒmen yě xiǎng qù Huángshān.

你不能这么说。 너는 이렇게 말하면 안 돼.
Nǐ bù néng zhème shuō.

5 시간과 범위를 나타내는 부사는 수량사 앞에서 부사어로 쓰이기도 한다.

已经九点了。 벌써 9시네.
Yǐjing jiǔ diǎn le.

一共三百六十块钱。 모두 합쳐 360위엔입니다.
Yígòng sānbǎi liùshí kuài qián.

6 부사 极와 很은 정도보어로 쓰이기도 하며, 이때 极는 '极了'로 쓰인다.

黄山的风景美极了。 황산의 풍경은 굉장히 아름답다.
Huángshān de fēngjǐng měi jíle.

那个商店的东西便宜得很。 그 상점의 물건은 아주 싸다.
Nàge shāngdiàn de dōngxi piányi de hěn.

7 일부 부사는 복문에 쓰이기도 한다.

我一见到王老师，就很紧张。 난 왕 선생님만 뵈면, 긴장이 돼.
Wǒ yí jiàndào Wáng lǎoshī, jiù hěn jǐnzhāng.

无论你去哪儿，我都陪着你。 네가 어디에 가든지, 내가 같이 갈게.
Wúlùn nǐ qù nǎr, wǒ dōu péizhe nǐ.

5분 체크 어법

정답 ➡ 269쪽

1 다음 중 빈칸에 공통으로 들어갈 말을 고르세요.

> 他一紧张，脸_____变红。
> 如果你来，我_____去。

❶ 才 　　　　　❷ 都 　　　　　❸ 就 　　　　　❹ 一起

2 다음 중 빈칸에 들어갈 알맞은 말을 고르세요.

> 今天早上我_____吃饭。
> 外边下雨，我_____想出去。

❶ 没有 - 没有 　❷ 不 - 不 　　❸ 不 - 没有 　　❹ 没有 - 不

3 다음 중 틀린 문장을 고르세요.

❶ 我们都也去。　　　　　　　❷ 我跟他一起看。

❸ 其实你不知道。　　　　　　❹ 这些一共三百块钱。

4 제시된 단어가 들어갈 알맞은 위치를 고르세요.

❶ 他 A 还 B 吃 C 呢。(没)

❷ 　A 那个 B 地方 C 远。(比较)

❸ 我 A 想 B 买 C 一个。(也)

27 也vs都 / 也vs又

학습 포인트 | 也와 都의 차이점 | 也와 又의 차이점

我**也**是学生。 나도 학생이야.
Wǒ yě shì xuésheng.

他今年**又**来了。 그는 올해 또 왔어.
Tā jīnnián yòu lái le.

1 也와 都

也 ~도 또한	都 모두, 다
① 단수, 복수에 쓰이고 중복(빈도)을 나타낸다.	① 복수에 쓰이고 범위를 나타낸다.
我**也**是大学生。 나도 대학생이야. (단수) Wǒ yě shì dàxuéshēng. 他们**也**不是中国人。 그들도 중국인이 아니야. (복수) Tāmen yě bú shì Zhōngguórén.	我**都**是韩国人。(×) 我们**都**是韩国人。(○) 우리는 모두 한국인이다. Wǒmen dōu shì Hánguórén.
② '无论/不管/虽然/宁可……, 也……' 형식으로 복문에 쓴다.	② '无论/不管……, 都……' 형식으로 복문에 쓰인다.
我**无论**问他什么, 他**也**不回答。 Wǒ wúlùn wèn tā shénme, tā yě bù huídá. 내가 뭘 물어도 그는 대답하지 않았어.	**不管**我在哪儿, 我**都**会想你。 Bùguǎn wǒ zài nǎr, wǒ dōu huì xiǎng nǐ. 내가 어디 있든, 네가 보고 싶을 거야.
③ 강조 용법 '连……也', '一……也' 형식으로 쓰인	③ 강조 용법 '连……都', '一……都' 형식으로 쓰인
他**连**饭**也**不吃就走了。 Tā lián fàn yě bù chī jiù zǒu le. 그는 밥도 안 먹고 갔어. 她站在那儿, 一动**也**不动。 Tā zhànzài nàr, yí dòng yě bú dòng. 그녀는 저기 서서 꼼짝도 안 해.	这个道理**连**小孩子**都**知道。 Zhège dàolǐ lián xiǎo háizi dōu zhīdào. 이런 이치는 어린아이도 다 알아. 今天一点儿**都**不冷。 Jīntiān yìdiǎnr dōu bù lěng. 오늘은 하나도 안 춥네.
④ 어감을 완화시키는 작용을 한다.	④ '이미, 벌써'의 뜻으로 쓰인다.
宋书记, 你**也**太客气了。 Sòng shūjì, nǐ yě tài kèqi le. 송 서기님, 별말씀을 다 하시는군요.	**都**十二点了, 儿子还没回家。 Dōu shí'èr diǎn le, érzi hái méi huíjiā. 이미 12시가 되었건만, 아들이 아직 귀가를 안 했다.
Tip • 也+都 문장에 也와 都가 함께 올 때는 '也都' 순으로 쓴다. 他们**也都**来了。 그들도 다 왔어. Tāmen yě dōu lái le. • 无论……都…… 无论 뒤에 선택 관계가 동반될 때는 都와 호응한다. **无论**你去不去, **都**要告诉我。 네가 가든 안 가든, 나한테 얘기해 줘. Wúlùn nǐ qù bu qù, dōu yào gàosu wǒ.	⑤ 이유를 설명하는 용법으로 주로 남을 탓할 때 쓰인다. **都**怪你, **都**是你的错。 Dōu guài nǐ, dōu shì nǐ de cuò. 다 네 탓이야. 다 네 잘못이라고!

2 也와 又

也 그리고 또	다른 사람의 동작과 같은 동작을 반복할 때 쓰인다.	
	他喝茶，我也喝茶。 그도 차를 마시고 나도 차를 마신다. Tā hē chá, wǒ yě hē chá.	
又 또, 다시	이미 했던 동작을 반복할 때 쓰며, '又……了' 형식으로 쓰인다.	
	他去年来过，今年又来了。 그는 작년에 왔었는데, 올해 또 왔어. Tā qùnián láiguo, jīnnián yòu lái le.	
	'又……又……' 형식으로 쓰여 같은 성질이 동시에 존재하거나, 동시에 두 가지 동작을 하는 것을 나타낸다.	
	她又漂亮又聪明。 그녀는 예쁘고 똑똑하다. Tā yòu piàoliang yòu cōngming. 他又唱又跳。 그는 노래하며 춤을 춘다. Tā yòu chàng yòu tiào.	

5분 체크 어법

1 다음 중 빈칸에 들어갈 알맞은 말을 고르세요.

> A : 你喜欢喝什么?
> B : 我喜欢喝茶、喝咖啡，_____喜欢喝果汁。

❶ 都   ❷ 也   ❸ 又   ❹ 再

2 다음 중 빈칸에 들어갈 알맞은 말을 고르세요.

> 他昨天来过，今天_____来了。 | 他走了，她_____走了。

❶ 再 - 也   ❷ 也 - 再   ❸ 又 - 也   ❹ 又 - 再

3 다음 중 틀린 문장을 고르세요.

❶ 他们都也去了。   ❷ 他们也没去。

❸ 我们都去了。   ❹ 我们没去。

4 也, 都, 又를 써서 문장을 완성하세요.

❶ 他每次_____考得很好。   ❷ 她_____漂亮又聪明。

❸ 我_____参加明天的会议。

28 又vs再/还vs再

你明天再来吧。 자네 내일 다시 오게.
Nǐ míngtiān zài lái ba.

咱们还喝红酒吧。 우리 와인으로 더 마시자.
Zánmen hái hē hóngjiǔ ba.

1 又와 再

又 또, 거듭	再 재차, 다시
① 이미 했던 일을 중복할 때 쓰며, 주로 객관적인 일을 나타낸다. 了를 동반할 수 있다.	① 아직 일어나지 않은 일을 중복할 때 쓰며, 주로 주관적인 일을 나타낸다. 了를 동반하지 않는다.
他今天又来晚了。 그는 오늘 또 늦게 왔어. Tā jīntiān yòu láiwǎn le.	你下午再来吧。 자네 오후에 다시 오게. Nǐ xiàwǔ zài lái ba.
② 예측의 중복에 쓰인다.	② 가설의 중복에 쓰인다.
明天又是星期一了。 Míngtiān yòu shì xīngqīyī le. 내일은 또 월요일이네.	你们要是再不走, 就要迟到了。 Nǐmen yàoshi zài bù zǒu, jiùyào chídào le. 너희들 더 지체하면, 지각할 거야.
③ 과거의 시간과 호응한다.	③ 미래의 시간과 호응한다.
这部电影很好看, 我昨天又看了一遍。 Zhè bù diànyǐng hěn hǎokàn, wǒ zuótiān yòu kàn le yí biàn. 이 영화는 재미있어서, 난 어제 또 한 번 봤어.	这部电影很好看, 我想以后再看一遍。 Zhè bù diànyǐng hěn hǎokàn, wǒ xiǎng yǐhòu zài kàn yí biàn. 이 영화는 재미있어서, 난 다음에 한 번 더 보고 싶어.
④ 不, 没有 앞에만 위치한다.	④ 不, 没有 앞뒤에 위치한다.
他今天又没吃药。 그는 오늘 또 약을 안 먹었어. Tā jīntiān yòu méi chī yào.	他一去就没有再回来。 Tā yí qù jiù méiyou zài huílai. 그는 가더니 다시는 돌아오지 않았다.
雾大, 又不能起飞了。 Wù dà, yòu bù néng qǐfēi le. 안개가 많이 끼어서, 또 이륙을 못한다.	我不再任性了。 난 더는 제멋대로 굴지 않을 거야. Wǒ bú zài rènxìng le.
⑤ '又+조동사' 순으로 쓰인다.	⑤ '조동사+再' 순으로 쓰인다.
他又要出差了。 그는 또 출장을 가려 한다. Tā yòu yào chūchāi le.	我要再去一趟。 난 한 번 더 가려고 해. Wǒ yào zài qù yí tàng.

2 还와 再

还 아직, 더	再 더, 계속
① 지속의 의미를 갖고 있다.	① 중복의 의미를 갖고 있다.
他还在那儿工作吗? 그 사람 아직 거기서 일해? Tā hái zài nàr gōngzuò ma?	孩子, 你再吃点儿。 얘야, 더 먹으렴. Háizi, nǐ zài chī diǎnr.

② 상황이 변하지 않고 계속됨을 나타낸다.	② 수량이 증가함을 나타낸다.
咱们还喝啤酒吧。 우리 맥주로 더 마시자. Zánmen hái hē píjiǔ ba.	咱们再喝几杯白酒吧。 우리 고량주 몇 잔 더하자. Zánmen zài hē jǐ bēi báijiǔ ba.
③ 지금까지 계속되고 있음을 강조한다.	③ 뒤에 계속할 것을 강조한다.
夜深了，你怎么还不睡? Yè shēn le, nǐ zěnme hái bú shuì? 밤이 깊은데, 너는 왜 아직도 안 자니?	你再不说，我要生气了。 Nǐ zài bù shuō, wǒ yào shēngqì le. 네가 계속 말 안 하면, 화낸다.
④ 명령문에는 쓰지 않는다.	④ 명령문에 쓸 수 있다.
请你还说一遍。(✕)	请你再说一遍。 다시 한 번 말씀해 주세요. Qǐng nǐ zài shuō yí biàn.
⑤ '还+想/要/会/打算/不/没有+동사' 순으로 쓰인다.	⑤ '想/要/会/打算+再+동사' 순으로 쓰인다.
这个餐厅不错，下次我还会来。 Zhège cāntīng búcuò, xiàcì wǒ hái huì lái. 이 식당 괜찮네, 다음 번에 난 또 올 거야. 他还没到。 그는 아직 도착하지 않았다. Tā hái méi dào.	这个餐厅不错，我会再来。 Zhège cāntīng búcuò, wǒ huì zài lái. 이 식당 괜찮네, 난 다시 올 거야. **Tip** · 还+再 문장에 还와 再가 함께 올 때는 '还再' 순으로 쓴다. 他的事，我还要再研究研究。 Tā de shì, wǒ hái yào zài yánjiū yánjiū. 그의 일은 말야, 내가 더 좀 생각해 봐야겠어.

 **5분 체크 어법**

정답 ➡ 269쪽

1 빈칸에 알맞은 단어를 쓰세요. (＊중복 사용 가능)

> [보기]　又　　再

❶ 他昨天上午来过，今天上午＿＿＿来了。　　❷ 我吃饱了，不能＿＿＿吃了。

❸ 请＿＿＿说一遍。　　❹ 你怎么＿＿＿感冒了?

2 还 또는 再를 써서 문장을 완성하세요.

❶ 你明天＿＿＿来，好吗?

❷ 我们＿＿＿喝咖啡吧。

3 다음 중 빈칸에 들어갈 알맞은 말을 고르세요.

> 我今年十九岁，＿＿＿过一年就二十了。
>
> 对不起，我＿＿＿迟到了。

❶ 又 - 也　　　❷ 再 - 还　　　❸ 再 - 又　　　❹ 还 - 又

才와 就 용법

才와 就의 다양한 의미

他明天才到。 그는 내일이나 되어야 도착해요.
Tā míngtiān cái dào.

她二十一岁就结婚了。 그녀는 스물한 살 때 이미 결혼했다.
Tā èrshíyī suì jiù jiéhūn le.

➕ 才와 就

才	① 시간/수량사+才 : 시간이 늦고 수량이 많음을 강조한다.
	他<u>四十五岁</u>才结婚。 그는 45세가 되어서야 결혼했다. Tā sìshíwǔ suì cái jiéhūn.
	② 才+시간/수량사 : 시간이 이르고 수량이 적음을 강조한다.
	孩子才六岁，什么都不懂。 애가 여섯 살밖에 안 되어서 아무것도 모른다. Háizi cái liù suì, shénme dōu bù dǒng.
	③ 才+동사+了+시간보어 : 시간의 짧음을 나타낸다.
	他才学了<u>半年</u>的钢琴，却弹得不错。 그는 겨우 반년 동안 피아노를 배웠는데, 그래도 잘 친다. Tā cái xué le bàn nián de gāngqín, què tán de búcuò.
	④ 只有……, 才…… : ~해야만 비로소 ~할 수 있다
	只有你去请他，他才肯来。 네가 모시러 가야만, 그분이 오시려고 할 거야. Zhǐyǒu nǐ qù qǐng tā, tā cái kěn lái.
	⑤ 才……呢 : 반박, 강조, 확신의 어감을 나타낸다.
	我才不想吃呢。 나야말로 먹기 싫다고. Wǒ cái bù xiǎng chī ne.
	夏天下雪，这才怪呢! 여름에 눈이 오면, 그게 이상한 거지! Xiàtiān xiàxuě, zhè cái guài ne!
就	① 시간/수량사+就 : 시간이 이르고, 수량이 적음을 강조한다.
	她早上八点就到了。 그녀는 아침 8시에 도착했다. Tā zǎoshang bā diǎn jiù dào le.
	② 就+시간/수량사 : 시간이 이르고, 수량이 적음을 강조한다.
	姐姐今天就吃了一顿。 언니(누나)는 오늘 한 끼밖에 안 먹었다. Jiějie jīntiān jiù chī le yí dùn.
	③ 一……就…… : ~하자마자 ~하다, ~하기만 하면 ~하다
	他们一看见我就跑了。 그들은 나를 보자마자 달아났다. Tāmen yí kànjiàn wǒ jiù pǎo le.
	我一想考试，就头疼。 난 시험 생각만 하면, 머리가 아파. Wǒ yì xiǎng kǎoshì, jiù tóuténg.

④ '바로 ~이다'라는 뜻으로 강조 용법을 나타낸다.

他家就在这儿。 그의 집이 바로 여기야.
Tā jiā jiù zài zhèr.

⑤ 화자의 강한 의지를 나타낸다.

我就不信我们不能成功。 난 우리가 성공할 수 없다고 믿지 않아.
Wǒ jiù bú xìn wǒmen bù néng chénggōng.

⑥ 동사/형용사+就+동사/형용사 : 상관없거나 용인하는 어감을 나타낸다.

你怎么说病就病了呢? 너 어쩌다 병이 난 거야?
Nǐ zěnme shuō bìng jiù bìng le ne?
脏就脏，一会儿打扫就行。 더러워져도 돼. 좀 이따가 청소하면 되니까.
Zāng jiù zāng, yíhuìr dǎsǎo jiù xíng.

⑦ 복문에 쓰인다.

既然来了，就多呆几天吧。 이왕 왔으니. 며칠 더 머물러요.
Jìrán lái le, jiù duō dāi jǐ tiān ba.
只要你愿意，我就支持你。 네가 원한다면 난 널 응원할 거야.
Zhǐyào nǐ yuànyì, wǒ jiù zhīchí nǐ.

5분 체크 어법

정답 ➡ 270쪽

1 才 또는 就를 써서 문장을 완성하세요.

❶ 他二十二岁_____结婚了。

❷ 哎呀，你怎么_____来?

❸ _____五点钟，你怎么_____起床了?

❹ 电影晚上七点开始，他六点_____来了。

2 다음 문장에 쓰인 才의 의미에 대해 쓰세요.

❶ 我看了五遍才懂。　　　　　_____

❷ 他每天八点半才起床。　　　_____

❸ 别着急，今天才星期二。　　_____

3 제시된 단어가 들어갈 알맞은 위치를 고르세요.

❶ A 我们 B 三个人 C 喝了 D 两瓶啤酒。(才)

❷ 考试 A 不及格，B 他心情 C 不好，你 D 别再说他了。(就)

❸ 他 A 身高 B 一米八，我 C 身高 D 一米六。(才)

❹ 一听他的话，A 她的 B 脸色 C 变 D 了。(就)

30 不vs没有 / 没有(동사)vs没有(부사)

我**不**去美国。 난 미국에 가지 않아.
Wǒ bú qù Měiguó.

我**没**买到机票。 난 비행기 표를 못 샀어.
Wǒ méi mǎidào jīpiào.

1 不와 没有

不	没(有)
① '不+동사'는 동작이나 관계를 부정한다.	① '没(有)+동사'는 동작이 발생하지 않았거나 완성되지 않았음을 나타낸다.
他**不**是我男朋友。 저 사람은 내 남자 친구가 아니야. Tā bú shì wǒ nánpéngyou.	我**没**去美国。 나는 미국에 안 갔어. Wǒ méi qù Měiguó.
② '不+형용사'는 사물의 성질을 부정한다.	② '没有+형용사'는 변화에 대한 부정을 나타낸다.
这件衣服**不**好看。 이 옷은 예쁘지 않다. Zhè jiàn yīfu bù hǎokàn.	苹果还**没**熟呢。 사과가 아직 안 익었다. Píngguǒ hái méi shú ne.
③ 주관적인 바람이나 의지를 나타내며 과거, 현재, 미래에 쓰인다.	③ 객관적인 과정을 부정하며 과거, 현재에만 쓴다.
我**不**吃面条，我想吃米饭。 Wǒ bù chī miàntiáo, wǒ xiǎng chī mǐfàn. 난 국수는 안 먹어, 밥이 먹고 싶어. (주관적인 바람, 현재) 他明天**不**会来的。 Tā míngtiān bú huì lái de. 그 사람은 내일 안 올 거야. (미래)	我**没**吃面条，我吃了一碗米饭。 Wǒ méi chī miàntiáo, wǒ chī le yì wǎn mǐfàn. 난 국수는 안 먹고, 밥을 한 그릇 먹었다. (과거) 他昨天**没**来，今天也**没**来。 Tā zuótiān méi lái, jīntiān yě méi lái. 그는 어제도 안 오고 오늘도 안 왔어. (과거, 현재)
④ 조동사를 부정한다.	④ 能, 要, 肯 등의 조동사만 부정한다.
你**不**应该这样。 네가 이렇게 하면 안 되는 거야. Nǐ bù yīnggāi zhèyàng. 我**不**想看电影。 난 영화를 보고 싶지 않아. Wǒ bù xiǎng kàn diànyǐng.	我**没**能进入决赛。 난 결승전에 진입하지 못했어. Wǒ méi néng jìnrù juésài. 她**没**肯收我的礼物。 Tā méi kěn shōu wǒ de lǐwù. 그녀는 내 선물을 받으려 하지 않았다.
⑤ 규칙적이고 습관적인 동작이나 상태를 부정한다.	
他经常**不**做作业。 그는 자주 숙제를 안 한다. Tā jīngcháng bú zuò zuòyè.	

2 동사 没有(méiyǒu)와 부사 没有(méiyou)의 용법

① 동사 没有는 명사 앞에 놓여 '没(有)+명사' 형식으로 나타내며, 연동문, 겸어문, 비교문에 쓰인다.

我没有电脑。난 컴퓨터를 가지고 있지 않아.
Wǒ méiyǒu diànnǎo.

他没有时间看书。그는 책 볼 시간이 없다. (연동문)
Tā méiyǒu shíjiān kàn shū.

没有人喜欢我。나를 좋아하는 사람이 없어. (겸어문)
Méiyǒu rén xǐhuan wǒ.

她没有你聪明。그녀는 너만큼 똑똑하지 않아. (비교문)
Tā méiyǒu nǐ cōngming.

> **Tip**
> • 没有
> 没有는 품사에 상관없이
> 没로 쓸 수 있다.

② 부사 没有는 술어 앞에 놓여 '没(有)+술어' 순으로 쓰인다.

我没买自行车，买了一辆摩托车。나는 자전거를 안 사고, 오토바이를 한 대 샀다.
Wǒ méi mǎi zìxíngchē, mǎi le yí liàng mótuōchē.

这本书我还没看完。이 책을 난 아직 다 못 봤다.
Zhè běn shū wǒ hái méi kànwán.

🕐 5분 체크 어법

정답 ➡ 270쪽

1 不 또는 没(有)를 써서 문장을 완성하세요.

❶ 我还_____去过泰山。　　❷ 明天我_____能去那儿。

❸ 他为什么_____高兴了?　　❹ 对不起，我_____听懂。

❺ 那本书我还_____看完。　　❻ 爸爸_____让我看电视。

2 다음 중 没有의 용법이 다른 하나를 고르세요.

❶ 他没有去中国。

❷ 我没有弟弟。

❸ 她还没有吃呢。

❹ 昨天我没有睡好。

3 제시된 단어가 들어갈 알맞은 위치를 고르세요.

❶ 我 A 真的 B 想 C 去那个 D 地方。(不)

❷ 大学 A 毕业 B 后，我 C 一直 D 见过他。(没)

❸ 我 A 从来 B 用 C 过筷子 D 。(没)

❹ 他 A 汉语 B 说 C 得 D 好。(不)

31 有点儿vs一点儿 / 原来vs本来

今天有点儿冷。 오늘은 조금 춥다.
Jīntiān yǒudiǎnr lěng.

冬天本来就很冷。 겨울은 원래 추워.
Dōngtiān běnlái jiù hěn lěng.

1 有点儿과 一点儿

有点儿 조금, 약간	부사(어)로 쓰인다. 일이 순조롭지 않거나 부정적인 기분을 나타낸다.
	今天有点儿热。 오늘은 조금 더워. Jīntiān yǒudiǎnr rè.
	他身体有点儿不舒服。 그는 몸이 좀 안 좋아. Tā shēntǐ yǒudiǎnr bù shūfu.
	这个包好是好，不过有点儿贵。 이 가방은 좋긴 좋은데, 조금 비싸. Zhège bāo hǎo shì hǎo, búguò yǒudiǎnr guì.
	我有点儿紧张。 난 조금 긴장이 돼. Wǒ yǒudiǎnr jǐnzhāng.
一点儿 조금	① '수사+양사' 구조로 관형어와 보어로 쓰이고, '一'를 생략하고 '点儿'로만 쓸 수 있다.
	我去买点儿水果。 난 과일 좀 사러 가려고. (관형어) Wǒ qù mǎi diǎnr shuǐguǒ.
	奶奶的病好点儿了。 할머니의 병은 좀 나아지셨다. (보어) Nǎinai de bìng hǎo diǎnr le.
	② 강조 용법 '一点儿也(都)'로 쓰인다.
	我一点儿都不知道。 난 하나도 몰라. Wǒ yìdiǎnr dōu bù zhīdào.

2 原来와 本来

原来 원래	本来 본래
① '변함없이 예전 그대로'의 뜻으로, 관형어로 쓰인다. 이때 명사 앞에 的를 동반할 수 있다.	① '원래 있었던 것'임을 나타내며, 관형어로 쓰인다. 명사 앞에 的를 동반할 수도 생략할 수도 있다.
原来的样子 yuánlái de yàngzi 원래의 모양	本来的颜色 běnlái de yánsè 본래의 색
② 부사어로 쓰여 예전에 몰랐던 것을 갑자기 알게 되거나 깨달았다는 뜻으로 쓰인다.	② 도리상으로 봤을 때 당연히 이렇게 되어야 한다는 뜻으로 쓰인다.

• 怪不得……，原来……：어쩐지 ~하다 했더니, 알고 보니 ~하다 怪不得屋里没人，原来客人都走了。 Guàibude wūli méi rén, yuánlái kèrén dōu zǒu le. 어쩐지 방에 사람이 없다 했더니, 손님들이 다 가셨네. • 以为……，原来……：~라 생각했는데, 알고 보 니 ~하다 我以为他来了呢，原来是你。 Wǒ yǐwéi tā lái le ne, yuánlái shì nǐ. 난 그가 왔나 했더니, 너였구나.	• 本来……，但是/可是……：원래 ~했는데, 그러나 ~ 我本来很讨厌他，但是他总是帮我，所 以现在我不讨厌他了。 Wǒ běnlái hěn tǎoyàn tā, dànshì tā zǒngshì bāng wǒ, suǒyǐ xiànzài wǒ bù tǎoyàn tā le. 내가 원래는 그 사람을 미워했는데, 그 친구가 자꾸 도와주는 바 람에 지금은 안 미워하게 됐어. • 本来……嘛：본래 ~잖아 我本来就很善良嘛。 내가 원래 착하잖아. Wǒ běnlái jiù hěn shànliáng ma.

> **Tip**
> • 原来/本来
> 原来와 本来가 '원래는, 전에는'이라는 뜻을 나타낼 때는 주어 앞
> 뒤에 쓸 수 있고, 뒤에 后来, 现在 등을 동반한다.
> 本来他们聊得好好的，后来突然吵架了。
> Běnlái tāmen liáo de hǎohāo de, hòulái tūrán chǎojià le.
> 처음엔 저 애들 얘기 잘하더니, 나중엔 갑자기 싸우더라고.

5분 체크 어법

1 다음 중 빈칸에 들어갈 알맞은 말을 고르세요.

> A：这件衬衫怎么样?
>
> B：_____大，有没有小_____的?

❶ 一点儿 – 有点儿 ❷ 有点儿 – 有点儿

❸ 有点儿 – 一点儿 ❹ 一点儿 – 一点儿

2 有点儿 또는 (一)点儿을 써서 문장을 완성하세요.

❶ 他比我高_____。 ❷ 这双鞋小了_____。

❸ 我_____累了。 ❹ 这里的东西_____贵。

3 本来 또는 原来를 써서 문장을 완성하세요.

❶ 你的病很严重，_____就不能出去。

❷ 我还以为是小张呢，_____是你呀!

❸ 这里还是_____的样子，一点儿都没变。

❹ _____嘛，学生应该好好儿学习。

❺ 这个_____就是属于我的。

*属于 shǔyú ~에 속하다

32 常常vs经常 / 不都vs都不 / 정도부사

●학습 포인트 | 常常과 经常의 특징 | 不都와 都不의 차이점 | 주요 정도부사의 용법

我常常去新华书店。 나는 자주 신화 서점에 간다.
Wǒ chángcháng qù Xīnhuá Shūdiàn.

他们都不是外国人。 그들은 모두 외국인이 아니야.
Tāmen dōu bú shì wàiguórén.

1 常常과 经常

① 常常은 자주 일어나는 일에 쓰이며, 부정형은 '不常'이다.

我们常常聊天儿。 우리는 자주 수다를 떤다.
Wǒmen chángcháng liáotiānr.

他最近不常来我家。 그는 최근에 우리 집에 자주 오지 않아.
Tā zuìjìn bù cháng lái wǒ jiā.

② 经常은 규칙적이고 습관적인 일에 쓰이며, 부정형은 '不经常'이다.

他经常去公园散步。 그는 늘 공원으로 산책 간다.
Tā jīngcháng qù gōngyuán sànbù.

我不经常穿裙子。 나는 치마를 자주 입지 않는다.
Wǒ bù jīngcháng chuān qúnzi.

2 不都와 都不

① 不都는 부분 부정을 나타낸다.

他们不都是外国人。 그들이 다 외국인은 아니다.
Tāmen bù dōu shì wàiguórén.

② 都不는 전체 부정을 나타낸다.

他们都不是外国人。 그들은 모두 외국인이 아니다.
Tāmen dōu bú shì wàiguórén.

> **Tip**
> 每(měi), 各(gè), 所有(suǒyǒu), 一切(yíqiè), 全部 (quánbù), 这些(zhèxiē), 那些(nàxiē), 随时(suíshí), 到处(dàochù), 任何(rènhé) 등의 단어가 들어가는 문장에는 보통 都가 부사어로 쓰인다.
> 每个人都喜欢他。 모두가 다 그를 좋아한다.
> Měi ge rén dōu xǐhuan ta.

3 정도부사 很, 挺, 太, 怪

很 매우	형용사술어문의 기본형에 쓰일 때는 해석을 하지 않는다.
	这个小孩很可爱。 이 아이는 귀여워. Zhège xiǎohái hěn kě'ài.
	'很+동사' 형식일 때는 '아주, 굉장히, 너무'라고 해석한다.
	我很想去意大利。 난 이탈리아에 몹시 가고 싶어. Wǒ hěn xiǎng qù Yìdàlì.

挺 아주, 상당히	'挺……的' 형식으로 쓸 수 있다.
	外边雨挺大，你不要出去了。밖에 비가 많이 오니까, 너 나가지 마. Wàibian yǔ tǐng dà, nǐ bú yào chūqu le.
	这座山挺高的。이 산은 아주 높다. Zhè zuò shān tǐng gāo de.
太 너무	과장의 뜻을 나타내며, 주로 '太……了' 형식으로 쓰인다.
	这个东西太贵了。이 물건은 너무 비싸. Zhège dōngxi tài guì le.
怪 아주	'怪……的' 형식으로 쓰인다.
	云南怪远的。윈난은 아주 멀다. Yúnnán guài yuǎn de.

5분 체크 어법

정답 ➡ 270쪽

1 다음 중 빈칸에 들어갈 알맞은 말을 고르세요.

> A : 今天我来请客。
>
> B : 真的! _____ 好了!

❶ 很　　　　　❷ 挺　　　　　❸ 非常　　　　　❹ 太

2 다음 중 틀린 문장을 고르세요.

❶ 我经常吃面条。　　　　　❷ 他常常来我家。

❸ 姐姐不常常买衣服。　　　　　❹ 她不经常去爬山。

3 다음 중 올바른 문장을 고르세요.

❶ 他不都是留学生。　　　　　❷ 我们不是都中国人。

❸ 那个人都不去学校。　　　　　❹ 这些人都不吃面包。

4 다음 문장을 해석하세요.

❶ 他们不都喜欢喝酒。　　➡ _____

❷ 我们都不经常去散步。　　➡ _____

❸ 我们这里经常下雨。　　➡ _____

❹ 弟弟不太喜欢看书。　　➡ _____

33 刚, 刚刚vs刚才 / 忽然vs突然

她刚回来。그녀는 막 돌아왔다.
Tā gāng huílai.

他来得太突然了。그가 너무 갑작스레 왔다.
Tā lái de tài tūrán le.

1 刚, 刚刚과 刚才

刚, 刚刚 방금, 막, 겨우, 마침	문장에서 부사어로 쓰인다.	刚刚은 刚보다 시간이 더 촉박함을 나타낸다.
		他刚到。그는 방금 도착했다. Tā gāngdào. 客人刚刚走。손님이 막 가셨다. Kèrén gānggāng zǒu.
	주어 뒤 술어 앞에 위치한다.	刚她下班回家。(×) 她刚下班回家。그녀는 막 퇴근하고 집에 왔다. (○) Tā gāng xiàbān huíjiā.
	수량이 딱 맞음을 표시한다.	他今年刚刚二十岁。그는 올해 이제 스무 살이 되었다. Tā jīnnián gānggāng èrshí suì.
	어떤 일이 일어난 시간이 짧음을 나타낸다.	我刚住了三个月，房东叫我搬走。 Wǒ gāng zhù le sān ge yuè, fángdōng jiào wǒ bānzǒu. 내가 3개월밖에 안 살았는데, 집주인이 이사 가라고 하네.
	'刚……就/便/又……(~하 자마자 ~하다)' 형식으로 쓰 인다.	我刚下飞机，他就给我打电话了。 Wǒ gāng xià fēijī, tā jiù gěi wǒ dǎ diànhuà le. 내가 비행기에서 내리자마자 그에게서 전화가 왔다. 我刚骑了不久，自行车又坏了。 Wǒ gāng qí le bùjiǔ, zìxíngchē yòu huài le. 내가 얼마 타지도 않았는데, 자전거가 또 고장 났어.
刚才 지금 막, 방금	시간명사로 주어, 관형어, 목 적어로 쓰인다.	刚才是刚才，现在是现在。 Gāngcái shì gāngcái, xiànzài shì xiànzài. 방금 전은 방금 전이고, 지금은 지금이지. (주어, 목적어) 刚才的事，谁都不知道。 Gāngcái de shì, shéi dōu bù zhīdào. 방금 있었던 일은, 아무도 몰라. (관형어)
	주어 앞뒤에 위치한다.	刚才她回来了。방금 전에 그녀가 돌아왔다. Gāngcái tā huílai le. 她刚才回来了。그녀는 방금 전에 돌아왔다. Tā gāngcái huílai le.

	刚才 뒤에 부정사 동반이 가 능하다.	我刚才不想吃饭，是因为生气。 Wǒ gāngcái bù xiǎng chīfàn, shì yīnwèi shēngqì. 내가 방금 전에 밥이 안 당긴 건, 화가 났기 때문이야.

2 忽然과 突然

공통점 ① 忽然과 突然은 '갑자기'라는 뜻으로 부사어로 쓰일 때는 서로 호환해서 쓸 수 있다.

天气忽然(突然)热起来了。 날씨가 갑자기 더워졌다.
Tiānqì hūrán(tūrán) rè qǐlai le.

上个月，他突然(忽然)离开了这里。 지난달에 그는 갑자기 여기를 떠났어.
Shàng ge yuè, tā tūrán(hūrán) líkāi le zhèli.

② 忽然(之)间, 突然间은 관용어로 주어 앞에 올 수 있다.

忽然之间，想起了一个老朋友。 갑작스레. 옛 친구 한 명이 떠올랐다.
Hūrán zhījiān, xiǎngqǐ le yí ge lǎo péngyou.

차이점 突然이 형용사로 쓰일 때는 문장에서 술어로 쓰인다.

他来得太忽然了。(×) → 他来得太突然了。(○) 그가 너무 갑작스레 왔다.
Tā lái de tài tūrán le.

5분 체크 어법

정답 ➡ 270쪽

1 刚 또는 刚才를 써서 대화를 완성하세요.

❶ A : _____你在干什么?

　　B : _____我在听音乐。

❷ A : 小张呢?

　　B : 我_____到，他就走了。

2 다음 중 틀린 문장을 고르세요.

❶ 他来得太忽然了。

❷ 刚才突然停电了。

❸ 情况的变化很突然。

❹ 自行车怎么忽然不见了。

3 제시된 단어가 들어갈 알맞은 위치를 고르세요.

❶ A 他的 B 病来得 C 有点儿 D 。(突然)

❷ 我 A 正要 B 出去，C 下起了 D 大雨。(忽然)

❸ A 我 B 起床，C 还没 D 洗脸呢。(刚)

34 曾经vs已经 / 不再vs再(也)不

●학습 포인트 曾经과 已经의 차이점 | 不再와 再(也)不의 차이점

他已经睡着了。 그는 이미 잠이 들었다.
Tā yǐjing shuìzháo le.

我再也不爱他了。 난 다시는 그를 사랑하지 않을 거야.
Wǒ zàiyě bú ài tā le.

1 曾经과 已经

曾经 일찍이, 이전에	已经 이미, 벌써
예전에 경험했지만, 지금과는 상관없는 일에 쓰이며 '曾经……过' 형식으로 나타낸다.	동작 행위가 이미 완료되었음을 강조하고, 현재와 관계있음을 나타내며, '已经……了' 형식으로 쓰인다.
我曾经抽过烟。 난 예전에 담배를 피운 적이 있어. Wǒ céngjīng chōuguo yān. 我们俩曾经好过。 우리가 전엔 잘 지냈었어. Wǒmen liǎ céngjīng hǎoguo.	我已经离开了他。 나는 이미 그와 헤어졌다. Wǒ yǐjing líkāi le tā. 我已经学了一年西班牙语了。 Wǒ yǐjing xué le yì nián Xībānyáyǔ le. 나는 이미 1년째 스페인어를 배우고 있어.
不/未+曾+동사+过	已经+不+동사+了
她不曾来过这里。 Tā bùcéng láiguo zhèli. 그녀는 전에 여기에 와 본 적이 없다.	他已经不在这里工作了。 Tā yǐjing bú zài zhèli gōngzuò le. 그는 이미 여기서 일하지 않는다.
曾经+시간사+不/没+동사	已经+시간사+不/没+동사+了
他曾经一年不出门。 Tā céngjīng yì nián bù chūmén. 그는 전에 1년 동안 집 밖으로 나가지 않았다.	我已经三天没吃饭了。 Wǒ yǐjing sān tiān méi chīfàn le. 난 3일 동안 밥을 못 먹었어.
과거의 일만 나타낸다.	과거와 미래의 일을 다 나타낸다.
妈妈也曾经年轻过。 Māma yě céngjīng niánqīngguo. 엄마도 예전엔 젊으셨었어.	明年的今天，我已经离开中国了。 Míngnián de jīntiān, wǒ yǐjing líkāi Zhōngguó le. 내년 오늘엔, 난 이미 중국을 떠났을 거야.

2 不再와 再(也)不

不再 더는 ~아니다	再(也)不 다시는 ~하지 않는다
주관적, 객관적 부정을 나타내며, '더 이상은 이런 일이 없을 것이다'라는 뜻을 나타낸다.	주관적 부정을 나타내며, '영원히 이런 일이 없을 것이다'라는 뜻을 나타낸다.
我不再爱你了。 Wǒ bú zài ài nǐ le. 난 더 이상은 당신을 사랑하지 않을 거야.	我再也不爱你了。 Wǒ zàiyě bú ài nǐ le. 난 다시는 당신을 사랑하지 않을 거야.

已经/现在+不再……	从此, 以后+再(也)不
爸爸已经不再喝酒了。 Bàba yǐjing bú zài hē jiǔ le. 아빠께서는 이미 더는 술을 안 드신다.	以后我再(也)不喝酒了。 Yǐhòu wǒ zài(yě) bù hē jiǔ le. 앞으로 나는 다시는 술을 안 마실 거야.
现在他不再害怕走夜路了。 Xiànzài tā bú zài hàipà zǒu yè lù le. 지금 그는 더 이상 밤길 걷는 걸 두려워하지 않게 되었어.	从此以后我再(也)不相信他的话了。 Cóngcǐ yǐhòu wǒ zài(yě) bù xiāngxìn tā de huà le. 지금 이후로 나는 다시는 그의 말을 믿지 않을 거야.

5분 체크 어법

1 다음 중 빈칸에 들어갈 알맞은 말을 고르세요.

> A : 我_____爱过一个人。
>
> B : 你现在还爱着他吗?
>
> A : 不，我_____不再爱他了。

❶ 曾经 - 曾经　　❷ 曾经 - 已经　　❸ 已经 - 已经　　❹ 已经 - 曾经

2 제시된 단어가 들어갈 알맞은 위치를 고르세요.

❶ Ⓐ 我 Ⓑ 跟 Ⓒ 他 Ⓓ 见过一次面。(曾经)

❷ 我 Ⓐ 学了 Ⓑ 两年 Ⓒ 汉语 Ⓓ 了。(已经)

3 曾经 또는 已经을 써서 문장을 완성하세요.

❶ 我_____在哪儿见过他。

❷ 他_____下班了，你可以打他的手机。

❸ 她_____不在这里工作了。

4 不再 또는 再(也)不를 써서 문장을 완성하세요.

❶ 我爸爸已经_____抽烟了。

❷ 以后我_____相信你了。

❸ 我想离开这个城市，永远_____回来。

❹ 他现在_____偷懒了。

❺ 我_____能这样活下去了。

*偷懒 tōulǎn 통 게으름을 피우다, 꾀를 부리다

35 자주 쓰는 부사(1)

●학습 포인트 可, 并, 却, 倒, 好의 용법

这个可好吃了，你也尝尝。
Zhège kě hǎochī le, nǐ yě chángchang.
이거 정말 맛있어, 너도 맛 좀 봐.

今天天气倒不错。 오늘 날씨가 꽤 좋은데.
Jīntiān tiānqì dào búcuò.

➕ 可, 并, 却, 倒, 好

可	확실히 ＊진실성 강조	我可没说过这句话。 난 확실히 이런 말을 한 적이 없다고. Wǒ kě méi shuōguo zhè jù huà.
	'可……了' 구조 ＊감탄, 놀라움, 과장의 어감을 표현	这儿的风景可美了！ 이곳의 풍경이 정말 아름다워! Zhèr de fēngjǐng kě měi le!
	마침내, 결국 ＊바라던 일이 마침내 이루어졌다는 어감	你可来了，我好想你呢! 너 마침내 왔구나, 내가 얼마나 보고 싶었다고! Nǐ kě lái le, wǒ hǎo xiǎng nǐ ne!
	반드시 ＊당위성을 나타냄	明天你可得准时到啊! 너 내일 꼭 제시간에 도착해야 해. Míngtiān nǐ kě děi zhǔnshí dào a!
	반어문에 쓰여 어감 강조	人人都说那个地方好，可谁知道是不是真的? 다들 그곳이 좋다고 하는데, 그게 진짜인지 누가 알아? Rénrén dōu shuō nàge dìfang hǎo, kě shéi zhīdào shì bu shì zhēnde?
并	并+不/没有 : 결코 ~아니다 ＊모종의 관점을 부정하고 실제 상황을 설명	这并不是我做的。 이건 결코 내가 한 게 아니야. Zhè bìng bú shì wǒ zuò de. 他并没有给我打电话。 그는 절대로 나한테 전화하지 않았어. Tā bìng méiyou gěi wǒ dǎ diànhuà.
却	却+동사 : 오히려 ~하다 ＊문어체에 많이 씀	门没有锁，里面却没有人。 문은 잠겨 있지 않은데, 안에 오히려 사람이 없네. Mén méiyou suǒ, lǐmian què méiyǒu rén.
	但(是)/可(是)+却 : 그러나 ~오히려	我嘴上答应了，可心里却高兴不起来。 난 말로는 그러겠다고 했는데, 마음은 오히려 흥이 나질 않네. Wǒ zuǐshang dāying le, kě xīnli què gāoxìng bu qǐlai.
倒	오히려 ＊어떤 상황이나 사실과 반대됨을 나타내며 '뜻밖에'의 뜻이 들어있음, 회화에 많이 쓰임	看上去姐姐倒比妹妹年轻。 보기에 언니가 오히려 여동생보다 젊어 보여. Kàn shàngqu jiějie dào bǐ mèimei niánqīng.
	……倒……，就是/可是/但是/不过…… : ~하지만, 그럴지라도 ~	这双皮鞋款式倒不错，就是价钱贵点儿。 Zhè shuāng píxié kuǎnshì dào búcuò, jiùshì jiàqian guì diǎnr. 이 구두는 디자인은 그런대로 괜찮은데, 가격이 좀 비싸.

好	好+형용사 : 너무 ~하다 *감탄문 형식으로 쓰임	这幅画好美啊! 이 그림은 참으로 아름답다! Zhè fú huà hǎo měi a!
	好+수량사 *수량이 많고, 긴 시간을 표현	他一下子吃了好几个面包。 Tā yíxiàzi chī le hǎo jǐ ge miànbāo. 그는 단번에 빵을 여러 개 먹어치웠어. (수량)
		好久不见，最近忙什么呢? Hǎojiǔ bú jiàn, zuìjìn máng shénme ne? 오랜만이네. 요즘 뭐하느라 바빠? (시간)
	好+동사+(목적어) : ~하기 쉽도록 *부정형은 '不好……'로 '~하기가 좀 그렇다'의 뜻을 갖음	你把伞带着，下雨好用。 우산 챙겨 가. 비 오면 쓰기 쉽도록. Nǐ bǎ sǎn dàizhe, xiàyǔ hǎo yòng.
		他问我，我不好不告诉他。 Tā wèn wǒ, wǒ bù hǎo bú gàosu tā. 그가 나한테 묻는데, 내가 안 가르쳐주기가 그렇더라고.
	好不容易 : 가까스로, 간신히 *好容易로 쓸 수 있고, 뜻은 好不容易 와 같음	我好不容易才找到你。 나는 간신히 너를 찾았어. Wǒ hǎoburóngyì cái zhǎodào nǐ.

5분 체크 어법

1 다음 중 빈칸에 들어갈 알맞은 말을 고르세요.

> A : 你知道他会来这儿的吗?
>
> B : 我_____不知道她会来。

❶ 几乎　　　　　❷ 偏偏　　　　　❸ 反而　　　　　❹ 并

2 可, 却, 好를 써서 다음 문장을 완성하세요.

❶ 他汉语说得_____好啦!

❷ 房门没有锁，里面_____没有人。

❸ _____久不见，最近过得挺好吧?

❹ 我爸爸做的菜_____好吃啦!

3 다음 문장을 해석하세요.

❶ 我本来想去你那儿，没想到你倒先来了。　➡ _____

❷ 心里有好多话要说，可嘴里却说不出来。　➡ _____

❸ 他们都说我们俩很像，可我并不这么认为。➡ _____

36 자주 쓰는 부사(2)

几乎, 差不多, 差点儿, 简直의 용법

参加会议的人差不多都到了。
Cānjiā huìyì de rén chàbuduō dōu dào le.
회의에 참석하는 사람이 거의 다 도착했다.

这次考试我差点儿不及格。
Zhècì kǎoshì wǒ chàdiǎnr bù jígé.
이번 시험에 난 하마터면 떨어질 뻔했어.

➕ 几乎, 差不多, 差点儿, 简直

几乎 *문어체에 많이 씀	几乎+동사 : 거의 ~하다 *全, 遍, 所有, 每天 등의 단어가 几乎 뒤에 자주 등장함	他几乎每天都来这儿喝咖啡。 Tā jīhū měitiān dōu lái zhèr hē kāfēi. 그는 거의 매일 여기로 커피를 마시러 온다.
	几乎+수량사 : ~에 근접하다	几乎有一千人报名参加这次考试。 Jīhū yǒu yìqiān rén bàomíng cānjiā zhècì kǎoshì. 거의 천 명에 가까운 사람이 이번 시험에 접수했다.
	하마터면 *差点儿과 같은 뜻으로 쓰임	路很滑, 我几乎摔倒在地。 Lù hěn huá, wǒ jīhū shuāidǎo zài dì. 길이 미끄러워, 나는 하마터면 땅에 곤두박질칠 뻔했어.
差不多	差不多+동사 : 거의 ~하다	这儿的人我差不多都认识。 Zhèr de rén wǒ chàbuduō dōu rènshi. 여기 있는 사람들을 나는 거의 다 안다.
	差不多+수량사 : ~에 근접하다 *어떤 수량에 가깝다는 뜻임	她来这儿差不多三年了。 그녀가 여기 온 지 거의 3년 되었다. Tā lái zhèr chàbuduō sān nián le.
差点儿 *회화에 많이 씀	差点儿+긍정 형식 : 하마터면	① '좋은 일이 일어나지 않아 아쉽다'는 뜻을 나타낸다.
		他差点儿就得了冠军。 그는 우승을 할 뻔했어. (우승하지 못함) Tā chàdiǎnr jiù dé le guànjūn.
		② '나쁜 일이 일어나지 않아 다행이다'라는 뜻을 나타낸다.
		今天我差点儿被车撞了。 Jīntiān wǒ chàdiǎnr bèi chē zhuàng le. 오늘 난 하마터면 차에 치일 뻔했어. (차에 치이지 않음)
	差点儿+부정 형식 : 하마터면	① '좋은 일이 일어나서 다행이다'라는 뜻을 나타낸다.
		这次考试得了60分, 差点儿没通过。 Zhècì kǎoshì dé le liùshí fēn, chàdiǎnr méi tōngguò. 이번 시험에서 60점을 받았는데, 하마터면 통과하지 못할 뻔했다. (통과함)
		② '나쁜 일이 일어나지 않아 다행이다'라는 뜻을 나타낸다.
		今天早上我差点儿没迟到。 Jīntiān zǎoshang wǒ chàdiǎnr méi chídào. 오늘 아침에 하마터면 지각할 뻔했지 뭐야. (지각하지 않음)

	简直+像/跟……一样/似的：정말이지 ~와 같다/비슷하다	他画的荷花简直跟真花一样。 Tā huà de héhuā jiǎnzhí gēn zhēn huā yíyàng. 그가 그린 연꽃은 정말이지 진짜 꽃 같아.
	简直+是+명사/동사：정말이지 ~이다 ＊简直是는 회화에서 단독으로 사용하기도 함	这简直是开玩笑！ 이건 정말 장난이라고 밖에 못해! Zhè jiǎnzhí shì kāi wánxiào! 他这个人啊，简直是！ 唉！ 저 친구는, 정말이지! 말도 마! Tā zhège rén a, jiǎnzhí shì! Āi!
简直 ＊과장의 어감이 들어있음	简直+太……了：정말이지 너무 ~하다	你简直太棒了。 넌 정말 대단하다. Nǐ jiǎnzhí tài bàng le.
	简直+……极/死/透+了：정말이지 너무 심하다	你打扮成这样，简直漂亮极了。 Nǐ dǎban chéng zhèyàng, jiǎnzhí piàoliang jíle. 너 이렇게 차려입으니, 정말 너무 예쁘구나.
	① 동사/형용사+得+简直…… ② 简直+동사/형용사+得……	他忙得简直团团转。 그는 바빠서 정말 정신이 없어. Tā máng de jiǎnzhí tuántuán zhuàn. 我简直气得快爆了。 난 정말이지 화가 나서 곧 폭발할 지경이야. Wǒ jiǎnzhí qì de kuài bào le.

5분 체크 어법

정답 → 270쪽

1 差不多, 几乎, 差点儿, 简直를 써서 다음 대화를 완성하세요.

❶ A : 这样对老人，_____太不像话了。

　 B : 可不是嘛。

❷ A : 报告写得怎么样了?

　 B : _____了。

❸ A : 你看，他又来了。

　 B : 他_____每天都来这儿喝咖啡。

❹ A : 刚才我_____被车撞了。

　 B : 是吗? 走路要小心!

2 제시된 단어가 들어갈 알맞은 위치를 고르세요.

❶ 我 A 在这儿 B 住了 C 三年 D 了。(差不多)

❷ A 去年我 B 考上 C 大学 D 。(差点儿)

❸ A 有五百人 B 报名参加 C 这次 D 比赛。(几乎)

❹ A 听到 B 这个消息，他 C 高兴得 D 跳了起来。(简直)

37 자주 쓰는 부사(3)

• 학습 포인트 到底, 究竟, 毕竟, 终于, 千万, 万万의 용법

那个人到底是谁啊? 저 사람은 도대체 누구야?
Nàge rén dàodǐ shì shéi a?

问题终于解决了。 문제가 마침내 해결되었다.
Wèntí zhōngyú jiějué le.

到底, 究竟, 毕竟, 终于, 千万, 万万

到底 *회화와 문어체에 고루 씀	도대체	추궁하는 어감을 표현하며 문장에 吗를 쓸 수 없다. 주어가 의문대명사일 경우, 到底는 주어 앞에 위치한다. 你到底去不去? 너 도대체 갈거야, 안 갈거야? Nǐ dàodǐ qù bu qù?
	어쨌든, 아무래도	사물의 본질과 특징을 강조한다. 毕竟과 같은 뜻으로 쓰인다. 他到底是个长辈，你不能这样对待他。 Tā dàodǐ shì ge zhǎngbèi, nǐ bù néng zhèyàng duìdài tā. 그분은 어쨌든 어른이니, 네가 그렇게 대하면 안 돼.
	결국, 마침내	어떤 일이 최종적으로 발생했을 때 쓴다. 이때 还是를 동반할 수 있다. 经过考虑，他到底还是选择了考研。 Jīngguò kǎolǜ, tā dàodǐ háishi xuǎnzé le kǎoyán. 심사숙고한 끝에, 그는 결국 대학원 진학을 선택했다.
究竟 *문어체에 많이 씀	도대체	추궁하는 어감을 나타내면 문장에 吗를 쓸 수 없다. 你究竟想做什么? 너는 도대체 뭘 하고 싶은 거야? Nǐ jiūjìng xiǎng zuò shénme?
	필경, 어쨌든	爷爷究竟年纪大了，一着凉就容易感冒。 Yéye jiūjìng niánjì dà le, yì zháoliáng jiù róngyì gǎnmào. 할아버지는 필경 연세가 많으셔서, 찬바람을 쐬면 쉽게 감기에 걸리신다.
	결과, 자초지종	명사로 진정한 이유나 진실된 상황을 나타낸다. '동사+个+究竟' 형식으로 쓴다. 关于他们的事，我想知道个究竟。 Guānyú tāmen de shì, wǒ xiǎng zhīdào ge jiūjìng. 그들에 관해서 말야, 난 자초지종을 알고 싶어.
毕竟 *문어체에 많이 씀	결국, 어디까지나	사물의 본질이나 특징에 대해 확인하고 강조하는 어감을 나타낸다. 'AB毕竟是AB' 형식으로 쓸 수 있고, 의문문에는 쓸 수 없다. 他毕竟是你弟弟，你就原谅他吧。 그 앤 네 동생이니, 네가 용서해라. Tā bìjìng shì nǐ dìdi, nǐ jiù yuánliàng tā ba. 开玩笑毕竟是开玩笑，你也不要太在乎了! Kāi wánxiào bìjìng shì kāi wánxiào, nǐ yě bú yào tài zàihu le! 농담은 어디까지나 농담이니, 너도 너무 신경 쓰지 마.

		복문에 쓰여 사물의 본질이나 특징이 다른 요소에 의해 영향 받지 않을 것임을 나타낸다.
	어쨌든	虽然汉语很难，但我毕竟已经学了一年，所以简单的会话还可以。 Suīrán Hànyǔ hěn nán, dàn wǒ bìjìng yǐjing xué le yì nián, suǒyǐ jiǎndān de huìhuà hái kěyǐ. 비록 중국어가 어렵긴 하지만, 난 어쨌든 이미 1년이나 배워서, 간단한 회화는 그런대로 해.
终于 ＊문어체에 많이 씀	결국, 마침내	뒤에 2음절동사를 동반할 수 있다.
		他终于找到工作了。 그는 마침내 직장을 구했다. Tā zhōngyú zhǎodào gōngzuò le.
千万 ＊명령문에 씀	千万+要+동사 : 부디 ～해야 하다	千万要小心! 부디 조심해! Qiānwàn yào xiǎoxīn!
	千万+不要/别+동사 : 제발 ～하지 마라	千万不要忘记! 제발 잊지 마! Qiānwàn bú yào wàngjì!
万万 ＊부정 형식에만 씀	万万+不能/不可+동사 : 절대로 ～해선 안 되다	万万不能酒后开车! 절대로 음주 운전하면 안 돼! Wànwàn bù néng jiǔ hòu kāichē!
	万万+没想到/想不到 : 결코 생각 못했다	万万没想到发生这样的事情。 Wànwàn méi xiǎngdào fāshēng zhèyàng de shìqing. 결코 이런 일이 생길 거라고는 생각하지 못했어.

5분 체크 어법

정답 ➡ 270쪽

1 다음 중 빈칸에 들어갈 알맞은 말을 고르세요.

> A : 那件事，我们都想知道个_____。　　　　B : 那你去问他吧。

❶ 到底　　　　　❷ 毕竟　　　　　❸ 究竟　　　　　❹ 终于

2 다음 중 빈칸에 들어갈 알맞은 말을 고르세요.

> A : 经过十年的努力，他_____成功了。
>
> B : 他真了不起，我们应该恭喜他。

❶ 到底　　　　　❷ 毕竟　　　　　❸ 究竟　　　　　❹ 终于

3 千万 또는 万万을 써서 문장을 완성하세요.

❶ 我_____没想到他也来这儿。　　❷ 妈妈说的话_____要记住!

❸ 这样做_____不可。　　　　　　❹ 你_____别误会!

38 자주 쓰는 부사(4)

●학습 포인트 还是, 反正, 赶快, 赶紧, 别, 甭, 从来의 용법

还是你来吧，我现在很忙。
Háishi nǐ lái ba, wǒ xiànzài hěn máng.
그냥 네가 와, 내가 지금 바쁘거든.

他们俩从来没吵过架。
Tāmen liǎ cónglái méi chǎoguo jià.
그 둘은 한 번도 싸운 적이 없다.

➕ 还是, 反正, 赶快, 赶紧, 别, 甭, 从来

还是	여전히 ＊동작이나 상태가 변하지 않고 그대로임을 뜻함		几年过去了，他还是老样子。 Jǐ nián guòqu le, tā háishi lǎoyàngzi. 몇 년이 지났건만, 그는 여전히 옛날하고 똑같아.
	还是……吧 그냥 ~하자 ＊여러 가지 선택 사항 중에 하나를 선택하는 동작에 쓰임		咱们还是吃面条吧。 우리 그냥 국수 먹읍시다. Zánmen háishi chī miàntiáo ba.
	还是……好 그래도 ~가 좋아		还是买这个好，可以放心使用。 Háishi mǎi zhège hǎo, kěyǐ fàngxīn shǐyòng. 그래도 이걸 사는 게 낫겠어, 안심하고 사용할 수 있으니까.
反正	어쨌든, 어차피	① (无论/不管)……, 反正…… ~을 막론하고, 어쨌든 ~	不管你去不去，反正我不去。 Bùguǎn nǐ qù bu qù, fǎnzhèng wǒ bú qù. 네가 가든 말든, 어쨌든 난 안 가.
		② 反正……, 就/可以…… 어쨌든 ~하니, ~할 수 있다	反正我有时间，就慢慢等吧。 Fǎnzhèng wǒ yǒu shíjiān, jiù mànmān děng ba. 어쨌든 나는 시간이 있으니 천천히 기다리죠 뭐.
赶快	어서, 황급히 ＊타이밍을 놓치지 말고 속히 움직이라는 뜻을 나타냄		后面警察追过来，赶快跑吧! Hòumian jǐngchá zhuī guòlai, gǎnkuài pǎo ba! 뒤에서 경찰이 쫓아와, 어서 도망가!
赶紧	얼른, 서둘러 ＊미루지 말고 시간을 절약해 서둘러 동작하라는 뜻으로, '赶紧的'라고 쓸 수 있음		你赶紧给你老婆打个电话吧。 Nǐ gǎnjǐn gěi nǐ lǎopo dǎ ge diànhuà ba. 자네 얼른 자네 집사람에게 전화해 보게. 赶紧的，再不走就没车了。 Gǎnjǐn de, zài bù zǒu jiù méi chē le. 서둘러, 더 꾸물대면 차 끊어져.
别	~하지 마라 ＊不要처럼 만류와 금지를 나타내고 명령문에 쓰이며, 대화 형식에서 단독으로 쓸 수 있음		别哭! Bié kū! 울지 매! A : 我先走了。 나 먼저 갈게. 　　Wǒ xiān zǒu le. B : 别! 等等，跟他一起去吧。 　　Bié! Děngdeng, gēn tā yìqǐ qù ba. 　　그러지 마, 기다렸다가 저애랑 같이 가.

	别……了(吧) ~하지 마라 *완곡한 어감을 나타냄	别吃了，这个罐头过期了。 Bié chī le, zhège guàntou guòqī le. 먹지 마, 이 통조림은 유통 기한이 지났어.
甭	~할 필요가 없다 *不用과 같은 뜻으로, 만류의 어감만 띄고 있을 뿐 금지의 뜻은 없으며, 객관적인 상황에 많이 씀	家里的事，你就甭管了。 Jiāli de shì, nǐ jiù béng guǎn le. 집안일은 네가 신경 안 써도 돼.
	甭提＋多＋형용사/심리동사＋了 *감탄문 형식으로 쓰임	这个小孩儿从小就失去父母，甭提多可怜了。 Zhège xiǎoháir cóng xiǎo jiù shīqù fùmǔ, béng tí duō kělián le. 이 아이는 어릴 때 부모를 잃었어, 얼마나 가련한지 몰라.
从来	从来不＋동사/형용사 : 절대로(전혀) ~하지 않는다	这里的夏天从来不热。 이곳의 여름은 전혀 덥지 않아. Zhèli de xiàtiān cónglái bú rè.
	从来没(有)＋동사/형용사＋过 : 한번도 ~한 적이 없다	男朋友从来没送过我礼物。 Nánpéngyou cónglái méi sòngguo wǒ lǐwù. 남자 친구는 한 번도 나에게 선물을 준 적이 없다.

5분 체크 어법

정답 ➡ 270쪽

1 다음 중 빈칸에 들어갈 알맞은 말을 고르세요.

> A : 有妈妈在，家里的事你就_____管了。
>
> B : 妈，您也老了，以后我帮您做家务吧。

❶ 不　　　　　❷ 没　　　　　❸ 甭　　　　　❹ 要

2 빈칸에 알맞은 부사를 쓰세요.

> [보기]　从来　　　反正　　　赶快

❶ 哎呀，下雨了，_____跑吧。

❷ 我_____没看过像你这么好的人。

❸ _____你也不是外人，我就告诉你这个秘密。

3 다음 문장을 해석하세요.

❶ 你还是别去了，听说那个地方很危险。　➡ _____

❷ 去不去随便你，船票已经买到了。　　　➡ _____

39 자주 쓰는 부사(5)

> **• 학습 포인트** 恐怕, 尽量, 稍微, 亲自, 偏偏, 一下子, 其实, 尤其, 总是의 용법

他恐怕不会来了。 그 사람은 아마도 안 올 거야.
Tā kǒngpà bú huì lái le.

请稍等! 잠시만 기다려 주세요.
Qǐng shāo děng!

➕ 恐怕, 尽量, 稍微, 稍, 亲自, 偏偏, 一下子, 其实, 尤其, 总是

恐怕	아마도 ＊상황에 대한 추측과 짐작을 나타내며, 우려하고 상의하는 어감을 표현함	两家公司的矛盾恐怕很难解决。 Liǎng jiā gōngsī de máodùn kǒngpà hěn nán jiějué. 두 회사 간의 문제는 아마도 해결되기 힘들거야.
尽量	尽量+동사/형용사 : 가능한 한, 되도록 ＊'가능한 범위 안에서 최대한'이라는 어감을 나타냄	你尽量早点儿来。 너 되도록 일찍 와. Nǐ jǐnliàng zǎo diǎnr lái. 我尽量抽出时间去参加你的婚礼。 Wǒ jǐnliàng chōuchū shíjiān qù cānjiā nǐ de hūnlǐ. 내가 가능한 한 시간을 내서 네 결혼식에 갈게.
稍微/稍	稍微+有点儿+동사/형용사	今天稍微有点儿冷。 오늘 좀 춥네. Jīntiān shāowēi yǒudiǎnr lěng. 他稍微有点儿受不了了。 그는 좀 참기 힘들었어. Tā shāowēi yǒudiǎnr shòu bu liǎo le.
	稍微+동사/형용사+一点儿/一些/一会儿/一下儿	他比我稍微高一点儿。 그는 나보다 약간 크다. Tā bǐ wǒ shāowēi gāo yìdiǎnr. 我可能会稍微迟到一会儿。 내가 아마도 조금 늦을 거야. Wǒ kěnéng huì shāowēi chídào yíhuìr.
	稍 뒤에는 1음절동사나 형용사만 동반함	袖子稍长一点儿。 소매가 약간 길구나. Xiùzi shāo cháng yìdiǎnr.
亲自	직접, 친히 ＊어떤 일을 본인이 직접 했음을 나타내며, 亲手(직접), 亲眼(직접 눈으로 보다)도 많이 씀	您怎么亲自来接我呀? Nín zěnme qīnzì lái jiē wǒ ya? 어떻게 직접 저를 마중 나오셨어요?
偏偏	일부러, 굳이, 공교롭게, 하필 ＊상대의 바람, 기대에 반하여 행동하거나, 객관적인 상황이 원하지 않는 방향으로 나타났을 때 쓰며, 주어 앞뒤에 위치함	大家都劝他不要去，他偏偏要去。 Dàjiā dōu quàn tā bú yào qù, tā piānpiān yào qù. 모두가 그에게 가지 말라고 했는데, 그는 굳이 가야겠다고 한다. 我们打算今天去春游，可天却偏偏下雨。 Wǒmen dǎsuan jīntiān qù chūnyóu, kě tiān què piānpiān xiàyǔ. 우리는 오늘 봄소풍을 가려했는데, 날씨가 공교롭게도 비가 오지 뭐야.
	유독, 단지 ＊불만이나 이해가 되지 않음을 표현함	大家都认真考试，偏偏他一个人作弊。 Dàjiā dōu rènzhēn kǎoshì, piānpiān tā yí ge rén zuòbì. 모두 성실히 시험을 보는데, 유독 그 애 혼자만 컨닝을 했어.

一下子	한순간에, 갑자기 ＊어떤 상황이 단시간 내에 발생하거나 갑자기 발생할 때 쓰임	他一下子喝了三杯水。 그는 단숨에 물을 세 잔 마셨다. Tā yíxiàzi hē le sān bēi shuǐ. 气温一下子降低了十度。 기온이 갑자기 10도나 떨어졌어. Qìwēn yíxiàzi jiàngdī le shí dù.
其实	사실은, 실제로는 ＊앞의 내용을 부정하고 뒤에서 말하는 내용이 '진실하다'라는 어감을 나타내며, 복문 뒤 절의 문두에 위치함	说是北方人，其实他是南方人。 Shuō shì běifāngrén, qíshí tā shì nánfāngrén. 말은 북방 사람이라 하는데, 사실 그 사람은 남방 사람이야. 你懂我的心？其实你不懂我的心。 Nǐ dǒng wǒ de xīn? Qíshí nǐ bù dǒng wǒ de xīn. 네가 내 마음을 안다고? 사실 너는 내 마음을 몰라.
尤其	특히 ＊전체 중에 어떤 한 부분을 강조함	我喜欢看电影，尤其喜欢看恐怖电影。 Wǒ xǐhuan kàn diànyǐng, yóuqí xǐhuan kàn kǒngbù diànyǐng. 난 영화 보는 걸 좋아하는데, 특히 공포 영화를 좋아해.
	尤其是+명사 : 특히 ~가 그렇다	他们都很爱运动，尤其是玲玲。 Tāmen dōu hěn ài yùndòng, yóuqí shì Língling. 그 애들은 다 운동을 좋아하는데, 특히 링링이가 그래.
总是	늘, 줄곧 ＊어떤 동작이 변함없이 계속 됨을 나타냄	他总是那么热情。 그는 늘 다정해. Tā zǒngshì nàme rèqíng.

5분 체크 어법

1 빈칸에 알맞은 부사를 쓰세요.

[보기]　尽量　　总是　　恐怕　　亲自　　其实　　稍　　尤其

❶ 他还没到，火车_____晚点了。

❷ 他说他要走，_____他并不想离开。

❸ 请_____等！老总马上就到。

❹ 您怎么_____来接我啊？

❺ 只要能为你做的，我_____去帮你做吧。

❻ 我每次见她，她_____那么温柔体贴。

❼ 我喜欢旅行，_____是独自旅行。

2 다음 문장을 해석하세요.

❶ 家里有急事，明天我恐怕去不了了。　➡ _____

❷ 很多事情，其实并不是你想象的那样。　➡ _____

❸ 我们都劝他别去，他偏偏要去。　➡ _____

❹ 你写的文章我稍微改动了几个字。　➡ _____

40 전치사의 종류와 기능

·학습 포인트 여러 가지 전치사 | 전치사의 특징

大家都对我很好。 모두가 나한테 잘해 준다.
Dàjiā dōu duì wǒ hěn hǎo.

他被同事们称为"活地图"。
Tā bèi tóngshìmen chēngwéi "huódìtú".
그는 동료들에게 '걸어 다니는 지도'라 불린다.

1 전치사의 종류

시간과 장소	在 zài ~에서	于 yú ~에	从 cóng ~(출발점)에서	自 zì ~로부터	离 lí ~(기준점으로)부터	趁 chèn ~를 이용하여	自从 zìcóng ~에서, ~한 후
방향	朝 cháo ~쪽으로	向 xiàng ~를 향해	往 wǎng ~쪽으로
대상	给 gěi ~에게	比 bǐ ~보다	和 hé, 跟 gēn, 与 yǔ ~와	对 duì, 对于 duìyú ~에 대해	关于 guānyú ~에 관해	至于 zhìyú ~에 관해서는	替 tì ~를 대신해서	把 bǎ ~를	被 bèi ~로부터(~당하다)	用 yòng ~를 이용해	拿 ná ~를 가지고	就 jiù ~에 대하여	连 lián ~조차도
근거, 증거	按 àn, 按照 ànzhào ~에 따라	依照 yīzhào ~에 의해	根据 gēnjù ~에 근거해	以 yǐ ~로써, ~에 따라	凭 píng ~에 근거해	通过 tōngguò ~를 통해	经过 jīngguò ~를 통해	随着 suízhe ~에 따라
원인, 목적	由 yóu ~로부터	由于 yóuyú ~로 인해	为 wèi, 为了 wèile ~를 위해
배제	除 chú, 除了 chúle ~를 제외하고

2 전치사의 기능

① 전치사는 단독으로 쓸 수 없고, 명사나 대명사를 동반해 전치사구로 쓰인다. 전치사구는 문장에서 부사어 역할을 한다.

火车站离这儿很近。 기차역은 여기서 가깝다.
Huǒchēzhàn lí zhèr hěn jìn.

哥哥把自行车卖了。 형(오빠)은 자전거를 팔았다.
Gēge bǎ zìxíngchē mài le.

② 부정사는 전치사 앞에 위치한다.

弟弟不在家看电视。 동생은 집에서 TV를 보지 않는다.
Dìdi bú zài jiā kàn diànshì.

我没跟他见面。 나는 그 사람을 안 만났어.
Wǒ méi gēn tā jiànmiàn.

③ 전치사구가 관형어로 쓰일 때는 조사 的를 동반한다.

关于中国传统文化的问题 중국 전통 문화에 관한 문제
guānyú Zhōngguó chuántǒng wénhuà de wèntí

④ 전치사는 술어 뒤에서 보어로 쓸 수 있다.

我们班的同学来自十个国家。 우리 반 친구들은 10개 국가에서 왔다.
Wǒmen bān de tóngxué láizì shí ge guójiā.

你把这本书还给他吧。 너는 이 책을 그에게 돌려줘.
Nǐ bǎ zhè běn shū huángěi tā ba.

5분 체크 어법

정답 ➡ 270쪽

1 빈칸에 알맞은 전치사를 쓰세요.

[보기] 离 给 对 被 在

❶ 他_____学生食堂吃午饭。

❷ 我晚上_____你打电话吧。

❸ 你家_____这儿近吗?

❹ 你男朋友_____你好不好?

❺ 我_____狗咬了。

*咬 yǎo 통 물다, 깨물다

2 다음 중 틀린 문장을 고르세요.

❶ 他想给你买衣服。

❷ 我看了关于他的报道。

❸ 我跟他没见面。

❹ 把冰箱放在这儿吧。

3 빈칸에 알맞은 전치사를 쓰세요.

[보기] 从 跟 比 往

❶ _____机场到饭店不远。

❷ 一直_____前走。

❸ 她_____你善良。

❹ 我愿意_____你结婚。

4 다음 문장을 해석하세요.

❶ 为了学油画,他去法国了。 ➡ _____

❷ 趁年轻,多出去转转。 ➡ _____

*油画 yóuhuà 명 유화 | 趁 chèn 전 ~을 이용하여

41 在의 용법 / 于의 용법

爸爸在贸易公司工作。 아빠는 무역 회사에서 근무하신다.
Bàba zài màoyì gōngsī gōngzuò.

他毕业于清华大学。 그는 칭화대학을 졸업했다.
Tā bìyèyú Qīnghuá Dàxué.

1 在의 용법

在 ~에, ~에서 (시간과 장소)	车展在明年五月举行。 모터쇼는 내년 5월에 열린다. (시간) Chēzhǎn zài míngnián wǔ yuè jǔxíng. 弟弟在图书馆看书。 남동생은 도서관에서 책을 본다. (장소) Dìdi zài túshūguǎn kàn shū.
在……上 ~에서 (장소, 방면, 분야)	我在本子上写了她的名字。 나는 공책에 그녀의 이름을 썼다. (장소) Wǒ zài běnzi shang xiě le tā de míngzi. 她在发音上有问题。 그녀는 발음에 문제가 있다. (방면) Tā zài fāyīn shang yǒu wèntí.
在……中 ~중에 (범위, 과정)	我们是在旅行中认识的。 우리는 여행 중에 만났다. Wǒmen shì zài lǚxíng zhōng rènshi de. 你在工作中遇到问题，可以找我。 Nǐ zài gōngzuò zhōng yùdào wèntí, kěyǐ zhǎo wǒ. 업무 중에 문제가 생기면, 나를 찾아오게.
在……下 ~하에 (장소, 조건)	你的书包在椅子下。 네 책가방은 의자 밑에 있어. (장소) Nǐ de shūbāo zài yǐzi xià. 在大家的帮助下，我终于完成任务了。 Zài dàjiā de bāngzhù xià, wǒ zhōngyú wánchéng rènwu le. 여러분의 도움으로 제가 마침내 임무를 완수했습니다. (조건)
在……里 ~에 (장소, 분야)	有人在房间里唱歌。 누군가 방에서 노래 부른다. Yǒu rén zài fángjiān li chànggē. 在汉语里，动词没有变化。 중국어에서는 동사의 변화가 없다. Zài Hànyǔ li, dòngcí méiyǒu biànhuà.
在……看来 ~보기에(관점, 생각) ＊문어체에 많이 쓰임	在我看来，希望越大，失望越大。 Zài wǒ kànlái, xīwàng yuè dà, shīwàng yuè dà. 내가 보기엔 희망이 클수록 실망도 커져.
在……以上/以下/ 以后/以内/以外 ~이상/이하/이후/이내/이외 (경계, 한도)	年龄在三十岁以上、四十岁以下的都可以。 Niánlíng zài sānshí suì yǐshàng, sìshí suì yǐxià de dōu kěyǐ. 나이가 30세 이상 40세 이하면 다 된다.

2 于의 용법

① 于는 주로 동사, 형용사 뒤의 보어가 되어 문어체에 쓴다.

她生于1992年。 그녀는 1992년에 태어났다.
Tā shēngyú yī jiǔ jiǔ èr nián.

② 于는 동작의 대상을 동반하거나 비교의 뜻을 나타내기도 한다.

不要满足于 现在的成绩 。 현재의 성적에 만족하지 마.
동작의 대상
Búyào mǎnzúyú xiànzài de chéngjì.

这座山 不会高于 1500米 。 이 산은 1500미터를 넘지 않는다.
비교 대상1   비교 대상2
Zhè zuò shān bú huì gāoyú yìqiān wǔbǎi mǐ.

5분 체크 어법

정답 ➡ 270쪽

1 다음 빈칸에 공통으로 들어갈 단어를 고르세요.

A : 你们_____哪儿上课?   B : 我们_____这个教室上课。

❶ 在   ❷ 自   ❸ 于   ❹ 从

2 빈칸에 알맞은 단어를 쓰세요.

[보기]   上   中   下

❶ 他的病正在治疗_____。

❷ 她在好心人的帮助_____完成了学业。

❸ 这种产品,我认为在质量_____没有问题。

3 在 또는 于를 써서 문장을 완성하세요.

❶ 我_____回家的路上把苹果买回来了。

❷ 他毕业_____北京大学。

4 다음 단어를 어순에 맞게 배열하세요.

这种 ┃ 产于 ┃ 茶叶 ┃ 省 ┃ 等 ┃ 福建、云南

➡ _____。

42 从/离/自vs自从

·학습 포인트· 从과 离의 용법 | 自와 自从의 차이점

从我家到学校很近。 우리 집에서 학교까지는 가까워.
Cóng wǒ jiā dào xuéxiào hěn jìn.

公司离地铁站不远。 회사는 전철역에서 멀지 않아.
Gōngsī lí dìtiězhàn bù yuǎn.

---

1 从의 용법

① 장소의 출발점을 나타낸다.

我们从火车站出发。 우리는 기차역에서 출발해.
Wǒmen cóng huǒchēzhàn chūfā.

我们从北京去法国。 우리는 베이징에서 프랑스로 가.
Wǒmen cóng Běijīng qù Fǎguó.

② 시간의 출발점을 표현할 때는 '从……起, 从……开始, 从……以来' 형식으로 많이 쓰인다.

上午的课从九点开始。 오전 수업은 9시에 시작해.
Shàngwǔ de kè cóng jiǔ diǎn kāishǐ.

从明天起，我要好好学习了。 내일부터 난 열심히 공부할 거야.
Cóng míngtiān qǐ, wǒ yào hǎohāo xuéxí le.

③ 从 A 到 B : A에서 B까지 ~하다

从我家到医院很远。 우리 집에서 병원까지는 멀다.
Cóng wǒ jiā dào yīyuàn hěn yuǎn.

从九点到十一点上汉语课。 9시부터 11시까지 중국어 수업을 한다.
Cóng jiǔ diǎn dào shíyī diǎn shàng Hànyǔ kè.

2 离의 용법

① B 离 A …… : B는 A에서 ~하다

银行离这儿很近。 은행은 여기서 가까워요.　　　公司离机场不远。 회사는 공항에서 멀지 않아요.
Yínháng lí zhèr hěn jìn.　　　　　　　　　Gōngsī lí jīchǎng bù yuǎn.

② 现在+离+还有…… : ~까지 아직 ~남았다

现在离十二点还有十分钟。 12시까지는 아직 10분 남았어.
Xiànzài lí shí'èr diǎn hái yǒu shí fēnzhōng.

③ 离+只有…… : ~까지 단지 ~남았다

离春节只有三天了。 설까지 3일밖에 안 남았어.
Lí Chūnjié zhǐyǒu sān tiān le.

离上课只有五分钟了。 수업 시작까지 5분밖에 안 남았어.
Lí shàngkè zhǐyǒu wǔ fēnzhōng le.

3 自와 自从

自 ~에서	'~로부터'의 뜻으로 시간과 장소의 출발점을 나타내며, '自古……, 自幼……' 형식으로 많이 쓰인다. 주로 문어체에 쓰인다.
	这座名山自古以来就很出名。 이 명산은 자고이래로 유명하다. Zhè zuò míngshān zìgǔ yǐlái jiù hěn chūmíng.
	他自幼练太极拳，练得相当好。 그는 어릴 때부터 태극권을 단련해, 상당히 잘한다. Tā zìyòu liàn tàijíquán, liàn de xiāngdāng hǎo.
	来, 出, 引, 寄, 抄, 选 등의 동사 뒤에 보어로 쓰여 동작의 유래, 경로, 출처를 나타낸다.
	这个故事来自民间传说。 이 이야기는 민간 전설에서 유래했다. (유래) Zhège gùshi láizì mínjiān chuánshuō.
	这句话引自《诗经》。 이 말은 『诗经』에서 인용했다. (출처) Zhè jù huà yǐnzì《Shījīng》.
自从 ~에서, ~이래	'과거의 어느 시점부터 시작해서'의 뜻으로 '自从……以后, 自从……以来' 형식으로 많이 쓰인다.
	自从认识你以后，我才知道什么叫幸福。 Zìcóng rènshi nǐ yǐhòu, wǒ cái zhīdào shénme jiào xìngfú. 너를 알고 난 후에, 난 비로소 행복이 뭔지 알았어.
	自从改革开放以来，这儿的变化非常大。 Zìcóng gǎigé kāifàng yǐlái, zhèr de biànhuà fēicháng dà. 개혁 개방이래, 이곳에 큰 변화가 있었다.

5분 체크 어법

1 다음 중 빈칸에 들어갈 알맞은 말을 고르세요.

> A : _____北京到上海坐飞机要多长时间?　　　　B : 坐飞机大概两个小时。

❶ 在　　　　　　❷ 离　　　　　　❸ 从　　　　　　❹ 自

2 빈칸에 알맞은 단어를 쓰세요.

> [보기]　从　　离　　自　　自从

❶ 这是来_____中国的信。　　❷ 明天下午我们_____学校出发。

❸ 火车站_____我家很近。　　❹ _____跟他分手以后，我习惯一个人生活了。

3 다음 문장을 해석하세요.

❶ 从我家到学校只走十分钟就到。　　➡ _____

❷ 离飞机起飞不到一个小时了。　　➡ _____

43 给vs跟vs对 / 为vs为了 /以

我们跟他一起去吧。 우리 저 애랑 같이 가자.
Wǒmen gēn tā yìqǐ qù ba.

为了我们的友谊干杯! 우리의 우정을 위해 건배!
Wèile wǒmen de yǒuyì gānbēi!

1 给, 跟, 对

给 ~에게	한쪽이 수혜를 입거나 피해를 당하는 동작에 쓰인다.
	爸爸给我们买玩具。 아빠는 우리에게 장난감을 사주신다. Bàba gěi wǒmen mǎi wánjù.
	他又给我添麻烦了。 그는 또 나를 귀찮게 했어. Tā yòu gěi wǒ tiān máfan le.
跟 ~와, ~에게	쌍방 간에 행해지는 동작에 쓰인다.
	我的性格跟我爸爸一样。 내 성격은 우리 아빠하고 같아. Wǒ de xìnggé gēn wǒ bàba yíyàng.
	他跟我说: "你真好。" 그는 나에게 "넌 정말 좋은 애야"라고 말했다. Tā gēn wǒ shuō: "Nǐ zhēn hǎo."
对 ~에게, ~을 향하여	한쪽을 향해 행해지는 동작에 쓰인다.
	这么做对我们有利。 이렇게 하면 우리에게 유리해. Zhème zuò duì wǒmen yǒulì.
	他对我说: "再见。" 그는 날 향해 "잘 가"라고 말했다. Tā duì wǒ shuō: "Zàijiàn."

2 为와 为了

为 ~을 위하여, ~때문에	목적을 나타내며 문어체에 많이 쓴다.
	你们应该为国家做出贡献。 너희들은 마땅히 국가를 위해 공헌을 해야 한다. Nǐmen yīnggāi wèi guójiā zuòchū gòngxiàn.
	这是我为你准备的礼物。 이건 내가 널 위해 준비한 선물이야. Zhè shì wǒ wèi nǐ zhǔnbèi de lǐwù.
	원인을 나타낸다.
	我为大家的成功高兴。 저는 여러분이 성공해서 기쁘네요. Wǒ wèi dàjiā de chénggōng gāoxìng.
	为……而…… : ~를 위해 ~하다
	为和平而战争 평화를 위해 전쟁하다 为生活而奋斗 생활을 위해 분투하다 wèi hépíng ér zhànzhēng wèi shēnghuó ér fèndòu

为了 ~를 위하여	목적을 나타내며 문두에 위치해 부사어 역할을 한다. 회화에 많이 쓰인다.
	为了了解中国，他经常去中国旅行。 Wèile liǎojiě Zhōngguó, tā jīngcháng qù Zhōngguó lǚxíng. 중국을 이해하고자, 그는 자주 중국으로 여행 간다.
	……, 是为了…… : ~한 것은 ~을 위해서다
	我这么努力是为了能有更好的明天。 Wǒ zhème nǔlì shì wèile néng yǒu gènghǎo de míngtiān. 내가 이렇게 노력하는 것은 더 나은 내일을 위해서야.

3 以

① ~로써 : 근거, 신분, 방식을 나타낸다.

他想以个人身份参加奥运会。 그는 개인 신분으로 올림픽에 참가하고 싶어 한다.
Tā xiǎng yǐ gèrén shēnfèn cānjiā Àoyùnhuì.

② 以……为…… : '~로 ~를 삼다'라는 의미를 나타낸다.

民以食为天。 백성은 식량을 생존의 근본으로 여긴다. (금강산도 식후경)
Mín yǐ shí wéi tiān.

③ 以+방위사

长江以南多数地区都会下阵雨。 양쯔강 이남 대부분 지역에는 소나기가 내리겠습니다.
Chángjiāng yǐnán duōshù dìqū dōu huì xià zhènyǔ.

5분 체크 어법

정답 ➡ 270쪽

1 다음 중 빈칸에 들어갈 알맞은 말을 고르세요.

> 孩子，妈妈这么做是_____对你好。
> 孩子，我_____你的成功感到骄傲。

❶ 为 – 为   ❷ 为了 – 为   ❸ 为了 – 为了   ❹ 为 – 为了

2 다음 중 틀린 문장을 고르세요.

❶ 我为你高兴。   ❷ 妹妹跟你一起来。

❸ 他在对我挥手。   ❹ 她的个子给你一样。

3 给, 跟, 对를 써서 문장을 완성하세요.

❶ 他的汉语口语水平_____你差不多。   ❷ 我_____非洲很感兴趣。   *非洲 Fēizhōu
                                                                    [고유] 아프리카
❸ 妈妈又_____我买了一双运动鞋。   ❹ 我正在_____你写信呢。

44 对vs对于 / 对于vs关于

학습 포인트 对와 对于의 공통점과 차이점 | 对于와 关于의 차이점

妈妈对我挥了挥手。 엄마는 나를 향해 손을 흔드셨다.
Māma duì wǒ huī le huīshǒu.

关于男女平等 남녀평등에 대해
guānyú nánnǚ píngděng

1 对와 对于

공통점	① 동작의 대상이나 동작 대상에 대한 태도를 나타낼 때, 对와 对于는 호환이 가능하다.
	她对(对于)非洲文化很感兴趣。 그녀는 아프리카 문화에 관심이 많다. Tā duì (duìyú) Fēizhōu wénhuà hěn gǎn xìngqù.
	② '对(对于)……来说'는 '~에 대해 말하자면, ~에게 있어서'라는 뜻으로 화자의 관점이나 생각을 표현한다.
	父母对我来说是最重要的。 부모님은 나에게 있어 가장 중요하다. Fùmǔ duì wǒ láishuō shì zuì zhòngyào de.
	对于大多数人来说，这个问题很简单。 대부분의 사람들한테는 이 문제가 별것 아니다. Duìyú dàduōshù rén láishuō, zhège wèntí hěn jiǎndān.
차이점	① 对는 사람과 사람 사이의 관계를 나타낼 수 있지만, 对于는 나태낼 수 없다.
	他对于我非常好。(×) → 他对我非常好。(○) 그는 나에게 참 잘한다. Tā duì wǒ fēicháng hǎo.
	② 对는 朝, 向의 뜻으로도 쓰인다.
	妈妈对我挥了挥手。 엄마는 나를 향해 손을 흔드셨다. Māma duì wǒ huī le huīshǒu.
	③ 对는 '조동사, 부사+对' 형식으로 쓰인다.
	我们会对顾客负责。 저희는 고객에 대해 책임을 질 것입니다. Wǒmen huì duì gùkè fùzé.

2 对于와 关于

对于 ~에 대해 *동작의 대상을 나타냄	对于……, 주어+술어 +기타 성분 *对于 뒤에는 인칭대명사 목적어가 동반 가능함	对于这个计划，我得跟家人商量。 Duìyú zhège jìhuà, wǒ děi gēn jiārén shāngliang. 이 계획에 대해. 나는 가족과 상의해야 한다.
		对于他，我只知道他的名字。 Duìyú tā, wǒ zhǐ zhīdào tā de míngzi. 그에 관해. 난 이름만 알뿐이야.
	주어+对于……+술어	她对于这里的生活，还没习惯。 Tā duìyú zhèli de shēnghuó, hái méi xíguàn. 그녀는 이곳 생활에 아직 익숙치 않다.

关于 ~에 관해 *동작과 관계된 사람, 사물, 범위를 나타냄	关于……, 주어+술어 +기타 성분	关于这里的情况，他了解得很深。 Guānyú zhèlǐ de qíngkuàng, tā liǎojiě de hěn shēn. 이곳의 상황에 대해서, 그가 깊이 알아.
	주어+술어+关于+목 적어	这本书是关于养花的。 이 책은 화초 재배에 관한 것이야. Zhè běn shū shì guānyú yǎng huā de.
	문장의 제목으로 쓰임	关于环境污染问题 환경 오염 문제에 대해 guānyú huánjìng wūrǎn wèntí 关于经济贸易 경제 무역에 관해 guānyú jīngjì màoyì

Tip

· 对于와 关于
对于와 关于가 문두에 위치하면서 '情况, 问题, 建议' 등의 명사를
동반하고, 술어가 有나 没有일 때는 对于와 关于를 호환할 수 있다.
对于(关于)这个问题，他有了解决方法。
Duìyú(Guānyú) zhège wèntí, tā yǒu le jiějué fāngfǎ.
그 문제에 대해 그는 해결 방법이 생겼어.

5분 체크 어법

정답 ➡ 270쪽

1 对于 또는 关于를 써서 문장을 완성하세요.

❶ _____大部分人来说，这个问题很重要。

❷ 他看了一本_____中国历史的书。

2 다음 문장을 어순에 맞게 배열하세요.

❶ 他们 | 关心 | 对于 | 非常 | 都 | 这件事

➡ 他们_____。

❷ 人们 | 问题 | 对 | 越来越 | 环境保护 | 了 | 重视

➡ 人们_____。

3 다음 문장을 해석하세요.

❶ 对我来说，你比任何人都伟大。

➡ _____

❷ 对于留学生来说，了解中国历史和文化很重要。

➡ _____

❸ 我很想了解关于中国的对外政策。

➡ _____

45 朝vs向vs往

● 학습 포인트 ▶ 朝, 向, 往의 차이점

玻璃门**向**外开着。 유리문이 밖으로 열려 있네.
Bōlimén xiàng wài kāizhe.

去动物园一直**往**前走。
Qù dòngwùyuán yìzhí wǎng qián zǒu.
동물원에 가려면 계속 앞으로 가세요.

1 朝, 向, 往

朝	'어떤 방향, 장소를 향하다' 라는 뜻을 나타내며 회화에 많이 사용한다.	去医院的话，一直**朝**前走。 병원에 가려면 계속 앞으로 가세요. Qù yīyuàn de huà, yìzhí cháo qián zǒu. **朝**南走十分钟就到。 남쪽으로 10분 정도 가면 도착해. Cháo nán zǒu shí fēnzhōng jiù dào.
向	동작의 방향을 나타낸다. 회화와 문어체에 두루 쓰인다.	我们继续**向**前走吧。 우리 계속 앞으로 가자. Wǒmen jìxù xiàng qián zǒu ba. 大门**向**外开着。 대문이 밖으로 열려 있다. Dàmén xiàng wài kāizhe.
往	동작의 방향을 나타내며 목적어로 방위사가 동반된다. 문어체에 많이 쓰인다.	去故宫一直**往**前走。 고궁에 가려면 계속 앞으로 가세요. Qù Gùgōng yìzhí wǎng qián zǒu. 人**往**高处走，水**往**低处流。 Rén wǎng gāochù zǒu, shuǐ wǎng dīchù liú. 사람은 높은 곳을 향하고, 물은 낮은 곳으로 흐른다.

2 朝, 向, 往의 차이점

朝	向	往
마주 대하고 있는 방향을 나타낸다.		
我有一套**朝**南的房子。 Wǒ yǒu yí tào cháo nán de fángzi. 난 남향집을 한 채 갖고 있다.	×	×
보어로 쓸 수 없다.	走, 转, 冲, 奔, 驶, 指, 射, 飞, 通, 跑 등의 뒤에서 보어로 쓰인다.	开, 送, 寄, 派, 运, 飞, 通 뒤에서 보어로 쓰인다.
	中国走**向**世界。 Zhōngguó zǒuxiàng shìjiè. 중국은 세계를 향합니다.	这列火车开**往**北京。 Zhè liè huǒchē kāiwǎng Běijīng. 이 기차는 베이징행이다.
	江水流**向**大海。 Jiāngshuǐ liúxiàng dàhǎi. 강물은 바다로 흘러간다.	这条路通**往**罗马。 Zhè tiáo lù tōngwǎng Luómǎ. 이 길은 로마로 통한다.

	道歉, 学习, 负责, 了解, 打听, 请教, 解释와 같은 동사와 함께 쓸 수 있다.	
×	你得向他学习。 Nǐ děi xiàng tā xuéxí. 너는 그 사람을 좀 본받아야 해. 你向专家请教一下。 Nǐ xiàng zhuānjiā qǐngjiào yíxià. 전문가에게 자문을 구해 보세요.	×

Tip

- 朝와 向은 사람을 뜻하는 명사나 대명사를 '동작의 대상'으로 동반 가능하고, 인체 동작과 관련된 동사를 동반할 수 있다.

  小王<del>往</del>我们走过来。(×) → 小王朝(向)我们走过来。(○) 왕군은 우리쪽으로 걸어왔다.
  Xiǎo Wáng cháo(xiàng) wǒmen zǒu guòlai.

  老师向(朝)我点了点头。 선생님께서 나를 향해 고개를 끄덕이셨다.
  Lǎoshī xiàng(cháo) wǒ diǎn le diǎntóu.

- 向과 往은 곡선 운동을 하는 동사를 동반할 수 있지만, 朝는 동반할 수 없다.

  请朝后转身。(×) → 请往(向)后转身。(○) 뒤쪽으로 몸을 돌려주세요.
  Qǐng wǎng(xiàng) hòu zhuǎnshēn.

5분 체크 어법

정답 → 270쪽

1 朝, 向, 往을 써서 문장을 완성하세요.

❶ 飞机飞_____北京。

❷ 姐姐有一套_____南的房子。

❸ 你们应该_____他学习。

❹ 这些衣服要寄_____西班牙。

❺ 中国走_____世界。

＊西班牙 Xībānyá 고유 스페인

2 다음 중 빈칸에 朝, 向, 往을 다 쓸 수 있는 문장을 고르세요.

❶ 他的宿舍_____南。

❷ 去人民广场应该_____哪儿走?

❸ 他_____我扔过来一个苹果。

❹ 她正在_____杯子里加水。

3 向 또는 跟을 써서 문장을 완성하세요.

❶ 我们应该_____他学习。

❷ 老师，我想_____你学书法。

❸ 你一直_____前走，就是地铁站。

＊书法 shūfǎ 명 서예

4 다음 단어를 어순에 맞게 배열하세요.

❶ 本次 ｜ 青岛 ｜ 列车 ｜ 开往　➡ _____。

❷ 他们 ｜ 都 ｜ 我 ｜ 笑 ｜ 朝着　➡ _____。

❸ 向 ｜ 人民广场 ｜ 右 ｜ 就是 ｜ 拐　➡ _____。

46 접속사의 종류와 역할

> **학습 포인트** 여러 가지 접속사 | 접속사의 역할

我喜欢他，可是他不喜欢我。
Wǒ xǐhuan tā, kěshì tā bù xǐhuan wǒ.
나는 그를 좋아하는데, 그러나 그는 나를 좋아하지 않는다.

1 접속사의 종류

병렬 관계	和 hé, 同 tóng, 跟 gēn, 与 yǔ ~와 | 而 ér 그리고 | 及 jí, 以及 yǐjí 및 | 一边 yìbiān ~하면서 | 既 jì ~하고도(~한 이상은)
선택 관계	还是 háishi ~아니면 | 或 huò 혹은 | 或者 huòzhě ~이거나 | 要么 yàome ~하거나 | 不如 bùrú ~하는 편이 낫다 | 与其 yǔqí ~하느니
연속 관계	另外 lìngwài 이밖에 | 那 nà, 那么 nàme 그러면 | 于是 yúshì 그래서 | 则 zé 그리하여 | 然后 ránhòu 그런 후에
점층 관계	不但 búdàn ~뿐 아니라 | 并且 bìngqiě, 而且 érqiě 게다가 | 何况 hékuàng 하물며 | 进而 jìn'ér 더 나아가 | 甚至 shènzhì 심지어 | 再说 zàishuō 더구나
인과 관계	因为 yīnwèi ~이기 때문에 | 因此 yīncǐ 그리하여 | 由于 yóuyú ~로 인하여 | 以致 yǐzhì ~에 이르다 | 从而 cóng'ér 그리하여 | 既然 jìrán 기왕 ~한 바에야 | 所以 suǒyǐ 그래서, 그런 까닭에
역접 관계	虽然 suīrán 비록 ~일지라도 | 但是 dànshì, 可是 kěshì 그러나 | 不过 búguò 그런데 | 然而 rán'ér 하지만
조건 관계	只有 zhǐyǒu ~해야만 | 只要 zhǐyào ~하기만 하면 | 除非 chúfēi 오직 ~해야만 | 不管 bùguǎn ~에 관계없이 | 无论 wúlùn ~을 막론하고
가정 관계	如果 rúguǒ 만약에 | 要是 yàoshi 만약에 | 否则 fǒuzé 그렇지 않으면 | 再不然 zàibùrán 그렇지 않으면 | 不然 bùrán 아니면
목적 관계	为的是 wèideshì ~을 위한 것이다 | 省得 shěngde, 免得 miǎnde, 以免 yǐmiǎn ~하지 않도록
열거 관계	比如 bǐrú 예를 들면 | 比方 bǐfang 예컨대
양보 관계	即使 jíshǐ 설령 ~일지라도 | 哪怕 nǎpà 설령 ~일지라도

2 접속사의 역할

① 접속사는 단독으로 쓰이지 못하고, 단어, 구, 절을 연결한다.

他和我 그와 나
tā hé wǒ

打排球或者踢足球 배구하거나 아니면 축구하거나
dǎ páiqiú huòzhě tī zúqiú

要是你不能走路 만약에 네가 못 걸으면
yàoshi nǐ bù néng zǒu lù

② 접속사는 주종 관계를 이루어 복문에 쓰인다.

除非你也去，不然他就不去。 너도 가야지. 아니면 그 친구는 안 가.
Chúfēi nǐ yě qù, bùrán tā jiù bú qù.

③ 접속사는 부사와 호응해 복문에 쓰인다.

我们不管下不下雪，都要去。 우린 눈이 오든 안 오든, 갈 거야.
Wǒmen bùguǎn xià bu xiàxuě, dōu yào qù.

只有你来，他才高兴。 네가 와야만 그가 기뻐해.
Zhǐyǒu nǐ lái, tā cái gāoxìng.

5분 체크 어법

1 빈칸에 알맞은 접속사를 쓰세요.

[보기] 虽然   不如   因为   要是   既然

❶ 你来，＿＿＿＿＿我去。

❷ ＿＿＿＿＿我是你，我就要做生意。

❸ ＿＿＿＿＿他是外国人，汉语说得非常地道。

❹ ＿＿＿＿＿天气太热，我们不去爬山了。

❺ 你＿＿＿＿＿跟他结婚了，还后悔什么呢?

2 빈칸에 알맞은 접속사를 쓰세요.

[보기] 哪怕   然后   免得   所以   由于

❶ ＿＿＿＿＿再忙再累，他也一定来的。

❷ 你再确认一下，＿＿＿＿＿出错。

❸ ＿＿＿＿＿大雾原因，飞机晚点了。

❹ 末班车已经开走了，＿＿＿＿＿我走着回家。

❺ 我先回家放书包，＿＿＿＿＿再去朋友家。　　　＊出错 chūcuò 图 착오가 발생하다, 잘못되다

3 다음 문장을 해석하세요.

❶ 如果没有你的帮助，就没有今天的我了。　➡ ＿＿＿＿＿＿＿＿＿＿＿＿＿＿＿

❷ 只要吃了这种药，你的病就治好的。　　　➡ ＿＿＿＿＿＿＿＿＿＿＿＿＿＿＿

❸ 不但他想去，而且我也想去。　　　　　　➡ ＿＿＿＿＿＿＿＿＿＿＿＿＿＿＿

46 접속사의 종류와 역할　119

47 자주 쓰는 접속사(1)

我和她是高中同学。 나와 그 애는 고등학교 동창이다.
Wǒ hé tā shì gāozhōng tóngxué.

她聪明而美丽。 그녀는 똑똑하고 예쁘다.
Tā cōngming ér měilì.

➕ 和, 而, 总之, 以及, 要不

和	① ~와(과): 병렬 관계에 쓰고, 단어와 구를 연결한다.	我和她都是研究生。 나와 그녀는 다 대학원생이다. Wǒ hé tā dōu shì yánjiūshēng.
	② ~와(과): 세 개 이상의 단어를 연결할 때는 마지막 단어 앞에 위치한다.	我的爱好是画画、游泳和爬山。 Wǒ de àihào shì huà huà、yóuyǒng hé páshān. 내 취미는 그림 그리기, 수영과 등산이야.
而	① 그리고: 병렬 관계를 나타내며 문어체에 쓰인다.	她善良而单纯。 그녀는 착하고 순수하다. Tā shànliáng ér dānchún.
	② 그런데, ~하지만: 대비와 역접 관계를 나타낸다.	这道菜肥而不腻。 이 음식은 기름이 많이 들어갔지만 느끼하진 않다. Zhè dào cài féi ér bú nì.
	③ 만약에: 앞절에 쓰여 주어와 술어를 연결한다.	中秋晚上而没有月亮，不能赏月。 Zhōngqiū wǎnshang ér méiyǒu yuèliàng, bù néng shǎngyuè. 추석날 밤에 달이 안 뜨면, 달구경을 할 수가 없다.
	④ 인과 관계, 목적 관계에 쓰인다.	很多人因为爱情而幸福。 Hěn duō rén yīnwèi àiqíng ér xìngfú. 많은 사람들이 사랑 때문에 행복하다. (인과 관계) 这首曲子是为她而写的。 이 곡은 그녀를 위해 쓴 거야. (목적 관계) Zhè shǒu qǔzi shì wèi tā ér xiě de.
	⑤ 부사어와 동사를 연결한다.	他匆匆而来，匆匆而去。 그는 급히 왔다가 급히 가버렸다. Tā cōngcōng ér lái, cōngcōng ér qù.
总之	① 결론적으로 말해: 문두에 위치할 수 있다.	废话不用说了，总之我对这个饭店很满意。 Fèihuà bú yòng shuō le, zǒngzhī wǒ duì zhège fàndiàn hěn mǎnyì. 두말할 것 없이, 결론적으로 나는 이 호텔이 참 맘에 들어.
	② 어쨌든: 앞의 내용에 근거해 개괄적인 결론을 내릴 때 사용한다. 反正과 같다.	不管你们同意还是不同意，总之我同意。 Bùguǎn nǐmen tóngyì háishi bù tóngyì, zǒngzhī wǒ tóngyì. 너희들이 찬성하건 말건, 어쨌든 난 찬성이야.
以及	① ~및: 단어, 구, 절을 연결하며 문어체에 쓰인다.	这家大卖场每天提供新鲜的鱼、肉、家禽以及各种蔬菜。 Zhè jiā dàmàichǎng měitiān tígōng xīnxiān de yú、ròu、jiāqín yǐjí gèzhǒng shūcài. 이 대형 할인 마트에서는 매일 신선한 어류, 육류, 가금류 및 각종 채소를 제공한다.

	② 작은 공간에서 큰 공간으로 확대해 병렬한다.	太平洋地区以及亚洲 (×) 亚洲以及太平洋地区 (○) 아시아 및 태평양 지역 Yàzhōu yǐjí Tàipíngyáng dìqū
	③ 及: ~및, ~와	阳光、空气及水是生物生存的基本条件。 Yángguāng, kōngqì jí shuǐ shì shēngwù shēngcún de jīběn tiáojiàn. 햇살, 공기와 물은 생물이 존재하는 기본 조건이다.
要不	그렇지 않으면: 不然, 否则의 뜻으로 회화에 많이 쓰인다.	你赶快给他打电话，要不他会生气的。 Nǐ gǎnkuài gěi tā dǎ diànhuà, yàobù tā huì shēngqì de. 너 얼른 그 친구한테 전화해, 안 그러면 그 친구는 화날거야.
	아니면: 或者, 还是의 뜻으로 '要不就' 형식으로 많이 쓰인다.	我们今天见面怎么样，要不明天也可以。 Wǒmen jīntiān jiànmiàn zěnmeyàng, yàobù míngtiān yě kěyǐ. 우리 오늘 만나는 게 어떨까, 아니면 내일도 괜찮고.

 **5분 체크 어법**

정답 ➡ 270쪽

1 빈칸에 알맞은 접속사를 쓰세요.

> [보기]　以及　　而　　总之　　要不

❶ 我不会因为失败_____灰心。

❷ 我们去散步怎么样，_____去爬山也行。

❸ _____，爷爷不想住院。

❹ 这种植物分布于亚洲_____太平洋地区。

2 다음 중 틀린 문장을 고르세요.

❶ 图书馆、食堂和银行都在学校西边。

❷ 他这次访问了周边国家以及中国。

❸ 喝点儿可乐或者雪碧，要不，牛奶也行。

❹ 她因为爱情而感到幸福。

3 다음 단어를 어순에 맞게 배열하세요.

❶ 我已经想不起他的名字，总之 | 他 | 同学 | 是 | 高中的 | 我

　➡ 我已经想不起他的名字，总之他_____。

❷ 他可能出事了，该 | 早 | 要不 | 了 | 到

　➡ 他可能出事了，_____。

48 자주 쓰는 접속사(2)

•학습 포인트 或者, 还是, 然而, 可见, 况且, 此外, 不然의 용법

你们吃中餐还是吃西餐?
Nǐmen chī Zhōngcān háishi chī xīcān?
여러분 중식으로 드실래요, 아니면 양식으로 드실래요?

什么都不要说，不然我就不去。
Shénme dōu búyào shuō, bùrán wǒ jiù bú qù.
아무 말도 하지 마, 그렇지 않으면 난 안 가.

➕ 或者, 还是, 然而, 可见, 况且, 此外, 不然

或者 혹은	성질이 비슷한 두 사람 (사물)을 연결해 선택 관계를 나타낸다.	我明天或者后天去。 난 내일이나 모레 가. Wǒ míngtiān huòzhě hòutiān qù. 有事可以找我或者找张老师。 Yǒu shì kěyǐ zhǎo wǒ huòzhě zhǎo Zhāng lǎoshī. 무슨 일 있으면 나를 찾거나 장 선생님을 찾으면 돼.
	或는 문어체에 쓰고, '或A或B' 형식으로 쓸 수 있다.	或多或少 많거나 적거나 / 或快或慢 빠르거나 느리거나 huò duō huò shǎo　　　　　huò kuài huò màn
还是 ~아니면, ~하든지	선택의문문에 쓰인다.	你喜欢夏天还是冬天? Nǐ xǐhuan xiàtiān háishi dōngtiān? 너는 여름을 좋아하니, 겨울을 좋아하니?
	평서문에 쓰여 어떤 일이나 상황이 불확실함을 나타낸다.	我不知他的办公室在三楼还是四楼。 Wǒ bùzhī tā de bàngōngshì zài sān lóu háishi sì lóu. 나는 그의 사무실이 3층인지 4층인지 가물가물해.
	조건복문 '不管/无论……还是……，……也(都)……' 형식에 쓰인다.	不管你去还是他去，我都不去。 Bùguǎn nǐ qù háishi tā qù, wǒ dōu bú qù. 네가 가든 아니면 그가 가든, 난 어쨌든 안 가.
然而 그렇지만	但是와 같은 뜻을 갖지만, 虽然과 호응하지 않는다. 문어체에 많이 쓰인다.	我们都住在北京，然而很少见面。 Wǒmen dōu zhùzài Běijīng, rán'ér hěn shǎo jiànmiàn. 우리는 다 베이징에 살지만, 거의 안 만나. 我希望去环球旅游，然而梦想还没实现。 Wǒ xīwàng qù huánqiú lǚyóu, rán'ér mèngxiǎng hái méi shíxiàn. 난 세계 여행을 가고 싶은데, 꿈을 아직 못 이뤘어.
可见 ~라는 것을 알 수 있다	절, 단락을 연결하고 앞의 내용을 근거로 판단하고 결론을 내린다. '由此可见' 형식으로 많이 쓴다.	这次数学考试他得了0分，可见，他平时不努力。 Zhècì shùxué kǎoshì tā dé le líng fēn, kějiàn, tā píngshí bù nǔlì. 이번 수학 시험에서 그가 빵점을 맞은 것으로 보아 그가 평소에 노력을 안 한다는 것을 알 수 있다. 你看他连员工食堂都找不到，可见他是个新手。 Nǐ kàn tā lián yuángōng shítáng dōu zhǎo bu dào, kějiàn tā shì ge xīnshǒu. 저 친구 구내 식당도 못 찾는 걸로 봐서 신입사원이네.

况且 게다가	而且, 再说의 뜻을 갖고 있으며 '况且也/还/又' 형식의 점층 관계에 쓰여 진일보한 이유를 설명한다.	他责任心强，况且又是专家，一定会做得好。 Tā zérènxīn qiáng, kuàngqiě yòu shì zhuānjiā, yídìng huì zuò de hǎo. 그는 책임감도 강하고, 게다가 전문가이기도 하니, 틀림없이 잘해 낼 거야. 这个相机质量好，况且也不贵，可以买一个。 Zhège xiàngjī zhìliàng hǎo, kuàngqiě yě bú guì, kěyǐ mǎi yí ge. 이 카메라는 품질도 좋고 게다가 값도 안 비싸니까 하나 살만 해.
此外 이 밖에	복문에 쓰이거나 단락의 시작 부분에 위치한다. 주로 문어체에 쓴다.	她会说汉语和英语，此外也懂点儿日语。 Tā huì shuō Hànyǔ hé Yīngyǔ, cǐwài yě dǒng diǎnr Rìyǔ. 그는 중국어와 영어를 할 줄 알 뿐만 아니라, 이 밖에 일어도 좀 알아.
不然 그렇지 않으면, 아니면	否则의 뜻과 같으며 '不然就'와 '不然的话' 형식으로 많이 쓰인다.	快点走，不然就晚了。 빨리 가자, 그렇지 않으면 늦을 거야. Kuài diǎn zǒu, bùrán jiù wǎn le. 他出事了吧，不然的话，怎么还不到家呀？ Tā chūshì le ba, bùrán de huà, zěnme hái bú dào jiā ya? 그 애한테 무슨 일이 생겼나 봐, 아니면 왜 아직까지 집에 도착하지 않겠어?

정답 ➡ 271쪽

1 빈칸에 알맞은 접속사를 쓰세요.

> [보기]　况且　　　此外　　　不然

❶ 除非你亲自去一趟，_____的话，他是不会答应的。

❷ 我们是老乡，_____又是高中同学，什么都好说。

❸ 这次去山东是办事，_____，还想去见叔叔。

2 或者 또는 还是를 써서 문장을 완성하세요.

❶ 这本书是你的_____高老师的？

❷ 晚上我在宿舍看书_____锻炼身体。

❸ 星期六_____星期天去长城都可以。

❹ 他个子高，_____他哥哥个子高？

3 다음 문장을 어순에 맞게 배열한 것을 고르세요.

> a：虽然做得辛苦一点儿　　　　b：可见
c：但是我们还是做完了　　　　d：这世上没有不可能的事

❶ a – b – c – d　　　❷ a – c – b – d　　　❸ b – a – c – d　　　❹ d – a – b – c

49 조사 了의 용법(1)

학습 포인트 변화와 새로운 상황을 나타내는 了 | 동작의 완료를 나타내는 了

春天了。 봄이 왔다.
Chūntiān le.

我最近认识了很多朋友。
Wǒ zuìjìn rènshi le hěn duō péngyou.
나는 최근에 많은 친구를 알게 되었다.

1 변화와 새로운 상황의 출현을 나타낸다.

문장+了	어떤 일이 이미 일어났음을 표현하며 문장에 과거를 나타내는 시간명사와 부사가 자주 동반된다.
	爸爸昨天去美国了。 아빠는 어제 미국에 가셨다. Bàba zuótiān qù Měiguó le.
	我已经吃晚饭了。 나는 이미 저녁을 먹었어. Wǒ yǐjing chī wǎnfàn le.
명사+了	三点了。 3시가 되었다. Sān diǎn le.
형용사+了	他的病好了。 그의 병이 나았다. Tā de bìng hǎo le.
동사+了	妈妈生气了。 엄마는 화가 나셨다. Māma shēngqì le.
有……了	他有女朋友了。 그는 여자 친구가 생겼다. Tā yǒu nǚpéngyou le.
是……了	她现在是老师了。 그녀는 지금 선생님이 되었다. Tā xiànzài shì lǎoshī le.
不……了	我不喝了。 난 안 마실래. Wǒ bù hē le.
该……了	已经六点了，我该走了。 벌써 6시네, 나 가야겠어. Yǐjing liù diǎn le, wǒ gāi zǒu le.
没有……了	我没有信心了。 나는 자신감이 없어졌어. Wǒ méiyǒu xìnxīn le.
怎么……了	你怎么了? 너 왜 그래? Nǐ zěnme le?

2 동작의 완료를 나타낸다.

동사+了+관형어+목적어	她买了三斤葡萄。 그녀는 포도를 세 근 샀다. Tā mǎi le sān jīn pútáo.
	他参加了昨天晚上的晚会。 그는 어제저녁 모임에 참석했다. Tā cānjiā le zuótiān wǎnshang de wǎnhuì.

부사어＋地＋동사＋了＋목적어	这部电影深深地打动了我。 이 영화는 나를 깊이 감동시켰어. Zhè bù diànyǐng shēnshēn de dǎdòng le wǒ.
동사＋了＋시간보어 ~동안 ~했다	他在上海住了一年。 그는 상하이에서 1년 동안 살았다. Tā zài Shànghǎi zhù le yì nián.
동사＋了＋동량보어 몇 번 ~했다	这本书他看了两遍。 이 책을 그는 두 번 봤어. Zhè běn shū tā kàn le liǎng biàn.
동사1＋了＋목적어＋동사2 ~하고 ~했다 / ~하면, 바로 ~할 것이다	听了他的话，我们都哭了。 그의 말을 듣고, 우리는 다 울었다. Tīng le tā de huà, wǒmen dōu kū le. 我放了假就去中国。 난 방학하면 바로 중국에 갈 거야. Wǒ fàng le jià jiù qù Zhōngguó.
원인, 조건, 방식＋동사＋了＋목적어 ＊모종의 원인, 조건, 방식 하에서 어떤 결과를 얻었음을 표현	经过不断努力，他终于成为了奥运会冠军。 Jīngguò búduàn nǔlì, tā zhōngyú chéngwéi le Àoyùnhuì guànjūn. 부단한 노력 끝에, 그는 마침내 올림픽 챔피언이 되었다.
이합사 동사 부분＋了 ＊이합사와 같이 쓸 때는 이합사의 동사 부분 뒤에 위치함	我刚才洗了个澡。 난 방금 전에 목욕을 했다. Wǒ gāngcái xǐ le ge zǎo. 昨天我和他们聊了聊天。 어제 나는 그들과 한담을 나눴다. Zuótiān wǒ hé tāmen liáo le liáotiān.

정답 ➡ 271쪽

 **5**분 체크 어법

1 다음 중 밑줄 친 了의 용법과 다른 것을 고르세요.

> [보기] 他现在是老师了。

❶ 冬天了，天气变冷了。　　❷ 我不想去了。

❸ 他学了三年汉语。　　❹ 我有男朋友了。

2 了가 들어갈 알맞은 위치를 고르세요.

❶ 他刚才 A 很高兴 B ，突然 C 又不高兴 D 。

❷ 我打算 A 放 B 假就去 C 中国 D 。

❸ 我最近认识 A 几个 B 中国 C 朋友 D 。

3 다음 단어를 어순에 맞게 배열하세요.

❶ 他 ｜ 汉语 ｜ 会 ｜ 了 ｜ 说　　➡ ＿＿＿＿＿＿＿＿＿＿＿＿＿＿＿。

❷ 我 ｜ 班 ｜ 去 ｜ 就 ｜ 下了 ｜ 你家　➡ ＿＿＿＿＿＿＿＿＿＿＿＿＿＿＿。

50 조사 了의 용법(2)

•학습 포인트 了의 임박태 용법 | 了의 부정문과 의문문

要下雨了，我们快走吧。
Yào xiàyǔ le, wǒmen kuài zǒu ba.
곧 비가 올 것 같아, 우리 얼른 가자.

他还没去学校呢。
Tā hái méi qù xuéxiào ne.
그는 아직 학교에 가지 않았어.

1 임박태 용법

要……了 곧 ~하려고 하다 ＊어떤 일이 곧 일어날 것임을 나타냄	我要走了。나 갈게. Wǒ yào zǒu le. 听说你要辞职了，这是真的吗？ 자네 사직한다며, 이게 정말인가? Tīngshuō nǐ yào cízhí le, zhè shì zhēnde ma?
快(要)……了 곧 ~하려고 하다 ＊어떤 일이 곧 일어날 것임을 나타내며, '要……了'보다 더 임박했음을 표현함	秋天了，苹果快熟了。가을이라 사과가 곧 익겠어. Qiūtiān le, píngguǒ kuài shú le. 我们快要毕业了。우린 곧 졸업한다. Wǒmen kuàiyào bìyè le.
快(到)……了 ~가 곧 닥친다 ＊시간이 어느 때에 가까웠음을 나타냄	春节快到了。설이 코앞이야. Chūnjié kuài dào le. 快到我的生日了。곧 내 생일이야. Kuàidào wǒ de shēngrì le.
就要……了 곧 ~하려고 하다 ＊구체적인 시간에 어떤 일이 일어날 것임을 나타냄	明天就要考试了，今晚我要开夜车。 Míngtiān jiùyào kǎoshì le, jīnwǎn wǒ yào kāi yèchē. 내일이 시험이라 오늘 밤에 밤샘 공부하려고. 飞机十点就要起飞了。비행기는 10시에 이륙한다. Fēijī shí diǎn jiùyào qǐfēi le.
将要……了 장차(곧) ~하려고 하다 ＊문어체에 많이 씀	他们将要离开这里了。그들은 이곳을 떠나려 한다. Tāmen jiāngyào líkāi zhèli le.
还没……呢 아직 ~하지 않았다 ＊임박태의 부정문	飞机还没起飞呢。비행기는 아직 이륙하지 않았다. Fēijī hái méi qǐfēi ne.

2 了를 쓰는 문장의 부정문과 의문문

① 没(有)+동사 ~하지 않았다(못했다)
　没(有)……呢 아직 ~하지 않았다

我没吃早饭。난 아침 못(안) 먹었어요.
Wǒ méi chī zǎofàn.

他还没去公司呢。그는 아직 회사에 가지 않았다.
Tā hái méi qù gōngsī ne.

② **……了吗?** ~했어?

   ……了没有? ~했어, 안 했어? = **동사+没(有)+동사+목적어** ~했어, 안 했어?

你给妈妈打电话了吗? 너 어머니께 전화 드렸니?
Nǐ gěi māma dǎ diànhuà le ma?

你给妈妈打电话了没有? 너 어머니께 전화 드렸니, 안 드렸니?
Nǐ gěi māma dǎ diànhuà le méiyou?

你给妈妈打了电话没有? 너 어머니께 전화 드렸어, 안 드렸어?
Nǐ gěi māma dǎ le diànhuà méiyou?

你给妈妈打没打电话? 너 어머니께 전화 드렸어, 안 드렸어?
Nǐ gěi māma dǎ méi dǎ diànhuà?

5분 체크 어법

정답 ➡ 271쪽

＊ 다음 대화를 읽고 답하세요. [1~2]

> A : 我明天 ___①___ 回国了。
>
> B : 明天 ___②___ 走了? ___③___ 这么快? 我明天去送你。
>
> A : 你工作忙, 别送了。
>
> B : 你走, 我 ___④___ 能不送?

1 ①, ②에 공통으로 들어갈 말을 고르세요.

   ❶ 将要　　　　　❷ 就要　　　　　❸ 快　　　　　❹ 快要

2 ③, ④에 공통으로 들어갈 말을 고르세요.

   ❶ 怎么　　　　　❷ 怎么样　　　　　❸ 为什么　　　　　❹ 什么

3 위의 대화 내용과 일치하지 않는 것을 고르세요.

   ❶ A는 귀국하려 한다　　　　　❷ A는 내년에 귀국한다

   ❸ B는 바쁘다　　　　　❹ B는 공항으로 배웅 나간다

4 '还没(有)……呢' 형식으로 답하세요.

   ❶ A : 你写完信了吗?

   　B : _____。

   ❷ A : 你们商量了没有?

   　B : _____。

51 조사 了의 용법(3)

•학습 포인트• 了의 현재 지속적인 용법 | 了를 쓸 수 없는 문장

这部电影她看了三遍了。
Zhè bù diànyǐng tā kàn le sān biàn le.
이 영화를 그녀는 세 번째 보고 있다.

他经常去图书馆。 그는 자주 도서관에 간다.
Tā jīngcháng qù túshūguǎn.

1 문장에 동태조사 了와 어기조사 了가 같이 쓰여 어떤 동작이 현재까지 계속되고 있음을 표현한다.

> 주어+동사+了+수량사+목적어+了

他们已经喝了五瓶红酒了。 그들은 벌써 와인을 5병째 마시고 있어.
Tāmen yǐjing hē le wǔ píng hóngjiǔ le.

我学了一年汉语了。 난 중국어를 1년째 배우고 있어.
Wǒ xué le yì nián Hànyǔ le.

2 문장에 了를 쓸 수 없는 경우

① 자주 일어나거나 습관적인 동작일 때 ＊동사 앞에 주로 '每, 总是, 老, 经常, 常常, 一直, 往往' 등이 등장한다.	他常常去了图书馆。(×) 他常常去图书馆。(○) 그는 자주 도서관에 간다. Tā chángcháng qù túshūguǎn.
② ……以前/……时候/是……的 구문	来了韩国以前，我没学过韩语。(×) 来韩国以前，我没学过韩语。(○) Lái Hánguó yǐqián, wǒ méi xuéguo Hànyǔ. 한국에 오기 전에, 나는 한국어를 배운 적이 없다.
③ 비지속동사 앞에 刚이 동반될 때	听说她刚毕了业，还没找到工作。(×) 听说她刚毕业，还没找到工作。(○) Tīngshuō tā gāng bìyè, hái méi zhǎodào gōngzuò. 그녀는 갓 졸업했고, 아직 직장을 못 구했다고 한다.
④ 사역동사 뒤	妈妈叫了你去做作业。(×) 妈妈叫你去做作业。(○) 엄마가 너더러 가서 숙제 하라셔. Māma jiào nǐ qù zuò zuòyè.
⑤ 연동문에서 첫 번째 동사가 두 번째 동사의 행위 방식일 때 또는 두 번째 동사가 첫 번째 동사의 목적이 될 때	我们坐了火车去天津。(×) 我们坐火车去天津。(○) 우리는 기차 타고 티엔진에 간다. Wǒmen zuò huǒchē qù Tiānjīn.
⑥ 심리 활동을 나타내는 동사나 조동사 뒤	他们打算了星期天出发。(×) 他们打算星期天出发。(○) 그들은 일요일에 출발할 계획이다. Tāmen dǎsuan xīngqītiān chūfā.

⑦ 인용부호 앞에 나오는 동사 뒤	她对我说了："谢谢你!"（×） 她对我说："谢谢你!"（○） 그녀는 나에게 "고맙다"고 말했어. Tā duì wǒ shuō: "Xièxie nǐ!"
⑧ 동사 앞에 부정부사 '没(有), 不'가 동반될 때	他没(有)去了公司。（×） 他没(有)去公司。（○） 그는 회사에 안 갔어. Tā méi(you) qù gōngsī.
⑨ 동사성 단어, 구, 절로 된 목적어를 동반할 때	我发现了他是个好人。（×） 我发现他是个好人。（○） 나는 그가 좋은 사람인 걸 알았어. Wǒ fāxiàn tā shì ge hǎorén.

 5분 체크 어법

정답 ➡ 271쪽

1 다음 중 올바른 문장을 고르세요.

❶ 我还没吃了。

❷ 我昨天不看他了。

❸ 我们明天吃了早饭就出发。

❹ 他经常跑步了。

2 다음 중 了의 위치가 바른 것을 고르세요.

❶ 明天下课了，我们就去看电影。

❷ 我没有看了这本书。

❸ 爸爸叫了你过来。

❹ 昨天我买了一辆摩托车。

3 다음 문장을 바르게 고치세요.

❶ 他经常去了中国。 ➡ _____

❷ 她昨天没买衣服了。 ➡ _____

4 다음 단어를 어순에 맞게 배열하세요.

❶ 我 ｜ 朋友 ｜ 爬山 ｜ 一起 ｜ 跟 ｜ 了 ｜ 去

➡ 我_____。

❷ 我们 ｜ 照片 ｜ 在 ｜ 照 ｜ 公园 ｜ 很多 ｜ 了

➡ _____。

52 조사 过의 용법

학습 포인트 조사 过의 용법과 주의사항

我去过上海。 나는 상하이에 가본 적이 있다.
Wǒ qùguo Shànghǎi.

我没去找过她。 나는 그녀를 찾아간 적이 없어.
Wǒ méi qù zhǎoguo tā.

1 조사 过의 용법

동사+过……+了 ~했다 *동작의 완성을 표현하는데, 이때 过는 결과보어 完과 같은 뜻을 나타냄	**我吃过饭了。** 난 밥 먹었어. Wǒ chīguo fàn le.
동사+过 ~한 적이 있다 *어떤 동작을 한 경험이 있음을 나타냄	**我吃过中国菜。** 나는 중국 음식을 먹어 봤어. Wǒ chīguo Zhōngguó cài.
동사+보어+过 ~한 적이 있다	**他看见过我姐姐。** 그는 우리 언니(누나)를 본 적이 있다. Tā kànjiànguo wǒ jiějie.
曾经+동사+过 예전에 ~한 적이 있다	**她曾经看过京剧。** 그녀는 예전에 경극을 본 적이 있다. Tā céngjīng kànguo jīngjù.
동사+过+동량보어+목적어 몇 번 ~한 적이 있다	**他去过三次法国。** 그는 프랑스에 세 번 가봤어. Tā qùguo sān cì Fǎguó.
동사+过+인칭대명사 목적어+동량보어 ~를 ~몇 번 ~한 적이 있다	**我见过他一面。** 나는 그를 한 번 만났어. Wǒ jiànguo tā yí miàn.
이합사와 过의 위치 *过는 이합사의 동사 뒤에 위치함	**我在海边游过泳。** 나는 바닷가에서 수영을 해봤어. Wǒ zài hǎibian yóuguo yǒng.
부정문	**没(有)+동사+过** ~한 적이 없다	**我没听过他的名字。** 나는 그의 이름을 들어본 적이 없어. Wǒ méi tīngguo tā de míngzi.
의문문	**동사+过+목적어+吗?** ~한 적이 있어? **동사+过+목적어+没有?** ~한 적이 있어 없어?	**你来过这儿吗?** 너는 여기 와 봤어? Nǐ láiguo zhèr ma? **你坐过飞机没有?** 너는 비행기 타봤어, 안 타봤어? Nǐ zuòguo fēijī méiyou?

2 조사 过의 주의사항

① 습관적이고 반복적인 동작을 표현할 때는 동사 뒤에 过를 쓰지 않는다.

我常常去公园散过步。(×) → 我常常去公园散步。(○) 나는 자주 공원으로 산책 간다.
　　　　　　　　　　　 Wǒ chángcháng qù gōngyuán sànbù.

② 연동문에서 过는 두 번째 동사 뒤에 위치한다.

我去过那个超市买东西。(×) → 我去那个超市买过东西。(○)
Wǒ qù nàge chāoshì mǎiguo dōngxi.
난 그 슈퍼마켓에 가서 물건을 산 적이 있다.

③ 知道(zhīdào 알다), 明白(míngbai 이해하다), 认识(rènshi 알다), 感觉(gǎnjué 느끼다), 懂(dǒng 이해하다) 뒤에는 过를 쓰지 않는다.

我懂过。(×) → 我懂了。(○) 난 이해했어.
　　　　　　　Wǒ dǒng le.

④ '从来+没(有)+동사+过……' 형식은 '한 번도 ~한 적이 없다'라는 뜻을 나타낸다.

我从来没想过失败。난 한 번도 실패를 생각해 본 적이 없어.
Wǒ cónglái méi xiǎngguo shībài.

⑤ '从来+没(有)+(这么)+형용사+过……' 형식은 '한 번도 ~(이렇게) 한 적이 없다'라는 뜻을 나타낸다.

他们的关系从来没这么好过。그들 사이가 이렇게 좋았던 적이 없었다.
Tāmen de guānxi cónglái méi zhème hǎoguo.

5분 체크 어법

✽ 다음 대화를 읽고 답하세요. [1-2]

> A : 我 ① 爱过一个女生。
> B : 后来呢?
> A : 后来分手 ② 。

1 ①에 들어갈 말을 고르세요.

❶ 曾经　　　　　❷ 已经　　　　　❸ 非常　　　　　❹ 既

2 ②에 들어갈 말을 고르세요.

❶ 的　　　　　　❷ 过　　　　　　❸ 着　　　　　　❹ 了

3 过가 들어갈 알맞은 위치를 고르세요.

❶ 去年 A 我 B 去 C 一次 D 青岛。

❷ 前天、昨天我 A 去找 B 他，他都 C 不在家 D 。

52 조사 过의 용법　131

53 조사 着의 용법

•학습 포인트 조사 着의 용법과 주의사항

今天她穿着连衣裙。 오늘 그녀는 원피스를 입고 있다.
Jīntiān tā chuānzhe liányīqún.

我们走着去学校吧。 우리 걸어서 학교에 가자.
Wǒmen zǒuzhe qù xuéxiào ba.

1 조사 着의 용법

장소+동사+着+목적어 ~에 ~가 있다 ＊존현문에 쓰여 '존재하고 있음'을 나타냄	墙上挂着一幅山水画。 벽에 산수화 한 폭이 걸려 있다. Qiáng shang guàzhe yì fú shānshuǐhuà.
상태의 지속이나 동작의 지속을 나타냄 ＊형용사나 동사 뒤에 着를 써서 어떤 상태나 동작이 지속되고 있음을 나타냄	办公室里的灯还亮着。 사무실의 등이 아직 켜져 있다. (상태의 지속) Bàngōngshì li de dēng hái liàngzhe. 哥哥站着，姐姐坐着。 오빠(형)는 서 있고, 언니(누나)는 앉아 있다. (동작의 지속) Gēge zhànzhe, jiějie zuòzhe.
동사1+着……동사2 ~하면서 ~하다(동작의 방식)	他躺着看电视。 그는 누워서 TV를 본다. Tā tǎngzhe kàn diànshì.
동사着+동사着 ~하다가 ~하다가 ＊어떤 한 동작을 지속하다가 자신도 모르게 다음 동작이 일어났음을 나타냄	她说着说着就哭了。 그녀는 얘기하다가 울어버렸다. Tā shuōzhe shuōzhe jiù kū le.
명령문	동사+着 ~해라	你们先吃着，我出去一会儿就回来。 Nǐmen xiān chīzhe, wǒ chūqu yíhuìr jiù huílai. 너희들 먼저 먹고 있어, 난 잠깐 나갔다 금방 올게.
부정문	没+동사+着 ~하지 않고 있다	桌子上没摆着花。 탁자 위에는 꽃이 놓여 있지 않다. Zhuōzi shang méi bǎizhe huā.

2 조사 着를 쓸 수 없는 경우

① 비지속동사 뒤에는 着를 쓰지 않는다.

他去年离开着这里。(✕) → 他去年离开这里了。(〇) 그는 작년에 여기를 떠났다.
　　　　　　　　　　　　　　　Tā qùnián líkāi zhèli le.

② 사역동사 뒤에는 着를 쓰지 않는다.

妈妈让着我去接哥哥。(✕) → 妈妈让我去接哥哥。(〇) 엄마는 나에게 오빠(형)를 마중 나가라고 하셨다.
　　　　　　　　　　　　　　　Māma ràng wǒ qù jiē gēge.

③ 동사 앞에 조동사가 동반될 때 着를 쓰지 않는다.

我会说着汉语。(✕) → 我会说汉语。(〇) 나는 중국어를 할 줄 알아.
　　　　　　　　　Wǒ huì shuō Hànyǔ.

④ '동사+在+장소' 형식으로 쓰일 때 着를 같이 쓰지 않는다.

你把电脑放着在那儿吧。(×) → 你把电脑放在那儿吧。(○) 너 컴퓨터를 저쪽에 놓으렴.
Nǐ bǎ diànnǎo fàngzài nàr ba.

⑤ 동사의 목적어 뒤에 着를 쓰지 않는다.

有的跳舞着，有的唱歌着。(×) → 有的跳着舞，有的唱着歌。(○)
Yǒu de tiàozhe wǔ, yǒu de chàngzhe gē.
어떤 이들은 춤을 추고, 어떤 이들은 노래를 한다.

⑥ 피동문에는 着를 쓰지 않는다.

他被老师批评着。(×) → 他被老师批评了。(○) 그는 선생님한테 꾸중을 들었다.
Tā bèi lǎoshī pīpíng le.

🕐 5분 체크 어법

1 다음 중 빈칸에 들어갈 알맞은 말을 고르세요.

> 我们谈_____谈_____，连吃饭的时间也忘了。

❶ 了 – 了   ❷ 过 – 过   ❸ 着 – 着   ❹ 的 – 的

2 다음 중 올바른 문장을 고르세요.

❶ 他来着中国一年了。   ❷ 我们走着去吧。

❸ 我被老师批评着。   ❹ 妈妈让着我去买水果。

3 다음 단어를 어순에 맞게 배열하세요.

❶ 他 ｜ 出去 ｜ 唱 ｜ 歌 ｜ 着 ｜ 了   ➡ _____。

❷ 她 ｜ 花 ｜ 手里 ｜ 一朵 ｜ 拿 ｜ 着   ➡ _____。

4 다음 문장을 해석하세요.

> 他的房间不大，可是收拾得很干净。墙上挂着一张世界地图，窗户开着，床在窗户下面，桌子上放着一台笔记本电脑和几本书。他坐在床上吃着零食看杂志。

➡ _____

_____

53 조사 着의 용법   133

54 조사 的의 용법

●학습 포인트● 조사 的의 역할 | 的를 생략하는 경우

你买的苹果真好吃。 네가 산 사과는 정말 맛있다.
Nǐ mǎi de píngguǒ zhēn hǎochī.

我帮你的忙。 내가 너를 도와줄게.
Wǒ bāng nǐ de máng.

1 조사 的의 용법

的는 관형어로 쓰여 주어와 목적어를 수식한다.	这是我的词典。 이것은 내 사전이야. Zhè shì wǒ de cídiǎn. 金老师的课很有意思。 김 선생님의 수업은 재미있다. Jīn lǎoshī de kè hěn yǒuyìsi.
동사/형용사/명사/대명사+的 ~한 사람(사물) *的가 동사, 형용사, 명사, 대명사 뒤에 쓰여 사람과 사물의 성질이나 재질, 소유를 나타냄	这个箱子是木头的。 이 상자는 나무로 만든 것이다. (재질) Zhège xiāngzi shì mùtou de. 这是好的，那是坏的。 이건 좋은 것이고, 저건 나쁜 것이다. (성질) Zhè shì hǎo de, nà shì huài de.
신분, 직업을 나타낸다.	他是干什么的？ 저 사람은 뭐하는 사람이죠? (신분) Tā shì gàn shénme de? 我是搞艺术的。 난 예술가이다. (직업) Wǒ shì gǎo yìshù de.
이합사의 동사 부분과 목적어 부분을 연결한다.	你别开他的玩笑了。 너 그 애 갖고 농담하지 마. Nǐ bié kāi tā de wánxiào le.
형용사 중첩형이 술어로 쓰일 때 的를 쓴다.	他的个子高高的。 그의 키가 훤칠하다. Tā de gèzi gāogāo de. 她的脸雪白雪白的。 그녀의 얼굴은 희디희다. Tā de liǎn xuěbái xuěbái de.
'大+시간을 나타내는 단어+的'는 어떤 환경을 강조한다.	大冬天的，你穿这么少会冻死的。 Dà dōngtiān de, nǐ chuān zhème shǎo huì dòngsǐ de. 한겨울에 그렇게 얇게 입다가 얼어 죽을라.

2 조사 的를 생략하는 경우

① 중심어가 국가, 가족, 친척, 친구, 소속을 나타내는 명사인 경우에는 的를 쓰지 않아도 된다.

我国 wǒ guó 우리나라 　　　　我家 wǒ jiā 우리집 　　　　我朋友 wǒ péngyou 내 친구

我姐姐 wǒ jiějie 우리 언니(누나) 　　　他们公司 tāmen gōngsī 저 회사

② 这, 那, 什么, 多少 뒤에는 的를 쓰지 않는다.

那天 nàtiān 그날 　　　　　　　什么事儿 shénme shìr 무슨 일

多少钱 duōshao qián 얼마예요　　　　　　　这地方 zhè dìfang 이곳

③ 수량사 뒤에는 的를 쓰지 않는다.

一个苹果 yí ge píngguǒ 사과 한 개　　　　三辆摩托车 sān liàng mótuōchē 오토바이 세 대

④ 1음절 형용사 뒤에는 的를 쓰지 않는다.

好人 hǎorén 좋은 사람　　　　　　　高鼻子 gāo bízi 높은 코

⑤ 재료나 성질을 나타내는 명사 뒤에는 的를 쓰지 않는다.

纸箱 zhǐxiāng 종이 상자　　　　出租车司机 chūzūchē sījī 택시 기사

> **Tip**
> • 분수/백분율과 的
> 분수나 백분율을 나타낼 때는 的를 동반한다.
> 三分之一的土地 1/3의 땅
> sān fēn zhī yī de tǔdì
> 百分之八十的希望 80%의 희망
> bǎi fēn zhī bāshí de xīwàng

 5분 체크 어법

정답 ➡ 271쪽

1 다음 중 빈칸에 들어갈 알맞은 말을 고르세요.

A：这是你的手机吗？

B：对，是我_____。

❶ 吧　　　　❷ 地　　　　❸ 的　　　　❹ 得

2 的가 들어갈 알맞은 위치를 고르세요.

❶ 她 A 是 B 我 C 好 D 朋友。

❷ 干干净净 A 桌子 B 上，放着 C 一本 D 小说。

❸ 我家 A 附近 B 有一家 C 很大 D 医院。

❹ 她 A 总是 B 买便宜 C 东西 D 。

3 다음 중 틀린 문장을 고르세요.

❶ 我国　　　　❷ 他们公司　　　　❸ 我姐姐　　　　❹ 三分之一土地

4 다음 단어를 어순에 맞게 배열하세요.

❶ 我 ｜ 买 ｜ 明天 ｜ 了 ｜ 下午三点 ｜ 船票 ｜ 的

➡ _____。

❷ 她 ｜ 从来 ｜ 东西 ｜ 不 ｜ 买 ｜ 贵的

➡ _____。

55 조사 地의 용법

她非常热情地跟我打招呼。
Tā fēicháng rèqíng de gēn wǒ dǎ zhāohu.
그녀는 아주 반갑게 나에게 인사했다.

1 조사 地의 용법

① 渐渐, 逐渐 등 일부 2음절 부사가 부사어로 쓰일 때는 地를 동반한다.	**天气逐渐地变凉了。** 날씨가 차츰 시원해진다. Tiānqì zhújiàn de biànliáng le.
② '부사+2음절 형용사'가 부사어로 쓰일 때는 地를 동반한다.	**她很关心地问我过得怎么样。** Tā hěn guānxīn de wèn wǒ guò de zěnmeyàng. 그녀는 내가 어떻게 지내는지 아주 관심 있게 물었다.
③ 2음절 형용사나 형용사 중첩형이 부사어로 쓰일 때는 地를 동반한다.	**他生气地走了。** 그는 화를 내며 갔어. Tā shēngqì de zǒu le. **他们慢慢地站起来了。** 그들은 천천히 일어났다. Tāmen mànmān de zhàn qǐlai le. **我想认认真真地学习。** 나는 열심히 공부하고 싶어. Wǒ xiǎng rènren zhēnzhēn de xuéxí.
④ 숙어 형식을 띠는 구가 부사어로 쓰일 때는 地를 동반한다.	**别着急，你们一个一个地来。** 서두르지 말고 너희들 한 사람씩 오거라. Bié zháojí, nǐmen yí ge yí ge de lái.
⑤ 명사가 부사어로 쓰일 때는 地를 동반한다.	**你们不能这样主观地分析问题。** Nǐmen bù néng zhèyàng zhǔguān de fēnxī wèntí. 너희들은 이렇게 주관적으로 문제를 분석하면 안 돼.
⑥ 성어가 부사어로 쓰일 때는 地를 동반한다.	**她无可奈何地笑了。** 그녀는 어쩔 수 없다는 듯 웃었다. Tā wú kě nài hé de xiào le.

> **Tip**
> • 1음절 형용사 중첩과 地
> 1음절 형용사 중첩형이 부사어로 쓰일 때는 地를 생략하기도 한다.
> **你得好好休息。**
> Nǐ děi hǎohāo xiūxi.
> 너는 푹 쉬어야 해.

2 조사 地를 쓰지 않는 경우

① 부사가 부사어로 쓰일 때는 地를 쓰지 않는다.

　你先地回去吧。(✕) → **你先回去吧。**(〇) 너 먼저 돌아가.
　　　　　　　　　　　　Nǐ xiān huíqu ba.

　他经常地来我家。(✕) → **他经常来我家。**(〇) 그는 자주 우리 집에 온다.
　　　　　　　　　　　　　Tā jīngcháng lái wǒ jiā.

② 1음절 형용사가 부사어로 쓰일 때는 地를 쓰지 않는다.

你们慢<u>地</u>吃。(×) → 你们<u>慢</u>吃。(○) 천천히들 드세요.
Nǐmen màn chī.

③ 형용사 중첩형이 교통 안전 표어일 때는 地를 쓰지 않는다.

高高兴兴上班，平平安安回家。 즐겁게 출근하고 안전하게 귀가하자.
Gāogao xìngxìng shàngbān, píngpíng ān'ān huíjiā.

3 조사 '……似的'

'~와 같다'라는 뜻으로 명사, 대명사, 동사 뒤에 쓰여 어떤 사물이나 상황과 유사함을 표현한다.

他高兴得<u>跟个什么似的</u>。 그 친구 좋아하는 모습이 꼭 뭐 같아.
Tā gāoxìng de gēn ge shénme shìde.

5분 체크 어법

정답 ⇒ 271쪽

1 다음 중 빈칸에 들어갈 알맞은 말을 고르세요.

你_____衣服很好看，在哪儿买的?
你们一个一个_____来吧。

❶ 的 - 的　　　❷ 的 - 得　　　❸ 地 - 得　　　❹ 的 - 地

2 다음 중 틀린 문장을 고르세요.

❶ 他看着我傻笑。　　　❷ 你要好好儿休息。

❸ 她一直不停说："谢谢!"。　　　❹ 我朋友经常来我家。

3 다음 중 빈칸에 들어갈 알맞은 문장을 고르세요.

妹妹的脸又圆又红，_____。

❶ 一个像红苹果似的　　　❷ 像一个红苹果似的

❸ 像一个似红苹果的　　　❹ 一个红苹果像似的

4 다음 중 빈칸에 들어갈 알맞은 말을 고르세요.

他一动不动_____站在那儿，向我笑，笑_____很甜蜜。

❶ 的 - 的　　　❷ 的 - 得　　　❸ 地 - 得　　　❹ 的 - 地

56 조사 得와 所의 용법

●학습 포인트 조사 得와 所의 용법 | 等, 等等, 什么的의 쓰임

这些菜我一个人吃得完。
Zhèxiē cài wǒ yí ge rén chī de wán.
이 음식들은 나 혼자서 다 먹을 수 있다.

这正是我所愿意的。
Zhè zhèng shì wǒ suǒ yuànyì de.
이것이 딱 내가 원하는 바이다.

1 조사 得의 용법

① 정도보어를 만들 때 得를 동반한다.	他跑步跑得很快。 그는 빨리 뛴다. Tā pǎobù pǎo de hěn kuài. 天气热得让人受不了。 날씨가 더워 견딜 수가 없다. Tiānqì rè de ràng rén shòu bu liǎo.
② 가능보어를 만들 때 得를 동반한다.	这篇文章不太长，半个小时看得完。 Zhè piān wénzhāng bú tài cháng, bàn ge xiǎoshí kàn de wán. 이 글은 길지 않아서 30분이면 다 볼 수 있다. 这张桌子我们搬得动。 이 탁자는 우리가 옮길 수 있어. Zhè zhāng zhuōzi wǒmen bān de dòng.
③ 得는 동사(dé)와 조동사(děi)로 쓰인다.	她得了癌症。 그녀는 암에 걸렸다. (동사) Tā dé le áizhèng. 你得听妈妈的话。 너는 엄마 말씀을 들어야 해. (조동사) Nǐ děi tīng māma de huà.

2 조사 所의 용법

所 + 1음절 동사 ~한 바 *문어체에 많이 쓰임	据我所知，这套房子已经卖出去了。 Jù wǒ suǒ zhī, zhè tào fángzi yǐjing mài chūqu le. 내가 아는 바로는, 이 집은 이미 팔렸어. 这是众所周知的事情。 이는 모두가 알고 있는 일이다. Zhè shì zhòng suǒ zhōu zhī de shìqing.
所 + 동사 + 的 + (명사) ~한 사람(것)은 *주어, 관형어, 목적어로 쓰임	我所说的都是真的。 내가 말한 건 다 진실이야. Wǒ suǒ shuō de dōu shì zhēn de. 我所知道的都告诉他了。 내가 알고 있는 것을 모두 그에게 말했어. Wǒ suǒ zhīdào de dōu gàosu tā le. 我对你所提出的问题很感兴趣。 Wǒ duì nǐ suǒ tíchū de wèntí hěn gǎn xìngqù. 나는 네가 제기한 문제에 대해 관심이 많아.
被/为 + 명사/대명사 + 所 + 동사 ~에게 ~를 당하다	我被这首歌所感动。 나는 이 노래에 감동받았어. Wǒ bèi zhè shǒu gē suǒ gǎndòng. 他最近为情所伤。 그는 최근에 사랑에 상처받았다. Tā zuìjìn wèi qíng suǒ shāng.

有所 +2음절 동사 어느 정도 ~가 있다 *상황에 다소 변화가 있음을 나타냄	爷爷的病情有所好转。 할아버지의 병세가 어느 정도 호전되었다. Yéye de bìngqíng yǒusuǒ hǎozhuǎn.

3 等, 等等, 什么的

① **等**(등) : 동류의 물건이나 사람을 열거할 때 사용한다. 고유명사 뒤에 쓸 수 있고, 等 뒤에 다른 말이 올 수 있다.

毛泽东、邓小平、周恩来等。 모택동, 등소평, 주은래 등.
Máo Zédōng、Dèng Xiǎopíng、Zhōu Ēnlái děng.

韩国、中国、越南等亚洲国家。 한국, 중국, 베트남 등 아시아 국가.
Hánguó、Zhōngguó、Yuènán děng Yàzhōu guójiā.

② **等等**(등등, 따위) : 고유명사 뒤에는 쓰지 않으며, 等等 뒤에는 보통 다른 말이 올 수 없다. '等等, 等等'으로 중첩 가능하다.

袜子的颜色很多, 有红的、黄的、绿的等等。 양말의 색상이 다양해 빨강, 노랑, 녹색 등등이 있다.
Wàzi de yánsè hěn duō, yǒu hóng de、huáng de、lù de děngděng.

冰箱、电视、洗衣机、空调等等，等等。 냉장고, 텔레비전, 세탁기, 에어컨 따위.
Bīngxiāng、diànshì、xǐyījī、kōngtiáo děngděng, děngděng.

③ **什么的**(~등, ~같은 것, 기타 등등) : 종류가 다른 물건을 열거할 때 쓰며, 사람은 열거하지 않는다.

这个商店卖信纸、本子、圆株笔什么的。 이 가게에서는 편지지, 노트, 볼펜 같은 걸 판다.
Zhège shāngdiàn mài xìnzhǐ、běnzi、yuánzhūbǐ shénme de.

5분 체크 어법

정답 ➡ 271쪽

1 的, 地, 得를 써서 문장을 완성하세요.

❶ 我们买＿＿＿是明天的火车票。

❷ 你游＿＿＿真快!

❸ 他非常热情＿＿＿对待我们。

❹ 爷爷太极拳打＿＿＿很好。

❺ 他们高兴＿＿＿说: "欢迎，欢迎!"

❻ 我是昨天到＿＿＿。

2 다음 중 所의 위치가 잘못된 것을 고르세요.

❶ 这才是我所希望的。

❷ 我所被这首歌感动。

❸ 他的病情有所好转。

❹ 据我所知，他已经下台了。

3 等, 什么的를 써서 다음 대화를 완성하세요.

❶ A : 你喜欢的中国明星都有谁?

　 B : 李冰冰、陈坤、刘亦菲＿＿＿＿＿。

❷ A : 小姐，箱子里装的是什么?

　 B : 衣服、化妆品、文件＿＿＿＿＿。

57 어기조사 啊와 吧

● 학습 포인트 ▶ 열거, 감탄 등을 나타내는 啊 | 명령, 추측 등을 나타내는 吧

你去哪儿啊? 어디 가세요?
Nǐ qù nǎr a?

快吃吧。 얼른 먹어.
Kuài chī ba.

1 어기조사 啊

어감을 완화시킴	你的声音太小，我听不清啊。 Nǐ de shēngyīn tài xiǎo, wǒ tīng bu qīng a. 네 목소리가 너무 작아, 내가 잘 알아들을 수가 없어.
열거를 나타냄	苹果啊，梨啊，葡萄啊，他都喜欢吃。 Píngguǒ a, lí a, pútáo a, tā dōu xǐhuan chī. 사과며, 배며, 포도를 그는 다 잘 먹어.
완곡한 화제의 전환 (~는 말이야)	他呀，最喜欢玩儿。 저 앤 말이야, 노는 걸 가장 좋아해. Tā ya, zuì xǐhuan wánr.
완곡한 어감의 물음 (~인가요?)	你星期天也去上班啊? 너는 일요일에도 출근하니? Nǐ xīngqītiān yě qù shàngbān a?
충고, 권고의 어감	你得好好学习啊! 넌 열심히 공부해야 해! Nǐ děi hǎohāo xuéxí a!
감탄문에 쓰임	多甜的草莓啊! 너무나 달콤한 딸기구나! Duō tián de cǎoméi a!
관용어에 쓰임	哪儿啊 nǎr a 별말씀을요 | 可也是啊 kě yě shì a 그러게요

> **Tip**
> • 啊의 발음 변화
> 'a, e, i, o, ü+啊'일 때는 呀,
> 'u, ao, ou+啊'일 때는 哇로,
> 'n+啊'일 때는 哪, 'ng+啊'
> 일 때는 啊 그대로 읽는다.

2 어기조사 吧

명령문에 쓰임 (~해라)	你滚吧! 너 꺼져! Nǐ gǔn ba!
가정의 어감 (~하자니) *두 가지 상황에서 이러지도 저러 지도 못함을 나타냄	去吧，怕妈妈不高兴，不去吧，心里会不踏实。 Qù ba, pà māma bù gāoxìng, bú qù ba, xīnli huì bù tāshi. 가자니 엄마가 안 좋아하실 것 같고, 안 가자니 마음이 안 편할 것 같아.
상관없다의 어감 (~해도 되다)	喜欢就拿走吧。 맘에 들면 가지고 가. Xǐhuan jiù názǒu ba.
추측의 어감 (~할 거야)	他是从青岛来的吧? 그는 칭다오에서 왔지? Tā shì cóng Qīngdǎo lái de ba?
열거의 어감 (~하자면)	比如说吧。 예를 들어 말하면. Bǐrú shuō ba.

화제의 전환 (~는 말이야)	他吧，就是正人君子。 그는 말이야, 딱 바른생활 사나이라고. Tā ba, jiù shì zhèngrén jūnzǐ.
건의, 상의의 어감 (~하자고)	快走吧，要赶不上火车了。 빨리 가자, 기차 놓치겠어. Kuài zǒu ba, yào gǎn bu shàng huǒchē le.
관용어에 쓰임	算了吧 suàn le ba 관두자 | 得了吧 dé le ba 됐어 | 等着瞧吧 děngzhe qiáo ba 두고 보자

5분 체크 어법

정답 ➡ 271쪽

* 다음 대화를 읽고 답하세요. [1-3]

> A : 您要什么汤?
> B : 鸡蛋汤 ① 。
> A : 吃什么主食?
> B : 两 ② 米饭。

1 이 대화가 이루어지고 있는 장소를 고르세요.

❶ 图书馆　　　　❷ 餐厅　　　　❸ 咖啡馆　　　　❹ 厨房

2 ①에 들어갈 조사를 고르세요.

❶ 啊　　　　❷ 呢　　　　❸ 吧　　　　❹ 嘛

3 ②에 들어갈 양사를 고르세요.

❶ 碗　　　　❷ 杯　　　　❸ 个　　　　❹ 瓶

4 啊 또는 吧를 써서 문장을 완성하세요.

❶ A : 你去哪儿_____?　　　　❷ A : 他可能下午到_____?
　 B : 不告诉你。　　　　　　　　　 B : 差不多。

❸ A : 快考试了，你得好好复习_____!
　 B : 好_____, 今天我要开夜车。

5 啊의 발음 변화가 다른 것을 고르세요.

❶ 你啊　　　　❷ 好啊　　　　❸ 对啊　　　　❹ 饿啊

58 어기조사 吗, 呢, 嘛

어기조사 吗, 呢, 嘛의 용법

你也吃吗? 너도 먹을래?
Nǐ yě chī ma?

年轻人嘛, 应该有梦想。
Niánqīngrén ma, yīnggāi yǒu mèngxiǎng.
젊은이면, 당연히 꿈이 있어야지.

1 어기조사 吗

의문문에 쓰임 (~인가요?)	这儿可以刷卡吗? 여기 카드 결제 되나요? Zhèr kěyǐ shuā kǎ ma?
반어문에 쓰임 (~아닌가요?)	不是……吗? ~아닌가요?
	他不是王老师吗? 저분은 왕 선생님이 아닌가요? Tā bú shì Wáng lǎoshī ma?
	难道……吗? 설마 ~하겠는가?
	难道你不知道吗? 설마 네가 모른다고? Nándào nǐ bù zhīdào ma?

2 어기조사 呢

과장, 강조의 어감	我家有金牛呢。 우리 집에 금송아지가 있다고. Wǒ jiā yǒu jīnniú ne.
가정의 어감	要是去呢, 提前告诉我吧。 갈거면, 미리 나한테 알려줘요. Yàoshi qù ne, tíqián gàosu wǒ ba.
진행의 어감	我看书呢。 나 책 보고 있어. Wǒ kàn shū ne.
완곡한 어감의 물음	我们吃什么呢? 우리 뭐 먹을까? Wǒmen chī shénme ne?
생략의문문에 쓰임	我喝可乐, 你呢? 나는 콜라 마실래. 너는? Wǒ hē kělè, nǐ ne?
반문의 어감	连小孩儿都知道, 何况大人呢? 애들도 다 아는데, 하물며 어른임에야! Lián xiǎoháir dōu zhīdào, hékuàng dàren ne?
화제의 전환 ※두 가지를 대비하여 설명하는 데 쓰임	你呢, 写得好; 他呢, 画得好。 너는 잘 쓰고, 쟤는 잘 그려. Nǐ ne, xiě de hǎo; Tā ne, huà de hǎo.
'才……呢' 강조 표현 (~야말로 ~하다)	我才不去呢! 나야말로 안 개 Wǒ cái bú qù ne!
관용어	管他呢。 Guǎn tā ne. 상관없어. | 怎么说呢。 Zěnme shuō ne. 어떻게 말하지.

3 어기조사 嘛

'원래 이렇다'라는 뜻을 표현	这本来就是他的嘛。 이건 원래 저 사람 것이잖아. Zhè běnlái jiùshì tā de ma.
화제의 전환	同事嘛, 应该互相帮助。 동료면, 당연히 서로 도와야지. Tóngshì ma, yīnggāi hùxiāng bāngzhù. 其实嘛, 他不是坏人。 사실은 말이지, 저 친구는 나쁜 사람이 아니야. Qíshí ma, tā bú shì huàirén.
희망, 만류를 표현	别走嘛! 가지 마! Bié zǒu ma!
반문의 어감	不是说了嘛, 你得来这儿。 얘기했잖아, 네가 여기에 와야 한다고. Bú shì shuō le ma, nǐ děi lái zhèr.
관용어	可不是嘛。 Kěbushì ma. 그러게.	本来嘛。 Běnlái ma. 당연하지.

정답 ➡ 271쪽

5분 체크 어법

1 다음 중 빈칸에 들어갈 알맞은 말을 고르세요.

> A : 他快大学毕业了吧?
>
> B : 哪儿啊, 还有一年多_____。

❶ 吗   ❷ 的   ❸ 呢   ❹ 着

2 다음 중 빈칸에 들어갈 알맞은 말을 고르세요.

> A : 大卫_____?
>
> B : 你还不知道_____? 他回美国了。

❶ 呢 – 吗   ❷ 呢 – 的   ❸ 呢 – 嘛   ❹ 呢 – 呢

3 吗, 呢, 嘛를 써서 문장을 완성하세요.

❶ 这是你的衣服_____?   ❷ 这是谁的词典_____?

❸ 可不是_____。   ❹ 你在哪儿_____?

❺ 电影票买了_____?   ❻ 其实_____, 他不是坏人。

59 명사, 수사, 양사의 중첩

학습 포인트 명사, 수사, 양사 중첩의 특징

人人都说黄山很美。
Rénrén dōu shuō Huángshān hěn měi.
사람들마다 모두 황산이 아름답다고 말한다.

我们年年都去。
Wǒmen niánnián dōu qù.
우리는 해마다 간다.

➕ 명사, 수사, 양사의 중첩

명사의 중첩	일반 명사의 중첩 ➡ AA형 (예외 없이, 일일이)	**家家**都挂红灯。 집집마다 홍등을 단다. Jiājiā dōu guà hóngdēng. 他**事事**都做得很好。 그는 무슨 일이든 다 잘해. Tā shìshì dōu zuò de hěn hǎo.
	방위사의 중첩 ➡ AABB형 (전부)	她**里里外外**真是一把好手。 그녀는 안팎으로 슈퍼우먼이다. Tā lǐli wàiwài zhēnshi yì bǎ hǎoshǒu. 家里**上上下下**都在大扫除。 집안의 온 식구가 대청소 중이다. Jiā li shàngshàng xiàxià dōu zài dàsǎochú.
	기타 AABB형 *강조형으로 쓰임	**朝朝暮暮** zhāozhāo mùmù 시시각각, 언제나 | **年年月月** niánnián yuèyuè 오래도록 끊임없이 | **日日夜夜** rìrì yèyè 밤낮으로, 주야로 | **子子孙孙** zǐzǐ sūnsūn 자자손손 我**日日夜夜**都想着你呢。 난 자나 깨나 너만 생각해. Wǒ rìrìyèyè dōu xiǎngzhe nǐ ne.
수사의 중첩	一의 중첩 (일일이, 하나하나)	他向我**一一**介绍。 그는 일일이 내게 소개해 주었다. Tā xiàng wǒ yīyī jièshào.
	4자로 된 고정구	孩子们**三三两两**地一起玩"石头剪子布。" Háizǐmen sānsān liǎngliǎng de yìqǐ wán "shítou jiǎnzi bù." 아이들이 삼삼오오 모여 '가위, 바위, 보' 게임을 하고 있다.
양사의 중첩	명량사의 중첩 (다, 예외 없이)	我们班的同学**个个**都很努力。 우리 반 친구들은 하나같이 다 노력한다. Wǒmen bān de tóngxué gègè dōu hěn nǔlì. 我们在生活中会遇到**种种**困难。 Wǒmen zài shēnghuó zhōng huì yùdào zhǒngzhǒng kùnnan. 우리는 살면서 많은 어려움에 봉착하게 된다.
	동량사의 중첩 (매번)	他**回回**都骑自行车去那儿。 그는 매번 자전거를 타고 그곳에 간다. Tā huíhuí dōu qí zìxíngchē qù nàr. 他**次次**考试都得第一名。 그는 시험마다 전교 1등이다. Tā cìcì kǎoshì dōu dé dì-yī míng.

5분 체크 어법

1 다음 중 빈칸에 들어갈 알맞은 말을 고르세요.

> 他＿＿＿＿五点起床，从不睡懒觉。　我们这里＿＿＿＿都喜欢足球。

❶ 早上 – 人人　　　　　　　　❷ 天天 – 人人

❸ 天天 – 人家　　　　　　　　❹ 每天 – 人家

2 다음 중 빈칸에 들어갈 알맞은 말을 고르세요.

> 我最近＿＿＿＿吃面包，都吃腻了。

❶ 顿顿　　　　❷ 次次　　　　❸ 早早　　　　❹ 回回

3 다음 중 빈칸에 들어갈 알맞은 말을 고르세요.

> 过春节的时候，＿＿＿＿都挂红灯。

❶ 天天　　　　❷ 家家　　　　❸ 个个　　　　❹ 回回

4 다음 중 빈칸에 들어갈 알맞은 말을 고르세요.

> ＿＿＿＿考试他都是全班第一名。

❶ 天天　　　　❷ 趟趟　　　　❸ 个个　　　　❹ 次次

5 다음 문장에서 없어도 되는 말을 고르세요.

> 这些围巾，条条的都很漂亮。

❶ 些　　　　❷ 的　　　　❸ 都　　　　❹ 很

6 다음 단어를 어순에 맞게 배열하세요.

❶ 这里的 ｜ 好看 ｜ 衣服 ｜ 都 ｜ 件件

➡ ＿＿＿＿＿＿＿＿＿＿＿＿＿＿＿＿＿＿＿＿＿＿ 。

❷ 他 ｜ 都 ｜ 回回 ｜ 那儿 ｜ 打车去

➡ ＿＿＿＿＿＿＿＿＿＿＿＿＿＿＿＿＿＿＿＿＿＿ 。

60 수량사와 형용사의 중첩

●학습 포인트 수량사 중첩의 용법 | 형용사 중첩의 용법

大家别急，一个一个地来。
Dàjiā bié jí, yí ge yí ge de lái.
모두 서두르지 말고, 한 사람씩 와요.

她安安静静地坐在沙发上。
Tā ān'anjìngjìng de zuòzài shāfā shang.
그녀는 다소곳하게 쇼파에 앉아 있다.

1 수량사의 중첩

① **수사+명량사의 중첩** '하나하나, 순서에 따라'라는 의미로 'ABAB, ABB, AB又AB' 형식으로 쓰인다.

一件件的衣服都很漂亮。 옷마다 다 예쁘다.
Yí jiànjiàn de yīfu dōu hěn piàoliang.

小汽车一辆一辆地通过这里。 소형 자동차가 한 대씩 이곳을 지나갔다.
Xiǎo qìchē yí liàng yí liàng de tōngguò zhèli.

② **수사+동량사의 중첩** 동작의 반복을 나타내며, 'ABAB, ABB, AB又AB' 형식으로 쓰인다.

成功离不开一次次的努力。 성공은 계속적인 노력과 떼어놓을 수 없다.
Chénggōng líbukāi yí cìcì de nǔlì.

老师让我们一遍又一遍地写汉字。 선생님께서 우리에게 한자를 반복해서 쓰라고 하셨다.
Lǎoshī ràng wǒmen yí biàn yòu yí biàn de xiě Hànzì.

2 형용사의 중첩 형식 : 형용사를 중첩하면, 말이 생동감이 있고 뜻이 강조된다.

	1음절 형용사의 중첩		2음절 형용사의 중첩
AA	두 번째 음절은 제1성으로 읽는다.	AABB	두 번째 음절은 경성으로 읽는다.
	大大 dàdā 크디 크다 | 好好(儿) hǎohāo(r) 잘 | 轻轻 qīngqqīng 가볍다 | 早早(儿) zǎozāo(r) 일찍		干干净净 gānganjìngjìng 깨끗하다 | 痛痛快快 tòngtongkuàikuài 통쾌하다 | 高高兴兴 gāogaoxìngxìng 즐겁다 | 大大小小 dàda xiǎoxiǎo 크고 작은
ABB	두 번째, 세 번재 음절은 제1성으로 읽는다.	ABAB	두 번째, 네 번째 음절은 경성으로 읽는다.
	干巴巴 gānbābā 바짝 마르다 | 气呼呼 qìhūhū (화가 나) 씩씩거리다		雪白雪白 xuěbai xuěbai 희디 희다 | 通红通红 tōnghong tōnghong 새빨갛다

3 형용사 중첩의 용법

① 1음절 형용사의 중첩은 부사어와 관형어, 술어로 쓰인다.

风轻轻地吹着。 바람이 살랑살랑 불고 있다. (부사어)
Fēng qīngqīng de chuīzhe.

他正在看着那圆圆的月亮。 그는 둥근 달을 보고 있다. (관형어)
Tā zhèngzài kànzhe nà yuányuán de yuèliang.

> **Tip**
> • 1음절 형용사 중첩형과 地
> 1음절 형용사 중첩형이 부사어로 쓰일 때 地를 동반할 수도 있고, 생략할 수도 있다.

他的眼睛大大的。 그의 눈은 커다랗다. (술어)
Tā de yǎnjing dàdā de.

② 2음절 형용사의 중첩형은 관형어와 부사어, 술어, 보어로 쓰인다.

他老老实实地坐着听讲。 그는 얌전히 앉아 강의를 듣고 있다. (부사어)
Tā lǎolaoshíshí de zuòzhe tīngjiǎng.

整整齐齐的书架上放着很多书。 가지런한 책꽂이에 책이 많이 꽂혀 있다. (관형어)
Zhěngzhengqíqí de shūjià shang fàngzhe hěn duō shū.

孩子的手冰凉冰凉的。 아이의 손이 차디 차다. (술어)
Háizi de shǒu bīngliang bīngliang de.

妹妹打扮得漂漂亮亮的。 여동생은 예쁘게 단장했다. (보어)
Mèimei dǎban de piàopiaoliàngliàng de.

③ 형용사 중첩형에는 정도부사와 不를 쓸 수 없다.

大家都很高高兴兴地回家去了。(×) → 大家都高高兴兴地回家去了。(○)
Dàjiā dōu gāogaoxìngxìng de huíjiā qù le.
모두 즐거워하며 집으로 돌아갔다.

Tip
• 형용사 중첩형과 的
형용사 중첩형이 술어로 쓰일 때는 的를 동반한다.

Tip
• 2음절 형용사 중첩형과 地
2음절 형용사 중첩형이 부사어로 쓰일 때는 地를 동반한다.

5분 체크 어법

정답 ➡ 271쪽

1 다음 중 빈칸에 들어갈 알맞은 말을 고르세요.

春天了，天气一天一天_____暖和起来了。

❶ 的　　　　❷ 地　　　　❸ 得　　　　❹ 着

2 다음 중첩 가능한 형용사를 고르세요.

认真	清楚	漂亮	高兴	容易	安静	满意
简单	复杂	幸福	热情	凉快	干净	方便	舒服

➡ _____

3 제시된 형용사의 중첩형으로 문장을 완성하세요.

❶ 他把衣服洗得_____。(干净)　　❷ _____的墙上挂着一幅民画。(雪白)

4 다음 문장을 바르게 고치세요.

❶ 他喜欢吃很甜甜的饼干。　　➡ _____

❷ 那个学生非常慢慢地走过来了。　　➡ _____

61 동사의 중첩

●학습 포인트 1음절, 2음절 동사와 이합사의 중첩형

你听一听，这是谁的声音？
Nǐ tīng yi tīng, zhè shì shéi de shēngyīn?
너 좀 들어봐, 이게 누구 목소리지?

我们已经商量了商量。
Wǒmen yǐjing shāngliang le shāngliang.
우리는 이미 상의했다.

⊕ 여러 가지 동사의 중첩형

동사를 중첩하면 가벼운 어감을 띠고, 빠른 시간 안에 어떤 동작을 '하거나, 시도해 보다'라는 뜻이 된다. 동사의 중첩형 뒤에는 동태조사 了, 着, 过를 같이 쓰지 않는다.

1음절 동사의 중첩	**AA** 좀 ~하다 *두 번째 음절은 경성으로 읽는다.	看看 kànkan 좀 보다 | 写写 xiěxie 써보다
		等等，我换换衣服。기다려, 나 옷 좀 갈아입을게. Děngdeng, wǒ huànhuan yīfu.
	A一A ~해보다	尝一尝 cháng yi cháng 맛을 좀 보다 | 想一想 xiǎng yi xiǎng 생각해 보다
		你听一听，这是谁的声音？너 좀 들어봐, 이게 누구 목소리지? Nǐ tīng yi tīng, zhè shì shéi de shēngyīn?
	A一下(儿) ~해보다	你看一下，这是什么东西？좀 봐봐, 이게 뭐지? Nǐ kàn yíxià, zhè shì shénme dōngxi?
	A了一下(儿) ~해봤다	他的歌我听了一下，不错。그 사람 노래는 내가 들어 봤는데, 괜찮더라. Tā de gē wǒ tīng le yíxià, búcuò.
		我也找过他一下，可没找到。나도 그 앨 찾아봤는데, 못 찾았어. Wǒ yě zhǎoguo tā yíxià, kě méi zhǎodào.
	AA看 ~를 시도해 보다	试试看 shìshi kàn 입어 보다 | 问问看 wènwen kàn 물어보다
		这件衣服可以试试看吗？이 옷은 입어 봐도 될까요？ Zhè jiàn yīfu kěyǐ shìshi kàn ma?
	A了A ~해봤다	看了看 kàn le kàn 좀 봤다 | 想了想 xiǎng le xiǎng 생각해 봤다
		我想了想，可还是不知道。내가 생각을 좀 해봤는데, 아직 모르겠어. Wǒ xiǎng le xiǎng, kě háishi bù zhīdào.
2음절 동사의 중첩	**ABAB** *중첩된 부분을 경성으로 읽는다.	商量商量 shāngliang shāngliang 상의해 보다 | 研究研究 yánjiū yánjiū 연구해 보다
		我给你们介绍介绍。제가 여러분께 소개 좀 드리지요. Wǒ gěi nǐmen jièshao jièshao.
	AB一下(儿) ~해보다	儿子，快收拾一下房间吧。아들아, 얼른 방 좀 정리하렴. Érzi, kuài shōushi yíxià fángjiān ba.

	AB了一下(儿) ~를 좀 했다	我跟妈妈解释了一下。 난 엄마께 설명을 해드렸어. Wǒ gēn māma jiěshì le yíxià.
	AB了AB 좀 ~했다	周末我在家休息了休息。 주말에 난 집에서 좀 쉬었다. Zhōumò wǒ zài jiā xiūxi le xiūxi.
이합사의 중첩	AAB ~좀 하다	我陪你散散步，怎么样? 내가 너랑 같이 산책 가면 어떨까? Wǒ péi nǐ sànsan bù, zěnmeyàng? 张医生，请你帮帮忙。 장 선생님. 좀 도와주세요. Zhāng yīshēng, qǐng nǐ bāngbang máng.
	A了AB ~를 좀 했다	我们昨天去游泳池游了游泳。 Wǒmen zuótiān qù yóuyǒngchí yóu le yóuyǒng. 우리는 어제 수영장에 가서 수영을 좀 했어.

정답 ➜ 271쪽

5분 체크 어법

1 다음 중 빈칸에 들어갈 알맞은 말을 고르세요.

> A : 你给我介绍_____这里的情况，好吗?
>
> B : 好的。

❶ 下　　　　　　❷ 一下　　　　　　❸ 了介绍　　　　　　❹ 一介绍

2 다음 중 중첩형이 틀린 것을 고르세요.

❶ 听 – 听听　　　　　　　　　❷ 洗 – 洗洗

❸ 帮忙 – 帮忙帮忙　　　　　　❹ 商量 – 商量商量

3 다음 중 중첩형이 올바른 것을 고르세요.

❶ 研究了研究　　　　　　　　❷ 研究着研究

❸ 研究一研究　　　　　　　　❹ 研究过研究

4 제시된 단어의 중첩형을 사용하여 문장으로 완성하세요.

❶ 这是我做的菜，你_____。(尝)

❷ 你先回去_____吧。(休息)

❸ 星期天我在家_____书、_____音乐，过得很好。(看，听)

❹ 我想跟你去_____。(散步)

콕콕! 어법 포인트 잡기

50문 50답

앞에서 배운 내용들은 재미있게 공부하셨나요? 그래도 헷갈리는 문제들이 있다고요? 50문 50답을 통해 확실하게 이해하자고요. 자! 그럼 출발할까요?

복수를 표현할 때 양사와 접미사에 们을 같이 쓸 수 있나요?

중국어에서 복수를 표현하는 방식에는 '수사+양사+명사'와 '명사/대명사+们' 두 가지가 있습니다. 양사가 들어가는 문장에는 복수접미사 们을 쓰지 않습니다.

三个学生们 (×) → 三个学生 (○) 학생 세 명
        sān ge xuésheng

这些人们 (×) → 这些人 (○) 이들
      zhèxiē rén

学生们 (○) 학생들
 xuéshengmen

我们 (○) 우리들
wǒmen

"네 책은 나한테 있어"라고 할 때 '나한테'라는 표현은 어떻게 하나요?

'나한테'라는 말은 사람을 '장소화'시켜서 말하는 것입니다. 이렇게 사람을 장소처럼 표현할 때는 '명사/대명사+这儿/那儿' 형식을 써요. 따라서 '나한테'는 '我这儿'이라고 쓰면 되지요. 그냥 我라고 쓰면 틀리느냐고요? 네, 틀린 표현이 됩니다.

你的书在我。(×) → 你的书在我这儿。(○) 네 책은 나한테 있어.
            Nǐ de shū zài wǒ zhèr.

자동사 뒤에 목적어가 올 수 있나요?

자동사는 원래 목적어를 동반할 수가 없는 동사이기 때문에, 자동사가 들어가는 문장에 목적어가 동반될 경우, 그 위치는 동사 앞이 됩니다.

爸爸去出差中国。(×) → 爸爸去中国出差。(○) 아빠는 중국으로 출장 가신다.
           Bàba qù Zhōngguó chūchāi.

[전치사+목적어] 구조는 영어처럼 문장 끝에 위치할 수 있나요?

중국어의 전치사는 부사어로 쓰여 동사 앞에 위치합니다. 따라서 영어처럼 문장 끝에 위치할 수 없습니다.

我一起去学校跟妹妹。(×) → 我跟妹妹一起去学校。(○) 난 여동생이랑 같이 학교에 간다. (I go to the school with my sister.)
           Wǒ gēn mèimei yìqǐ qù xuéxiào.

이합사(离合词) 뒤에 목적어가 동반될 수 있나요?

이합사는 2음절 동사 중에서 '동사+목적어' 구조로 된 동사를 말합니다. 따라서 이합사 뒤에는 목적어가 동반될 수 없습니다.

下午我上课汉语。(×)→ 下午我上汉语课。(○) 오후에 나는 중국어 수업을 한다.
Xiàwǔ wǒ shàng Hànyǔ kè.

我毕业大学已经两年了。(×)→ 我大学毕业已经两年了。(○) 나는 대학 졸업한 지 2년이 되었다.
Wǒ dàxué bìyè yǐjīng liǎng nián le.

정반의문문을 만들 때는 조동사와 동사 중 어느 것을 반복하나요?

정반의문문을 만들 때는 조동사를 반복해서 씁니다.

你能去不去? (×)→ 你能不能去? (○) 너 갈 수 있니?
Nǐ néng bu néng qù?

형용사 중첩형 앞에 정도부사를 쓸 수 있나요?

형용사를 중첩하게 되면 정도가 더 심해짐을 나타내기 때문에 정도부사를 같이 쓸 필요가 없습니다. 단, 형용사가 단독으로 술어로 쓰일 때는 정도부사를 동반합니다.

她的房间收拾得非常干干净净。(×)→ 她的房间非常干净。(○) 그녀의 방은 깨끗하다.
Tā de fángjiān fēicháng gānjìng.

她的房间收拾得干干净净。(○)
Tā de fángjiān shōushi de gāngan jìngjìng.
그녀의 방은 깨끗이 정리되었다.

과거를 나타낼 때는 무조건 조사 了를 붙이면 되나요?

과거에 어떤 일을 습관적으로 또는 반복적으로 했을 때는 조사 了를 쓰지 않습니다.

去年我经常去中国出差。 작년에 나는 자주 중국 출장을 갔었다.
Qùnián wǒ jīngcháng qù Zhōngguó chūchāi.

진행부사 在와 동태조사 着는 어떻게 다른가요?

진행부사 在는 어떤 일이 '진행 중이다'라는 뜻을 나타내고, 동태조사 着는 동작이나 상태가 지속되는 것을 나타냅니다.

我在看书。 나는 책을 보고 있어.
Wǒ zài kàn shū.

你继续说吧，我听着呢。 너 계속 얘기해. 내가 듣고 있잖아.
Nǐ jìxù shuō ba, wǒ tīngzhe ne.

她穿着粉红色的连衣裙。 그녀는 핑크색 원피스를 입고 있어.
Tā chuānzhe fěnhóngsè de liányīqún.

Part 3
문장 성분

중국어의 문장 성분으로는 문장의 뼈대가 되는 주어, 술어, 목적어와 이를 꾸미고 보충 설명하는
부사어, 관형어, 보어가 있다.

관형어	주어	부사어	술어	보어	목적어
我	弟弟	想	学	好	汉语 。
Wǒ	dìdi	xiǎng	xué	hǎo	Hànyǔ.

내 남동생은 중국어를 마스터하고 싶어 한다.

○ **주어**　문장에서 주인공이 되는 가장 중요한 말이다.

我是中国人。 나는 중국인이다.
Wǒ shì Zhōngguórén.

○ **술어**　주어의 상태나 동작을 설명하는 말로, 주로 동사나 형용사가 그 역할을 한다.

他很帅。 그는 멋있다.
Tā hěn shuài.

○ **목적어**　동사의 행위나 동작에 영향을 받는 말이다.

她看书。 그녀는 책을 본다.
Tā kàn shū.

○ **부사어**　술어를 꾸미는 말이다.

这个非常漂亮。 이것은 아주 예쁘다.
Zhège fēicháng piàoliang.

○ **관형어**　주어와 목적어를 꾸미는 말이다.

我妹妹喜欢红色。 내 여동생은 빨간색을 좋아한다.
Wǒ mèimei xǐhuan hóngsè.

○ **보어**

*술어를 보충
하는 말이다.

결과보어 我们已经准备好了。 우리는 이미 준비를 마쳤어.
Wǒmen yǐjing zhǔnbèi hǎo le.

방향보어 你快回去吧。 너 얼른 돌아가.
Nǐ kuài huíqu ba.

시간보어 她唱了一个小时了。 그녀는 한 시간째 노래하고 있어.
Tā chàng le yí ge xiǎoshí le.

정도보어 她汉语说得很流利。 그녀는 중국어를 유창하게 한다.
Tā Hànyǔ shuō de hěn liúlì.

가능보어 明天我们回得来。 내일 우리는 돌아올 수 있어.
Míngtiān wǒmen huí de lái.

동량보어 我见过他一次。 나는 그를 한 번 만났어.
Wǒ jiànguo tā yí cì.

수량보어 我比你大三岁。 내가 너보다 세 살 많아.
Wǒ bǐ nǐ dà sān suì.

62 관형어

今天来的人真多。 오늘 온 사람이 정말 많다.
Jīntiān lái de rén zhēn duō.

1 관형어

주어와 목적어를 수식하는 성분으로, 관형어를 만들 때는 조사 的가 도우미 역할을 한다.

명사가 관형어인 경우	这是妹妹的帽子。 이것은 여동생의 모자이다. Zhè shì mèimei de màozi.
대명사가 관형어인 경우	我爸爸不抽烟。 우리 아빠는 담배를 안 피우신다. Wǒ bàba bù chōuyān.
형용사가 관형어인 경우	他喜欢吃红苹果。 그는 빨간 사과 먹는 걸 좋아한다. Tā xǐhuan chī hóng píngguǒ. 这是一家美丽的公园。 여기는 아름다운 공원이다. Zhè shì yì jiā měilì de gōngyuán.
동사가 관형어인 경우	我们昨天看的电视剧很有意思。 우리가 어제 본 드라마는 정말 재미있다. Wǒmen zuótiān kàn de diànshìjù hěn yǒuyìsi.
수사가 관형어인 경우	二的六倍是十二。 2의 6배는 12이다. Èr de liù bèi shì shí'èr.
수량사가 관형어인 경우	我们喝了三瓶啤酒。 우리는 맥주를 3병 마셨다. Wǒmen hē le sān píng píjiǔ.
방위사가 관형어인 경우	前边的人是我哥哥。 앞쪽에 있는 사람이 우리 형이야. Qiánbian de rén shì wǒ gēge.
구가 관형어인 경우	参加比赛的运动员都到了。 경기에 참가하는 운동선수가 모두 도착했다. Cānjiā bǐsài de yùndòngyuán dōu dào le. 这幅画是非常珍贵的作品。 이 그림은 아주 진귀한 작품이다. Zhè fú huà shì fēicháng zhēnguì de zuòpǐn. 我们参观的工厂很大。 우리가 견학한 공장은 크다. Wǒmen cānguān de gōngchǎng hěn dà.
고정구, 성어가 관형어인 경우	她是一个多才多艺的人。 그녀는 재주가 많은 사람이야. Tā shì yí ge duō cái duō yì de rén.

2 관형어의 유형

성질	新书 xīnshū 새 책 | 英汉词典 YīngHàn cídiǎn 영한사전 | 漂亮的姑娘 piàoliang de gūniang 예쁜 아가씨

상태	非常好吃的水果 fēicháng hǎochī de shuǐguǒ 아주 맛있는 과일	圆圆的脸 yuányuán de liǎn 둥근 얼굴
종속 관계	我的衣服 wǒ de yīfu 내 옷	学校的书 xuéxiào de shū 학교의 책	公司的财产 gōngsī de cáichǎn 회사의 재산
재료	木头箱子 mùtou xiāngzi 나무 상자	布鞋 bùxié 천 신발
용도	装水的缸 zhuāng shuǐ de gāng 물 담는 항아리	做菜的锅 zuò cài de guō 요리하는 냄비
수량	三条裤子 sān tiáo kùzi 바지 세 벌	一对情人 yí duì qíngrén 연인 한 쌍
장소·시간	这里的商店 zhèlǐ de shāngdiàn 이곳의 상점	今天早上的报纸 jīntiān zǎoshang de bàozhǐ 오늘 아침 신문
근원(출처)	从中国带来的东西 cóng Zhōngguó dàilai de dōngxi 중국에서 가져온 것	从美国来的学生 cóng Měiguó lái de xuésheng 미국에서 온 학생
방향	去日本的人 qù Rìběn de rén 일본으로 가는 사람	开往北京的火车 kāiwǎng Běijīng de huǒchē 베이징으로 가는 기차
목적	来中国工作的人 lái Zhōngguó gōngzuò de rén 중국으로 일하러 온 사람
동작자	男朋友送给我的花 nánpéngyou sòng gěi wǒ de huā 남자 친구가 내게 준 꽃

5분 체크 어법

정답 ➡ 271쪽

1 다음 중 빈칸에 들어갈 알맞은 말을 고르세요.

> A : 这是妈妈给我买_____包。
>
> B : 今天来这儿_____人很多。

❶ 的 – 地　　　❷ 的 – 的　　　❸ 的 – 得　　　❹ 的 – 所

2 다음 중 틀린 문장을 고르세요.

❶ 我这本书　　　　　　　　❷ 一张重要的旧报纸

❸ 图书馆的新书　　　　　　❹ 漂亮小的房间

3 다음 단어를 어순에 맞게 배열하세요.

❶ 这个小孩 | 是 | 家 | 孩子 | 谁 | 的

➡ 这个小孩_____?

❷ 我 | 买的 | 是 | 裤子 | 条 | 蓝 | 那

➡ 我_____。

63 관형어의 어순 배열

•학습 포인트 | 관형어가 여러 개인 경우의 어순

你这三本汉语书 네 이 세 권의 중국어 책
nǐ zhè sān běn Hànyǔ shū

1 관형어가 여러 개일 때의 어순 배열 : 관형어가 여러 개 있을 때는 기본적으로 아래의 사항에 따라 배열되지만, 때에 따라서 그 순서에 변동이 오는 경우도 있다.

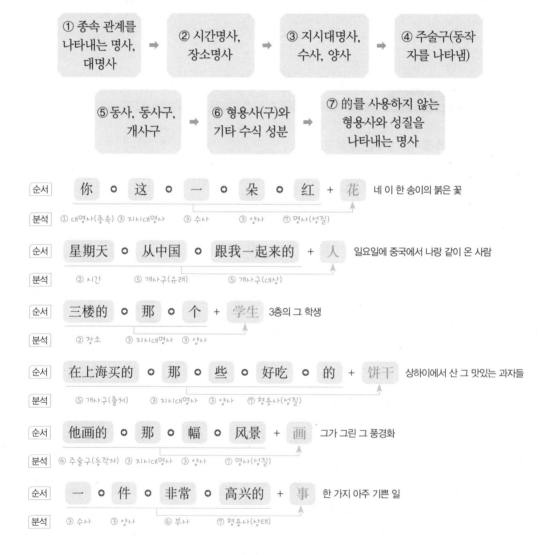

① 종속 관계를 나타내는 명사, 대명사 → ② 시간명사, 장소명사 → ③ 지시대명사, 수사, 양사 → ④ 주술구(동작자를 나타냄)

⑤ 동사, 동사구, 개사구 → ⑥ 형용사(구)와 기타 수식 성분 → ⑦ 的를 사용하지 않는 형용사와 성질을 나타내는 명사

순서	你 ○ 这 ○ 一 ○ 朵 ○ 红 + 花	네 이 한 송이의 붉은 꽃
분석	① 대명사(종속) ③ 지시대명사 ③ 수사 ③ 양사 ⑦ 명사(성질)	

순서	星期天 ○ 从中国 ○ 跟我一起来的 + 人	일요일에 중국에서 나랑 같이 온 사람
분석	② 시간 ⑤ 개사구(유래) ⑤ 개사구(대상)	

순서	三楼的 ○ 那 ○ 个 + 学生	3층의 그 학생
분석	② 장소 ③ 지시대명사 ③ 양사	

순서	在上海买的 ○ 那 ○ 些 ○ 好吃 ○ 的 + 饼干	상하이에서 산 그 맛있는 과자들
분석	⑤ 개사구(출처) ③ 지시대명사 ③ 양사 ⑦ 형용사(성질)	

순서	他画的 ○ 那 ○ 幅 ○ 风景 + 画	그가 그린 그 풍경화
분석	④ 주술구(동작자) ③ 지시대명사 ③ 양사 ⑦ 명사(성질)	

순서	一 ○ 件 ○ 非常 ○ 高兴的 + 事	한 가지 아주 기쁜 일
분석	③ 수사 ③ 양사 ⑥ 부사 ⑦ 형용사(상태)	

정답 ➡ 271쪽

1 빈칸에 들어갈 말로 어순이 알맞은 문장을 고르세요.

> 他是_____。

❶ 我的一个在中国留学的好朋友

❷ 一个我的在中国留学的好朋友

❸ 我的在中国留学的一个好朋友

❹ 在中国留学的我的一个好朋友

2 빈칸에 들어갈 말로 어순이 알맞은 문장을 고르세요.

> _____真可爱。

❶ 她刚一周岁的那个女孩儿

❷ 她那个刚一周岁的女孩儿

❸ 那个她刚一周岁的女孩儿

❹ 那个她女孩儿刚一周岁的

3 빈칸에 들어갈 말로 어순이 알맞은 문장을 고르세요.

> _____是谁?

❶ 刚才找金老师打电话的那个人

❷ 刚才那个人打电话找金老师的

❸ 刚才找金老师的打电话那个人

❹ 刚才打电话找金老师的那个人

4 제시된 단어가 들어갈 알맞은 위치를 고르세요.

❶ 我 A 那本 B 汉语书 C 被朋友 D 借走了。(的)

❷ 她的一 A 红 B 裙子 C 很好 D 看。(条)

❸ 这是他 A 送 B 我的 C 生日 D 礼物。(给)

❹ 鲁迅是 A 中国 B 现代文学史上 C 的 D 男作家。(有名)

*鲁迅 Lǔ Xùn 고유 루쉰(중국 현대 문학가, 사상가 : 1881~1936)

64 부사어

학습 포인트 부사어의 유형과 특징

我们下午上课。 우리는 오후에 수업한다.
Wǒmen xiàwǔ shàngkè.

雨不停地下着。 비가 쉬지 않고 내린다.
Yǔ bùtíng de xiàzhe.

1 부사어

술어(동사, 형용사)를 수식하는 성분을 말한다. 보통 부사, 형용사(구), 전치사구 등이 부사어로 쓰인다. 부사어를 만들 때는 조사 地가 도우미 역할을 하기도 한다.

부사	대부분의 부사는 地를 동반하지 않는다.	형용사	1음절 형용사는 地를 동반하지 않는다. 2음절 형용사 중 认真, 努力, 仔细, 明确, 安全 등은 地를 동반하지 않는다.	
	中国菜非常好吃。 Zhōngguó cài fēicháng hǎochī. 중국 음식은 너무 맛있어.		她伤心地哭了。 그녀는 슬피 울었다. Tā shāngxīn de kū le. 你仔细看一下。 네가 자세히 좀 봐봐. Nǐ zǐxì kàn yíxià.	
전치사구	我给朋友写信。 Wǒ gěi péngyou xiě xìn. 나는 친구에게 편지를 쓴다.	대명사	地를 동반하지 않는다. 这个汉字怎么念？ 이 한자는 어떻게 읽어? Zhège Hànzì zěnme niàn?	
시간사 · 방위사	地를 동반하지 않는다.	수량사	복잡한 수량사는 地를 동반한다.	
	我们公司晚上七点下班。(시간사) Wǒmen gōngsī wǎnshang qī diǎn xiàbān. 우리 회사는 저녁 7시에 퇴근한다. 你们里边坐一会儿。(방위사) Nǐmen lǐbian zuò yíhuìr. 너희들 안에 들어가 좀 앉아.		他们两次都输了。 그들은 두 번 다 졌어. Tāmen liǎng cì dōu shū le. 我们一步一步地走下来了。 Wǒmen yíbù yíbù de zǒu xiàlai le. 우리는 한 걸음 한 걸음 걸어 내려왔어.	
조동사	地를 동반하지 않는다.	구	각종 구에는 地가 동반된다.	
	我会做菜。 난 요리할 줄 알아. Wǒ huì zuòcài. 三点之前她能到这儿。 Sān diǎn zhīqián tā néng dào zhèr. 그녀는 세 시 전에 여기에 도착할 수 있어.		他们心情愉快地聊天。 Tāmen xīnqíng yúkuài de liáotiān. 그들은 기분 좋게 수다를 떨었다.	
동사	地를 동반한다.	성어	성어가 부사어로 쓰일 때는 地를 동반한다.	
	他同意地点了点头。 Tā tóngyì de diǎn le diǎntóu. 그는 찬성하며 머리를 끄덕였다.		他莫名其妙地骂了我一顿。 Tā mò míng qí miào de mà le wǒ yí dùn. 그는 공연히 나에게 욕을 한바탕 퍼부었다.	

2 부사어의 주의 사항

① 关于, 至于가 있는 전치사구는 주어 앞에만 위치한다.

关于下半年的工作安排，我们下次再说。 하반기 업무 일정에 대해서는 우리 다음에 얘기합시다.
Guānyú xiàbànnián de gōngzuò ānpái, wǒmen xiàcì zàishuō.

② 突然, 忽然, 起初, 回头, 一时, 原先, 的确, 确实 등은 주어 앞뒤에 위치한다.

的确他这样想过。(=他的确这样想过。) 확실히 그는 이렇게 생각했었어.
Díquè tā zhèyàng xiǎngguo.(=Tā díquè zhèyàng xiǎngguo.)

③ 시간을 나타내는 부사어는 주어 앞뒤에 쓸 수 있다.

明天我们都去中国。(=我们明天都去中国。) 내일 우리는 다 중국에 가.
Míngtiān wǒmen dōu qù Zhōngguó.(=Wǒmen míngtiān dōu qù Zhōngguó.)

④ 부사와 형용사가 같이 있을 때는 부사가 형용사 앞에 온다.

他非常真实地告诉我们他的经历。 그는 우리에게 자신의 경험을 아주 솔직히 말해 주었다.
Tā fēicháng zhēnshí de gàosu wǒmen tā de jīnglì.

⏱ 5분 체크 어법

정답 ➡ 271쪽

1 다음 중 부사어를 고르세요.

我们 在这儿 过 得非常 愉快。

❶ 我们   ❷ 在这儿   ❸ 过   ❹ 愉快

2 다음 중 빈칸에 들어갈 알맞은 말을 고르세요.

说完话，他慢慢_____从座位上站了起来。

❶ 的   ❷ 得   ❸ 地   ❹ 着

3 다음 중 부사어가 들어가지 않은 문장을 고르세요.

❶ 你快过来吧。   ❷ 我当然喜欢。   ❸ 他在那儿看书。   ❹ 我妹妹去中国。

4 다음 단어를 어순에 맞게 배열하세요.

❶ 他 ｜ 认真 ｜ 特别 ｜ 地 ｜ 工作   ➡ _____。

❷ 你们 ｜ 这么 ｜ 都 ｜ 做 ｜ 可以   ➡ _____。

65 부사어의 어순 배열

你**为什么总是对**我们这么**好**?
Nǐ wèishénme zǒngshì duì wǒmen zhème hǎo?
당신은 왜 늘 우리에게 이렇게 잘해 줘요?

1 부사어가 여러 개 있을 때의 어순 배열 : 부사어가 여러 개 있을 때는 기본적으로 아래의 사항에 따라 배열되지만, 때에 따라선 그 순서에 변동이 오는 경우도 있다.

① 关于, 至于로 시작하는 전치사구
　↓
② 시간을 나타내는 부사어(시간명사, 전치사구, 시간부사)
　↓
③ 어감을 나타내는 부사어, 문장 사이의 관련을 나타내는 부사어
　↓
④ 동작자의 태도를 묘사하는 부사어(주로 형용사로 地를 동반함)　*정도부사는 형용사 앞에 위치함
　↓
⑤ 원인, 목적, 근거, 관계, 협력을 나타내는 부사어(주로 전치사구)
　↓
⑥ 범위, 빈도, 부정, 중복을 나타내는 부사어　*범위를 나타내는 부사 都는 위치가 비교적 자유로움
　↓
⑦ 장소, 공간, 노선, 방향을 나타내는 부사어(주로 전치사구)
　↓
⑧ 把, 被, 叫, 让으로 시작하는 전치사구, 대상을 나타내는 부사어
　↓
⑨ 동작과 형상을 묘사하는 부사어(형용사, 고정구 등이 될 수 있음)

순서　关于他的问题 , ○ 总经理 ○ 已经 ○ 知道了。 그에 관한 문제는 사장님께서 이미 아셨어.
분석　① 关于 전치사구　　　　　　② 시간부사

순서　今天晚上 ○ 大概 ○ 不会 ○ 下雨。 오늘 밤에는 아마도 비가 내리지 않을 거야.
분석　② 시간　　　③ 어감　　　⑥ 부정

순서　他 ○ 调皮地 ○ 向我 ○ 眨着眼。 그는 장난스럽게 나를 향해 눈을 깜빡거렸다.
분석　　④ 동작자의 태도　　⑦ 방향

| 순서 | 你 | ○ | 为什么 | ○ | 总是 | ○ | 对我们 | ○ | 这么 | ○ | 好? | 당신은 왜 늘 우리에게 이렇게 잘해 줘요? |

분석: ⑤ 원인 ⑥ 빈도 ⑧ 대상 ④ 동작자의 태도

| 순서 | 她 | ○ | 给我们 | ○ | 详细地 | ○ | 介绍了那儿的情况。 | 그녀는 자세히 우리에게 그곳의 상황을 소개했다. |

분석: ⑧ 대상 ⑨ 동작 묘사

*이때 '详细地给我们'이라고 쓸 수 있음

정답 → 271쪽

5분 체크 어법

1 빈칸에 들어갈 말로 어순이 알맞은 문장을 고르세요.

> 孩子们_____玩儿得很高兴。

❶ 说说笑笑地
❷ 说笑说笑地
❸ 说说笑笑得
❹ 说笑说笑得

2 빈칸에 들어갈 말로 어순이 알맞은 문장을 고르세요.

> 我_____长大。

❶ 小从就跟爷爷奶奶一起
❷ 从小就跟爷爷奶奶一起
❸ 从小就爷爷奶奶跟一起
❹ 从小一起就跟爷爷奶奶

3 빈칸에 들어갈 말로 어순이 알맞은 문장을 고르세요.

> 请_____介绍一下这里的情况，好吗？

❶ 给详细我们地
❷ 详细给我们地
❸ 详细给地我们
❹ 给我们详细地

4 제시된 단어가 들어갈 알맞은 위치를 고르세요.

❶ 他一遍 A 一遍 B 念着 C 李白的诗 D 。(地)
❷ 你 A 躺着 B 吃 C 东西 D 。(别)
❸ A 我们 B 热情友好地 C 对待 D 国际友人。(应该)

66 결과보어의 특징 / 형용사 결과보어

我在书店看见你了。 나는 서점에서 너를 봤어.
Wǒ zài shūdiàn kànjiàn nǐ le.

我们已经准备好了。 우리는 이미 준비를 마쳤어.
Wǒmen yǐjing zhǔnbèi hǎo le.

1 결과보어의 위치

동작을 통해 나타난 결과를 표현하는 보어로 동사와 형용사가 결과보어가 될 수 있다.

① 주어+동사+결과보어(동사/형용사)+(목적어)

他今年才找到工作。 그는 올해서야 직장을 구했어. (동사 결과보어)
Tā jīnnián cái zhǎodào gōngzuò

他只写错了一个字。 그는 딱 한 글자만 틀렸어. (형용사 결과보어)
Tā zhǐ xiěcuò le yí ge zì.

② 주어+동사+목적어+동사+결과보어

她跳舞跳累了。 그녀는 춤추다 피곤해졌어.
Tā tiàowǔ tiàolèi le.

你看电影看多了吧? 너 영화를 너무 많이 봤구나?
Nǐ kàn diànyǐng kànduō le ba?

③ 전치목적어+주어+동사+결과보어

今天的课讲到这儿。 오늘 수업은 여기까지입니다.
Jīntiān de kè jiǎngdào zhèr.

这个月的日程已经排满了。 이번 달 스케줄이 벌써 꽉 찼어.
Zhège yuè de rìchéng yǐjing páimǎn le.

> **Tip**
> • 전치목적어
> 전치목적어란 목적어가 길거나 강조하고 싶을 때, 목적어를 주어 앞으로 전치(前置)시키는 것을 말한다.

④ 부정문 没(有)+동사+결과보어 ~안 했다(못했다)
　　　　　还没(有)+동사+결과보어 아직 ~하지 않았다

这本书我没有看完。 이 책을 난 아직 다 못 봤어.
Zhè běn shū wǒ méiyou kànwán.

电脑还没修好。 컴퓨터는 아직 수리가 안 됐어.
Diànnǎo hái méi xiūhǎo.

⑤ 결과보어와 부사어의 위치 : 부사어는 동사 앞에 위치함

简历已经写好了。 이력서는 이미 다 썼어.
Jiǎnlì yǐjing xiěhǎo le.

他去年考上大学了。 그는 작년에 대학에 붙었다.
Tā qùnián kǎoshàng dàxué le.

2 자주 쓰는 형용사 결과보어

清楚	어떤 동작이 분명함을 뜻한다.	今天的事你得说清楚。 오늘 일은 네가 확실하게 얘기해야 해. Jīntiān de shì nǐ děi shuō qīngchu.
好	동작의 완성을 나타낸다. ＊마무리가 잘 되었음을 표현	你的自行车修理好了。 네 자전거 수리됐어. Nǐ de zìxíngchē xiūlǐ hǎo le.
饱	속이 꽉 차는 것을 표현한다.	我已经吃饱了。 난 벌써 배불러. Wǒ yǐjing chībǎo le.
干净	깨끗하게 완성됨을 표현한다.	她把碗洗干净了。 그녀는 그릇을 깨끗이 닦았다. Tā bǎ wǎn xǐ gānjìng le.
对	동작이 맞음을 표현한다.	这个汉字念对了。 이 한자는 맞게 읽었어. Zhège Hànzì niànduì le.
错	동작이 잘못되었음을 표현한다.	对不起，你打错了。 미안해요, 전화를 잘못 걸었어요. Duìbuqǐ, nǐ dǎcuò le.
满	가득 차는 것을 표현한다.	这个宾馆已经订满了。 이 호텔은 이미 예약이 꽉 찼다. Zhège bīnguǎn yǐjing dìngmǎn le.
晚	동작이 늦은 것을 표현한다.	他又来晚了。 그는 또 늦게 왔어. Tā yòu láiwǎn le.

5분 체크 어법

정답 ➡ 271쪽

1 빈칸에 들어갈 알맞은 말을 고르세요.

> A : 电脑修好了吗?
>
> B : _____修好呢。

❶ 还　　　　❷ 还有　　　　❸ 还没　　　　❹ 非常

2 다음 중 틀린 문장을 고르세요.

❶ 你看见他了吗?　　　　❷ 他们都准备了好。

❸ 老师的话我没听懂。　　　　❹ 衣服你洗干净了没有?

3 빈칸에 들어갈 알맞은 단어를 쓰세요.

[보기]	对	满	清楚	干净

❶ 他的电话号码我没记_____。　　　　❷ 桌子擦_____了吗?

❸ 这个问题他回答_____了。　　　　❹ 电影院里坐_____了观众。

67 자주 쓰는 동사 결과보어

● 학습 포인트 자주 쓰는 동사 결과보어의 용법

去上海的机票买到了。 상하이에 가는 비행기표를 샀다.
Qù Shànghǎi de jīpiào mǎidào le.

我爱上他了。 난 그를 사랑하게 되었어.
Wǒ àishàng tā le.

✚ 자주 쓰는 동사 결과보어

完	동작의 완성을 표현한다.	今天的作业我都做完了。 오늘 숙제를 난 다 했어. Jīntiān de zuòyè wǒ dōu zuòwán le.
见	听(tīng 듣다), 看(kàn 보다), 闻(wén 냄새 맡다), 梦(mèng 꿈꾸다), 遇(yù 만나다), 碰(pèng 마주치다) 등의 뒤에 써서 동작을 통해 감지하는 것을 나타낸다.	我听见你的声音了。 나 네 목소리를 들었어. Wǒ tīngjiàn nǐ de shēngyīn le.
在	'사람과 사물이 어딘가에 존재한다'라는 의미를 나타낸다. ＊반드시 장소목적어를 동반함	我知道他住在哪儿。 난 그가 어디 사는지 알아. Wǒ zhīdào tā zhùzài nǎr.
到	동작이 목적에 도달함을 나타낸다.	我们学到第五课了。 우린 제5과까지 배웠어. Wǒmen xuédào dì-wǔ kè le.
	동작이 어떤 시간까지 계속됨을 의미한다.	昨天我们聊天聊到凌晨两点了。 Zuótiān wǒmen liáotiān liáodào língchén liǎng diǎn le. 어제 우린 새벽 두 시까지 수다를 떨었어.
	동작의 완성을 나타낸다.	我找到了那本书。 나는 그 책을 찾았어. Wǒ zhǎodào le nà běn shū.
给	동작을 통해 사물을 누군가(장소)에게 주거나 전달함을 의미한다. ＊뒤에 이중목적어를 동반 할 수 있음	你把钱还给她吧。 너 돈을 그녀에게 돌려줘. Nǐ bǎ qián huángěi tā ba.
成	동작을 통해 다른 상황으로 변함을 의미한다. ＊뒤에 반드시 사람이나 사물목적어를 동반함	我把美金换成人民币了。 Wǒ bǎ Měijīn huànchéng Rénmínbì le. 나는 달러를 인민폐로 환전했어.
开	작동시키거나 분리, 이탈을 나타낸다.	我们打开电视看看吧。 우리 TV를 켜서 보자. (작동) Wǒmen dǎkāi diànshì kànkan ba. 你走开! 너 비켜! (분리) Nǐ zǒukāi!
着	zháo로 읽으며 '목적을 달성하다, 동작을 완성하다'라는 의미를 나타낸다.	他已经睡着了。 그는 이미 잠이 들었어. (동작의 완성) Tā yǐjīng shuìzháo le. 我找着她了。 난 그녀를 찾았어. (목적 달성) Wǒ zhǎozháo tā le.
住	동작을 통해 사람이나 사물이 어딘가에 머물고 있음을 의미한다.	你的名字我记住了。 너의 이름을 난 외웠어. Nǐ de míngzi wǒ jìzhu le.

上	일정한 목적에 도달함을 나타낸다.	他儿子考上了清华大学。그의 아들은 칭화대학에 합격했어. Tā érzi kǎoshàng le Qīnghuá Dàxué.	
	동작의 완성을 나타낸다.	她穿上衣服，戴上帽子。그녀는 옷을 입고, 모자를 썼어. Tā chuānshàng yīfu, dàishàng màozi.	
	어떤 상태에 들어갔음을 의미한다.	她最近迷上了一个韩国明星。 Tā zuìjìn míshàng le yí ge Hánguó míngxīng. 그녀는 요즘 한국 연예인에게 빠졌다.	
下	어딘가에 남기거나 고정시키는 것을 나타낸다.	这个学期你就打下基础吧。 Zhège xuéqī nǐ jiù dǎxià jīchǔ ba. 이번 학기에 너는 기초를 다져.	
	일정한 수량을 수용하는 것을 나타낸다.	这个电梯可以站下10个人。 Zhège diàntī kěyǐ zhànxià shí ge rén. 이 엘리베이터에는 열 사람이 탈 수 있어.	
掉	제거하고 치우는 것을 나타낸다.	你得改掉睡懒觉的坏习惯。 Nǐ děi gǎidiào shuì lǎn jiào de huài xíguàn. 너는 늦잠 자는 나쁜 습관을 고쳐야 해.	

5분 체크 어법

정답 ➜ 271쪽

* 다음 문장을 읽고 답하세요. [1-2]

> 外边很冷。我穿上大衣，戴上帽子和手套，骑自行车去书店。我骑得很
> A
> 快，骑在十字路口，绿灯忽然变成了红灯。我的车没有停住，闯红灯了。
> B　　　　　　　　C　　　　　　　　D

1 이 내용으로 보아 현재 계절을 고르세요.

❶ 봄　　　　　　❷ 여름　　　　　　❸ 가을　　　　　　❹ 겨울

2 밑줄 친 결과보어가 잘못 쓰인 것을 고르세요.

❶ A　　　　　　❷ B　　　　　　❸ C　　　　　　❹ D

3 빈칸에 알맞은 단어를 쓰세요.

[보기]　住　见　完　开　着　成

❶ 做_____作业他就出去了。
❷ 帽子找_____了，手套没找着。
❸ 这一课的生词我都记_____了。
❹ 屋里很热，打_____窗户吧。
❺ 我把人民币换_____美元了。
❻ 今天在街上看_____他了。

68 정도보어

她汉语说得很流利。 그녀는 중국어를 유창하게 한다.
Tā Hànyǔ shuō de hěn liúlì.

天气好极了。 날씨가 굉장히 좋아.
Tiānqì hǎo jíle.

➕ 정도보어 : 동사나 형용사 뒤에 쓰여 정도, 묘사, 평가를 나타내는 보어를 말한다. 정도보어 앞에 정도부사를 동반할 수 있다.

① **주어+동사+得+**정도보어

他跑得很快。 그는 빨리 달린다.
Tā pǎo de hěn kuài.

② **주어+목적어+동사+得+**정도보어 또는 **목적어+주어+동사+得+**정도보어

她流行歌唱得很好。 그녀는 유행가를 잘 부른다.
Tā liúxínggē chàng de hěn hǎo.

流行歌她唱得很好。 유행가를 그녀는 잘 부른다.
Liúxínggē tā chàng de hěn hǎo.

③ **주어+동사+목적어+동사+得+**정도보어

他们打篮球打得很好。 그들은 농구를 잘한다.
Tāmen dǎ lánqiú dǎ de hěn hǎo.

④ **주어+심리동사/형용사+**极了/死了/透了 ＊정도가 극에 달했음을 표현함

哎呀，气死我了。 아이구 화나 죽겠네.
Āiyā, qì sǐ wǒ le.

他真是坏透了。 저 친구 정말이지 너무 나빴어.
Tā zhēnshi huài tòule.

⑤ **주어+동사/형용사+得+**要命/不得了/不行 ＊정도가 아주 심하다는 것을 표현함

她看上去气得要命。 그녀는 보아하니 화가 엄청 나 있네.
Tā kàn shàngqu qì de yàomìng.

这里的东西贵得不得了。 여기 물건은 장난 아니게 비싸.
Zhèli de dōngxi guì de bùdéliǎo.

⑥ **주어+형용사+得+**很 ＊정도가 아주 심하다는 것을 표현함

这几天我忙得很。 요 며칠 난 아주 바빠 죽겠어.
Zhè jǐ tiān wǒ máng de hěn.

⑦ **주어+형용사+得+**慌 ＊闷(mèn 답답하다), 憋(biē 참다), 乱(luàn 어지럽다), 热(rè 덥다), 难受(nánshòu 괴롭다), 渴(kě 목마르다) 등과 함께 쓰여 정도가 아주 심함을 나타냄

我心里闷得慌。 내 가슴이 답답하네.
Wǒ xīnli mèn de huāng.

⑧ **A比B+得+多** A는 B보다 훨씬 ~하다

健康比金钱重要得多。 건강이 금전보다 훨씬 중요해.
Jiànkāng bǐ jīnqián zhòngyào de duō.

⑨ **동사/형용사+个+半死** *반죽음이 될 정도로 정도가 심함을 나타냄

他今天被领导骂个半死。 그는 오늘 상사한테 실컷 깨졌어.
Tā Jīntiān bèi lǐngdǎo mà ge bànsǐ.

⑩ **동사+个+够** 충분히(실컷) ~하다

我太累了，想休息，睡个够! 난 너무 피곤해, 쉬고 싶어, 잠도 실컷 자고.
Wǒ tài lèi le, xiǎng xiūxi, shuì ge gòu!

⑪ **동사/형용사+个+정도보어** *个가 得 역할을 하는 형식으로 회화에 많이 쓰임

我的心扑通扑通地跳个不停。 내 심장이 콩닥콩닥 계속 뛰고 있어.
Wǒ de xīn pūtōng pūtōng de tiào ge bùtíng.

⑫ **동사+得+差不多(了)** *동작이 어느 정도의 상태에 이르렀음을 나타냄

我准备得差不多了，五分钟以后可以出发。 난 준비가 거의 다 됐어, 5분 후에 출발할 수 있어.
Wǒ zhǔnbèi de chàbuduō le, wǔ fēnzhōng yǐhòu kěyǐ chūfā.

5분 체크 어법

정답 ➡ 271쪽

1 다음 중 정도보어 용법이 아닌 것을 고르세요.

❶ 你的话我听得懂。　　　　❷ 我们高兴极了!

❸ 妹妹一直哭个不停。　　　　❹ 今天我忙得很。

2 밑줄 친 부분의 위치를 이동해 같은 뜻의 문장으로 바꾸세요.

<u>她英语</u>说得非常好。　　　➡ _____

3 다음 문장을 바르게 고치세요.

❶ 我妹妹唱歌得非常好。　　➡ _____

❷ 他汉字写得没好看。　　　➡ _____

4 다음 문장을 부정문으로 바꾸세요.

他们说得很流利。　　　➡ _____

69 정도보어의 특징

他写汉字写得非常漂亮。
Tā xiě Hànzì xiě de fēicháng piàoliang.
그는 한자를 아주 예쁘게 쓴다.

别高兴得太早了。
Bié gāoxìng de tài zǎo le.
샴페인을 너무 일찍 터뜨리지 마라.

➕ 정도보어의 특징

① 규칙적으로 일어나는 동작을 나타낸다.

奶奶每天起得很早。 할머니는 매일 일찍 일어나신다.
Nǎinai měitiān qǐ de hěn zǎo.

② 현재 진행되고 있는 동작이나 이미 발생한 동작을 나타낸다.

我看见他吃得很快。 나는 그가 빨리 먹는 걸 보았다. (현재 진행)
Wǒ kànjiàn tā chī de hěn kuài.

他接完电话就走了，走得很急。 그는 전화를 받고 바로 갔는데, 급하게 가더라고. (이미 발생한 동작)
Tā jiēwán diànhuà jiù zǒu le, zǒu de hěn jí.

③ 정도보어 문장에서 조사 得는 반드시 술어(동사, 형용사) 뒤에만 쓴다. 이합사의 경우 이합사의 동사 부분 뒤에 써야 한다.

她吃得很少。 그녀는 적게 먹는다.
Tā chī de hěn shǎo

我跳舞跳得不怎么样。 나는 춤을 별로 못 춰.
Wǒ tiàowǔ tiào de bù zěnmeyàng.

④ 정도보어 문장에서 부사어는 동사와 형용사 앞에 위치한다.

我们在中国过得很好。 우린 중국에서 잘 지내고 있어.
Wǒmen zài Zhōngguó guò de hěn hǎo.

⑤ 성어나 고정구가 정도보어로 쓰여 정도가 심함을 표현한다.

他爱我爱得死去活来。 그는 나를 미치도록 사랑해.
Tā ài wǒ ài de sǐ qù huó lái.

我忙得连吃饭时间都没有。 난 바빠서 밥 먹을 시간도 없어.
Wǒ máng de lián chīfàn shíjiān dōu méiyǒu.

⑥ 정도보어는 比 비교문에 쓰이며, 비교문에서 정도보어의 위치는 자유롭다.

他比我说得好。(=他说得比我好。) 그는 나보다 말을 잘한다.
Tā bǐ wǒ shuō de hǎo.(=Tā shuō de bǐ wǒ hǎo.)

⑦ 정도보어를 쓰는 문장을 부정할 때는 得 뒷부분을 부정하고, 의문문으로 만들 때에도 得 뒷부분을 의문문으로 만든다.

他足球踢得不太好。그는 축구를 잘 못해.
Tā zúqiú tī de bú tài hǎo.

你在那儿过得好不好？너는 거기서 잘 지내니?
Nǐ zài nàr guò de hǎo bu hǎo?

5분 체크 어법

정답 ➡ 271쪽

1 A 부분에 들어갈 질문으로 틀린 것을 고르세요.

A : _____？	B : 他跑得很快。

❶ 他跑得快吗？   ❷ 他跑得怎么样？

❸ 他跑得很快吗？   ❹ 他跑得快不快？

2 다음 예문과 같은 형식의 문장을 고르세요.

> 他游泳游得很好。

❶ 他睡觉睡得很晚。   ❷ 他汉语说得很流利。

❸ 山水画他画得很好。   ❹ 他走得很快。

3 제시된 단어가 들어갈 알맞은 위치를 고르세요.

❶ A 他 B 过得很好 C 。(在中国)

❷ A 我 B 忙得 C 吃饭时间都没有。(连)

❸ 他 A 唱歌 B 唱 C 得 D 怎么样。 (不)

4 다음 단어를 어순에 맞게 세 가지 형식으로 배열하세요.

足球 ｜ 踢 ｜ 他 ｜ 得 ｜ 好 ｜ 很 (*중복 사용 가능)

➡ _____ 。 ➡ _____ 。

➡ _____ 。

5 다음 빈칸에 들어갈 수 없는 부사를 고르세요.

> 他汉字写得_____漂亮。

❶ 很   ❷ 不   ❸ 更   ❹ 非常

70 방향보어와 단순방향보어

● 학습 포인트 | 방향보어의 의미 | 단순방향보어의 특징

你快回去吧。 너 얼른 돌아가.
Nǐ kuài huíqu ba.

他下来了。 그는 내려왔다.
Tā xiàlai le.

---

1 방향보어 : 동사 뒤에 위치해 동작의 방향을 나타내는 보어를 말한다.

	上	下	进	出	回	过	起	到
来	上来 올라오다	下来 내려오다	进来 들어오다	出来 나오다	回来 돌아오다	过来 건너오다	起来 일어나다	到……来 ~로 오다
去	上去 올라가다	下去 내려가다	进去 들어가다	出去 나가다	回去 돌아가다	过去 건너가다	×	到……去 ~로 가다

2 단순방향보어

단순방향보어에는 来와 去가 있다. 행동자의 동작이 화자를 향해 진행될 때는 来를 쓰고, 행동자의 동작이 화자로부터 멀어질 때는 去를 쓴다.

① **주어+동사+来/去+(了)**

他下来了。 그는 내려왔다.
Tā xiàlai le.

你拿去吧。 네가 가지고 가.
Nǐ náqu ba.

② **주어+동사+장소목적어+来/去+(了)** *장소목적어는 반드시 방향보어 来, 去 앞에 위치함

妈妈进屋里来了。 엄마가 방으로 들어오셨다.
Māma jìn wūli lái le.

我想到你家去。 나 너희 집에 가고 싶어.
Wǒ xiǎng dào nǐ jiā qù.

③ 장소목적어를 제외한 일반목적어는 방향보어 앞뒤에 위치할 수 있다. 이미 발생한 일인 경우에는 목적어가 방향보어 뒤에 위치하고, 아직 발생하지 않은 일인 경우에는 목적어가 동사와 방향보어 사이에 위치한다.

주어+동사+来/去+목적어 ➡ 이미 일어난 일

他带去一个人。 그는 한 사람을 데리고 갔다.
Tā dàiqu yí ge rén.

姐姐买来一本《鲁迅选集》。 언니(누나)는 『루쉰 선집』을 샀다.
Jiějie mǎilai yì běn《Lǔ Xùn xuǎnjí》.

주어+동사+목적어+来/去 ➡ 아직 일어나지 않은 일

你带吃的东西去。 너 먹을 것 좀 가져 가.
Nǐ dài chī de dōngxi qù.

④ 방향보어와 동태조사 了가 같이 쓰일 경우, 동태조사 了의 위치는 크게 두 가지이다.

동사+来/去+了+목적어

她带来了一些水果。 그녀는 과일을 조금 가져왔다.
Tā dàilai le yìxiē shuǐguǒ.

동사+了+목적어+来/去

他买了一辆自行车来。 그는 자전거를 한 대 사왔다.
Tā mǎi le yí liàng zìxíngchē lái.

⑤ 방향보어의 부정문은 没有나 不를 써서 만든다.

她没带水果来。 그녀는 과일을 가져오지 않았다.
Tā méi dài shuǐguǒ lái.

明天我不带孩子去。 내일 나는 아이를 데리고 가지 않을 거야.
Míngtiān wǒ bú dài háizi qù.

5분 체크 어법

정답 ➡ 271쪽

1 다음 중 빈칸에 공통으로 들어갈 말을 고르세요.

你＿＿＿办公室来。
你把洗衣机搬＿＿＿外边去。

❶ 去   ❷ 到   ❸ 上   ❹ 在

2 제시된 단어가 들어갈 알맞은 위치를 고르세요.

❶ 他 A 八点出 B 了，现在 C 还没回 D 来。(去)
❷ 外边 A 很冷 B ，快进 C 屋 D 吧。(来)

3 다음 문장에 쓰인 来의 문장 성분을 쓰세요.

❶ 我明天一定来。 　　＿＿＿＿＿＿＿＿＿＿
❷ 早上五点太早了，我起不来。 ＿＿＿＿＿＿＿＿＿＿
❸ 妈妈叫你快下来。 　　＿＿＿＿＿＿＿＿＿＿

4 방향보어에 대한 설명으로 틀린 것을 고르세요.

❶ 동사 来, 去가 단순방향보어가 된다.   ❷ 부정형은 没有, 不를 쓴다.
❸ 방향보어를 쓰는 문장에 了를 쓸 수 있다.   ❹ 장소목적어의 위치가 자유롭다.

71 복합방향보어

학습 포인트 복합방향보어의 특징 | 방향동사의 방향보어의 역할

他走进教室来了。 그는 교실로 걸어 들어왔다.
Tā zǒujìn jiàoshì lái le.

她跑下楼了。 그녀는 아래층으로 뛰어 내려왔다.
Tā pǎoxià lóu le.

1 복합방향보어의 특징

복합방향보어는 방향동사 上, 下, 进, 出, 回, 过, 起, 到 뒤에 단순방향보어 来나 去를 결합해 만든 방향보어를 말한다. 좀 더 구체적으로 동작의 방향을 설명한다.

① **주어+동사+복합방향보어**

他站起来了。 그는 일어섰어요.
Tā zhàn qǐlai le.

我想走回去。 나는 걸어 돌아가고 싶어.
Wǒ xiǎng zǒu huíqu.

② **주어+동사+장소목적어+来/去** *장소목적어는 반드시 来, 去 앞에 위치함

她走进屋里来了。 그는 방으로 걸어 들어왔다.
Tā zǒujìn wūli lái le.

他跑回宿舍去了。 그는 기숙사로 뛰어 돌아갔다.
Tā pǎohuí sùshè qù le.

③ **주어+동사+来/去+목적어**
주어+동사+목적어+来/去 *일반적인 목적어는 来, 去 앞뒤에 위치함

拿出来他的照片，给我们看看。 그의 사진을 꺼내 우리에게 보여 줘.
Ná chūlai tā de zhàopiàn, gěi wǒmen kànkan.

他买回电脑来了。 그는 컴퓨터를 사가지고 돌아왔다.
Tā mǎihuí diànnǎo lái le.

她从口袋里拿出一块糖来。 그녀는 주머니에서 사탕을 하나 꺼냈다.
Tā cóng kǒudài li náchū yí kuài táng lái.

④ 복합방향보어와 동태조사 了

• 동사 뒤에 목적어가 없을 때는 동사 뒤에 了를 쓸 수 있다.

孩子们都跑出去了。(=孩子们都跑了出去。) 아이들이 모두 뛰어나갔다.
Háizimen dōu pǎo chūqu le.(=Háizimen dōu pǎo le chūqu.)

• 동사 뒤에 목적어가 있을 때는 문장 끝에 了를 쓴다. 목적어 앞에 관형어가 있으면 了를 복합방향보어와 목적어 사이에 둔다. 이때 了를 생략할 수 있다.

爸爸买回蛋糕来了。 아빠가 케이크를 사가지고 돌아오셨다.
Bàba mǎihuí dàngāo lái le.

他给我们送过来了一箱苹果。(=他给我们送过来一箱苹果。)
Tā gěi wǒmen sòng guòlai le yì xiāng píngguǒ.(=Tā gěi wǒmen sòng guòlai yì xiāng píngguǒ.)
그는 우리에게 사과 한 상자를 보내왔다.

2 방향동사의 방향보어 역할

방향동사가 동사 뒤에 쓰여 방향보어 역할을 하기도 한다.

他刚才走<u>进</u>了办公室。 그는 방금 전에 사무실로 걸어 들어갔다.
Tā gāngcái zǒujìn le bàngōngshì.

妈妈从抽屉里拿<u>出</u>了一张旧照片。 엄마는 서랍에서 오래된 사진 한 장을 꺼내셨다.
Māma cóng chōuti li náchū le yì zhāng jiù zhàopiàn.

5분 체크 어법

정답 ➡ 271쪽

1 빈칸에 들어갈 말을 고르세요.

> 前边走_____一个人。
>
> 他从外边买_____三斤苹果。

❶ 过去 – 下来　　❷ 过去 – 出来　　❸ 过来 – 回来　　❹ 过来 – 起来

2 방향동사의 위치가 틀린 것을 고르세요.

❶ 姐姐走出房间。

❷ 她走教室进了。

❸ 弟弟拿出了一块糖。

❹ 他从树上摘下一个红苹果。

3 제시된 단어가 들어갈 알맞은 위치를 고르세요.

❶ 姐姐 A 寄 B 回 C 来 D 。(很多照片)

❷ 他们 A 都 B 站 C 起来 D 。(了)

4 다음 중 了의 위치가 틀린 것을 고르세요.

❶ 孩子们都跑<u>了</u>出去。

❷ 汽车开出去了。

❸ 妈妈买回<u>了</u>苹果来。

❹ 他买回来<u>了</u>一些面包。

5 다음 문장을 해석하세요.

❶ 他从包里拿出来一把钥匙。　　➡ _____

❷ 她买回皮鞋来了。　　➡ _____

72 방향보어의 파생 용법(1)

●학습 포인트 복합방향보어 起来, 下来, 下去의 파생 용법

我们得团结起来。 우리는 단결해야만 해.
Wǒmen děi tuánjié qǐlai.

出国的日期已经定下来了。 출국 날짜는 이미 정해졌어.
Chūguó de rìqī yǐjing dìng xiàlai le.

➕ 起来, 下来, 下去

起来	분산되었던 사물을 모으거나 집중시킴을 나타낸다.	把这些东西包起来吧。 이것들을 싸주세요. Bǎ zhèxiē dōngxi bāo qǐlai ba.	
	동작을 완성하거나, 일정한 목적에 도달함을 나타낸다.	我想起来了，她的名字叫张玲玲。 Wǒ xiǎng qǐlai le, tā de míngzi jiào Zhāng Línglíng. 나 생각났어, 그녀의 이름은 장링링이야.	
	동작이나 상태가 시작해서 계속됨을 나타낸다.	天开始热起来了。 날씨가 더워지기 시작했다. Tiān kāishǐ rè qǐlai le.	
	사물에 대한 예측이나 평가를 나타낸다.	这件事说起来容易，做起来很难。 Zhè jiàn shì shuō qǐlai róngyì, zuò qǐlai hěn nán. 이 일은 말하긴 쉬워도, 하긴 어려워. 他唱起歌来，没完没了。 Tā chàng qǐ gē lái, méi wán méi liǎo. 그는 노래를 시작하면 멈추질 않아.	
	藏(cáng 숨기다), 躲(duǒ 숨다), 收(shōu 정리하다), 关(guān 닫다, 가두다), 锁(suǒ 잠그다) 등의 뒤에 쓰여 뭔가를 감추고, 정리함을 표현한다.	快把它藏起来，不让他们看。 Kuài bǎ tā cáng qǐlai, bú ràng tāmen kàn. 그거 얼른 숨겨, 저들이 못 보게.	
下来	停(tíng 멈추다), 留(liú 남다), 录(lù 녹음하다), 画(huà 그리다), 抄(chāo 베끼다), 描(miáo 묘사하다) 등의 뒤에 쓰여 동작을 통해 사람이나 사물이 어떤 장소에 고정됨을 표현한다.	我把他的电话号码记下来了。 Wǒ bǎ tā de diànhuà hàomǎ jì xiàlai le. 나는 그의 전화번호를 적어놨다.	
	어떤 일을 결정하는 것을 표현한다.	面试时间已经定下来了。 면접 시간이 이미 정해졌어. Miànshì shíjiān yǐjing dìng xiàlai le.	
	脱(tuō 벗다), 摘(zhāi 벗다, 따다), 打(dǎ 떼다), 切(qiē 자르다), 砍(kǎn 베다), 撕(sī 찢다), 拔(bá 뽑다), 卸(xiè 해체하다), 割(gē 자르다), 余(yú 남기다) 등의 뒤에 쓰여 어떤 사물에서 분리하거나 해체함을 표현한다.	屋里热，你把帽子摘下来吧。 Wūli rè, nǐ bǎ màozi zhāi xiàlai ba. 방이 더우니, 너 모자를 벗어.	

> **Tip**
> 복합방향보어는 방향동사 본래의 의미 외에 파생된 의미를 나타내기도 하는데, 이를 '파생 용법'이라고 한다.

	暗(àn 어둡다), 静(jìng 조용하다), 瘦(shòu 마르다), 松(sōng 느슨하다), 软(ruǎn 부드럽다), 慢(màn 느리다), 阴(yīn 흐리다) 뒤에 놓여 상태가 변하는 과정을 설명한다.	火车渐渐地慢了下来。 Huǒchē jiànjiàn de màn le xiàlai. 기차는 점점 속도를 줄였다.
	상급자가 하급자에게 하는 동작이나, 과거에서 현재까지 계속되는 동작을 표현한다.	他的申请批下来了。 Tā de shēnqǐng pī xiàlai le. 그의 신청은 허가가 났어. (상급자 → 하급자) 这是从古代传下来的传统。 Zhè shì cóng gǔdài chuán xiàlai de chuántǒng. 이는 고대부터 전해오는 전통이야. (과거 → 현재)
下去	어떤 동작이나 상태가 시작되어 계속됨을 나타낸다.	你是我活下去的理由。 넌 내가 살아가는 이유야. Nǐ shì wǒ huó xiàqu de lǐyóu. 天气再冷下去，会影响我们的生意。 Tiānqì zài lěng xiàqu, huì yǐngxiǎng wǒmen de shēngyi. 날씨가 더 추워지면, 우리 사업에 영향이 있을 거야.

5분 체크 어법

정답 → 271쪽

1 빈칸에 들어갈 말을 고르세요.

> A : 他的身体好了吗?
>
> B : 几个月休息_____，他的身体好多了。

❶ 上来   ❷ 起来   ❸ 过来   ❹ 下来

2 起来, 下来, 下去를 써서 문장을 완성하세요.

❶ 我想_____了护照放在哪儿。   ❷ 我真的很饱，吃不_____了。

❸ 天气一下子就热_____了。   ❹ 他的申请已经批_____了。

❺ 上次看的自行车已经买_____了。

❻ 无论遇到什么困难，我们都要坚持_____。

3 빈칸에 들어갈 말을 고르세요.

> 这件事说_____容易，做_____难。
>
> 出发时间已经定_____了。

❶ 起来 – 起来 – 起来   ❷ 起来 – 下来 – 起来

❸ 起来 – 起来 – 下来   ❹ 下来 – 起来 – 下来

방향보어의 파생 용법(2)

복합방향보어 出来, 过来, 过去, 上来, 上去의 파생 용법

我越急越说不出来。 나는 급할수록 말이 안 나와.
Wǒ yuè jí yuè shuō bu chūlai.

他突然晕过去了。 그는 갑자기 쓰러졌다.
Tā tūrán yūn guòqu le.

➕ 出来, 过来, 过去, 上来, 上去

出来	어떤 동작을 통해 결과가 나타남을 표현한다.(무→유)	他们想出来了一个好办法。 Tāmen xiǎng chūlai le yí ge hǎo bànfǎ. 그들은 좋은 아이디어를 생각해 냈다.
	안에서 밖으로 나오거나, 숨겨진 것이 드러나는 것을 표현한다.	你有什么事就说出来吧。 너 무슨 일 있으면 말해봐. Nǐ yǒu shénme shì jiù shuō chūlai ba.
	동작을 통해 사람이나 사물을 식별하거나 분별함을 나타낸다.	你听得出来里边谁在说话吗? Nǐ tīng de chūlai lǐbian shéi zài shuōhuà ma? 안에서 누가 얘기하고 있는지 알아들을 수 있어?
	형용사 多, 大, 高, 长 뒤에 쓰여 어떤 것을 초과함을 나타낸다.	怎么多出来了三百块钱? 왜 300위엔이 더 나왔지? Zěnme duō chūlai le sānbǎi kuài qián?
过来	원래 정상적인 상태로 회복함을 나타낸다.	我刚回国,时差还没倒过来。 Wǒ gāng huíguó, shíchā hái méi dǎo guòlai. 나는 막 귀국해서 아직 시차가 안 돌아왔어.
	어떤 일을 완성할 수 있는지의 여부를 나타낸다. *주로 가능보어로 쓰임	事情太多,我一个人忙不过来。 Shìqing tài duō, wǒ yí ge rén máng bu guòlai. 일이 너무 많아서 나 혼자 감당이 안 돼.
过去	정상적인 상태를 잃는 것을 나타낸다.	不好了,奶奶昏过去了。 Bù hǎo le, nǎinai hūn guòqu le. 큰일났어요, 할머니께서 기절하셨어요.
	순차적으로 어떤 동작을 하는 것을 나타낸다.	我一页一页地翻过去,终于找到错别字了。 Wǒ yí yè yí yè de fān guòqu, zhōngyú zhǎodào cuòbiézì le. 나는 한 장 한 장 넘기다 마침내 오탈자를 찾아냈다.
	'说(看)得过去, 说(看)不过去'는 이치에 맞는지의 여부를 나타낸다.	这条围巾还看得过去。 이 스카프는 봐줄만 하네. Zhè tiáo wéijīn hái kàn de guòqu. 这个借口,有点儿说不过去。 이 핑계로는 뭔가 좀 부족해. Zhège jièkǒu, yǒudiǎnr shuō bu guòqu.
上来	사람이나 사물이 낮은 곳에서 높은 곳으로 오르는 것을 나타낸다.	他从分公司调上来了。 그는 지점에서 뽑혀 왔다. Tā cóng fēngōngsī diào shànglai le. 他们把资料都送上来了。 그들은 자료를 다 제출했다. Tāmen bǎ zīliào dōu sòng shànglai le.

	'동사+得/不+上来'는 어떤 일을 할 수 있는지의 여부를 나타낸다.	这个问题我能回答得上来。 Zhège wèntí wǒ néng huídá de shànglai. 이 문제에 대해 나는 대답할 수 있어. 不知为什么，我一句也说不上来。 Bùzhī wèishénme, wǒ yí jù yě shuō bu shànglai. 왜 그런지, 난 한마디도 할 수가 없어.	
上去	사람이나 사물이 낮은 곳에서 높은 곳으로 올라가거나, 생산량, 품질, 수준 등이 낮은 데서 높은 데로 오르는 것을 나타낸다.	顾客的意见已经都反映上去了。 Gùkè de yìjiàn yǐjing dōu fǎnyìng shàngqu le. 고객의 의견은 이미 다 반영했다.	
	어떤 곳에 첨가하거나 덧붙이는 것을 나타낸다.	你把这对对联贴上去吧。 이 대련을 붙이렴. Nǐ bǎ zhè duì duìlián tiē shàngqu ba.	
	看上去는 사람, 사물에 대한 화자의 관점이나 느낌을 나타낸다.	他看上去只有二十来岁。 Tā kàn shàngqu zhǐyǒu èrshí lái suì. 그는 보기에 스무살 쯤밖에 안 돼 보여.	

정답 ➡ 271쪽

5분 체크 어법

1 빈칸에 알맞은 단어를 쓰세요.

[보기]　　出来　　　过来　　　过去　　　上来　　　上去

❶ 他气得昏_____了。

❷ 这么多客人他一个人忙不_____。

❸ 这个字我写不_____。

❹ 这个问题我能回答_____。

❺ 下半年的工作计划今天必须交_____。

2 제시된 문장에 들어갈 알맞은 단어를 고르세요.

❶ 他的身体差不多恢复_____了。(过去 / 过来)

❷ 你把写错的地方改_____吧。(过来 / 出来)

3 다음 빈칸에 들어갈 말을 어순에 맞게 배열한 것을 고르세요.

她长得很特别，我_____。

❶ 就一看能认出来　　　　　❷ 一看就能认出来

❸ 能一看就认出来　　　　　❹ 一看能就认出来

74 가능보어

明天我们回得来。
Míngtiān wǒmen huí de lái.
내일 우리는 돌아올 수 있어.

门锁着，小偷进不去。
Mén suǒzhe, xiǎotōu jìn bu qù.
문이 잠겨 있어서, 도둑이 들어갈 수 없어.

---

1 가능보어의 특징

① 가능보어의 긍정형

> 동사＋得＋결과보어/방향보어 ~할 수 있다

他说得很慢，我听得懂。 그가 말을 천천히 해서, 난 알아들을 수 있어. (懂 ➡ 결과보어)
Tā shuō de hěn màn, wǒ tīng de dǒng.

明天我们回得来。 내일 우리는 돌아올 수 있어. (来 ➡ 방향보어)
Míngtiān wǒmen huí de lái.

② 가능보어의 부정형

> 동사＋不＋결과보어/방향보어 ~할 수 없다

他说得很快，我听不懂。 그가 말을 빨리 해서, 난 알아들을 수가 없어. (결과보어)
Tā shuō de hěn kuài, wǒ tīng bu dǒng.

明天我们回不来。 내일 우리는 돌아올 수 없어. (방향보어)
Míngtiān wǒmen huí bu lái.

③ 가능보어와 목적어 : 주어 앞에 전치목적어가 오거나 가능보어 뒤에 목적어가 올 수 있다.

<u>这么多菜</u>你吃得完吗? 이렇게 많은 음식을 너는 다 먹을 수 있어?
전치목적어
Zhème duō cài nǐ chī de wán ma?

人太多，买不到票了。 사람이 너무 많아서, 표를 살 수가 없어.
목적어
Rén tài duō, mǎi bu dào piào le.

④ 가능보어와 조동사 : 가능보어는 어떤 동작을 실현할 수 있는지에 대한 '가능성'만을 표현하기 때문에, 실제로 어떤 동작을 실현할 수 있는 '능력'이 있다는 것을 나타낼 때는 조동사 能과 可以, 肯定 등을 써서 표현한다. 단, 조동사는 가능보어의 부정형에는 쓸 수 없다.

早上六点他能起得来。 아침 6시에 그는 일어날 수 있어.
Zǎoshang liù diǎn tā néng qǐ de lái.

山不高，我可以爬得上去。 산이 안 높으니, 나는 올라갈 수 있어.
Shān bù gāo, wǒ kěyǐ pá de shàngqu.

电梯太小，肯定坐不下五个人。 (×) → 电梯太小，坐不下五个人。 (○)
Diàntī tài xiǎo, zuò bu xià wǔ ge rén.
엘리베이터가 너무 작아서, 다섯 사람이 탈 수 없어.

⑤ 의문문

星期天你们来得了吗? 일요일에 너희들 올 수 있어?
Xīngqītiān nǐmen lái de liǎo ma?

这些东西，你拿得动拿不动? 이것들을 너는 들 수 있니, 들 수 없니?
Zhèxiē dōngxi, nǐ ná de dòng ná bu dòng?

Tip
'동사+得/不+了(liǎo)' 형식은 가능과 불가능을 나타낸다.

2 정도보어와 가능보어의 차이점

	의미	긍정형	부정형	정반의문문
정도보어	동작이나 상태가 어떤 정도(수준)인지를 표현한다.	他跑得很好。 Tā pǎo de hěn hǎo. 그는 잘 달린다.	他跑得不好。 Tā pǎo de bù hǎo. 그는 달리기를 못 한다.	他跑得好不好? Tā pǎo de hǎo bu hǎo? 그는 달리기를 잘해, 못해?
가능보어	동작의 실현 가능성 여부를 표현한다.	他跑得了。 Tā pǎo de liǎo. 그는 달릴 수 있어.	他跑不了。 Tā pǎo bu liǎo. 그는 달릴 수 없어.	他跑得了跑不了? Tā pǎo de liǎo pǎo bu liǎo? 그는 달릴 수 있어, 없어?

🕐 **5분 체크 어법**

정답 ➡ 272쪽

1 조동사와 가능보어의 결합이 잘못된 것을 고르세요.

❶ 这些东西我们能搬得动。　　❷ 今天晚上他可以回得来。

❸ 现在去肯定买得到。　　❹ 这么多菜他能吃不完。

2 제시된 문장에 들어갈 알맞은 단어를 고르세요.

❶ 在这儿_____A4纸吗?　　(买到 / 买得到)

❷ 听说你昨天去买大衣，_____了吗?　　(买到 / 买得到)

❸ 我们还没_____饱。　　(吃 / 吃得)

❹ 老师讲得太快，我_____不懂。　　(听得 / 听)

❺ 她把衣服都_____干干净净。　　(洗 / 洗得)

3 제시된 문장을 정반의문문으로 바꾸세요.

❶ 我的话你听得懂吗?　　➡ _____

❷ 星期天我们回得来。　　➡ _____

75 자주 쓰는 가능보어 표현

都八点了，再不走就来不及了。
Dōu bā diǎn le, zài bù zǒu jiù láibují le.
벌써 8시인데, 더 미적거리단 늦어.

外边不冷，用不着穿毛衣。
Wàibian bù lěng, yòngbuzháo chuān máoyī.
밖이 안 추우니까, 스웨터를 입을 필요 없어.

1 자주 쓰는 가능보어의 표현

买不到 물건이 없어 못 사다	那本书已经绝版了，现在买不到。 Nà běn shū yǐjing juébǎn le, xiànzài mǎi bu dào. 그 책은 이미 절판되어서, 지금은 살 수 없어.
走不动 걸을 수가 없다	我累了，走不动了。 나 피곤해서 못 걷겠어. Wǒ lèi le, zǒu bu dòng le.
来得及 어떤 시간에 늦지 않다, ~하기에 충분하다	现在准备公务员考试，还来得及吗？ Xiànzài zhǔnbèi gōngwùyuán kǎoshì, hái láidejí ma? 지금 공무원 시험을 준비하면, 아직 괜찮을까?
来不及 ~하기에 늦다	快去追他，晚了恐怕来不及了。 Kuài qù zhuī tā, wǎn le kǒngpà láibují le. 빨리 그녀석 쫓아가, 아니면 아마도 놓칠 거야.
免不了 피할 수 없다	第一次跟外国人谈话，出错是免不了的。 Dì-yī cì gēn wàiguórén tánhuà, chūcuò shì miǎn bu liǎo de. 처음 외국인과 얘기 나누다 보면, 실수하는 건 어쩔 수 없어.
少不了 없어서는 안 되다	我们队就少不了你。 우리 팀에는 자네가 없으면 안 되네. Wǒmen duì jiù shǎo bu liǎo nǐ.
受不了 견딜 수 없다, 참을 수 없다	他们俩亲热的样子，真让人受不了。 Tāmen liǎ qīnrè de yàngzi, zhēn ràng rén shòu bu liǎo. 저 친구들 닭살 돋게 구는 거 정말 못 봐주겠어.
看不起 무시하다	不讲义气的人，我看不起。 의리가 없는 사람을 난 무시해. Bù jiǎng yìqì de rén, wǒ kànbuqǐ.
买不起 돈이 없어 못 사다	这辆车太贵了，说实话我买不起。 Zhè liàng chē tài guì le, shuō shíhuà wǒ mǎi bu qǐ. 이 차는 너무 비싸, 솔직히 난 살 수가 없어.
比不上 비교할 수 없다, 비교가 안 되다	她的演技真的比不上巩俐。 그녀의 연기는 정말로 공리와 비교가 안 돼. Tā de yǎnjì zhēnde bǐ bu shàng Gǒng Lì.

跟不上 따라갈 수 없다, 비교할 수 없다	他走得快，我跟不上。 그 사람은 걸음이 빨라서, 난 따라갈 수가 없어. Tā zǒu de kuài, wǒ gēnbushàng. 不是咱们跟不上时代，是世界变得太快。 Bú shì zánmen gēnbushàng shídài, shì shìjiè biàn de tài kuài. 우리가 시대를 못 따라가는 게 아니라, 세상이 너무 빨리 변하고 있는 거야.
说不上 ~라고 할 정도는 아니다	这个饭店马马虎虎，说不上很好。 Zhège fàndiàn mǎmǎhūhū, shuō bu shàng hěn hǎo. 이 호텔은 보통이야, 좋다고 까지는 못 하고.
放不下 안심하지 못하다	她总是放不下儿子。 그녀는 늘 아들에 대해 마음을 놓지 못한다. Tā zǒngshì fàng bu xià érzi.
坐不下 수용할 수 없다	礼堂里坐不下三百个人。 강당에는 3백 명이 들어갈 수 없어. Lǐtáng li zuò bu xià sānbǎi ge rén.
用不着 ~까지는 필요 없다	这是我们俩的事，用不着你操心。 Zhè shì wǒmen liǎ de shì, yòng bu zháo nǐ cāoxīn. 이건 우리 둘의 일이니, 네가 신경 쓸 거 없어.

5분 체크 어법

정답 ➡ 272쪽

1 买不到와 买不起의 차이를 설명하세요.

➡ 买不到: _____

➡ 买得起: _____

2 빈칸에 알맞은 단어를 쓰세요.

[보기] 及 动 到 上 下 起 了

❶ 我走不_____了，你背着我去吧。

❷ 回老家的火车票买不_____了，怎么办？

❸ 现在去报名还来得_____吗？

❹ 今天热得让人受不_____。

❺ 教室里坐不_____三十个人。

❻ 他跑得太快，我怎么也跟不_____他。

❼ 这套房子贵得要命，我死了也买不_____。

76 시간보어

학습 포인트 시간보어의 다양한 형식

我在中国住了十年。 나는 중국에서 10년 동안 살았어.
Wǒ zài Zhōngguó zhù le shí nián.

她唱了一个小时了。 그녀는 한 시간째 노래하고 있어.
Tā chàng le yí ge xiǎoshí le.

➕ 시간보어의 다양한 형식

① 주어+동사+了+ 시간보어	일정 시간 동안 어떤 동작이 행해졌다는 것을 표현하며 부사어는 동사 앞에 위치한다. 他昨天复习了三个小时。 他昨天晚上只睡了两个小时。 Tā zuótiān fùxí le sān ge xiǎoshí. Tā zuótiān wǎnshang zhǐ shuì le liǎng ge xiǎoshí. 그는 어제 3시간 동안 복습했다. 그는 어젯밤에 두 시간밖에 못 잤다.
② 주어+동사+了+ 시간보어+목적어	일반목적어는 시간보어 뒤에 위치한다. 이때 시간보어와 목적어 사이에 的를 동반할 수 있다. 弟弟看了两个小时电视。 她听了一个小时的音乐。 Dìdi kàn le liǎng ge xiǎoshí diànshì. Tā tīng le yí ge xiǎoshí de yīnyuè. 동생은 두 시간 동안 TV를 봤다. 그녀는 한 시간 동안 음악을 들었다.
③ 주어+동사+了+인칭대 명사 목적어+시간보어	인칭대명사 목적어는 시간보어 앞에 위치한다. 我们等了你半天。 우리는 너를 한참 동안 기다렸어. Wǒmen děng le nǐ bàntiān.
④ 주어+동사+목적어+ 동사+了+시간보어	시간보어는 항상 동사 뒤에 위치한다. (이합사와 쓸 때 주의) 爸爸开车开了五个小时。 他游泳游了两个小时。 Bàba kāichē kāi le wǔ ge xiǎoshí. Tā yóuyǒng yóu le liǎng ge xiǎoshí. 아빠는 운전을 5시간 동안 하셨다. 그는 수영을 두 시간 동안 했어. 어떤 동작이 과거 어떤 시점부터 시작해 지금까지 계속 이어지고 있음을 표현한다. 我们休息了半个小时了。 우리는 30분째 쉬고 있다. Wǒmen xiūxi le bàn ge xiǎoshí le.
⑤ 주어+동사+了+ 시간보어(+목적어)+了	我学了三年汉语了。 나는 3년째 중국어를 배우고 있다. Wǒ xué le sān nián Hànyǔ le.
⑥ 주어+동사+了+인칭대 명사 목적어 +시간보어+了	我们找了他三天了。 우리는 그를 3일째 찾고 있다. Wǒmen zhǎo le tā sān tiān le.
⑦ 주어+비지속동사+ 목적어+시간보어+了	어떤 동작이 완료된 시점부터 시간이 얼마동안 경과했음을 표현한다. 주로 비지 속동사와 완료의 뜻을 갖는 이합사가 쓰이며, 부사어는 시간보어 앞에 위치한다. 她来中国四个月了。 他大学毕业快十年了。 Tā lái Zhōngguó sì ge yuè le. Tā dàxué bìyè kuài shí nián le. 그녀는 중국에 온 지 4개월 되었다. 그는 대학을 졸업한 지 거의 10년이 되어가. 我们结婚快一年了。 우리가 결혼한 지 곧 1년이 된다. Wǒmen jiéhūn kuài yì nián le.

⑧ 주어+1음절 비지속동사 +了+시간보어+了	1음절 비지속동사가 목적어를 동반하지 않고 단독으로 쓰일 때는 뒤에 了를 쓴다.
	弟弟死了三年了。동생이 죽은 지 3년 되었다. Dìdi sǐ le sān nián le.
⑨ 규칙적으로 일어나는 동작에는 조사 了를 쓰지 않는다. ＊이합사 뒤에 바로 시간보어를 쓰기도 함	她每天跑步一个小时。(=她每天跑一个小时的步。) Tā měitiān pǎobù yí ge xiǎoshí.(=Tā měitiān pǎo yí ge xiǎoshí de bù.) 그녀는 매일 한 시간씩 달린다.
⑩ 미래에 일어날 동작에는 조사 了를 쓰지 않는다.	你再等一会儿。너 조금만 더 기다려. Nǐ zài děng yíhuìr. / 我想休息几天。난 며칠 동안 쉬고 싶어. Wǒ xiǎng xiūxi jǐ tiān.
⑪ 주어+시간보어+没有 +동사+목적어+了	일정 시간 동안 어떤 동작을 하지 않았다는 것을 표현하며, 부사어는 시간보어 앞에 위치한다.
	我已经三天没吃饭了。 Wǒ yǐjing sān tiān méi chīfàn le. 난 이미 3일 동안 밥을 못 먹었어. / 我们俩五年没见面了。 Wǒmen liǎ wǔ nián méi jiànmiàn le. 우리 둘은 5년 동안 못 만났어.
⑫ 시간을 묻는 의문문	她在上海呆了多长时间? Tā zài Shànghǎi dāi le duōcháng shíjiān? 그녀는 상하이에서 얼마나 머물렀니? / 他大学毕业几年了? Tā dàxué bìyè jǐ nián le? 그는 대학을 졸업한 지 몇 년 됐어?

5분 체크 어법

정답 ➡ 272쪽

＊ 다음 대화를 읽고 물음에 답하세요. [1-2]

> A : 你是哪国人? 来中国_____了?
>
> B : 我是韩国人。来中国半年了。

1 다음 중 빈칸에 들어갈 알맞은 표현을 고르세요.

❶ 多少时间　　　❷ 多长时间　　　❸ 多大时间　　　❹ 什么时间

2 来와 같은 성질의 동사가 아닌 것을 고르세요.

❶ 睡　　　❷ 去　　　❸ 死　　　❹ 离开

3 다음 중 틀린 문장을 고르세요.

❶ 我每天念半个小时文章。　　　❷ 他在中国住了一年。

❸ 他们结婚一年了。　　　❹ 我等了半天你了。

77 동량보어 / 수량보어

•학습 포인트 | 동량보어의 쓰임 | 수량보어의 쓰임

我见过他一次。 나는 그를 한 번 만났어.
Wǒ jiànguo tā yí cì.

我比你大三岁。 내가 너보다 세 살 많아.
Wǒ bǐ nǐ dà sān suì.

1 동량보어 : 동량사가 보어가 되어 동작의 횟수를 나타낸다.

① 주어+동사+동량보어

我去过一次。 난 한 번 가봤어.
Wǒ qùguo yí cì.

他看过三遍。 그는 세 번 봤어.
Tā kànguo sān biàn.

② 주어+동사+동량보어+일반목적어 *주어 앞에 전치목적어가 올 수 있음

我得去一趟公司。 난 회사에 갔다 와야 해.
Wǒ děi qù yí tàng gōngsī.

他尝过几次中国菜。 그는 중국 음식을 몇 번 먹어 봤어.
Tā chángguo jǐ cì Zhōngguó cài.

他的电影我看过好几遍。 그의 영화를 나는 여러 번 봤어.
Tā de diànyǐng wǒ kànguo hǎo jǐ biàn.

③ 주어+동사+인칭대명사 목적어+동량보어

我找过他三次。 나는 그를 세 번 찾았어.
Wǒ zhǎoguo tā sān cì.

他推了我几下儿。 그는 나를 몇 번 밀었어.
Tā tuī le wǒ jǐ xiàr.

④ 목적어가 인명이나 지명일 경우, 목적어는 동량보어 앞뒤에 자유롭게 위치한다.

我见过两次玲玲。(=我见过玲玲两次。) 나는 링링이를 두 번 만났어.
Wǒ jiànguo liǎng cì Língling. (=Wǒ jiànguo Língling liǎng cì.)

他去过几次中国。(=他去过中国几次。) 그는 중국에 몇 번 갔었어.
Tā qùguo jǐ cì Zhōngguó. (=Tā qùguo Zhōngguó jǐ cì.)

⑤ 자연 현상과 동량보어

昨天晚上下了一场雪。 어젯밤에 눈이 한 차례 내렸어.
Zuótiān wǎnshang xià le yì cháng xuě.

突然刮了一阵狂风后开始下暴雨了。 갑자기 바람이 미친듯이 불더니 소나기가 내리기 시작했어.
Tūrán guā le yí zhèn kuángfēng hòu kāishǐ xià bàoyǔ le.

2 수량보어 : 수량사가 보어가 되며 주로 비교문에 쓰인다. 나이, 무게, 키, 깊이 등을 표현한다.

나이 | 姐姐比我大两岁。 언니(누나)가 나보다 두 살 많아.
Jiějie bǐ wǒ dà liǎng suì.

높이 | 这座山比那座山高五百米。 이 산은 저 산보다 500미터가 높다.
Zhè zuò shān bǐ nà zuò shān gāo wǔbǎi mǐ.

증가 | 这个城市的人口比去年增加了十万人。 이 도시의 인구는 작년보다 10만 명이 늘었다.
Zhège chéngshì de rénkǒu bǐ qùnián zēngjiā le shíwàn rén.

公司的投资额比去年同期增长了两倍。 회사의 투자액은 작년 동기대비 두 배 늘었어.
Gōngsī de tóuzī'é bǐ qùnián tóngqī zēngzhǎng le liǎng bèi.

今年的工资比去年涨了百分之三十。 올해 월급은 작년보다 30퍼센트 올랐어.
Jīnnián de gōngzī bǐ qùnián zhǎng le bǎi fēn zhī sānshí.

무게 | 我的体重比上个月减轻了四斤。 내 몸무게는 지난달보다 2킬로그램 빠졌어.
Wǒ de tǐzhòng bǐ shàng ge yuè jiǎnqīng le sì jīn.

5분 체크 어법

정답 ➡ 272쪽

1 제시된 단어가 들어갈 알맞은 위치를 고르세요.

❶ 中秋节 A 前后 B 我想 C 回一 D 家。(趟)

❷ 这篇文章 A 我已经 B 看了 C 三 D 。(遍)

❸ 我告诉 A 过 B 他 C 几 D ，他还是不懂。(次)

❹ 下了 A 两 B 雪后 C 天气突然 D 变冷了。(场)

2 다음 단어를 어순에 맞게 배열하세요.

❶ 我买的书 ｜ 他 ｜ 买得 ｜ 比 ｜ 一些 ｜ 多

➡ 我买的书＿＿＿＿＿＿＿＿＿＿＿＿＿＿＿＿＿＿。

❷ 他 ｜ 比我 ｜ 在餐厅 ｜ 一碗饭 ｜ 多 ｜ 吃了

➡ 他＿＿＿＿＿＿＿＿＿＿＿＿＿＿＿＿＿＿＿＿。

❸ 这件衣服 ｜ 比 ｜ 一点儿 ｜ 那件衣服 ｜ 贵

➡ 这件衣服＿＿＿＿＿＿＿＿＿＿＿＿＿＿＿＿。

❹ 他 ｜ 比 ｜ 早 ｜ 五分钟 ｜ 我 ｜ 走了

➡ 他＿＿＿＿＿＿＿＿＿＿＿＿＿＿＿＿＿＿＿＿。

50문 50답

앞에서 배운 내용들은 재미있게 공부하셨나요? 그래도 헷갈리는 문제들이 있다고요? 50문 50답을 통해 확실하게 이해하자고요. 자! 그럼 출발할까요?

정도보어를 쓰는 문장에서 조사 得는 목적어 뒤에 올 수 없나요?

정도보어를 쓰는 문장에서 조사 得는 항상 동사나 형용사 뒤에만 위치하지요. 이합사와 결합할 경우에는 이합사의 동사 부분 뒤에 위치합니다.

她说得很快。그녀는 말이 빠르다.
Tā shuō de hěn kuài.

那个地方好得不得了。그곳은 얼마나 좋은지 모른다.
Nàge dìfang hǎo de bùdéliǎo.

他唱歌得不好。(×)→他唱歌唱得不好。(○) 그는 노래를 잘 못한다.
Tā chànggē chàng de bù hǎo.

가능보어의 부정형에는 조동사를 쓰면 안 되나요?

가능보어는 어떤 동작을 실현할 수 있는 '능력'과는 상관없이, 어떤 일이 일어날지에 대한 '가능성 여부'만을 예측하는 보어입니다. 때문에 종종 가능보어의 긍정형 앞에 조동사 '能, 可以' 등의 조동사를 써서 '뭔가를 실현할 수 있는 능력이 된다는 것'을 표현하기도 합니다. 가능보어의 부정형에는 이미 '그런 일이 일어나지 않을 것이다'라는 뜻이 들어있기 때문에 '능력'을 나타내는 조동사는 쓰지 않습니다.

这些东西我一个人能拿得动。이 물건들은 나 혼자서 들 수 있어.
Zhèxiē dōngxi wǒ yí ge rén néng ná de dòng.

凌晨3点，我可以起不了。(×)→凌晨3点，我起不了。(○) 새벽 3시에 나는 못 일어나.
Língchén sān diǎn, wǒ qǐ bu liǎo.

小时와 钟头에는 어떤 차이가 있나요?

小时와 钟头 모두 시간보어를 만들 때 쓰는데요. 小时 앞에는 양사 个를 생략할 수 있지만, 钟头 앞에는 항상 양사 个가 동반되어야 합니다.

他只睡了一个小时。(= 他只睡了一小时。) 그는 겨우 한 시간 잤어.
Tā zhǐ shuì le yí ge xiǎoshí.(= Tā zhǐ shuì le yì xiǎoshí.)

他只睡了一钟头。(×)→他只睡了一个钟头。(○) 그는 겨우 한 시간 잤어.
Tā zhǐ shuì le yí ge zhōngtóu.

문장 성분을 분석할 때는 어떤 순서로 찾는 것이 좋을까요?

문장 성분을 분석할 때는, 먼저 문장에서 '술어 부분'을 찾아내고, 다음으로는 '동사+목적어' 구조가 있는지 확인한 다음, 마지막으로 '관형어-부사어-보어'를 찾습니다.

술부

我 去他家 。 나는 그의 집에 간다.
Wǒ qù tā jiā.

동사 + 목적어

我 去 他家 。 나는 그의 집에 간다.
Wǒ qù tā jiā.

부사어   보어 관형어

我 得 去 一趟 他 家 。 난 그의 집에 한 번 다녀와야 해.
Wǒ děi qù yí tàng tā jiā.

 시간부사와 시간명사는 시간보어로 쓸 수 있나요?

시간보어는 어떤 동작을 '일정 시간 동안 하는 것'을 나타내는 보어입니다. 따라서, 시간부사는 시간보어로 쓸 수 없고, 시간명사 중에서 一会儿이나 半天처럼 '시간의 양'을 표현할 수 있는 단어만 시간보어로 쓰입니다.

我想睡一会儿。 난 좀 자고 싶구나.
Wǒ xiǎng shuì yíhuìr.

我们找了你半天。 우리가 널 한참 찾았어.
Wǒmen zhǎo le nǐ bàntiān.

 방향보어를 쓰는 문장에 장소목적어가 등장하면 어디에 위치하나요?

방향보어를 쓰는 문장에 장소목적어가 나오면 반드시 방향보어 '来, 去' 앞에 위치해야 합니다.

他已经回宿舍去了。 그는 이미 기숙사로 돌아갔다.
Tā yǐjing huí sùshè qù le.

她走进教室来了。 그녀는 교실로 걸어 들어왔다.
Tā zǒujìn jiàoshì lái le.

 동량보어를 쓰는 문장에 인칭대명사 목적어가 등장하면 어디에 위치하나요?

동량보어를 쓰는 문장에 인칭대명사 목적어가 등장하면, 동량보어 앞에 위치합니다.

我见过一次他。(×)→我见过他一次。(○) 나는 그를 한 번 만났어.
Wǒ jiànguo tā yí cì.

 결과보어의 부정형에는 没(有)를 쓰고, 가능보어의 부정형에는 不를 쓰는 이유가 무엇일까요?

결과보어는 어떤 일이 일어난 결과를 말하기 때문에, 부정할 때는 没(有)를 써서 '그런 일이 일어나지 않았다'라는 뜻을 나타내고, 가능보어는 현실적으로 일어나지 않은 일에 대해 가능성을 타진하는 것이기 때문에 不를 써서 '그런 일이 안 일어날 것이다'라고 표현합니다.

准备的菜太少，大家都没吃饱。 준비된 음식이 너무 적어서 다들 배불리 못 먹었어.
Zhǔnbèi de cài tài shǎo, dàjiā dōu méi chībǎo.

今天事儿很多，去不了。 오늘 일이 많아서 갈 수 없어.
Jīntiān shìr hěn duō, qù bu liǎo.

Part 4
문장

중국어 문장은 그 기능에 따라 크게 평서문, 의문문, 명령문, 감탄문으로 나뉜다.

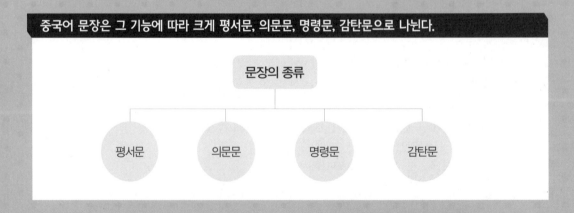

평서문

동사술어문　我们玩儿。 우리는 논다.
　　　　　Wǒmen wánr.

형용사술어문　我很高兴。 난 즐거워.
　　　　　Wǒ hěn gāoxìng.

명사술어문　他广东人。 그는 광동 사람이다.
　　　　　Tā Guǎngdōngrén.

주술술어문　兔子尾巴短。 토끼는 꼬리가 짧다.
　　　　　Tùzi wěiba duǎn.

의문문

吗/呢/吧　苹果好吃吗? 사과는 맛있니?
　　　　Píngguǒ hǎochī ma?

정반의문　他来没来? 그 친구 왔어, 안 왔어?
　　　　Tā lái méi lái?

선택의문문　你喝咖啡，还是喝茶? 너 커피 마실래 아니면 차 마실래?
　　　　Nǐ hē kāfēi, háishi hē chá?

의문사를 이용한 의문문　这是谁的书? 이건 누구의 책이야?
　　　　Zhè shì shéi de shū?

반어문 형식　这不是你的手表吗? 이거 네 시계 아니니?
　　　　Zhè bú shì nǐ de shǒubiǎo ma?

명령문

请喝茶! 차 드셔요!
Qǐng hē chá!

你快去吧! 너 어서 개!
Nǐ kuài qù ba!

감탄문

哇! 这里真美! 와! 여기 정말 아름답다!
Wā! Zhèli zhēn měi!

他多帅呀! 저 친구 너무 멋진데!
Tā duō shuài ya!

78 동사술어문과 형용사술어문

학습 포인트 동사술어문의 긍정형과 부정형 | 형용사술어문의 긍정형과 부정형

我知道他的名字。 나는 그의 이름을 안다.
Wǒ zhīdào tā de míngzi.

我老公很帅。 우리 남편은 잘생겼다.
Wǒ lǎogōng hěn shuài.

1 동사술어문

① **주어+동사 술어** ~가 ~하다

我们玩儿。 우리는 논다.
Wǒmen wánr.

他们三点出发。 그들은 3시에 출발한다.
Tāmen sān diǎn chūfā.

② **주어+동사 술어+목적어** ~가 ~를 ~하다

他想买绿色环保产品。 그는 친환경 제품을 사고 싶어 한다.
Tā xiǎng mǎi lǜsè huánbǎo chǎnpǐn

③ **주어+不+동사 술어+목적어** ~가 ~하지 않는다
주어+没(有)+동사 술어+목적어 ~가 ~하지 못했다(~안 했다)

我不吃牛肉。 난 소고기를 먹지 않는다.
Wǒ bù chī niúròu.

他没来公司。 그는 회사에 안 왔다.
Tā méi lái gōngsī.

2 형용사술어문

① **주어+很+형용사 술어** ~는 ~하다

형용사술어문은 주어가 '어떻다'라고 묘사하는 문장이다. 정도부사 很을 쓰며, 이때 很은 해석하지 않아도 된다.

我很高兴。 난 즐거워.
Wǒ hěn gāoxìng.

这里的饺子很好吃。 이곳의 만두는 맛있다.
Zhèlǐ de jiǎozi hěn hǎochī.

② 중국어의 형용사는 원래 '비교'의 뜻을 갖고 있기 때문에, 형용사술어문에 很을 안 쓰고 '주어+형용사' 형식으로만 쓰면, 비교를 나타내는 문장이 된다.

这个贵，那个便宜。 이것은 비싸고, 저것은 싸다.
Zhège guì, nàge piányi.

190 맛있는 중국어 어법

③ 정도부사 很은 형용사술어문에서 해석을 하지 않지만, 기타 정도부사는 원래 제 뜻으로 해석한다.

这个很便宜。 이건 싸요.
Zhège hěn piányi.

这个非常便宜。 이건 아주 싸요.
Zhège fēicháng piányi.

④ **주어+不+형용사 술어** ~는 ~가 아니다

형용사술어문을 부정할 때는 很을 빼고 그 자리에 不를 쓴다.

今天不热。 오늘은 덥지 않다.
Jīntiān bú rè.

她不可爱。 그녀는 귀엽지 않다.
Tā bù kě'ài.

> **Tip**
> • 很不 vs 不很
> 很不는 '非常不好(아주 안 좋다)'의 뜻을 나타내고, 不很은 '不太好(별로 안 좋다)'의 뜻을 나타낸다.
> 我很不高兴。나는 기분이 아주 안 좋다.
> Wǒ hěn bù gāoxìng.
> 我不很高兴。나는 기분이 별로 안 좋다.
> Wǒ bù hěn gāoxìng.

5분 체크 어법

정답 ➡ 272쪽

1 다음 중 빈칸에 공통으로 들어갈 말을 고르세요.

> 他明天_____这儿。
>
> 他从外边跑进_____。

❶ 到　　　　　❷ 离开　　　　　❸ 上　　　　　❹ 来

2 다음 중 틀린 문장을 고르세요.

❶ 妈妈让我回来。　　　　　❷ 我去中国见朋友。

❸ 我做学汉语。　　　　　❹ 我想去散步。

3 '汉语很难'을 부정하는 문장으로 바르지 않은 것을 고르세요.

❶ 汉语不难。　　　　　❷ 汉语难不。

❸ 汉语不很难。　　　　　❹ 汉语不太难。

4 형용사술어문에 쓸 수 없는 부사를 고르세요.

❶ 非常　　　　　❷ 不　　　　　❸ 没有　　　　　❹ 很

79 주술술어문과 명사술어문

●학습 포인트 주술술어문의 긍정형과 부정형 | 명사술어문의 긍정형과 부정형

兔子尾巴短。 토끼는 꼬리가 짧다.
Tùzi wěiba duǎn.

今天星期六。 오늘은 토요일이다.
Jīntiān xīngqīliù.

1 주술술어문

'주어+술어' 형식이 주어에 대한 술어로 쓰이는 문장을 주술술어문이라 한다.

① **주어** + [주어+술어] ~는 ~가 ~하다
　[주어]　　[술어]

我**头很疼**。 나는 머리가 아프다.
Wǒ tóu hěn téng.

我们公司**年轻人很多**。 우리 회사는 젊은이가 많다.
Wǒmen gōngsī niánqīngrén hěn duō.

② 주술술어문은 여러 가지 상황을 열거하기도 한다.

上海**人很多，**马路很宽，**公共汽车很挤**。 상하이는 사람도 많고, 길도 넓고, 시내버스도 붐빈다.
Shànghǎi rén hěn duō, mǎlù hěn kuān, gōnggòng qìchē hěn jǐ.

③ **주어** + [주어+不+술어] ~는 ~하지 않다
　[주어]　　[술어]

他**身体不舒服**。 그는 몸이 안 편하다.
Tā shēntǐ bù shūfu.

我**心情不太好**。 난 기분이 별로 안 좋다.
Wǒ xīnqíng bú tài hǎo.

他**学习不努力**。 그는 공부를 열심히 하지 않는다.
Tā xuéxí bù nǔlì.

④ 형용사술어문과 주술술어문 구분

她的**鼻子很高**。 그녀의 코는 높다. (주어▶ 鼻子 / 술어▶ 高)
Tā de bízi hěn gāo.

她**鼻子很高**。 그녀는 코가 높다. (주어▶ 她 / 술어▶ 鼻子很高)
Tā bízi hěn gāo.

2 명사술어문

명사술어문은 시간, 나이, 국적, 출생지 등을 나타낸다. 부정형은 반드시 '不是'를 쓴다.

① **주어**+**명사 술어** ~는 ~이다

今年2025年。 올해는 2025년이다.
Jīnnián èr líng èr wǔ nián.

他广东人。 그는 광동 사람이다.
Tā Guǎngdōngrén.

② **주어**+**不是**+**명사(구)** ~는 ~가 아니다

今年不是2025年。 올해는 2025년이 아니다.
Jīnnián bú shì èr líng èr wǔ nián.

他不是广东人。 그는 광동 사람이 아니다.
Tā bú shì Guǎngdōngrén.

5분 체크 어법

정답 ➡ 272쪽

＊ 다음 대화를 읽고 답하세요. [1-2]

> A : 兔子尾巴短_____短?
> B : 兔子尾巴很短。

1 위 문장의 주어를 고르세요.

❶ 兔子　　　　❷ 尾巴　　　　❸ 很　　　　❹ 短

2 밑줄 친 빈칸에 들어갈 단어를 고르세요.

❶ 很　　　　❷ 没　　　　❸ 不　　　　❹ 长

3 다음 문장에서 주어에 동그라미를 치세요.

❶ 他学习非常努力。

❷ 她的眼睛很大。

❸ 妹妹性格很好。

❹ 你的裤子颜色很好看。

4 다음 중 틀린 문장을 고르세요.

❶ 我韩国人。　　　　　　❷ 他不是山东人。

❸ 今年2008年。　　　　　❹ 今天不星期五。

80 의문문(1)

● 학습 포인트 | 吗 의문문 | 呢 의문문 | 吧 의문문 | 정반의문문 | 선택의문문

你爱我吗? 너 나 사랑해?
Nǐ ài wǒ ma?

你看不看电影? 너 영화 볼래 안 볼래?
Nǐ kàn bu kàn diànyǐng?

---

1 吗 의문문 : ~입니까?

어순의 변화 없이 평서문의 끝에 吗만 붙여 묻는 의문문이다.

面包好吃吗? 빵이 맛있니?
Miànbāo hǎochī ma?

A: 你学汉语吗? 너 중국어 배우니?
　 Nǐ xué Hànyǔ ma?

B1: 我学汉语。 난 중국어 배워.
　　 Wǒ xué Hànyǔ.

B2: 我不学汉语。 난 중국어 안 배워.
　　 Wǒ bù xué Hànyǔ.

2 呢 의문문 : ~는요?

앞에서 제시한 내용을 반복해서 묻지 않고 간단히 줄여 묻는 생략의문문으로, '명사/대명사+呢'로 쓴다.

我吃米饭，你呢? 난 밥 먹을 건데, 너는?
Wǒ chī mǐfàn, nǐ ne?

我的手机呢? 내 휴대 전화는?
Wǒ de shǒujī ne?

A: 我买这个，你呢? 난 이거 살 건데, 너는?
　 Wǒ mǎi zhège, nǐ ne?

B1: 我也买这个。 나도 이거 살래.
　　 Wǒ yě mǎi zhège.

B2: 我买那个。 난 저거 살래.
　　 Wǒ mǎi nàge.

3 吧 의문문 : ~지요?

어떤 일이나 사람에 대해 확인할 때 쓰는 의문문이다.

你明天去吧? 너 내일 가지?
Nǐ míngtiān qù ba?

她是金小姐吧? 그녀가 미스 김이지?
Tā shì Jīn xiǎojiě ba?

4 정반의문문 : ~인가요, 아닌가요?

① 동사나 형용사의 긍정형과 부정형을 동시에 써서 묻는다.

外边冷不冷? 밖에 추워 안 추워?
Wàibian lěng bu lěng?

他去不去? 그 친구는 가, 안 가?
Tā qù bu qù?

② 문장에 조동사가 있으면 조동사를 반복한다.

你想不想喝水? 너 물 마실래, 안 마실래?
Nǐ xiǎng bu xiǎng hē shuǐ?

③ 2음절 동사와 형용사는 축약해서 물을 수 있다.

你高不高兴? 너 기뻐, 안 기뻐?
Nǐ gāo bu gāoxìng?

你喜不喜欢我? 너 나 좋아해, 안 좋아해?
Nǐ xǐ bu xǐhuan wǒ?

④ 是不是로 묻는 정반의문문은 위치가 자유롭다.

他是不是留学生? 저 친구는 유학생이야?
Tā shì bu shì liúxuéshēng?

是不是你先到? 네가 먼저 도착하는 거야?
Shì bu shì nǐ xiān dào?

这里夏天很热，是不是? 여기는 여름에 더워, 그렇지?
Zhèli xiàtiān hěn rè, shì bu shì?

5 선택의문문 : ~인가요 아니면 ~인가요?

접속사 还是를 써서 묻는 의문문으로, 두 가지 선택 사항 중에서 반드시 한 가지를 선택해야 한다.

你喝咖啡，还是喝茶? 너 커피 마실래 아니면 차 마실래?
Nǐ hē kāfēi, háishi hē chá?

他是美国人还是加拿大人? 그는 미국인이야 아니면 캐나다인이야?
Tā shì Měiguórén háishi Jiānádàrén?

⏱ **5분 체크 어법**

정답 ➡ 272쪽

1 다음 중 빈칸에 들어갈 알맞은 말을 고르세요.

> A：明天你去南京路＿＿＿？
>
> B：我去，你＿＿＿？
>
> A：公共汽车来了，明明＿＿＿？
>
> B：他上厕所了。

❶ 吗 – 吧 – 啊   ❷ 吗 – 啊 – 吧   ❸ 吗 – 呢 – 呢   ❹ 呢 – 吗 – 吧

2 다음 중 빈칸에 들어갈 알맞은 말을 고르세요.

> A：她去＿＿＿你去?
>
> B：我去。

❶ 还是   ❷ 或者   ❸ 和   ❹ 要不

3 다음 중 틀린 문장을 고르세요.

❶ 你去不去中国?   ❷ 我吃米饭，你呢?

❸ 他是张老师吧?   ❹ 你跟谁去吗?

81 의문문(2)

● 학습 포인트 谁 | 什么 | 哪儿 | 为什么 | 怎么 | 几 | 多少

这是什么? 이것은 뭐지?
Zhè shì shénme?

今天几月几号? 오늘이 몇 월 며칠이니?
Jīntiān jǐ yuè jǐ hào?

1 의문사를 활용한 의문문

谁 누구	사람을 묻는 의문대명사로, 의문사는 주어, 관형어, 목적어 자리에 위치한다.
	谁去南京路? 누가 난징루에 가? (주어) Shéi qù Nánjīnglù?
	这是谁的书? 이건 누구의 책이야? (관형어) Zhè shì shéi de shū?
	你喜欢谁? 너는 누구를 좋아하니? (목적어) Nǐ xǐhuan shéi?
什么 무엇, 무슨 *사물을 묻는 의문대명사	**这是什么菜?** 이건 무슨 요리니? Zhè shì shénme cài?
哪 어느, 어떤 *종류를 묻는 의문대명사	**你喜欢哪种花?** 너는 어떤 꽃이 좋아? Nǐ xǐhuan nǎ zhǒng huā?
哪儿(=什么地方) 어디 *장소를 묻는 의문대명사	**爷爷，您在哪儿?** 할아버지, 어디 계세요? Yéye, nín zài nǎr?
	他们去什么地方? 저 애들은 어디 가니? Tāmen qù shénme dìfang?
什么时候 언제 *시간을 묻는 의문대명사	**你们什么时候到机场?** 너희들은 언제 공항에 도착하니? Nǐmen shéme shíhou dào jīchǎng?
为什么 왜 *이유를 묻는 의문대명사	**他为什么没来?** 그는 왜 못 왔지? Tā wèishénme méi lái?
怎么样 어떠한가 *상태, 의향을 묻는 의문대명사	**这台电脑怎么样?** 이 컴퓨터는 어때? (상태) Zhè tái diànnǎo zěnmeyàng?
	我们下午去怎么样? 우리 오후에 가는 건 어때? (의향) Wǒmen xiàwǔ qù zěnmeyàng?
怎么 어째서, 어떻게 *원인, 이유, 방식을 묻는 의문 대명사	**他怎么来这儿了?** 저 사람이 어떻게 여기에 왔지? (원인) Tā zěnme lái zhèr le?
	你怎么了? 너 왜 그래? (이유) **这个怎么卖?** 이거 어떻게 팔아요? (방식) Nǐ zěnme le? Zhège zěnme mài?

几 몇	10 미만의 수를 묻는 의문대명사로, 사람 수를 물을 때 양사 个를 쓴다.
	你买了几把椅子? 너는 의자를 몇 개 샀니? Nǐ mǎi le jǐ bǎ yǐzi?
	办公室里有几个人? 사무실에 몇 사람이나 있나? Bàngōngshì li yǒu jǐ ge rén?
多少 얼마나	10 이상의 수를 묻는 의문대명사로, 사람 수를 물을 때 양사 个를 생략할 수 있다.
	猪肉多少钱一斤? 돼지고기는 한 근에 얼마예요? Zhūròu duōshao qián yì jīn?
	你们班里有多少(个)女生? 너희 반에 여학생이 얼마나 되니? Nǐmen bān li yǒu duōshao (ge) nǚshēng?
多 얼마나	무게, 길이, 높이, 나이 등을 묻는 의문부사로, 앞에 有를 쓸 수 있다.
	他多高? 그 사람 키가 어떻게 되니? Tā duō gāo?
	你多重? 너 몸무게가 얼마나 나가? Nǐ duō zhòng?
	你姐姐今年多大了? 너희 언니(누나)는 올해 몇 살이지? Nǐ jiějie jīnnián duō dà le?

5분 체크 어법

정답 ➡ 272쪽

1 다음 중 빈칸에 들어갈 단어가 순서에 맞게 배열된 것을 고르세요.

> A : 我们去旅游吧?
> B : 去　①　地方呢?
> A : 去西安, 　②　?

> A : 你去　③　?
> B : 我去百货商店。
> A : 你跟　④　一起去?
> B : 我跟姐姐一起去。

❶ 多少 – 怎么 – 哪儿 – 人　　　　❷ 哪儿 – 怎么样 – 哪儿 – 谁人

❸ 怎么 – 好吗 – 哪儿 – 什么　　　❹ 什么 – 怎么样 – 哪儿 – 谁

2 빈칸에 알맞은 의문사를 쓰세요.

[보기]	为什么	多少	哪	什么时候	几	怎么样

❶ 师傅, 这些一共_____钱?　　❷ 我们去北京, _____?

❸ 他们都去, 你_____不去?　　❹ 你喜欢_____个?

❺ 你们_____回来?　　　　　　❻ 今天_____月_____号?

82 의문문(3)

你不是去过中国吗? 너 중국에 가 본 거 아니니?
Nǐ bú shì qùguo Zhōngguó ma?

请问，您贵姓? 실례지만, 성씨가 어떻게 되시나요?
Qǐngwèn, nín guìxìng?

➕ 다양한 의문문의 형식 : 문장 끝에 어떤 의문 성분을 추가하는 의문문과 반어문, 기타 회화에 많이 쓰이는 의문 형식은 다음과 같다.

不是……吗? ~아닌가요? ＊반어문	这不是你的手表吗? 이거 네 시계 아니니? Zhè bú shì nǐ de shǒubiǎo ma? 不是他给你打电话了吗? 그 사람이 너한테 전화한 거 아니었어? Bú shì tā gěi nǐ dǎ diànhuà le ma?
难道……吗? 설마 ~인가요? ＊반어문으로, 吗 대신 不成을 쓰기도 함	难道我说错了吗? 설마 내가 말실수한 거야? Nándào wǒ shuōcuò le ma? 你可以成功，难道我就不成? 너는 성공해도 되고, 설마 난 안 되고? Nǐ kěyǐ chénggōng, nándào wǒ jiù bùchéng?
哪儿+동사/형용사……啊? 어떻게 ~할 수가 있겠는가? ＊긍정형으로 부정의 뜻 강조	我哪儿有时间啊? 내가 시간이 어디 있어? (→ 我没有时间。) Wǒ nǎr yǒu shíjiān a? 他哪儿胖啊? 저 친구가 어디가 뚱뚱해? (→ 他不胖。) Tā nǎr pàng a?
哪+不/没+동사/형용사……啊? 어떻게 ~안 할 수가 있겠는가?	我哪不高兴啊? 내가 뭐가 기분 나빠? (→ 我很高兴。) Wǒ nǎ bù gāoxìng a? 他哪能不去啊? 그가 어떻게 안 갈 수가 있겠어? (→ 他一定去。) Tā nǎ néng bú qù a?
怎么能(不)+동사……呢? 어떻게 ~(안) 할 수 있겠는가?	我怎么能不来接你呢? 내가 어떻게 네 마중을 안 올 수 있겠어? Wǒ zěnme néng bù lái jiē nǐ ne?
……, 好吗? ~하면, 좋을까요?	你帮我拿这个，好吗? 이것 좀 들어줄 수 있을까요? Nǐ bāng wǒ ná zhège, hǎo ma?
……, 行吗? ~하면, 될까요?	我明天来，行吗? 제가 내일 오면 될까요? Wǒ míngtiān lái, xíng ma?
……, 可以吗? ~해도, 괜찮을까요?	我们坐这儿，可以吗? 우리가 여기 앉아도 괜찮나요? Wǒmen zuò zhèr, kěyǐ ma? 我用一下你的笔，可以吗? 내가 네 펜을 좀 써도 괜찮을까? Wǒ yòng yíxià nǐ de bǐ, kěyǐ ma?

……, 对吗? ~하는 게, 맞아요?	这个字这么写，对吗? 이 글자는 이렇게 쓰는 게 맞나요? Zhège zì zhème xiě, duì ma? 他三号回国，对吗? 그 사람 3일에 귀국하는 거 맞나요? Tā sān hào huíguó, duì ma?
干吗(1) 왜, 어째서 *이유를 묻는 의문사	你干吗不说话? 너는 왜 말을 안 하니? Nǐ gànmá bù shuō huà?
干吗(2) 뭐하는 거죠? *문장의 끝에 놓여 干什么의 뜻을 나타냄	他想干吗? 저 친구는 뭐하려는 건데? Tā xiǎng gànmá?
请问 실례지만, 말씀 좀 여쭐게요	请问，这儿附近有地铁站吗? Qǐngwèn, zhèr fùjìn yǒu dìtiězhàn ma? 말씀 좀 여쭐게요, 여기 근처에 전철역이 있나요?

5분 체크 어법

정답 ➡ 272쪽

1 다음 중 빈칸에 들어갈 알맞은 말을 고르세요.

> A : _____, 您贵姓?
> B : 我姓韩。

❶ 请   ❷ 请坐   ❸ 请问   ❹ 请进

2 다음 문장을 해석하세요.

❶ 我怎么能不来接你呢?   ➡ _____

❷ 他不是你弟弟吗?   ➡ _____

❸ 你难道真的不说啊?   ➡ _____

3 다음 중 틀린 문장을 고르세요.

❶ 今天是星期三，对吗?   ❷ 我哪儿有时间吗?

❸ 我们一起去看电影，好吗?   ❹ 我看看你的词典，可以吗?

4 다음에서 干吗의 뜻이 다른 것을 고르세요.

❶ 你干吗这么看我?   ❷ 你干吗不去?

❸ 你在干吗?   ❹ 你干吗哭?

콕콕! 어법 포인트 잡기

50문 50답

앞에서 배운 내용들은 재미있게 공부하셨나요? 그래도 헷갈리는 문제들이 있다고요? 50문 50답을 통해 확실하게 이해하자고요. 자! 그럼 출발할까요?

형용사술어문에 쓰는 很은 해석을 안 해도 되나요?

중국어의 형용사는 그 자체에 '비교'의 뜻을 포함하고 있기 때문에, 형용사술어문에 '주어+형용사'만 쓰면 문장이 완성되지 않습니다. 때문에 형용사술어문을 완성하기 위해서는 부사 很을 써야 합니다. 이때 들어가는 很은 해석하지 않아도 된답니다. 단, 형용사술어문에 很을 제외한 다른 정도부사가 들어가면 꼭 해석해 준다는 것 기억하세요.

这件衣服很好看。 이 옷은 예쁘네요.
Zhè jiàn yīfu hěn hǎokàn.

这件衣服非常好看。 이 옷 정말 예쁘네요.
Zhè jiàn yīfu fēicháng hǎokàn.

형용사술어문에 是를 쓰면 안 되나요?

형용사술어문은 '형용사'가 술어가 되는 문장을 말하지요. 그러니 동사 是가 들어갈 수 없습니다. 그런데 형용사술어문이 보통 '~는(가) ~하다/~이다'로 해석되니까, 자꾸만 동사 是를 문장에 넣고 싶은 유혹을 느끼는 것이지요. 형용사술어문에 是를 넣고 싶은 유혹을 과감히 뿌리치시기 바랍니다.

他是帅。 (×) → 他很帅。 (○) 그는 멋지다.
                    Tā hěn shuài.

자꾸만 동사술어문에 做를 쓰고 싶어요.

'어떤 동작을 한다'라고 말할 때 우리말에서는 주로 '~하다'로 끝나죠. 그래서 그런지 중국어로 대화할 때도 많은 학습자들이 동사 앞에 做를 쓰고 싶어 하는 마음이 생기는 것 같은데요, 기본적인 동사술어문에는 원래 하나의 동사만 들어간답니다. 그러니 다른 동사 앞에 做를 쓰고 싶은 마음은 꾹~ 참아주셔야겠지요?

我做看书。 (×) → 我看书。 (○) 나는 책을 본다.
                    Wǒ kàn shū.

他做喜欢我。 (×) → 他喜欢我。 (○) 그는 나를 좋아해.
                    Tā xǐhuan wǒ.

명사술어문의 부정형은 어떻게 만드나요?

명사술어문은 명사가 술어가 되는 문장을 말하지요. 이 명사술어문을 부정할 때는 꼭 'A 不是 B' 형식으로 써야 한답니다. 부정부사 不는 바로 명사를 부정할 수 없습니다.

今天不星期三。 (×) → 今天不是星期三。 (○) 오늘은 수요일이 아니야.
                    Jīntiān bú shì xīngqīsān.

'兔子尾巴很短'의 부정형은 어떻게 만드나요?

이 문장은 주술술어문이네요. '兔子'가 주어이고, '尾巴很短'이 술어가 됩니다. 이 문장을 부정형으로 만들고 싶다면 '很短' 부분을 부정형으로 만들면 된답니다.

兔子不尾巴很短。(×) → 兔子尾巴不短。(○) 토끼는 꼬리가 짧지 않아요.
　　　　　　　　　　Tùzi wěiba bù duǎn.

의문대명사가 들어가는 의문문에는 吗를 쓸 수 없나요?

의문대명사는 그 자체에 吗의 뜻을 포함하고 있기 때문에, 의문대명사로 질문할 때는 吗를 쓰지 않습니다.

他是谁吗? (×) → 他是谁? (○) 그는 누구인가요?
　　　　　　　　Tā shì shéi?

선택의문문에서는 제3의 선택을 할 수 없나요?

선택의문문은 접속사 还是를 써서 두 가지 선택 사항을 제시하고 그중에서 하나를 선택하라는 의문문이지요. 선택 사항은 두 가지인데 제3의 선택을 한다면 질문자가 좀 어리둥절하겠지요?

A : 你喝茶还是喝咖啡? 너 차 마실래 아니면 커피 마실래?
　　Nǐ hē chá háishi hē kāfēi?
B : 我喝酒。(×) → 我喝茶。(○) 차 마실게.
　　　　　　　　Wǒ hē chá.

多少와 几 뒤에는 반드시 양사가 들어가나요?

多少와 几는 모두 수량을 물을 때 쓰는데, 多少 뒤에는 양사를 써도 되고 생략해도 되지만, 几 뒤에는 반드시 양사를 써야 합니다.

你们学校有多少个学生? 너희 학교에는 학생이 얼마나 되니?
Nǐmen xuéxiào yǒu duōshao ge xuésheng?

你们学校有多少学生? 너희 학교에는 학생이 얼마나 되니?
Nǐmen xuéxiào yǒu duōshao xuésheng?

你有几哥哥? (×) → 你有几个哥哥? (○) 넌 오빠(형)가 몇 명이야?
　　　　　　　　　　Nǐ yǒu jǐ ge gēge?

'干吗'의 용법에 대해 알고 싶어요.

'干吗'는 회화에 많이 쓰이는 표현으로 '为什么, 干什么'의 뜻을 갖고 있습니다.

你干吗不去学校? 너 왜 학교 안 가는데?　　　你在干吗? 너 뭐하니?
Nǐ gànmá bú qù xuéxiào?　　　　　　　　Nǐ zài gànmá?

Part 5
특수 문형

중국어의 특수 문형은 소유, 존재, 조치, 피동, 진행 등 다양한 표현을 나타낸다.

	주어		목적어	술어	
把자문	我	把	那块蛋糕	吃	了 。
	Wǒ	bǎ	nà kuài dàngāo	chī	le.

나는 그 케이크를 먹었다.

	주어			목적어	술어	
被자문	我的摩托车	被	他	骑	走	了 。
	Wǒ de mótuōchē	bèi	tā	qí	zǒu	le.

내 오토바이는 그가 타고 갔다.

是자문
我是公司职员。 나는 회사원이다.
Wǒ shì gōngsī zhíyuán.

有자문
她有两个弟弟。 그녀는 남동생이 둘 있다.
Tā yǒu liǎng ge dìdi.

在를 쓰는 문장
我在火车站。 난 기차역에 있어.
Wǒ zài huǒchēzhàn.

연동문
我们去餐厅吃饭。 우리는 식당으로 밥 먹으러 가.
Wǒmen qù cāntīng chīfàn.

겸어문
今天我请你们吃饭。 오늘 내가 너희들에게 밥 살게.
Jīntiān wǒ qǐng nǐmen chīfàn.

진행문
他没在看书，他在看电视。 그는 책을 보지 않고, TV를 보고 있다.
Tā méi zài kàn shū, tā zài kàn diànshì.

把자문
我把那块蛋糕吃了。 나는 그 케이크를 먹었다.
Wǒ bǎ nà kuài dàngāo chī le.

被자문
我的摩托车被他骑走了。 내 오토바이는 그가 타고 갔다.
Wǒ de mótuōchē bèi tā qízǒu le.

존현문
衣架上挂着几条裤子。 옷걸이에 바지 몇 장이 걸려 있다.
Yījià shang guàzhe jǐ tiáo kùzi.

비교문
这个包比那个包好看。 이 가방이 저 가방보다 예쁘다.
Zhège bāo bǐ nàge bāo hǎokàn.

是……的 구문
她是从美国来的。 그녀는 미국에서 왔다.
Tā shì cóng Měiguó lái de.

강조 구문
他连游泳都不会。 그는 수영조차 할 줄 몰라.
Tā lián yóuyǒng dōu bú huì.

83 是자문

학습 포인트 是로 만드는 문장 | 是자문의 부정문과 의문문

我**是**公司职员。 나는 회사원이다.
Wǒ shì gōngsī zhíyuán.

他**不是**我叔叔。 그분은 우리 삼촌이 아니다.
Tā bú shì wǒ shūshu.

1 是자문의 형식

是는 '~이다'라는 뜻으로 '주어+是+목적어' 형식으로 쓰이며, 다음과 같이 다양한 뜻을 나타낸다.

① 소속, 국적, 관계를 나타낸다.

他们都**是**德国人。 그들은 모두 독일인이다.
Tāmen dōu shì Déguórén.

她也**是**我姑姑。 그녀도 우리 고모시다.
Tā yě shì wǒ gūgu.

② 성질, 재료, 용도, 특징을 나타낸다.

箱子**是**木头的。 상자는 나무로 만든 것이다.
Xiāngzi shì mùtou de.

这件衬衫**是**新的。 이 셔츠는 새것이다.
Zhè jiàn chènshān shì xīn de.

③ 설명, 해설을 나타낸다.

出发时间**是**早上八点。 출발 시간은 아침 8시이다.
Chūfā shíjiān shì zǎoshang bā diǎn.

我老公**是**急性子。 우리 남편은 성질이 급하다.
Wǒ lǎogōng shì jíxìngzi.

④ 확인, 인정을 나타낸다.

我要说的就**是**这些。 내가 말하려는 것은 이 정도야.
Wǒ yào shuō de jiù shì zhèxiē.

他毕竟**是**外国人。 그는 어쨌든 외국인이잖아.
Tā bìjìng shì wàiguórén.

⑤ '是……了'는 '~가 되었다'라는 뜻으로, 상황의 변화를 나타낸다.

他以前**是**流氓，现在**是**画家**了**。 그는 예전엔 건달이었는데, 지금은 화가가 되었다.
Tā yǐqián shì liúmáng, xiànzài shì huàjiā le.

⑥ '장소+是+수량사+목적어' 형식은 '~에 있는 것은 ~이다'라는 뜻으로, '존재'를 나타낸다. 어떤 장소에 어떤 사람이나 사물이 있다는 것을 확실히 알고 있을 때 쓴다.

学校北边**是**一家银行。 학교 북쪽에는 은행이 있어.
Xuéxiào běibian shì yì jiā yínháng.

前边的包**是**金老师的。 앞쪽에 있는 가방은 김 선생님의 것이야.
Qiánbian de bāo shì Jīn lǎoshī de.

⑦ 是가 설명이나 원인을 나타낼 때는 是 뒤에 因为가 올 수 있다.

我出汗**是**因为天气很热。 내가 땀을 흘리는 건 날씨가 더워서야.
Wǒ chūhàn shì yīnwèi tiānqì hěn rè.

她考得不好**是**因为平时不努力。 그녀가 시험을 못 본 건 평소에 노력하지 않기 때문이야.
Tā kǎo de bù hǎo shì yīnwèi píngshí bù nǔlì.

⑧ 'A是A,可是/不过/就是……'는 '~하긴 하지만, 그러나 ~'의 뜻으로, 양보의 전환 관계를 나타낸다. 'A是A'는 虽然의 뜻을 나타낸다.

这个好是好，就是太贵了。 이건 좋긴 좋은데, 너무 비싸단 말야.
Zhège hǎo shì hǎo, jiù shì tài guì le.

我睡是睡了，可还是很困。 내가 잠을 자긴 잤는데, 여전히 졸려.
Wǒ shuì shì shuì le, kě háishi hěn kùn.

2 是자문의 부정문과 의문문

부정문 *不是를 씀	这位不是金老师。 이분은 김 선생님이 아니에요. Zhè wèi bú shì Jīn lǎoshī.
	这个包不是我的。 이 가방은 내 것이 아니야. Zhège bāo bú shì wǒ de.
吗를 쓰는 의문문	你是中国人吗? 넌 중국인이니? Nǐ shì Zhōngguórén ma?
是不是를 쓰는 의문문	他是不是公司职员? 저 사람은 회사원이야? Tā shì bu shì gōngsī zhíyuán?
	这块手表是新的，是不是? 이 시계는 새것이지, 맞지? Zhè kuài shǒubiǎo shì xīn de, shì bu shì?

5분 체크 어법

정답 ➡ 272쪽

1 다음 중 빈칸에 공통으로 들어갈 동사를 고르세요.

北京大学＿＿＿中国最有名的大学。

长江＿＿＿中国最长的河。

五岳＿＿＿泰山、华山、恒山、嵩山、衡山。

❶ 有　　　　　❷ 是　　　　　❸ 在　　　　　❹ 来

2 다음 문장에 쓰인 是의 용법에 대해 쓰세요.

❶ 他是我弟弟。　　　　　＿＿＿＿＿＿＿＿＿＿＿

❷ 我家前边是一家医院。　＿＿＿＿＿＿＿＿＿＿＿

❸ 这道菜好吃是好吃，不过有点儿甜。　＿＿＿＿＿＿＿＿＿＿＿

3 다음 문장을 해석하세요.

❶ 他也是公司职员。　　➡ ＿＿＿＿＿＿＿＿＿＿＿

❷ 我要买的就是这些。　➡ ＿＿＿＿＿＿＿＿＿＿＿

84 有자문

> **학습 포인트** 有가 들어가는 다양한 문장 | 有자문의 부정문과 의문문

她有**两个弟弟**。 그녀는 남동생이 둘 있다.
Tā yǒu liǎng ge dìdi.

他没有**笔记本电脑**。 그는 노트북컴퓨터를 갖고 있지 않다.
Tā méiyǒu bǐjìběn diànnǎo.

1 有자문의 형식

① **주어+有+(수량사)+목적어** ~는 ~가 있다, ~는 ~를 가지고 있다
有는 '소유'를 나타내고, 보통 뒤에 '수량사' 등의 관형어가 온다.

我有他的照片。 나는 그의 사진을 가지고 있어.
Wǒ yǒu tā de zhàopiàn.

狗有四支腿。 개는 다리를 네 개 가지고 있다.
Gǒu yǒu sì zhī tuǐ.

一年有十二个月。 1년은 12개월이다.
Yì nián yǒu shí'èr ge yuè.

② **장소+有+수량사+사람/사물** ~에 ~가 있다
'존재'를 나타내는 표현으로, 어떤 장소에 사람이나 사물이 있음을 나타낸다.

办公室里有两张桌子、两把椅子和一台电脑。 사무실에는 책상 두 개, 의자 두 개와 컴퓨터 한 대가 있다.
Bàngōngshì li yǒu liǎng zhāng zhuōzi, liǎng bǎ yǐzi hé yì tái diànnǎo.

公司前边有几个快餐厅。 회사 앞쪽에 패스트푸드점 몇 개가 있다.
Gōngsī qiánbian yǒu jǐ ge kuàicāntīng.

屋里有三个人。 방 안에 세 사람이 있다.
Wūli yǒu sān ge rén.

③ '수량이 어느 정도에 이르다'라는 뜻을 나타낸다.

他有三十岁。 그는 서른 살이다.
Tā yǒu sānshí suì.

他身高有一米八。 그는 키가 180센티미터다.
Tā shēngāo yǒu yì mǐ bā.

北京有一千二百万人口。 베이징은 인구가 1,200만 명이다.
Běijīng yǒu yìqiān èrbǎi wàn rénkǒu.

④ 연동문, 겸어문, 비교문에 쓰인다.

我有饭吃。 나는 먹을 밥이 있다. (연동문)
Wǒ yǒu fàn chī.

我有个朋友叫朱丽叶。 나에게는 줄리엣이라는 친구가 있다. (겸어문)
Wǒ yǒu ge péngyou jiào Zhūlìyè.

他有你这么大。 그는 네 또래다. (비교문)
Tā yǒu nǐ zhème dà.

⑤ '有……了'는 '~가 생기다'라는 뜻으로, 상황의 변화를 나타낸다.

他现在有钱了。 그는 지금 돈이 많아졌어.
Tā xiànzài yǒu qián le.

我也有男朋友了。 나도 남자 친구가 생겼어.
Wǒ yě yǒu nánpéngyou le.

2 有자문의 부정문과 의문문

부정문 *没有를 씀	我没有弟弟。 나는 남동생이 없다. Wǒ méiyǒu dìdi. 他没有智能手机。 그는 스마트폰을 갖고 있지 않다. Tā méiyǒu zhìnéng shǒujī.
吗를 쓰는 의문문	你有妹妹吗? 너는 여동생이 있니? Nǐ yǒu mèimei ma?
有没有를 쓰는 의문문	外边有没有风? 밖에 바람이 불어? Wàibian yǒu méiyǒu fēng?

> **Tip**
> '我没有两个弟弟。'라고는
> 하지 않는다.

5분 체크 어법

정답 ➡ 272쪽

* 다음 대화를 읽고 답하세요. [1-2]

A : 你有弟弟吗?

B : <u>없어요</u> 。你呢?

A : 我有 <u>2</u> 个弟弟。

1 B의 번역으로 맞는 것을 고르세요.

❶ 不   ❷ 不没   ❸ 没有   ❹ 不有

2 '2'를 읽는 방법으로 옳은 것을 고르세요.

❶ 二   ❷ 俩   ❸ 第二   ❹ 两

3 다음 단어를 어순에 맞게 배열하세요.

❶ 我 ｜ 汉语书 ｜ 三 ｜ 有 ｜ 本   ➡ _____ 。

❷ 我妹妹 ｜ 男朋友 ｜ 有 ｜ 了   ➡ _____ 。

4 다음 문장에 쓰인 有의 용법을 쓰세요.

❶ 京剧已有二百年的历史。   _____

❷ 他有你这么高。   _____

❸ 我有书看。   _____

❹ 我家附近有一家银行。   _____

85 在를 쓰는 문장 / 존재문

●학습 포인트 在의 여러 가지 용법 | 有, 是, 在로 만드는 존재문

我在火车站。 난 기차역에 있어.
Wǒ zài huǒchēzhàn.

美术馆在公园旁边。 미술관은 공원 옆에 있어.
Měishùguǎn zài gōngyuán pángbiān.

1 在를 쓰는 문장의 형식

① **주어+在+장소목적어** ~는 ~에 있다
사람이나 사물이 어떤 장소에 있음을 나타낸다.

你的本子在他那儿。 네 공책은 그 애한테 있어.
Nǐ de běnzi zài tā nàr.

美术馆在公园旁边。 미술관은 공원 옆에 있어.
Měishùguǎn zài gōngyuán pángbiān.

② 부정문은 '不/没+在' 형식으로 쓸 수 있다.

他现在不在公司。 그는 지금 회사에 없어.
Tā xiànzài bú zài gōngsī.

我昨天没在家。 나는 어제 집에 없었어.
Wǒ zuótiān méi zài jiā.

2 在의 여러 가지 용법

전치사 ~에서	在+장소(시간)+동사	我们在海边玩儿。 우리는 해변에서 논다. Wǒmen zài hǎibian wánr. 在她回国之前，我们一起吃顿饭吧。 Zài tā huíguó zhīqián, wǒmen yìqǐ chī dùn fàn ba. 그녀가 귀국하기 전에, 우리 같이 밥 한 끼 하자고.
진행 부사 ~하는 중이다	在+동사+목적어	他们在跳舞。 그들은 춤을 추고 있다. Tāmen zài tiàowǔ.
보어 ~에서	동사+在+장소	你把这些书放在那儿吧。 너는 이 책들을 저쪽에 두렴. Nǐ bǎ zhèxiē shū fàngzài nàr ba.

3 존재문

형식	有	장소+有+수량사+사람/사물 ~에 ~가 있다	我家后边有一家医院。 우리 집 뒤편에 병원이 하나 있다. Wǒ jiā hòubian yǒu yì jiā yīyuàn.
	是	장소+是+사람/사물 ~에 있는 것은 ~이다 (=~에는 ~가 있다)	我家后边是一家医院。 Wǒ jiā hòubian shì yì jiā yīyuàn. 우리 집 뒤편에 있는 것은 병원이다.
	在	사람/사물+在+장소 ~는 ~에 있다	医院在我家后边。 병원은 우리 집 뒤편에 있다. Yīyuàn zài wǒ jiā hòubian.

특징			
	有	有는 어떤 곳에 뭐가 존재하고 있는지 설명하는 것으로, 한 곳에 여러 개의 목적어가 동시에 존재할 수 있다.	公司附近有很多银行。 회사 근처에는 은행이 많이 있다. Gōngsī fùjìn yǒu hěn duō yínháng. 教室里有十个学生。 교실에는 학생 10명이 있다. Jiàoshì li yǒu shí ge xuésheng.
	是	是는 어떤 곳에 뭐가 존재하고 있는지 확실하게 알고 있는 것으로, 한 개의 목적어만 존재한다.	学校对面是很多银行。(×) 学校对面是一家银行。(○) Xuéxiào duìmiàn shì yì jiā yínháng. 학교 맞은편에 있는 것은 은행이다. (=学校对面是银行。) 你前边是我弟弟。 네 앞에 있는 사람은 내 남동생이야. Nǐ qiánbian shì wǒ dìdi.
	在	在는 어떤 곳에 뭐가 존재하고 있는지 이미 알고 있는 것으로, 是 용법과 비슷하지만 어순이 바뀐다.	邮局在学校对面。 우체국은 학교 맞은편에 있다. Yóujú zài xuéxiào duìmiàn. 我弟弟在你前边。 내 남동생은 네 앞에 있어. Wǒ dìdi zài nǐ qiánbian.

5분 체크 어법

정답 ⇒ 272쪽

1 다음 중 빈칸에 들어갈 알맞은 말을 고르세요.

A : 我的书呢?	B : 你的书＿＿＿老师那儿。

❶ 有　　　　　❷ 是　　　　　❸ 在　　　　　❹ 放

2 다음 문장에 쓰인 在의 용법을 쓰세요.

❶ 姐姐在中国。　＿＿＿＿＿＿　❷ 爸爸在客厅里看报纸。＿＿＿＿＿＿

❸ 你把风衣挂在衣柜里吧。＿＿＿＿＿＿　❹ 我们在吃饭呢。　＿＿＿＿＿＿

*风衣 fēngyī 몡 바바리코트

3 有, 是, 在를 써서 문장을 완성하세요.

❶ 教室里＿＿＿＿几个学生。　❷ 我家前面＿＿＿＿面包店。

❸ 学校＿＿＿＿公园旁边。　❹ 我右边＿＿＿＿我爸爸。

❺ 公司里＿＿＿＿两个食堂。　❻ 我＿＿＿＿你身边。

4 다음 문장을 在를 쓰는 문장으로 바꾸세요.

❶ 公司西边有一家医院。　　⇒ ＿＿＿＿＿＿＿＿＿＿＿＿＿＿

❷ 宾馆旁边有一个公园。　　⇒ ＿＿＿＿＿＿＿＿＿＿＿＿＿＿

86 연동문(连动句)

我们去餐厅吃饭。 우리는 식당으로 밥 먹으러 가.
Wǒmen qù cāntīng chīfàn.

他有钱花。 그는 쓸 돈이 있다.
Wǒ yǒu qián huā.

1 연동문 : 한 문장에 동사가 여러 개 등장해 술어 역할을 하는 문장으로, 연동문에서 주어는 하나다.

> 주어+동사1+목적어1+동사2+목적어2

① 去가 동사1로 쓰이는 연동문 : (~로) ~하러 가다 ◑ 来, 用, 坐, 骑, 到, 有 등도 자주 동사1로 쓰인다.

我去散步。 난 산책하러 가.
Wǒ qù sànbù.

爸爸去中国出差。 아버지는 중국으로 출장 가셔.
Bàba qù Zhōngguó chūchāi.

② 동사2가 동사1의 목적이 되는 연동문 : ~로 ~하러 가다, ~하러 ~에 가다

他来机场接客人。 그는 손님을 마중하러 공항에 왔다.
Tā lái jīchǎng jiē kèrén.

③ 동사1이 동사2의 수단이 되는 연동문 : ~를 타고(이용해) ~하다

他坐船去青岛。 그는 배를 타고 칭다오에 간다.
Tā zuò chuán qù Qīngdǎo.

她用手机发短信。 그녀는 휴대 전화로 문자 메시지를 보낸다.
Tā yòng shǒujī fā duǎnxìn.

④ 동사2가 동사1의 목적이면서, 동사1의 목적어가 동사2의 동작의 대상이 되는 연동문

他倒水喝。 그는 물을 따라 마신다.
Tā dào shuǐ hē.

我想买面包吃。 나는 빵을 사 먹고 싶어.
Wǒ xiǎng mǎi miànbāo chī.

⑤ 동사1과 동사2가 동작의 연속 관계를 나타내는 연동문

你打电话叫小张来这儿。 너 전화해서 장 군더러 이리로 오라고 해.
Nǐ dǎ diànhuà jiào Xiǎo Zhāng lái zhèr.

⑥ 동사2가 동사1의 결과를 나타내는 연동문

爷爷喝酒喝醉了。 할아버지는 술을 드시고 취하셨다.
Yéye hē jiǔ hēzuì le.

⑦ 有가 동사1로 쓰이는 연동문 : ~할 ~가 있다

我有话想跟你说。 나 너에게 하고 싶은 말이 있어.
Wǒ yǒu huà xiǎng gēn nǐ shuō.

⑧ 没有가 동사1로 쓰이는 연동문 : ~할 ~가 없다

我<u>没有</u>时间<u>看</u>电视。 나는 TV 볼 시간이 없다.
Wǒ méiyǒu shíjiān kàn diànshì.

2 연동문의 주의 사항

① 부사어는 동사1 앞에 위치한다.

你<u>快</u>去告诉妈妈。 너 얼른 가서 엄마께 말씀드려.
Nǐ kuài qù gàosu māma.

② 부정문을 만들 때는 보통 동사1 앞에 不나 没有를 쓴다.

他<u>不</u>去买东西。 그는 물건을 사러 가지 않아.
Tā bú qù mǎi dōngxi.

她<u>没</u>来找过你。 그녀는 너를 찾아오지 않았었어.
Tā méi lái zhǎoguo nǐ.

③ 동태조사 了, 过는 동사2 뒤에 위치한다.

她去百货商店<u>买了</u>几件衣服。 그녀는 백화점에 가서 옷을 몇 가지 샀다.
Tā qù bǎihuò shāngdiàn mǎi le jǐ jiàn yīfu.

他去海南<u>见过</u>她。 그는 하이난에 가서 그녀를 만났어.
Tā qù Hǎinán jiànguo tā.

🕐 5분 체크 어법

정답 ➡ 272쪽

1 다음 중 연동문이 아닌 것을 고르세요.

❶ 她去中国学习汉语。   ❷ 她用铅笔写字。

❸ 她没有时间玩儿。   ❹ 她有你那么漂亮。

2 제시된 단어가 들어갈 알맞은 위치를 고르세요.

❶ 我 A 有话 B 跟 C 你 D 说。(想)

❷ 你 A 去 B 叫 C 你弟弟 D 过来。(快)

3 다음 문장에서 去의 역할을 쓰세요.

❶ 他跑进教室<u>去</u>了。 _____   ❷ 他<u>去</u>商店买东西。 _____

4 다음 두 문장을 번역하고 문장의 종류를 쓰세요.

❶ 他没穿衣服。   ➡ _____

❷ 他没衣服穿。   ➡ _____

87 겸어문(兼语句)

今天我请你们吃饭。 오늘 내가 너희들에게 밥 살게.
Jīntiān wǒ qǐng nǐmen chīfàn.

他们要我们负责。 그들은 우리더러 책임지라고 한다.
Tāmen yào wǒmen fùzé.

1 겸어문 : 동사1의 목적어가 동사2의 주어를 겸하는 문장을 말한다. 겸어문에 자주 쓰이는 동사는 다음과 같다.

> 주어＋동사1＋겸어(동사1의 목적어, 동사2의 주어)＋동사2

请 qǐng ～를 초대해서 ～하게 하다	叫 jiào ～로 하여금 ～하게 하다	让 ràng ～로 하여금 ～하게 하다	使 shǐ ～로 하여금 ～하게 하다	令 lìng ～로 하여금 ～하게 하다	选 xuǎn 선택하다
要 yào 요구하다	要求 yāoqiú 요구하다	请求 qǐngqiú 부탁하다	派 pài 파견하다	邀请 yāoqǐng 요청하다	约 yuē 약속하다
鼓励 gǔlì 격려하다	逼 bī 독촉하다	命令 mìnglìng 명령하다	指示 zhǐshì 지시하다	组织 zǔzhī 조직하다	安排 ānpái 배정하다
推荐 tuījiàn 추천하다	禁止 jìnzhǐ 금지하다	托 tuō 부탁하다	允许 yǔnxǔ 허락하다	催 cuī 재촉하다	劝 quàn 권유하다

2 자주 쓰는 겸어문

请 ～를 초대해 ～를 하게 하다	今天我请你看电影。 오늘 내가 너에게 영화 보여 줄게. Jīntiān wǒ qǐng nǐ kàn diànyǐng.
让 ～를 시켜 ～를 하게 하다	허락의 의미를 포함하고 있으며, 부정은 '不让(～ 못하게 하다)' 형식을 자주 쓴다. 姐姐让我接电话。 언니(누나)는 나더러 전화 받으라고 했다. Jiějie ràng wǒ jiē diànhuà. 妈妈不让我玩儿电脑游戏。 엄마는 내가 게임을 못하게 하신다. Māma bú ràng wǒ wánr diànnǎo yóuxì.
叫 ～를 불러내 ～를 하게 하다	爸爸叫我去买报纸。 아빠가 나한테 신문을 사오라고 하셨다. Bàba jiào wǒ qù mǎi bàozhǐ.

使 ~로 하여금 ~하게 하다	주로 사물 주어가 많이 등장하며, 문어체에 많이 쓴다.
	这件事使我十分后悔。 이 일로 난 참 많이 후회했다. Zhè jiàn shì shǐ wǒ shífēn hòuhuǐ.
有 ~하는 사람(사물)이 있다	外边有人等你。 밖에서 누가 널 기다려. Wàibian yǒu rén děng nǐ.
	她有一顶帽子非常好看。 그녀에게는 아주 예쁜 모자가 하나 있다. Tā yǒu yì dǐng màozi fēicháng hǎokàn.
没有 ~하는 사람(사물)이 없다	这儿没有人懂外语。 여기엔 외국어를 할 줄 아는 사람이 없다. Zhèr méiyǒu rén dǒng wàiyǔ.
	没有人知道他的名字。 그의 이름을 아는 사람이 없다. Méiyǒu rén zhīdào tā de míngzi.
要 ~가 ~할 것을 요구하다	医生要我老公戒烟。 의사 선생님께서 남편한테 담배를 끊으라고 하셨다. Yīshēng yào wǒ lǎogōng jièyān.
是 ~가 ~하다	是他值班。 그가 당직이야.　　　是我在这儿。 내가 여기 있어. Shì tā zhíbān.　　　　　　　Shì wǒ zài zhèr.

정답 ➡ 272쪽

5분 체크 어법

1 다음 빈칸에 들어갈 말을 고르세요.

> A : 明明，你明天去那儿吗?　　　　B : 不行，我妈妈＿＿＿＿让我去那儿。

❶ 没　　　　❷ 不　　　　❸ 别　　　　❹ 甭

2 다음 중 겸어문과 피동문에 같이 쓸 수 있는 동사를 고르세요.

❶ 被 - 叫　　　❷ 叫 - 有　　　❸ 让 - 叫　　　❹ 让 - 要

3 다음 중 겸어문이 아닌 것을 고르세요.

❶ 我请你看电影。　　　　　　❷ 外边有人叫你。

❸ 他要我一定去。　　　　　　❹ 我没有时间出去。

4 제시된 단어가 들어갈 알맞은 위치를 고르세요.

❶ 我 A 一个朋友 B 在大学 C 教书 D 。(有)

❷ 这么 A 多人 B 帮助 C 我，D 我非常感动。(使)

❸ A 你 B 去 C 他 D 来这儿吧。(请)

❹ 妈妈 A 不 B 我 C 出去 D 玩儿。(让)

88 특수한 겸어문과 주의 사항

祝**你成功**! 네가 성공하길 바랄게!
Zhù nǐ chénggōng!

他们不让我去。 그들은 나를 못 가게 한다.
Tāmen bú ràng wǒ qù.

1 특수한 겸어문

① 다음에 제시된 동사는 겸어문에 쓰여 칭찬, 비난, 애증의 관계를 나타낸다.

> 爱 ài 사랑하다 | 恨 hèn 증오하다 | 喜欢 xǐhuan 좋아하다 | 讨厌 tǎoyàn 싫어하다 | 羡慕 xiànmù 부러워하다 | 佩服 pèifu 심복하다 | 夸 kuā 칭찬하다 | 怪 guài 탓하다 | 埋怨 mányuàn 원망하다 | 责怪 zéguài 책망하다 | 称赞 chēngzàn 칭찬하다 | 祝 zhù 기원하다 | 嘲笑 cháoxiào 비웃다

我喜欢她懂礼貌。 나는 그녀가 예절이 밝아 좋다.
Wǒ xǐhuan tā dǒng lǐmào.

他老嘲笑我斤斤计较。 그는 늘 내가 쩨쩨하다고 비웃는다.
Tā lǎo cháoxiào wǒ jīn jīn jì jiào.

② 留(liú 만류하다), 接(jiē 맞이하다), 送(sòng 보내다), 带(dài 데리고 가다), 教育(jiàoyù 교육하다), 帮(bāng 돕다) 등이 겸어문의 동사1로 쓰인다.

我送你回家。 내가 널 집까지 배웅해 줄게.
Wǒ sòng nǐ huíjiā.

哥哥帮我做作业。 오빠(형)는 내가 숙제하는 걸 도와주었다.
Gēge bāng wǒ zuò zuòyè.

③ 请, 禁止가 동사1로 쓰이는 겸어문에는 겸어가 생략되기도 한다.

请坐! 앉으십시오!
Qǐng zuò!

请喝茶! 차 드세요!
Qǐng hē chá!

禁止停车! 정차를 금합니다!
Jìnzhǐ tíngchē!

④ 겸어문의 겸어 뒤에 연동문 형식이 결합될 수 있다.

妈妈叫你去买水果。 엄마가 너더러 가서 과일 사오래.
Māma jiào nǐ qù mǎi shuǐguǒ.

⑤ 연동문의 동사2 뒤에 겸어문 형식이 결합될 수 있다.

我来这儿托您帮我的忙。 저를 도와달라는 부탁을 드리러 왔어요.
Wǒ lái zhèr tuō nín bāng wǒ de máng.

2 겸어문의 주의 사항

① 겸어문의 부정형에는 不, 没有가 쓰인다.

我没请他过来。 난 그를 모셔 오지 않았어.
Wǒ méi qǐng tā guòlai.

妈妈不让弟弟当演员。 엄마는 동생이 연예인이 되는 것을 바라지 않으신다.
Māma bú ràng dìdi dāng yǎnyuán.

② 是가 동사1로 쓰이는 겸어문은 是 앞에 不를 써서 부정한다.

<u>不是</u>我叫你。 내가 널 부른 게 아니야.
Bú shì wǒ jiào nǐ.

③ 부사와 조동사는 동사1 앞에 위치한다.

他<u>常常</u>请我喝酒。 그는 자주 나에게 술을 사준다.
Tā chángcháng qǐng wǒ hē jiǔ.

我<u>想</u>让他画画。 나는 그에게 그림을 그리라고 하려고 해.
Wǒ xiǎng ràng tā huà huà.

④ 보통 동사1 뒤에는 了, 着, 过가 올 수 없다.

他<u>让了</u>小张去那儿。(×) → 他<u>让</u>小张去那儿<u>了</u>。(○) 그는 장군을 그곳에 가게 했다.
Tā ràng Xiǎo Zhāng qù nàr le.

⑤ 동사2 뒤에 보어를 쓸 수 있다.

妈妈<u>让</u>我擦<u>得干干净净</u>。 엄마는 나더러 깨끗하게 닦으라고 하셨다.
Māma ràng wǒ cā de gānganjìngjìng.

5분 체크 어법

정답 ➡ 272쪽

1 다음 중 빈칸에 공통으로 들어갈 말을 고르세요.

_____你生日快乐!	_____你一路平安!

❶ 祝   ❷ 请   ❸ 让   ❹ 要

2 다음 중 빈칸에 들어갈 알맞은 말을 고르세요.

我有_____朋友请我去他家吃饺子。

❶ 这个   ❷ 那个   ❸ 一个   ❹ 什么

3 다음 중 틀린 문장을 고르세요.

❶ 我喜欢他有礼貌。   ❷ 今天没有人来参观。

❸ 公司派他去美国工作。   ❹ 我送了他回家。

4 제시된 단어가 들어갈 알맞은 위치를 고르세요.

❶ 你的 A 作业里 B 几道题 C 是 D 错的。(有)

❷ 怎么 A 做 B 能让顾客 C 满意 D ? (才)

❸ A 借一支笔 B 我用 C 一下 D , 好吗? (给)

89 진행문

她在写信。 그녀는 편지를 쓰고 있어.
Tā zài xiě xìn.

他没在看书，他在看电视。
Tā méi zài kàn shū, tā zài kàn diànshì.
그는 책을 보지 않고, TV를 보고 있다.

1 진행문 : 어떤 동작이 진행되고 있음을 표현하는 문장이다. 진행문에는 동작의 지속을 나타내는 동태조사 着가 들어갈 수 있다.

① 正은 '마침 ~하고 있다'라는 뜻으로, 동작을 하고 있는 '시간'을 강조한다.

> 주어+正+동사+(목적어)+(呢)

我们正照相。 우리는 마침 사진을 찍고 있어.
Wǒmen zhèng zhàoxiàng.

他们正开会呢。 그들은 지금 회의 중이야.
Tāmen zhèng kāihuì ne.

② 正在는 '한창 ~하고 있다'라는 뜻으로, '시간과 상태'를 동시에 강조한다.

> 주어+正在+동사+(목적어)+呢

他们正在上课。 그들은 한창 수업 중이야.
Tāmen zhèngzài shàngkè.

医生正在给他看病呢。 의사 선생님께서 그를 진찰하고 계셔.
Yīshēng zhèngzài gěi tā kànbìng ne.

③ 在는 '~하고 있다'라는 뜻으로, 어떤 '상태'에 처해 있음을 강조한다. 在 앞에 부사 一直, 经常을 쓸 수 있다.

> 주어+在+동사+(목적어)+(呢)

他们在下棋(呢)。 그들은 바둑을 두고 있다.
Tāmen zài xiàqí (ne).

我们在等着你呢。 우리는 널 기다리고 있어.
Wǒmen zài děngzhe nǐ ne.

④ 呢는 '~하고 있다'라는 뜻이다.

> 동사+(목적어)+呢

我们吃饭呢。 우리는 밥 먹고 있어.
Wǒmen chīfàn ne.

她喝茶呢。 그녀는 차를 마시고 있어.
Tā hē chá ne.

⑤ 진행문의 부정형은 '没有+(在)+동사' 형식을 쓴다. 在는 부정문에 쓸 수 있지만, 正과 正在는 쓸 수 없다.

我没正吃饭。(×) → 我没(在)吃饭，我在学习。(○) 나는 밥을 먹지 않고 공부를 하고 있어.
　　　　　　　　　　Wǒ méi (zài) chīfàn, wǒ zài xuéxí.

他没正在看电视，他在听音乐。(×) → 他没在看电视，他在听音乐。(○)
　　　　　　　　　　　　　　　　　　　Tā méi zài kàn diànshì, tā zài tīng yīnyuè.
　　　　　　　　　　　　　　　　　　　그는 TV를 보지 않고, 음악을 듣고 있다.

2 진행문의 주의 사항

① 전치사 在 앞에는 正만 쓸 수 있다.

孩子们正在院子里玩儿。 아이들이 한창 마당에서 놀고 있어.
Háizimen zhèngzài yuànzi li wánr.

② 진행문은 과거, 현재, 미래에 쓸 수 있다.

昨天我去他家的时候，他正在写报告。 어제 내가 걔네 집에 갔을 때, 그는 보고서를 쓰고 있었어. (과거)
Zuótiān wǒ qù tā jiā de shíhou, tā zhèngzài xiě bàogào.

现在我们正在讨论呢。 지금 우리는 토론 중이야. (현재)
Xiànzài wǒmen zhèngzài tǎolùn ne.

明天你去找她，她一定正在弹钢琴。 내일 네가 그 앨 찾아가면, 그 앤 틀림없이 피아노를 치고 있을 거야. (미래)
Míngtiān nǐ qù zhǎo tā, tā yídìng zhèngzài tán gāngqín.

③ 진행문에는 동태조사 了를 쓸 수 없다.

姐姐正在听了古典音乐。(×) → 姐姐正在听古典音乐。(○) 언니(누나)는 클래식 음악을 듣고 있다.
Jiějie zhèngzài tīng gǔdiǎn yīnyuè.

5분 체크 어법

정답 ➡ 272쪽

1 여행객들이 하고 있는 동작이 아닌 것을 고르세요.

> 旅客们有的在看书，有的在聊天儿，有的在看窗外，有的在跟列车员打听餐车的情况。

❶ 책 보기   ❷ 수다 떨기
❸ 잠자기   ❹ 창밖 보기

2 다음 중 B의 대답으로 맞지 않은 것을 고르세요.

> A : 他正在看电影吗?
> B : ＿＿＿＿＿＿＿＿＿。

❶ 他没正在看电影   ❷ 他没在看电影
❸ 没有   ❹ 他没有看电影

3 다음 중 틀린 문장을 고르세요.

❶ 他们喝茶呢。   ❷ 妈妈正在在厨房做饭。
❸ 他正在跟姐姐聊天儿。   ❹ 我在打扫房间。

90 把자문

我把那块蛋糕吃了。 나는 그 케이크를 먹었다.
Wǒ bǎ nà kuài dàngāo chī le.

你把本子放在这儿吧。 너 공책을 여기에 둬.
Nǐ bǎ běnzi fàng zài zhèr ba.

1 把자문의 기본 형식

把자문이란 특정한 목적어에 대해 어떤 조치를 취해 나타난 결과를 표현하는 문장으로 '~을'이라는 의미를 나타낸다.

기본 형식	예문
주어＋把＋명사＋동사＋了	我把你的牛奶喝了。 내가 네 우유를 마셨어. Wǒ bǎ nǐ de niúnǎi hē le.
주어＋把＋명사＋동사＋着	你把钱包带着。 너 지갑 챙겨 가라. Nǐ bǎ qiánbāo dàizhe.
주어＋把＋명사＋동사＋결과보어	他把钢笔还给我了。 그는 만년필을 내게 돌려주었다. Tā bǎ gāngbǐ huángěi wǒ le.
주어＋把＋명사＋동사＋방향보어	你把箱子拿上来吧。 트렁크를 가지고 올라와. Nǐ bǎ xiāngzi ná shànglai ba.
주어＋把＋명사＋동사＋정도보어	姐姐把房间打扫得很干净。 언니(누나)는 방을 깨끗하게 청소했다. Jiějie bǎ fángjiān dǎsǎo de hěn gānjìng.
주어＋把＋명사＋동사＋동량보어	你把他的地址记一下。 너 그 사람 주소를 좀 써봐. Nǐ bǎ tā de dìzhǐ jì yíxià.
주어＋把＋명사＋동사의 중첩	你把那些苹果洗一洗。 너 저 사과들을 좀 씻으렴. Nǐ bǎ nàxiē píngguǒ xǐ yi xǐ.
주어＋把＋목적어＋给＋동사＋기타 성분 *给가 조사로 쓰여 어감을 강조함	我把自行车给丢了。 나 자전거를 잃어버렸어. Wǒ bǎ zìxíngchē gěi diū le.

2 把자문의 특징

① 주어는 사람과 사물이 오며, 동작의 주체가 된다.

他把船票买到了。 그는 배표를 샀다.
Tā bǎ chuánpiào mǎidào le.

风把我的裙子刮起来了。 바람이 내 치마를 뒤집었다.
Fēng bǎ wǒ de qúnzi guā qǐlai le.

② 把 뒤의 목적어는 동작의 대상으로 반드시 특정한 것이어야 한다.

我把一本书看完了。(×) → 我把这本书看完了。(○) 난 이 책을 다 봤어.
Wǒ bǎ zhè běn shū kànwán le.

③ 把자문의 동사는 단독으로 쓸 수 없고, 뒤에 반드시 기타 성분을 동반해야 한다.

我们把这个问题解决。(×) → 我们把这个问题解决了。(○) 우리는 이 문제를 해결했다.
Wǒmen bǎ zhège wèntí jiějué le.

④ 在, 给, 成, 到가 결과보어로 쓰일 때는 반드시 把자문 형식을 쓴다. 到가 복합방향보어로 쓰일 때도 把자문을 쓴다.

我把画挂在墙上了。 내가 그림을 벽에 걸었어.
Wǒ bǎ huà guàzài qiáng shang le.

他把信寄给妈妈了。 그는 편지를 엄마께 부쳤어.
Tā bǎ xìn jìgěi māma le.

姐姐把这篇文章翻译成中文了。 언니(누나)는 이 글을 중문으로 번역했어.
Jiějie bǎ zhè piān wénzhāng fānyì chéng Zhōngwén le.

你们把这张床搬到外边去吧。 너희들 이 침대를 밖으로 옮겨 줘.
Nǐmen bǎ zhè zhāng chuáng bāndào wàibian qù ba.

5분 체크 어법

정답 ➡ 272쪽

1 다음 빈칸에 들어갈 말의 순서가 바른 것을 고르세요.

> a. 你把电脑放_____这儿吧。　　b. 你们把桌子搬_____门口去吧。
> c. 你把这篇文章翻译_____中文吧。　　d. 你把报告交_____老师吧。

❶ 在 - 到 - 成 - 给　　　　　　❷ 在 - 成 - 到 - 给

❸ 到 - 在 - 成 - 给　　　　　　❹ 在 - 到 - 给 - 成

2 다음 빈칸에 들어갈 말로 알맞지 않은 것을 고르세요.

> 你把_____带着。

❶ 这本书　　　❷ 书　　　❸ 一本书　　　❹ 那些书

3 다음 중 틀린 문장을 고르세요.

❶ 他把自行车骑走了。　　　　　❷ 他把自行车骑得了。

❸ 他把自行车借来了。　　　　　❹ 他把自行车放在这儿了。

4 다음 단어를 어순에 맞게 배열하세요.

❶ 他 │ 把 │ 交给 │ 老师 │ 了 │ 今天的作业

➡ 他_____。

❷ 带回去 │ 吧 │ 把 │ 你 │ 这些东西

➡ _____。

91 把자문의 주의 사항

● 학습 포인트 ▸ 把자문에서 부사어의 위치 | 把자문에 쓸 수 없는 성분

他把我的杯子也拿走了。 그가 내 컵도 가져갔어.
Tā bǎ wǒ de bēizi yě názǒu le.

➕ 把자문의 주의 사항

① 부정부사나 금지를 나타내는 부사는 把 앞에 위치한다.

别把我的鞋扔了。 내 신발을 버리지 마.
Bié bǎ wǒ de xié rēng le.

我不想把它带走。 난 그것을 가지고 가고 싶지 않아.
Wǒ bù xiǎng bǎ tā dàizǒu.

② 일반적인 부사어와 조동사는 把 앞에 위치한다.

奶奶经常把钥匙忘在家里。 할머니는 자주 열쇠를 집에 놓고 나오신다.
Nǎinai jīngcháng bǎ yàoshi wàngzài jiāli.

我想把你的衣服还给你。 난 네 옷을 돌려주고 싶어.
Wǒ xiǎng bǎ nǐ de yīfu huángěi nǐ.

③ 부사 也, 都, 全, 全部는 把 뒤에 위치할 수 있다.

他把我的书包也拿走了。 그가 내 책가방까지 가져갔어.
Tā bǎ wǒ de shūbāo yě názǒu le.

她把这些瓶都打碎了。 그녀가 이 병들을 다 깼어.
Tā bǎ zhèxiē píng dōu dǎsuì le.

④ 把자문에는 가능보어를 쓸 수 없다.

他把蛋糕吃得完。(✕) → 他把蛋糕吃完了。(○) 그는 케이크를 다 먹었다.
　　　　　　　　　　　　 Tā bǎ dàngāo chīwán le.

⑤ 把자문에는 동태조사 过를 쓸 수 없다.

我把糖醋肉吃过。(✕) → 我把糖醋肉吃了。 나는 탕수육을 먹었다.
　　　　　　　　　　　 Wǒ bǎ tángcùròu chī le.

⑥ 把자문에는 시작, 판단, 심리 활동, 인지 활동, 방향, 신체 동작을 나타내는 동사를 쓸 수 없다.

我们把晚会开始了。(✕)

我把这件事知道了。(✕)

> **Tip**
> • 把자문에 쓸 수 없는 동사
> 是 shì ~이다 | 有 yǒu ~ 가지고 있다 | 在 zài ~에 있다 | 知道 zhīdào 알다 | 觉得 juéde ~라고 느끼다 | 同意 tóngyì 동의하다 | 听 tīng 듣다 | 怕 pà 두려워하다 | 喜欢 xǐhuan 좋아하다 | 开始 kāishǐ 시작하다 | 出发 chūfā 출발하다 | 出 chū 나가다 | 进 jìn 들어가다 | 坐 zuò 앉다 | 站 zhàn 서다

⑦ 가정 상황이나 어떤 동작을 할 준비가 되지 않았을 때는 부정부사 不로 부정할 수 있다.

我**不愿意**把坏消息告诉你们。 나는 너희들에게 나쁜 소식을 전하고 싶지 않구나.
Wǒ bú yuànyì bǎ huài xiāoxi gàosu nǐmen.

你**不**把饭吃完，就不能出去玩儿。 너 밥을 다 먹지 않으면 놀러 못 나간다.
Nǐ bù bǎ fàn chīwán, jiù bù néng chūqu wánr.

⏱ **5**분 체크 어법

정답 ➡ 272쪽

1 다음 중 틀린 문장을 고르세요.

❶ 我把机票买到了。　　　　　　❷ 你把桌子搬到外边吧。

❸ 他把这些东西拿得动。　　　　　❹ 她把相机带来了。

2 제시된 단어가 들어갈 알맞은 위치를 고르세요.

❶ 妹妹 A 把 B 钥匙 C 忘在 D 家里。(经常)

❷ 　A 把 B 我的书 C 拿走 D 。(别)

❸ 他 A 把 B 我的蛋糕 C 吃 D 了。(全部)

❹ 我 A 想 B 把衣服 C 还给她 D 。(不)

3 다음 문장을 해석하세요.

❶ 我把桌子收拾好了。　　　　➡ _____

❷ 你应该把他的钱包还给他。　➡ _____

❸ 你告诉她快把作业交给老师。➡ _____

4 다음 중 把자문에 쓸 수 없는 동사를 고르세요.

[보기] 买　带　喜欢　拿　是　搬

❶ 带 - 喜欢　　❷ 拿 - 是　　❸ 喜欢 - 是　　❹ 带 - 买

5 把자문에 쓸 수 없는 보어를 고르세요.

❶ 정도보어　　　　❷ 가능보어　　　　❸ 방향보어　　　　❹ 결과보어

92 被자문

> **학습 포인트** 被자문의 여러 가지 유형 | 所, 给가 들어가는 被자문

我的摩托车被他骑走了。 내 오토바이는 그가 타고 갔다.
Wǒ de mótuōchē bèi tā qízǒu le.

情书被老师给看见了。 연애 편지는 선생님께 들켰다.
Qíngshū bèi lǎoshī gěi kànjiàn le.

1 被자문의 기본 형식

피동문은 '~에게 ~당하다'라는 의미로, 어떤 사람이나 사물에 의해 의도하지 않았거나 원하지 않은 일을 당했음을 나타낸다. 전치사 被 외에 叫, 让이 쓰이며, 조사 所, 给가 문장에 등장하기도 한다.

기본 형식	예문
주어+被+명사/대명사+동사+了	我的钱包被小偷偷了。 내 지갑은 도둑이 훔쳤다. Wǒ de qiánbāo bèi xiǎotōu tōu le.
주어+被+명사/대명사+동사+过	她被那个人骗过。 그녀는 저 사람에게 사기당했었다. Tā bèi nàge rén piànguo.
주어+被+명사/대명사+동사+결과보어	我的智能手机被他拿走了。 내 스마트폰은 그가 가지고 갔다. Wǒ de zhìnéng shǒujī bèi tā názǒu le.
주어+被+명사/대명사+동사+방향보어	墙上的画被风刮下来了。 벽 위의 그림이 바람에 떨어졌다. Qiáng shang de huà bèi fēng guā xiàlai le.
주어+被+명사/대명사+동사+정도보어	教室被我们布置得很漂亮。 교실은 우리가 예쁘게 꾸몄다. Jiàoshì bèi wǒmen bùzhì de hěn piàoliang.
주어+被+명사/대명사+동사+동량보어	他今天被部长骂了一顿。 그는 오늘 부장님한테 한차례 혼났다. Tā jīntiān bèi bùzhǎng mà le yí dùn.
주어+被+동사+기타 성분 *가해자를 모르거나 밝히고 싶지 않을 때는 被 뒤의 가해자를 생략할 수 있음	他又被打了。 그는 또 맞았다. Tā yòu bèi dǎ le.
주어+叫+명사/대명사+동사+기타 성분 *회화에 많이 쓰이며, 叫 뒤에 반드시 목적어를 동반함	咖啡叫小金喝了。 커피는 미스 김이 마셨다. Kāfēi jiào Xiǎo Jīn hē le.
주어+让+명사/대명사+동사+기타 성분 *회화에 많이 쓰이며, 让 뒤에 반드시 목적어를 동반함	手表让我弄坏了。 시계는 내가 고장 냈다. Shǒubiǎo ràng wǒ nònghuài le.

2 특수한 피동문

① **주어+被+명사/대명사+所+동사+기타 성분** : 所가 조사로 쓰여 어감을 강조한다.

我被他的音乐所感动。 나는 그의 음악에 감동 받았어.
Wǒ bèi tā de yīnyuè suǒ gǎndòng.

不要被金钱所诱惑。 금전에 유혹되지 마세요.
Búyào bèi jīnqián suǒ yòuhuò.

② 주어+被/叫/让 +명사/대명사+给 +동사+기타 성분 : 给가 조사로 쓰여 피동의 어감을 강조한다.

漫画书被老师给看见了。 만화책은 선생님께 들켰다.
Mànhuàshū bèi lǎoshī gěi kànjiàn le.

我的衣服让妹妹给弄破了。 내 옷은 여동생이 찢어 놓았어.
Wǒ de yīfu ràng mèimei gěi nòngpò le.

5분 체크 어법

정답 ➡ 272쪽

1 다음 빈칸에 들어갈 말로 바르지 않은 것을 고르세요.

_____ 被大风刮倒了。

❶ 那棵树   ❷ 这棵树

❸ 一棵树   ❹ 院子里的树

2 다음 중 틀린 문장을 고르세요.

❶ 钥匙让我弄丢了。   ❷ 可乐被喝掉了。

❸ 这本书被他借走了。   ❹ 老虎叫抓住了。

3 다음 문장을 바르게 고치세요.

❶ 我的书被弟弟带着。   ➡ _____

❷ 卡车差点儿被我撞了。   ➡ _____

4 제시된 단어가 들어갈 알맞은 위치를 고르세요.

❶ 他的 A 研究成果 B 已经 C 被科学界 D 承认。(所)

❷ A 我的手表 B 让妹妹 C 弄丢 D 了。(给)

5 다음 문장을 해석하세요.

❶ 没想到，我被他们看成了小偷。

➡ _____

❷ 妈妈被弟弟给气坏了。

➡ _____

93 被자문의 주의 사항

• 학습 포인트 被자문에 쓸 수 없는 성분 | 의미상의 피동문

自行车没被他借走。 자전거는 그가 빌려 가지 않았다.
Zìxíngchē méi bèi tā jièzǒu.

水送来了。 물이 배달됐어.
Shuǐ sònglai le.

1 被자문의 주의 사항

① 被자문의 주어는 동작을 당하는 대상으로 확실해야 한다.

~~一个人~~被女朋友甩了。(×) → 他被女朋友甩了。(○) 그는 여자 친구한테 차였어.
Tā bèi nǚpéngyǒu shuǎi le.

② 被 뒤에 나오는 목적어는 '행위자'로 특정할 수도 있고 불특정할 수도 있다.

妈妈被女儿说服了。엄마는 딸한테 설득당했다.
Māma bèi nǚ'ér shuōfú le.

他的电脑被偷走了。그의 컴퓨터는 도둑맞았다.
Tā de diànnǎo bèi tōuzǒu le.

③ 부사어는 被 앞에 위치한다.

我弟弟昨天被狗咬了。내 남동생은 어제 개한테 물렸어.
Wǒ dìdi zuótiān bèi gǒu yǎo le.

哥哥也被朋友叫出去了。오빠(형)도 친구한테 불려 나갔어.
Gēge yě bèi péngyou jiào chūqu le.

我不愿意被他发现。나는 그에게 발견되고 싶지 않아.
Wǒ bú yuànyì bèi tā fāxiàn.

④ 被자문의 부정문은 '没(有)+被' 형식을 쓴다.

我弟弟没被狗咬伤。내 남동생은 개한테 물리지 않았어.
Wǒ dìdi méi bèi gǒu yǎoshāng.

你的本子没被他扔掉。네 공책은 그가 버리지 않았어.
Nǐ de běnzi méi bèi tā rēngdiào.

⑤ 被 뒤에는 목적어(=행위자)를 생략할 수 있지만, 叫 또는 让 뒤에는 목적어를 생략할 수 없다.

那只老虎被抓住了。그 호랑이는 잡혔어.
Nà zhī lǎohǔ bèi zhuāzhù le.

那只老虎叫抓住了。(×) → 那只老虎叫猎人抓住了。(○) 그 호랑이는 사냥꾼에게 잡혔어.
Nà zhī lǎohǔ jiào lièrén zhuāzhù le.

⑥ 被자문에는 동태조사 着를 쓸 수 없다. *동태조사 了, 过는 쓸 수 있음

数码相机被他借着。(×) → 数码相机被他借走了。(○) 디지털카메라는 그가 빌려 갔어.
Shùmǎ xiàngjī bèi tā jièzǒu le.

⑦ 被자문에는 보어가 기타 성분으로 올 수 있다. 단, 가능보어는 쓸 수 없다.

那条鱼被猫吃得了。(✕) → 那条鱼被猫吃掉了。(〇) 그 생선은 고양이가 먹어 치웠어.
Nà tiáo yú bèi māo chīdiào le.

⑧ 被자문은 명령문을 만들 수 없다. 把자문은 가능하다.

你被蚊子咬吧。(✕) → 他被蚊子咬了。(〇) 그는 모기한테 물렸다.
Tā bèi wénzi yǎo le.

2 의미상의 피동문

문장에 동작 행위자가 등장하지 않아도 피동의 뜻을 내포하고 있는 문장을 의미상의 피동문이라 한다. 주어는 주로 사물이 온다.

你的茶杯摔坏了。 네 찻잔이 깨졌어.
Nǐ de chábēi shuāihuài le.

房间已经打扫干净了。 방은 이미 깨끗이 치워졌어.
Fángjiān yǐjing dǎsǎo gānjìng le.

정답 ➡ 272쪽

5분 체크 어법

1 다음 빈칸에 들어갈 말을 고르세요.

> 小猫_____阳台上的鱼吃了。
>
> 我的自行车_____弟弟骑走了。

❶ 被 - 被　　　❷ 把 - 把　　　❸ 把 - 被　　　❹ 被 - 把

2 제시된 단어가 들어갈 알맞은 위치를 고르세요.

❶ 他的钱包 A 可能 B 被小偷 C 偷走 D 了。(很)

❷ 你的 A 自行车 B 让我 C 骑 D 了，真的不好意思。(坏)

❸ A 他的儿子 B 被大家 C 找到 D 了。(终于)

❹ A 那棵树 B 被 C 风刮 D 倒。(没有)

3 다음 중 의미상의 피동문이 아닌 것을 고르세요.

❶ 水送来了。

❷ 饭做好了。

❸ 电影票卖完了。

❹ 他借钱了。

4 다음에 주어진 把자문 형식을 피동문(被자문)으로 바꾸세요.

❶ 弟弟把可乐喝掉了。　　　➡ _____。

❷ 公司把他派到美国去了。　➡ _____。

94 존현문

학습 포인트 존현문의 개념과 활용법

衣架上挂着几条裤子。 옷걸이에 바지 몇 장이 걸려 있다.
Yījià shang guàzhe jǐ tiáo kùzi.

前边开过来一辆汽车。 앞에서 자동차 한 대가 다가왔다.
Qiánbian kāi guòlai yí liàng qìchē.

1 존현문 : 사람이나 사물이 어떤 상태나 방식으로 어떤 장소(시간)에 출현하고, 존재하고, 소실되는지
를 표현하는 문장을 말한다.

2 존재를 나타내는 존현문

① 장소사(시간사)+有/是+수량사+사람/사물

右边是一家医院。 오른쪽에 있는 것은 병원이다.
Yòubian shì yì jiā yīyuàn.

一年有十二个月。 1년은 12달이다.
Yì nián yǒu shí'èr ge yuè.

② 장소사+동사+着+수량사+사람/사물

窗台上放着一盆菊花。 창틀에 국화 화분이 하나 놓여 있다.
Chuāngtái shang fàngzhe yì pén júhuā.

3 출현을 나타내는 존현문

① 장소사(시간사)+동사+了+수량사+사람/사물

前边来了一位老人。 앞에서 노인 한 분이 오셨다.
Qiánbian lái le yí wèi lǎorén.

1919年发生了"五四"运动。 1919년에 5·4 운동이 일어났다.
Yī jiǔ yī jiǔ nián fāshēng le "Wǔ Sì" yùndòng.

② 장소사(시간사)+동사+방향보어+수량사

草地上跑过来几个小孩儿。 잔디밭으로 아이들 몇 명이 뛰어왔다.
Cǎodì shang pǎo guòlai jǐ ge xiǎoháir.

这个月考进来一个秘书。 이번 달에 비서 한 명이 채용되었다.
Zhège yuè kǎo jìnlai yí ge mìshū.

4 소실을 나타내는 존현문

장소사(시간사)+동사+了+수량사

教室里搬出去了两把椅子。 교실에서 의자 두 개를 옮겨 갔다.
Jiàoshì li bān chūqu le liǎng bǎ yǐzi.

昨天死了一个人。 어제 한 사람이 죽었다.
Zuótiān sǐ le yí ge rén.

5 부정문

장소사 + 没有 + 동사 + 사람/사물

桌子上没有书。 책상 위에 책이 없다.
Zhuōzi shang méiyǒu shū.

村子里没死人。 마을에서 사람이 죽지 않았다.
Cūnzi li méi sǐ rén.

정답 ➡ 272쪽

5분 체크 어법

1 다음 빈칸에 들어갈 말을 고르세요.

> A : 现在是旺季，你家客人多吧?
> B : 还可以，今天又来＿＿＿几个人。

*旺季 wàngjì 몡 성수기

❶ 了   ❷ 着   ❸ 过   ❹ 的

2 다음 빈칸에 들어갈 말을 고르세요.

> A : 听说，昨天发生了交通事故。
> B : 这场事故死了很＿＿＿人。

❶ 好   ❷ 大   ❸ 多   ❹ 的

3 다음 중 존현문이 아닌 것을 고르세요.

❶ 停车场里停着几辆车。   ❷ 昨天来了几个人。

❸ 他躺着看电视。   ❹ 宿舍里搬走了一个同学。

4 다음 문장에서 了, 着, 过의 용법을 쓰세요.

❶ 她床上放着一个熊娃娃。   ＿＿＿＿＿＿＿＿

❷ 前边开过来一辆汽车。   ＿＿＿＿＿＿＿＿

❸ 我们班走了几个学生。   ＿＿＿＿＿＿＿＿

❹ 墙上挂着爸爸、妈妈的照片。   ＿＿＿＿＿＿＿＿

❺ 他家死了一只猫。   ＿＿＿＿＿＿＿＿

❻ 路上出现了一只狗。   ＿＿＿＿＿＿＿＿

95 比 비교문/有 비교문

학습 포인트 比를 쓰는 비교문과 수량보어 | 有를 쓰는 비교문과 부정문

这个包比那个包好看。 이 가방이 저 가방보다 예쁘다.
Zhège bāo bǐ nàge bāo hǎokàn.

今天有昨天那么热。 오늘은 어제만큼 그렇게 덥다.
Jīntiān yǒu zuótiān nàme rè.

1 比 비교문

기본 형식	예문
A+比+B+형용사/동사구 A는 B보다 ~하다	他比我大。 그는 나보다 나이가 많다. Tā bǐ wǒ dà. 我比你爱唱歌。 나는 너보다 노래 부르는 걸 좋아해. Wǒ bǐ nǐ ài chànggē.
A+比+B+还/更+형용사/동사구 A는 B보다 더 ~하다	骑自行车比走路还快。 자전거 타는 게 걷는 것보다 더 빨라. Qí zìxíngchē bǐ zǒu lù hái kuài. 我比他更喜欢你。 내가 쟤보다 널 훨씬 좋아해. Wǒ bǐ tā gèng xǐhuan nǐ.
A+比+B+형용사/동사+得+정도보어 A는 B보다 ~하는 것이 ~하다	他比我来得早。 그는 나보다 일찍 왔다. Tā bǐ wǒ lái de zǎo.
A+동사+得+比+B+정도보어 A는 ~하는 것이 B보다 ~하다	她说得比谁都好。 그녀는 말을 누구보다 잘한다. Tā shuō de bǐ shéi dōu hǎo.
A+比+B+형용사+수량보어 A는 B보다 (수량보어) ~하다	哥哥比我大三岁。 오빠(형)는 나보다 세 살 많다. Gēge bǐ wǒ dà sān suì. 这个比那个好一点儿。 이것이 저것보다 조금 더 좋다. Zhège bǐ nàge hǎo yìdiǎnr.
一+양사+比+一+양사+형용사 하나같이 ~하다	我们班的学生一个比一个聪明。 Wǒmen bān de xuésheng yí ge bǐ yí ge cōngming. 우리 반 학생들은 하나같이 똑똑하다.

2 比 비교문의 부정형과 주의 사항

① 부정형은 'A+没(有)+B+형용사/동사구(A는 B보다 ~못하다)', 'A+不比+B+형용사/동사구(A는 B와 비슷하다)' 등의 형식을 쓴다.

他的个子没有我高。 그의 키는 나만큼 크지 않다.
Tā de gèzi méiyǒu wǒ gāo.

我没有他爱看电影。 나는 그만큼 영화를 좋아하지 않는다.
Wǒ méiyǒu tā ài kàn diànyǐng.

今天不比昨天冷。 오늘은 어제와 비슷하게 춥다.
Jīntiān bù bǐ zuótiān lěng.

这条裤子不比那条贵。 이 바지는 그 바지랑 비슷하게 비싸다.
Zhè tiáo kùzi bù bǐ nà tiáo guì.

② 也, 都, 只, 又 등의 부사는 比 앞에 위치한다.

他们都比我高。 그들은 다 나보다 크다.
Tāmen dōu bǐ wǒ gāo.

我只比她大一岁。 나는 그녀보다 겨우 한 살 많다.
Wǒ zhǐ bǐ tā dà yí suì.

③ 정도부사 更은 비교 대상 없이 단독으로 쓰일 수 있지만, 还는 반드시 비교 대상을 동반해야 한다.

这个更贵。 이게 훨씬 비싸다.
Zhège gèng guì.

这个比那个还贵。 이것이 저것보다 더 비싸.
Zhège bǐ nàge hái guì.

3 有 비교문

기본 형식	예문
A+有+B+这么/那么+형용사 A는 B만큼 (이렇게/그렇게) ~하다	她有你这么漂亮。 그녀는 너만큼 이렇게 예쁘다. Tā yǒu nǐ zhème piàoliang.
A+有+수량구+형용사 A는 ~에 이른다	泰山有1545米高。 타이산은 높이가 1545m에 이른다. Tàishān yǒu yìqiān wǔbǎi sìshíwǔ mǐ gāo.
A+没(有)+B+(这么/那么)…… A는 B만큼 (이렇게/그렇게) ~하지 못하다	我的成绩没有你好。 내 성적은 너만큼 안 좋다. Wǒ de chéngjì méiyǒu nǐ hǎo. 你没有他那么聪明。 너는 쟤만큼 그렇게 똑똑하지 않아. Nǐ méiyǒu tā nàme cōngming.

5분 체크 어법

정답 ➡ 272쪽

1 다음 빈칸에 공통으로 들어갈 전치사를 고르세요.

> A : 你姐姐今年多大?
> B : 她二十二岁, 我＿＿＿她小三岁。你呢?
> A : 我＿＿＿你大一岁。

❶ 把　　　　　❷ 比　　　　　❸ 被　　　　　❹ 跟

2 다음 대화에서 밑줄 친 부분의 뜻으로 알맞은 것을 고르세요.

> A : 他比你跑得快吧?　　　　B : 谁说的? 他跑得不比我快。

❶ 他跑得比我快　　　　　❷ 他跑得没有我快
❸ 他跑得跟我差不多　　　　　❹ 他跑得很差

3 다음 문장을 해석하세요.

❶ 这座山比那座山高。　　➡ ＿＿＿＿＿＿＿＿＿＿＿＿＿＿

❷ 他没有你聪明。　　➡ ＿＿＿＿＿＿＿＿＿＿＿＿＿＿

96 跟 비교문/像 비교문/不如 비교문

학습 포인트 跟 비교문과 像 비교문의 차이점 | 不如를 쓰는 열등 비교문

我的想法跟你一样。 내 생각은 너와 같아.
Wǒ de xiǎngfǎ gēn nǐ yíyàng.

远亲不如近邻。 먼 친척이 가까운 이웃만 못하다.
Yuǎnqīn bùrú jìnlín.

1 跟 비교문

① **A+跟(和)+B+一样** A는 B와 같다

我的名字跟他一样。 내 이름은 그와 같다.
Wǒ de míngzi gēn tā yíyàng.

这双鞋跟那双鞋一样。 이 신발은 저 신발과 같다.
Zhè shuāng xié gēn nà shuāng xié yíyàng.

② **A+跟(和)+B+一样+형용사/동사** A는 B와 ~가 같다

这座山跟那座山一样高。 이 산과 저 산은 높이가 같다.
Zhè zuò shān gēn nà zuò shān yíyàng gāo.

他跟你一样喜欢玩儿。 그는 너와 마찬가지로 노는 걸 좋아해.
Tā gēn nǐ yíyàng xǐhuan wánr.

③ **A+跟(和)+B+差不多** A는 B와 비슷하다

她的汉语水平跟你差不多。 그녀의 중국어 실력은 너와 비슷하다.
Tā de Hànyǔ shuǐpíng gēn nǐ chàbuduō.

④ **A+跟(和)+B+不一样** A는 B와 다르다

我的书跟老师的书不一样。 내 책과 선생님 책은 달라.
Wǒ de shū gēn lǎoshī de shū bù yíyàng.

他变得跟以前不一样了。 그는 변해서 예전 같지 않아.
Tā biàn de gēn yǐqián bù yíyàng le.

2 像 비교문

① **A+像+B+一样+형용사/동사구** A는 B처럼 ~하다

你像花一样美丽。 너는 꽃처럼 아름다워.
Nǐ xiàng huā yíyàng měilì.

你儿子像你一样认真工作。 자네 아들은 자네처럼 열심히 일하는군.
Nǐ érzi xiàng nǐ yíyàng rènzhēn gōngzuò.

② **A+像+B+一样** A는 B같다

他跑得像老虎一样。 그는 호랑이처럼 달린다.
Tā pǎo de xiàng lǎohǔ yíyàng.

③ **A+不像+B+(这么/那么)+형용사/동사구** A는 B처럼 (이렇게/그렇게) ~하지 않다

她不像你那么爱偷懒。 그녀는 너처럼 그렇게 게으름을 피우지는 않아.
Tā bú xiàng nǐ nàme ài tōulǎn.

3 不如 비교문

① A+不如+B+형용사/동사구 A는 B의 ~만 못하다

坐火车不如坐飞机快。기차 타면 비행기만큼 안 빨라.
Zuò huǒchē bùrú zuò fēijī kuài.

② A+不如+B A는 B만 못하다

我什么都不如你。나는 뭐든 다 너만 못해.
Wǒ shénme dōu bùrú nǐ.

③ 连……都不如 ~만도 못하다

你这么做连狗都不如。네가 이렇게 하는 건 개만도 못한 거야.
Nǐ zhème zuò lián gǒu dōu bùrú.

정답 ➡ 272쪽

5분 체크 어법

1 다음 빈칸에 공통으로 들어갈 말을 고르세요.

我的汉语水平_____以前差不多。	她的个子_____我一样高。

❶ 比　　　　　❷ 跟　　　　　❸ 有　　　　　❹ 像

＊ 다음 빈칸에 들어갈 말을 고르세요. [2-5]

2 这个菜不像那个菜_____。

❶ 有点儿甜　　❷ 甜一点儿　　❸ 那么甜　　❹ 比较甜

3 我写汉字_____。

❶ 不如他写得那么好　　　　　❷ 不如他那么写得好
❸ 不如他写得那么不好　　　　❹ 不如他那么写得不好

4 我这次考得_____。

❶ 不跟上次一样好　❷ 跟上次一样不好　❸ 跟不上次一样好　❹ 跟上次不一样好

5 今天的月亮_____, 特别亮。

❶ 像银盘那么一样　❷ 像银盘这么一样　❸ 像银盘的一样　　❹ 像银盘一样

97 越来越/越A越B/기타 비교문

학습 포인트 越来越와 越A越B 구문 | 특수한 비교문의 유형

我**越来越**聪明**了**。 난 갈수록 똑똑해지고 있어.
Wǒ yuèláiyuè cōngming le.

他**越**解释，我**越**生气。 그가 설명할수록, 난 더 화가 났다.
Tā yuè jiěshì, wǒ yuè shēngqì.

1 越来越와 越A越B

① 越来越는 '갈수록 ~하다'라는 뜻으로, 시간의 추이에 따라 정도가 심해짐을 나타낸다. '越来越······了' 형식으로 많이 쓰인다.

他的病**越来越**好了。 그의 병이 갈수록 좋아진다.
Tā de bìng yuèláiyuè hǎo le.

② '越A越B'는 'A할수록 B하다'라는 뜻으로, A의 정도에 따라 B의 정도가 심해짐을 나타낸다.

爸爸**越**到月底**越**忙。 아빠는 월말로 갈수록 더 바빠지셔.
Bàba yuè dào yuèdǐ yuè máng.

2 기타 비교문

比起······来 ~와 비교했을 때	**比起**明明**来**，东东跑得更好。 밍밍이와 비교했을 때, 동동이 달리기를 더 잘한다. Bǐqǐ Míngming lái, Dōngdong pǎo de gèng hǎo. **比起**游泳**来**，我更喜欢踢足球。 수영과 비교해서, 난 축구를 더 좋아해. Bǐqǐ yóuyǒng lái, wǒ gèng xǐhuan tī zúqiú.
跟······相比 ~와 서로 비교하면	**跟**他**相比**，我的成绩更好一点。 그와 비교하면, 내 성적이 좀 더 낫다. Gēn tā xiāngbǐ, wǒ de chéngjì gèng hǎo yìdiǎn. **跟**别的同学**相比**，她的发音最好。 다른 학우들과 비교할 때, 그녀의 발음이 가장 좋다. Gēn bié de tóngxué xiāngbǐ, tā de fāyīn zuì hǎo.
跟······比起来 ~와 비교했을 때	**跟**其他宾馆**比起来**，这里的环境更好一些。 Gēn qítā bīnguǎn bǐ qǐlai, zhèli de huánjìng gèng hǎo yìxiē. 다른 호텔과 비교했을 때, 이곳의 환경이 좀 더 낫다. **跟**他**比起来**，我还差得太多。 그와 비교했을 때, 난 한참 뒤처진다. Gēn tā bǐ qǐlai, wǒ hái chà de tài duō.
형용사+得+不能再(更) +형용사(的)+了 ~한 것이 더 이상 ~할 수는 없다	这里的条件好得**不能再好**的了。 이곳의 조건은 더 이상 좋을 수가 없다. Zhèli de tiáojiàn hǎo de bù néng zài hǎo de le. 这件衣服的价格便宜得**不能再便宜**了。 이 옷의 가격은 더 이상 쌀 수가 없다. Zhè jiàn yīfu de jiàgé piányi de bù néng zài piányi le.
没有比+A+再(更)+ 형용사/동사+的+了 A보다 더 ~한 것은 없다	**没有比**这个**再好的了**。 이것보다 더 좋은 것은 없다. Méiyou bǐ zhège zài hǎo de le. **没有比**免费**更贵的了**。 공짜보다 더 비싼 것은 없다. Méiyou bǐ miǎnfèi gèng guì de le.

A+比+B+有了+ 很大(的)+목적어 A는 B에 비해 아주 큰 ~가 있다(생겼다)	他的汉语比去年有了很大的进步。 Tā de Hànyǔ bǐ qùnián yǒu le hěn dà de jìnbù. 그의 중국어는 작년에 비해 크게 향상했다. 这个城市比以前有了很大的变化。 이 도시는 예전에 비해 큰 변화가 생겼다. Zhège chéngshì bǐ yǐqián yǒu le hěn dà de biànhuà.
A+比+B+早/晚/多/少 +동사+수량보어 A는 B보다 약간 ~했다 (시간과 양을 표현)	他今天比我早来了半个小时。 그는 오늘 나보다 30분 일찍 왔다. Tā jīntiān bǐ wǒ zǎo lái le bàn ge xiǎoshí. 我比她多买了几个。 나는 그녀보다 몇 개 더 샀다. Wǒ bǐ tā duō mǎi le jǐ ge.

정답 ➡ 272쪽

5분 체크 어법

1 다음 빈칸에 들어갈 말을 고르세요.

> A : 你看，我汉字写得怎么样？　　　　　B : 你写得＿＿＿＿好看了。

❶ 越　　　　　❷ 越来越　　　　　❸ 再　　　　　❹ 已经

2 다음 빈칸에 들어갈 말을 고르세요.

> 雨＿＿＿＿下＿＿＿＿大　　　　　　我们＿＿＿＿讨论，问题＿＿＿＿清楚。

❶ 越来越 – 越来越　❷ 又 – 越　　❸ 越 – 越　　❹ 再 – 越

3 다음 빈칸에 들어갈 말을 고르세요.

> A : 亲爱的，你爱我吧？　　　　　B : 当然，没有比我＿＿＿＿爱你的了。

❶ 再　　　　　❷ 又　　　　　❸ 很　　　　　❹ 更

4 다음 빈칸에 들어갈 말을 고르세요.

> A : 你来得＿＿＿＿吗？　　　　　B : 我比你＿＿＿＿来了一个小时。

❶ 快　　　　　❷ 早　　　　　❸ 好　　　　　❹ 慢

5 다음 문장을 해석하세요.

❶ 他的成绩比以前好多了。　　➡ ＿＿＿＿＿＿＿＿＿＿＿＿＿＿＿＿

❷ 今天的心情好得不能再好了。　➡ ＿＿＿＿＿＿＿＿＿＿＿＿＿＿＿＿

98 是……的 강조 구문(1)

학습 포인트 是……的 구문의 긍정형과 부정형

她**是**从美国来**的**。 그녀는 미국에서 왔다.
Tā shì cóng Měiguó lái de.

他**不是**今年毕业**的**。 그는 올해 졸업한 게 아니야.
Tā bú shì jīnnián bìyè de.

---

1 是……的 용법(1)

'是……的' 용법은 어떤 동작이 발생한 시간, 장소, 방식, 대상, 목적, 조건 등을 강조한다. '是……的' 용법에서 강조하는 내용은 이미 일어난 동작이다.

시간 강조	他们**是**去年来**的**。 그들은 작년에 왔다. Tāmen shì qùnián lái de.
장소 강조	他们**是**在学校认识**的**。 그들은 학교에서 알게 됐다. Tāmen shì zài xuéxiào rènshi de.
방식 강조	爸爸**是**坐飞机回来**的**。 아버지는 비행기를 타고 돌아오셨다. Bàba shì zuò fēijī huílai de.
대상, 목적, 조건 강조	这本书**是**给你买**的**。 이 책은 너 주려고 산 거야. Zhè běn shū shì gěi nǐ mǎi de. 他**是**来找你**的**。 그는 널 찾아온 거야. Tā shì lái zhǎo nǐ de. 这次冠军**是**在大家的努力下拿到**的**。 Zhècì guànjūn shì zài dàjiā de nǔlì xià nádào de. 이번 우승은 모두의 노력 하에 얻은 것이야.
동작의 주체 강조	这首诗**是**李白写**的**。 이 시는 이백이 쓴 거야. Zhè shǒu shī shì Lǐ Bái xiě de.
문장 전체의 주어 강조	**是**弟弟把帽子借给她**的**。 남동생이 모자를 그녀에게 빌려 줬어. Shì dìdi bǎ màozi jiègěi tā de.
어떤 결과를 만든 동작 행위 강조	听说他住院了，**是**病倒**的**。 그가 병원에 입원했다는데, 병에 걸린 거래. Tīngshuō tā zhùyuàn le, shì bìngdǎo de.

2 是……的 용법(1)의 주의 사항

① 회화에서 是를 생략하고 말할 수 있는데, 주어가 这, 那일 경우에는 생략할 수 없다.

我七点起床**的**。 난 7시에 일어났어.
Wǒ qī diǎn qǐchuáng de.

那**是**在机场买**的**。 그건 공항에서 산 거야.
Nà shì zài jīchǎng mǎi de.

② 동사의 목적어가 명사일 경우, 的를 목적어 앞에 쓸 수 있다.

我**是**昨天买**的**书。 난 어제 책을 샀어.
Wǒ shì zuótiān mǎi de shū.

是我开**的**门。 내가 문을 연 거야.
Shì wǒ kāi de mén.

③ 부정할 때는 '不是……的' 형식을 쓴다.

她不是坐车来的。 그녀는 차 타고 온 것이 아니야.
Tā bú shì zuò chē lái de.

④ '是……的' 구문은 문장에서 목적어로 쓰이기도 한다.

我不知道他是怎么来的。 난 그가 어떻게 왔는지 모른다.
Wǒ bù zhīdào tā shì zěnme lái de.

5분 체크 어법

정답 ➡ 273쪽

＊ 다음 대화를 읽고 답하세요. [1-2]

> a : 我也是。那你是＿＿＿北京来的吗?　　b : 你是什么时候到的?
>
> c : 不，我是＿＿＿上海来的。　　d : 我是昨天到的。你呢?

1 대화의 순서를 바르게 배열한 것을 고르세요.

❶ d - a - b - c　　❷ b - d - a - c　　❸ a - b - c - d　　❹ b - a - c - d

2 두 사람이 도착한 때를 고르세요.

❶ 어제　　❷ 그저께　　❸ 오늘　　❹ 며칠 전

3 빈칸에 들어갈 전치사로 알맞은 것을 고르세요.

❶ 离　　❷ 在　　❸ 自　　❹ 从

＊ 다음 대화를 읽고 답하세요. [4-5]

> A : 你＿＿＿骑自行车去的吗?
>
> B : 不，我＿＿＿坐公共汽车去的。

4 다음 빈칸에 공통으로 들어갈 단어를 고르세요.

❶ 在　　❷ 有　　❸ 是　　❹ 来

5 B가 이용한 교통수단을 고르세요.

❶ 자전거　　❷ 시내버스　　❸ 배　　❹ 비행기

99 是……的 강조 구문(2)

•학습 포인트 화자의 관점, 견해 등을 나타내는 是……的 용법

这**是**我应该做**的**。 이건 제가 당연히 해야 할 일이에요.
Zhè shì wǒ yīnggāi zuò de.

孩子近视**是**看书看**的**。 아이가 근시인 것은 책을 봐서 그래.
Háizi jìnshì shì kàn shū kàn de.

1 是……的 용법(2)

'是……的' 구문은 화자의 관점, 견해, 태도, 평가와 주어에 대한 묘사, 설명 등을 강조한다. 是와 的 사이에 형용사, 동사구, 절이 올 수 있으며, 긍정적인 어감을 나타낸다.

관점, 견해, 태도, 평가	奶奶的病**是**会好**的**。 할머니의 병은 좋아지실 거야. Nǎinai de bìng shì huì hǎo de. 这两个包**是**一样**的**。 이 두 개의 가방은 같은 거야. Zhè liǎng ge bāo shì yíyàng de.
주어에 대한 묘사, 설명	打哈欠**是**有传染性**的**。 하품은 전염성이 있어. Dǎ hāqian shì yǒu chuánrǎnxìng de. 书名**是**很容易记**的**：《我爱你》。 책 이름은 기억하기 쉬워. 『워 아이 니(我爱你)』야. Shūmíng shì hěn róngyì jì de:《Wǒ ài nǐ》.
원인 설명	是와 的 사이에 동사(구), 절이 동반된다. 동사 뒤에 목적어가 동반되면 동사를 중복한다. 她脸红**是**害羞**的**。 그녀가 얼굴이 빨간 건 부끄러워서야. Tā liǎn hóng shì hàixiū de. 我迟到**是**路上堵车堵**的**。 내가 지각한 건 차가 막혀서야. Wǒ chídào shì lùshang dǔchē dǔ de.

2 是……的 용법(2)의 주의 사항

① 부정문에서는 부정부사의 위치에 주의한다.

这个报告**不是**小王写**的**。 이 보고서는 왕 군이 쓴 것이 아니다.
Zhège bàogào bú shì Xiǎo Wáng xiě de.

我跟他**是不**认识**的**。 나는 그와 모르는 사이다.
Wǒ gēn tā shì bú rènshi de.

② '是……的' 구문은 문장에서 목적어 역할을 한다.

我终于明白那件事**是**他做**的**。 나는 마침내 그가 그 일을 했다는 것을 알았다.
Wǒ zhōngyú míngbai nà jiàn shì shì tā zuò de.

我也知道他们的态度**是**友好**的**。 나도 그들의 태도가 우호적이라는 걸 안다.
Wǒ yě zhīdào tāmen de tàidu shì yǒuhǎo de.

5분 체크 어법

＊ 다음 대화를 읽고 답하세요. [1–2]

> A : 不好意思, ___①___ 麻烦你了。
>
> B : 没事儿, 这样做___②___ 应该的。

1 ①에 들어갈 말로 알맞은 것을 고르세요.

❶ 再 　　　　 ❷ 还 　　　　 ❸ 又 　　　　 ❹ 常

2 ②에 들어갈 말로 알맞은 것을 고르세요.

❶ 有 　　　　 ❷ 是 　　　　 ❸ 在 　　　　 ❹ 的

3 A의 질문으로 알맞은 것을 고르세요.

> A : _____?
>
> B : 刚才是我朋友给我打的电话。

❶ 刚才是谁给你打的电话

❷ 是刚才谁给你打的电话

❸ 刚才谁给你是打的电话

❹ 刚才谁是给你打的电话

4 다음 제시된 단어의 알맞은 위치를 고르세요.

❶ A 谁 B 惹你 C 这么 D 生气的? 你说吧! (是)

❷ A 这种事情 B 是 C 可能 D 的。(不)

5 다음 문장을 번역하세요.

❶ 这封信是妈妈给我写的。　　➡ _____

❷ 他是在我最困难的时候帮助我的。　　➡ _____

100 여러 가지 강조 용법(1)

连小学生都能回答。 초등학생조차도 다 대답할 수 있어.
Lián xiǎoxuéshēng dōu néng huídá.

你一点儿也不笨。 넌 조금도 바보스럽지 않아.
Nǐ yìdiǎnr yě bú bèn.

---

1 连……也(都)

① '~조차도 ~하다'라는 뜻으로, 连 뒤에 명사, 수량사, 동사 등이 올 수 있다. 이 형식에 쓸 수 있는 수사는 一 하나밖에 없으며, 주어와 전치목적어를 강조한다.

她连一句谢谢也没说。 그녀는 고맙다는 말 한 마디조차 안 했어.
Tā lián yí jù xièxie yě méi shuō.

他连游泳都不会。 그는 수영조차 할 줄 몰라.
Tā lián yóuyǒng dōu bú huì.

② '连……也(都)' 형식에서 连을 생략하고 也, 都만 쓸 수도 있다.

她挑食, 胡萝卜也不吃。 그녀는 편식을 해서, 당근도 안 먹어.
Tā tiāoshí, húluóbo yě bù chī.

这样的事, 我想都没想过。 이런 일은 내가 생각도 못했어.
Zhèyàng de shì, wǒ xiǎng dōu méi xiǎngguo.

③ 连……也(都), 何况……呢! ~조차 ~한데, 하물며 어쩌하겠는가!

他连一块石头也拿不动, 何况这么重的东西呢!
Tā lián yí kuài shítou yě ná bu dòng, hékuàng zhème zhòng de dōngxi ne!
그는 돌멩이 하나도 못 드는데, 이렇게 무거운 물건을 어떻게 들겠어!

2 一点儿也(都)不/没

一点儿也(都)不/没+동사 조금도 ~하지 않다	他一点儿也不关心我。 그는 나에게 조금도 관심이 없어. Tā yìdiǎnr yě bù guānxīn wǒ. 这么多东西他一点儿也没吃。 이렇게 많은 음식을 그는 하나도 안 먹었어. Zhème duō dōngxi tā yìdiǎnr yě méi chī.
一点儿也(都)不+형용사 조금도 ~하지 않다	这个苹果一点儿都不好吃。 이 사과는 하나도 맛이 없어. Zhège píngguǒ yìdiǎnr dōu bù hǎochī.

3 没有+사람/사물+不…… : '~하지 않은 사람(사물)이 없다'는 뜻으로 예외가 없음을 강조하며, 没有 不 형식으로도 쓰인다.

昨天的火灾没有人不知道。 어제 화재는 모르는 사람이 없어. (→ 다 안다)
Zuótiān de huǒzāi méiyǒu rén bù zhīdào.

我没有一天不在12点后睡觉。 나는 12시가 넘기 전에 잠을 잔 적이 없어. (→ 늘 12시 넘어 잔다)
Wǒ méiyǒu yì tiān bú zài shí'èr diǎn hòu shuìjiào.

4 강조 용법의 就

'就+是'는 '바로 ~이다'라는 의미로 긍정의 뜻을 강조한다. '就+동사'는 '꼭 그렇게 한다'라는 의미로
강한 의지를 강조한다.

这就是我住的饭店。 여기가 바로 내가 묵는 호텔이야. (긍정의 의미)
Zhè jiù shì wǒ zhù de fàndiàn.

不吃，不吃，就不吃。 안 먹어, 안 먹어, 죽어도 안 먹어. (강한 의지)
Bù chī, bù chī, jiù bù chī.

정답 ➡ 273쪽

5분 체크 어법

1 다음 빈칸에 들어갈 말을 고르세요.

> [보기] 连……也   一点儿都   就   没有……不……

❶ 你怎么_____他的名字_____不知道?

❷ 我现在_____不想吃。

❸ 他_____在我的前边。

❹ 这个孩子又胖又可爱，_____人_____喜欢他。

2 다음을 어순에 맞게 배열하세요.

❶ 这次期中考试， | 及格 | 也 | 谁 | 不 | 没有

➡ 这次期中考试，_____。

❷ 我 | 就 | 不相信 | 骗子 | 是 | 他 | 个

➡ 我_____。

3 다음 문장을 해석하세요.

❶ 别的运动我都不喜欢，我就喜欢跑步。　➡ _____

❷ 这个牌子的包我一次也没买过。　➡ _____

❸ 他连游泳都不会，更别说跳水了。　➡ _____

*跳水 tiàoshuǐ 명 다이빙

101 여러 가지 강조 용법(2)

• 학습 포인트 不……不…… | 非……不可 | 没有……吗? | 还

他说非我去不可。
Tā shuō fēi wǒ qù bùkě.
그는 꼭 내가 가야 한다고 하네.

天气这么冷，你还开窗户?
Tiānqì zhème lěng, nǐ hái kāi chūnghu?
날씨가 이리 추운데, 넌 그런데도 창문을 열었어?

1 不……不…… ~하지 않으면 안 된다

① '~하지 않으면 안 된다'라는 뜻으로 긍정을 나타내며, 첫 번째 不 뒤에는 보통 조동사가 위치한다.

坐车不应该不买票。 차를 탈 때는 표를 안 사면 안 돼.
Zuò chē bù yīnggāi bù mǎi piào.

② '不+동사+不行/不成/不可以/不合适'는 '~하지 않으면 안 된다'라는 뜻을 나타낸다.

他不来不行。 그가 안 오면 안 돼.
Tā bù lái bùxíng.

这件事不告诉大家不成。 이 일은 모두에게 알리지 않으면 안 돼.
Zhè jiàn shì bú gàosu dàjiā bùchéng.

③ '不是不(没)A, 是B'는 'A한 것이 아니라, B이다'라는 뜻으로, 어떤 동작을 한 원인이 B에 있음을 나타낸다.

我不是不想来，是没有时间。 내가 안 오고 싶은 게 아니라, 시간이 없어.
Wǒ bú shì bù xiǎng lái, shì méiyǒu shíjiān.

他不是不努力，是运气不好。 그가 노력하지 않는 게 아니라, 운이 안 좋아.
Tā bú shì bù nǔlì, shì yùnqi bù hǎo.

2 非……不可

① '반드시 ~하지 않으면 안 된다'라는 뜻으로 '非……不可/不成' 형식으로 쓰이며, 不可 또는 不成을 생략하기도 한다.

我每天非喝咖啡不成。 나는 매일 커피를 안 마시면 안 돼.
Wǒ měitiān fēi hē kāfēi bùchéng.

② '非要/非得……不可/不成' 형식으로 쓰이며, 不可 또는 不成을 생략하기도 한다.

她非要一个人去。 그녀는 꼭 혼자 가야 한다고 한다.
Tā fēiyào yí ge rén qù.

你非得今天晚上出发吗? 넌 꼭 오늘밤에 출발해야 하는 거야?
Nǐ fēiděi jīntiān wǎnshang chūfā ma?

3 没有……吗?

'~안 했어요?'라는 뜻의 반어문 형식으로 긍정의 어감을 강조한다.

你没看出来吗? 她做了双眼皮。 너 알아채지 못했어? 저 애 쌍꺼풀 수술을 했잖아.
Nǐ méi kàn chūlai ma? Tā zuò le shuāngyǎnpí.

4 还

① '还+긍정' 형식은 '~해서는 안 된다'의 표현으로, '~한데도, ~까지 했어?'라는 뜻을 나타낸다.

都半夜了，你还拉小提琴? 한밤중인데, 넌 바이올린을 켜고 있니?
Dōu bànyè le, nǐ hái lā xiǎotíqín?

② '还+부정' 형식은 '당연히 ~해야 한다'의 표현으로, '~하는데도, 그래도 ~해?'라는 뜻을 나타낸다.

他对你这么好，你还不满意? 그 사람이 너한테 이렇게 잘하는데, 넌 그래도 불만이니?
Tā duì nǐ zhème hǎo, nǐ hái bù mǎnyì?

5분 체크 어법

정답 ➡ 273쪽

1 다음 빈칸에 들어갈 말을 고르세요.

> [보기]　不……不……　　非……不可　　没有……吗?　　还

❶ 这次考试不及格是你自己的问题，你_____怪别人?

❷ 这么漂亮的娃娃她_____会_____喜欢。

❸ 他今天_____买到火车票_____。

❹ 我_____告诉你_____? 那个地方不好。

2 다음 빈칸에 들어갈 말을 고르세요.

> A: 他知道吗?　　　　　　　　　　B: 他_____会_____知道。

❶ 没 – 不　　　　❷ 别 – 不　　　　❸ 不 – 不　　　　❹ 应该 – 不

3 다음 단어를 어순에 맞게 배열하세요.

❶ 你 ｜ 出来 ｜ 没 ｜ 吗 ｜ 看 ｜ 他喜欢你

➡ _____? 他喜欢你。

❷ 妈妈 ｜ 非要 ｜ 去 ｜ 我 ｜ 不可 ｜ 相亲

➡ 妈妈_____。

＊相亲 xiāngqīn 图 선보다, 소개팅하다

50문 50답

앞에서 배운 내용들은 재미있게 공부하셨나요? 그래도 헷갈리는 문제들이 있다고요? 50문 50답을 통해 확실하게 이해하자고요. 자, 그럼 출발할까요?

'我有两个弟弟'를 부정할 때는 왜 '我没有弟弟'라고 하나요?

우리말을 생각해 볼까요? 우리말로 동생이 있을 때 '난 동생이 하나야', '난 동생이 둘 있어'라고 하지만, 동생이 없을 때는 그냥 '동생이 없어'라고 하지, '난 동생이 둘 없어'라고는 하지 않지요? 중국어도 마찬가지랍니다. 그러니까 동생이 있을 때는 '有+수사+양사+弟弟/妹妹'라고 하지만, 동생이 없을 때는 그냥 '没有+弟弟/妹妹'라고 하면 되는 거죠. 이해되셨죠?

A : 你有弟弟吗? 너 남동생 있어?
　　Nǐ yǒu dìdi ma?

B1 : 我有两个弟弟。 난 남동생이 둘이야.
　　　Wǒ yǒu liǎng ge dìdi.

B2 : 我没有弟弟，有一个妹妹。
　　　Wǒ méiyǒu dìdi, yǒu yí ge mèimei.
　　　난 남동생은 없고, 여동생이 하나 있어.

被자문에는 왜 가능보어를 쓸 수 없나요?

被자문은 누군가(혹은 사물)로부터 원치 않는 어떤 조치를 '당하는' 문형이지요. 때로는 누구한테 당했는지도 모를 정도로 쥐도 새도 모르게 당하는 경우가 있는데요. 이런 문장에 가능보어를 쓰게 되면 어떨까요? 그렇게 되면 '당할까 말까'를 따져보는 문장이 되어버리지 않을까요?

我的钱包被小偷偷得了。(×) → 我的钱包被小偷偷走了。(○) 내 지갑은 도둑이 훔쳐갔어.
　　　　　　　　　　　　　　Wǒ de qiánbāo bèi xiǎotōu tōuzǒu le.

把자문과 被자문은 서로 호환할 수 있다던데, 把자문은 무조건 被자문으로 바꿀 수 있는 건가요?

무조건은 아니고요. 상식적으로 통하는 경우에만 가능합니다.

弟弟把炸酱面吃了。 동생이 자장면을 먹었다. → 炸酱面被弟弟吃了。 자장면은 동생이 먹었다.
Dìdi bǎ zhájiàngmiàn chī le.　　　　　　　　　Zhájiàngmiàn bèi dìdi chī le.

卡车把他撞了。(×) → 他被卡车撞了。(○) 그는 트럭에 치었다.
　　　　　　　　　　Tā bèi kǎchē zhuàng le.

연동문과 겸어문의 개념이 잘 안 잡혀요. 쉽게 설명해 주시면 좋겠어요.

주어를 '나'로 가정한다면, 연동문은 주어 '나'가 여러 가지 동작을 순차적으로 하는 것을 말하고요, 겸어문은 주어 '나'가 다른 사람한테 어떤 동작을 하라고 시키는 것을 말합니다. 따라서, 연동문에는 주어 하나와 동사가 여러 개가 등장하고, 겸어문에는 주어 두 개, 동사 두 개가 등장하지요.

我去书店买书。 나는 서점으로 책 사러 간다. (연동문)
Wǒ qù shūdiàn mǎi shū.

我请你喝茶。 내가 너한테 차 살게. (겸어문)
Wǒ qǐng nǐ hē chá.

'他没(有)穿衣服'와 '他没(有)衣服穿'이 어떻게 다른가요?

'他没(有)穿衣服'는 '그는 옷을 입지 않았다'라는 뜻의 '동사술어문'이고, '他没(有)衣服穿'은 '그는 입을 옷이 없다'라는 뜻의 '연동문'입니다. 앞의 문장은 没有가 동사 穿 앞에서 부사로 쓰였고, 뒤 문장은 没有가 명사 衣服 앞에 있으므로 동사로 쓰였습니다. 衣服 뒤에 동사 穿이 다시 나오니, 이 문장은 没有를 첫 번째 동사로 쓰는 연동문인 것이지요.

'姐姐写着信'은 진행문이 아닌가요?

동태조사 着는 동작이나 상태의 '지속'만을 나타낼 뿐, 동작의 '진행'을 나타내진 않습니다. 그렇기 때문에 '姐姐写着信'을 진행형 문장으로 만들고 싶다면 문장 끝에 진행을 나타내는 조사 呢를 꼭 같이 써야 해요.

姐姐写着信呢。 언니(누나)는 편지를 쓰고 있다.
Jiějie xiězhe xìn ne.

비교문에는 정도부사 很과 非常은 못 쓰나요?

비교문은 두 사람(혹은 사물)을 비교해서 '차이점'이 무엇인지 밝혀내는 문장이기 때문에 어떤 정도나 수준이 높음을 나타내는 부사 '很, 非常' 등은 쓸 수 없고, '한층 더, 더욱'의 뜻을 갖는 '更, 还' 등을 쓰지요.

他的房间比我的非常大。(×) → 他的房间比我的还大。(○) 그의 방이 내 방보다 더 크다.
　　　　　　　　　　　Tā de fángjiān bǐ wǒ de hái dà.

没有를 쓰는 비교문과 不如를 쓰는 비교문에는 어떤 차이가 있나요?

没有를 쓰는 비교문은 동사 有를 쓰는 비교문의 부정형으로 'A没有B' 즉 'A는 B만큼 ~하지 않다(=A는 B의 기준에 못 미치다)'의 뜻을 나타내고, 不如를 쓰는 비교문은 'A不如B' 형식으로 쓰여 'A는 B만 못하다'라는 '열등'의 뜻을 나타냅니다.

她没有我大。 그녀는 내 나이보다 적다.　　她不如我。 그녀는 나만 못하다.
Tā méiyǒu wǒ dà.　　　　　　　　　　Tā bùrú wǒ.

'越……越……' 형식에서 뒤의 越를 생략해도 될까요?

'越……越……'는 비교문이면서 조건 복문 형식을 띠고 있지요. 이 형식에는 반드시 두 개의 越가 같이 쓰여야 합니다. 하나만 쓰면 복문이 되지 않으니 조심하세요.

他越解释，我生气。(×) → 他越解释，我越生气。(○) 그가 설명할수록, 난 더 화가 났다.
　　　　　　　　　　Tā yuè jiěshì, wǒ yuè shēngqì.

Part 6
복문

중국어 문장을 단문과 복문으로 나눌 수 있는데, 단문은 주어와 술어가 하나로 이루어진 문장이고, 복문은 두 개 이상의 단문으로 이루어진 문장이다.

단문

주어 他 술어 喝 茶 。
Tā hē chá.

그는 차를 마신다.

복문

주어 他们 一边 술어 喝 茶 , 一边 술어 聊天儿 。
Tāmen yìbiān hē chá, yìbiān liáotiānr.

그들은 차를 마시며 한담을 나눈다.

○ **병렬복문**　他既会说英语，也会说俄语。
Tā jì huì shuō Yīngyǔ, yě huì shuō Éyǔ.
그는 영어도 할 줄 알고, 러시아어도 할 줄 안다.

○ **연속복문**　我回家后，先吃饭，再做作业。
Wǒ huíjiā hòu, xiān chīfàn, zài zuò zuòyè.
난 집에 돌아가, 먼저 밥을 먹고 다시 숙제를 해.

○ **점층복문**　这里的苹果，不仅产量高，并且质量也好。
Zhèli de píngguǒ, bùjǐn chǎnliàng gāo, bìngqiě zhìliàng yě hǎo.
이곳의 사과는 생산량도 많을 뿐만 아니라, 품질도 좋아.

○ **선택복문**　今天下午，或者你来，或者我去。
Jīntiān xiàwǔ, huòzhě nǐ lái, huòzhě wǒ qù.
오늘 오후에는 네가 오든지, 내가 가든지.

○ **가정복문**　如果你有事儿，就先去吧。
Rúguǒ nǐ yǒu shìr, jiù xiān qù ba.
만약에 일이 있으면, 먼저 가.

○ **인과복문**　因为路上堵车，所以迟到了。
Yīnwèi lùshang dǔchē, suǒyǐ chídào le.
도로에 차가 막혀서 늦었다.

○ **역접복문**　虽然外面在下雪，但是不冷。
Suīrán wàimiàn zài xiàxuě, dànshì bù lěng.
밖에 눈은 오지만 춥지는 않다.

○ **조건복문**　只要我们不断努力，就能成功。
Zhǐyào wǒmen búduàn nǔlì, jiù néng chénggōng.
우리가 부단히 노력하기만 하면, 성공할 수 있다.

○ **목적복문**　我这么做都是为了你们好。
Wǒ zhème zuò dōu shì wèile nǐmen hǎo.
내가 이렇게 하는 것은 다 너희들이 잘되라고 하는 거야.

102 병렬복문

他们一边喝茶，一边聊天儿。
Tāmen yìbiān hē chá, yìbiān liáotiānr.
그들은 차를 마시며 한담을 나눈다.

天也黑了，雪也停了。
Tiān yě hēi le, xuě yě tíng le.
날도 어두워지고 눈도 그쳤다.

➕ 병렬복문 : 두 개 혹은 그 이상의 단문이 복문 안에서 평등 관계를 이루는 복문이다.

既……，又…… ~하고 또 ~하다	동시에 두 가지 성질이나 상황이 존재함을 나타낸다. 형용사, 동사(구)를 동반할 수 있으며, 既는 주어 뒤에 위치한다. 병렬하는 사실 중에서 又 뒤에 비중을 둔다. 苹果既大又甜，多买一些吧。 사과가 크고 다니. 좀 많이 사렴. Píngguǒ jì dà yòu tián, duō mǎi yìxiē ba. 我既像妈妈，又像爸爸。 나는 엄마도 닮고 또 아빠도 닮았다. Wǒ jì xiàng māma, yòu xiàng bàba.
既……，也…… ~하기도 하고, ~하기도 하다	두 가지 상황이 동시에 존재함을 나타낸다. 주로 동사구를 동반하며, 既와 也 뒤의 상황은 상대적이거나 보충 설명의 관계이다. 他既会说英语，也会说俄语。 Tā jì huì shuō Yīngyǔ, yě huì shuō Éyǔ. 그는 영어도 할 줄 알고, 러시아어도 할 줄 안다.
不是……， 而是…… ~가 아니라 ~이다	不是 뒤에는 반드시 동사성, 형용사성 단어가 동반되어야 한다. 她不是不知道，而是装不知道。 Tā búshi bù zhīdào, érshì zhuāng bù zhīdào. 그녀는 모르는 것이 아니라, 모른 척하는 것이다. **Tip** 不是 뒤에 명사가 동반되면 그 때 不是는 접속사가 아니라 '不+是' 형식이 된다. 他不是中国人。그는 중국인이 아니다. Tā bú shì Zhōngguórén.
一边……， 一边…… ~하면서 ~하다	① 두 가지 동작이 동시에 존재함을 나타낸다. 조동사를 동반할 수 없고, 주로 2음절 동사를 동반한다. 她一边看电影，一边吃饼干。 그녀는 영화를 보면서 비스킷을 먹는다. Tā yìbiān kàn diànyǐng, yìbiān chī bǐnggān. ② 一边에서 一를 생략하고 '边A边B'라 쓸 수도 있는데, 이때 AB에는 1음절 동사만 올 수 있다. 你们边写边念吧。 너희들 쓰면서 읽어보렴. 她边哭边说。 그녀는 울면서 말한다. Nǐmen biān xiě biān niàn ba. Tā biān kū biān shuō.
又……，又…… ~하면서 ~하다	두 가지 성질이나 동작이 동시에 존재함을 나타낸다. 형용사, 동사를 동반할 수 있다. 他们又唱又跳，高兴极了。 그들은 노래하고 춤추며 굉장히 즐거워한다. Tāmen yòu chàng yòu tiào, gāoxìng jíle. 这件衣服样子又好看，价格又便宜。 이 옷은 디자인도 예쁘고, 가격도 싸다. Zhè jiàn yīfu yàngzi yòu hǎokàn, jiàgé yòu piányi.

也……, 也…… ~하기도 하고, ~하기도 하다	두 가지 상황이 동시에 존재함을 나타낸다. 각각의 也 앞에 다른 주어가 온다.
	他也没有车，我也没有车。 그도 차가 없고, 나도 차가 없다. Tā yě méiyǒu chē, wǒ yě méiyǒu chē.
一方面……, 一方面…… 한편으로 ~하면서, 한편으로 ~하다	연관된 두 가지 상황을 표현하거나 사물의 두 가지 성질을 나타낸다. 두 번째 一方面 앞에 另을 쓸 수 있고, 뒤에는 又, 也, 还 등이 올 수 있다.
	我来上海一方面是工作，另一方面是见老朋友。 Wǒ lái Shànghǎi yìfāngmiàn shì gōngzuò, lìng yìfāngmiàn shì jiàn lǎopéngyǒu. 내가 상하이에 온 것은 한편으론 일하기 위해서고, 또 한편으론 옛 친구를 만나기 위해서야.

5분 체크 어법

1 빈칸에 알맞은 관련사를 넣으세요.

[보기]　既……又……　　既……也……　　一边……一边……　　又……又……

❶ 北京的冬天很冷，_____冷_____干燥。

❷ 我_____不喜欢坐公共汽车，_____不喜欢坐出租车。

❸ 我们_____走路，_____谈话吧。

❹ 他_____聪明，_____努力，所以学习成绩很好。

2 다음 문장을 어순에 맞게 배열한 것을 고르세요.

a : 我一方面要学好汉语　　　　　　　b : 在中国的两年里

c : 一方面要了解中国文化

❶ a - b - c　　　　❷ c - a - b　　　　❸ b - a - c　　　　❹ b - c - a

3 다음 문장을 해석하세요.

❶ 这件衣服又好看又便宜。　　　　➡ _____

❷ 他们一边唱歌一边跳舞，玩儿得很开心。　➡ _____

❸ 你去也可以，不去也可以，我们无所谓。　➡ _____

❹ 她既会说英语，也会说西班牙语。　➡ _____

102 병렬복문　247

103 연속복문

• 학습 포인트 연속복문의 유형과 특징

我们**先**吃点儿东西，**然后再去**逛街吧。
Wǒmen xiān chī diǎnr dōngxi, ránhòu zài qù guàngjiē ba.
우리 먼저 뭐 좀 먹은 후에 다시 쇼핑 가자.

他**先**走了，**接着**我也走了。
Tā xiān zǒu le, jiēzhe wǒ yě zǒu le.
그가 먼저 갔고, 뒤이어 나도 갔어.

➕ **연속복문** : 두 가지 일이 시간의 차이를 두고 바로 이어져 일어나는 것을 나타낸다.

先……，然后…… 먼저 ~하고, 그런 후에 ~하다	先走到十字路口，然后往右拐。 Xiān zǒudào shízì lùkǒu, ránhòu wǎng yòu guǎi. 먼저 교차로까지 가서, 우회전하세요.
先……，然后……， 最后…… 먼저 ~하고, 그런 후에 ~하고, 마지막으로 ~하다	这次出差，我先去北京，然后去西安，最后去昆明。 Zhècì chūchāi, wǒ xiān qù Běijīng, ránhòu qù Xī'ān, zuìhòu qù Kūnmíng. 이번 출장에서, 나는 먼저 베이징에 갔다가, 시안으로 간 다음, 마지막으로 쿤밍에 갈 거야.
先……，再…… 먼저 ~하고, 다시 ~하다	我回家后，先吃饭，再做作业。 Wǒ huíjiā hòu, xiān chīfàn, zài zuò zuòyè. 난 집에 돌아가, 먼저 밥을 먹고 다시 숙제를 해.
先……，然后再…… 먼저 ~하고, 그런 후에 다시 ~하다	我们先吃点儿东西，然后再看吧。 Wǒmen xiān chī diǎnr dōngxi, ránhòu zài kàn ba. 우리 먼저 뭐 좀 먹은 후에 다시 보자.
先……，接着…… 먼저 ~하고, 이어서 ~하다	听到这个消息，她先是愣了，接着大声痛哭。 Tīngdào zhège xiāoxi, tā xiān shì lèng le, jiēzhe dàshēng tòngkū. 이 소식을 듣고, 그녀는 멍해 있다가, 대성통곡을 하더라고.
……于是 그래서(그리하여) ~ *于是는 뒤 절에 쓰이고 주어 앞뒤에 위치함	妈妈打电话找我，于是我回家了。 Māma dǎ diànhuà zhǎo wǒ, yúshì wǒ huíjiā le. 엄마가 전화로 찾으셔서, 나는 집에 갔다.
……就(便) ~하고서 바로	送他去机场后，我就回来了。 그를 공항까지 배웅하고, 난 바로 돌아왔어. Sòng tā qù jīchǎng hòu, wǒ jiù huílai le. 他说完便走了。 그는 말을 마치고 바로 갔다. Tā shuōwán biàn zǒu le.
刚……就(便)…… ~하자마자, 바로 ~하다 *就는 회화에 많이 쓰고, 便은 문어체 에 많이 씀	爸爸刚到家，就下起雨来了。 Bàba gāng dào jiā, jiù xiàqǐ yǔ lái le. 아빠가 집에 도착하자마자, 비가 오기 시작했다. 我刚进门，便看见他还在那里看书。 Wǒ gāng jìnmén, biàn kànjiàn tā hái zài nàli kàn shū. 내가 막 문을 들어섰을 때, 그가 아직도 거기서 책을 보고 있는 것이 보였다.

	他们一看见警察就跑了。 그들은 경찰을 보자마자 도망쳤다. Tāmen yí kànjiàn jǐngchá jiù pǎo le.
一……，就…… ~하자마자, 바로 ~하다	我一到机场，飞机就起飞了。 Wǒ yí dào jīchǎng, fēijī jiù qǐfēi le. 내가 공항에 도착하자마자 비행기가 이륙했다.

> **Tip**
> '一……, 就……' 용법은 '~하기만 하면 ~하다'의 뜻으로 '조건'을 나타내기도 한다.
> 一想到考试我就头疼。
> Yì xiǎngdào kǎoshì wǒ jiù tóuténg.
> 시험만 생각하면 나는 머리가 아프다.

⏱ 5분 체크 어법

정답 ➡ 273쪽

1 빈칸에 알맞은 관련사를 쓰세요.

> [보기] 先……然后……   ……就   先……再……   刚……就……

❶ 我_____去餐厅吃饭，_____再去看电影。

❷ _____打听打听情况，我_____告诉你。

❸ 我_____到机场，他_____给我打电话了。

❹ 送我回家后，他_____回去了。

2 다음 문장을 어순에 맞게 배열한 것을 고르세요.

> a : 于是我去了老总的办公室   b : 老总打电话找我
> c : 今天下午

❶ b - c - a   ❷ c - a - b   ❸ b - a - c   ❹ c - b - a

3 다음 문장을 해석하세요.

❶ 他一进门就把帽子摘掉了。

➡ _____

❷ 我先坐飞机去上海，再坐火车去南京。

➡ _____

❸ 司机告诉我们外滩到了，于是我们都下车了。

➡ _____ *外滩 Wàitān 고유 와이탄(상하이의 관광지)

❹ 我们先研究研究，然后再决定吧。

➡ _____

104 점층복문

他不但学习好，而且还喜欢帮助朋友。
Tā búdàn xuéxí hǎo, érqiě hái xǐhuan bāngzhù péngyou.
그는 공부도 잘할 뿐 아니라, 게다가 친구를 도와주는 것도 좋아해.

➕ **점층복문** : 뒤 절의 내용이 앞 절보다 그 정도나 범위 등에서 더 심해지고 확대되는 것을 나타낸다.

不但/不仅……， 而且/并且…… ~뿐만 아니라, 게다가 ~하기도 하다	这里的苹果，不仅产量高，并且质量也好。 Zhèli de píngguǒ, bùjǐn chǎnliàng gāo, bìngqiě zhìliàng yě hǎo. 이곳의 사과는 생산량도 많을 뿐만 아니라, 품질도 좋아. 不但小金会说汉语，而且小李也会说汉语。 Búdàn Xiǎo Jīn huì shuō Hànyǔ, érqiě Xiǎo Lǐ yě huì shuō Hànyǔ. 김군이 중국어를 할 줄 알 뿐 아니라, 이군도 중국어를 할 줄 한다.
不但/不仅……， 也/还/更…… ~뿐만 아니라, 게다가 ~하기도 하다	他不仅会弹钢琴，也会弹吉他。 Tā bùjǐn huì tán gāngqín, yě huì tán jítā. 그는 피아노를 칠 수 있을 뿐 아니라, 기타도 쳐. 你们不但要学习理论，还要参加实践。 Nǐmen búdàn yào xuéxí lǐlùn, hái yào cānjiā shíjiàn. 너희들은 이론을 공부해야 할 뿐 아니라 실전에도 참여해야 해.
不但/不仅……， 就是/连……也(都)…… ~뿐만 아니라, ~조차도 ~하다	他去过的地方很少，不但没去过上海，连北京也没去过。 Tā qùguo de dìfang hěn shǎo, búdàn méi qùguo Shànghǎi, lián Běijīng yě méi qùguo. 그는 가 본 곳이 거의 없어서, 상하이에도 못 가 봤을 뿐 아니라, 베이징에도 못 가 봤어.
不但/不仅+不/没……， 反而/反倒 ~하지 않을 뿐 아니라, 오히려 ~하다	我帮了他的忙，他不但不感谢我，反而还埋怨我。 Wǒ bāng le tā de máng, tā búdàn bù gǎnxiè wǒ, fǎn'ér hái máiyuàn wǒ. 내가 그를 도왔는데, 그는 고마워하기는커녕 되레 나를 원망하는 거 있지. 这样好的机会，他不仅不珍惜，反而失去了。 Zhèyàng hǎo de jīhuì, tā bùjǐn bù zhēnxī, fǎn'ér shīqù le. 이런 좋은 기회를, 그는 귀하게 여기지 않을 뿐 아니라, 오히려 놓쳐 버렸지 뭐야.
别说……， 连……也/都…… ~은 고사하고, ~조차도 ~	别说小张，连我也不知道。 장 군은 고사하고, 나도 몰랐어. Bié shuō Xiǎo Zhāng, lián wǒ yě bù zhīdào. 别说他人，连他的影子都没看到。 Bié shuō tārén, lián tā de yǐngzi dōu méi kàndào. 그 사람은 고사하고, 그 사람 그림자도 못 봤다고.
甚至…… 심지어 ~하다	这个节目，小孩、大人，甚至七八十岁的老人都喜欢。 Zhège jiémù, xiǎohái, dàrén, shènzhì qī-bāshí suì de lǎorén dōu xǐhuan. 이 프로그램은 아이, 어른 심지어 7,80세 된 어르신들까지 좋아해.

Tip
• 不但/不仅
不但은 회화와 문어체에 고루 쓰이고, 不仅은 문어체에 많이 쓰인다. 不但과 不仅은 앞뒤의 절이 주어가 같을 때는 주어 뒤에, 앞뒤의 절이 주어가 다를 때는 주어 앞에 위치한다.

连……也/都, (更)何况…… ~조차 ~한데, 하물며 ~ *반문의 어감을 띰	这样的天气，连大人也受不了，何况小孩子呢? Zhèyàng de tiānqì, lián dàrén yě shòubuliǎo, hékuàng xiǎoháizi ne? 이런 날씨는 어른도 견디기 힘든데, 어린아이는 어떻겠어!
况且(也/还/又) 게다가 ~도(또 ~)	这条牛仔裤样子好看，况且也不贵，可以买一条。 Zhè tiáo niúzǎikù yàngzi hǎokàn, kuàngqiě yě bú guì, kěyǐ mǎi yì tiáo. 이 청바지는 디자인도 좋고, 게다가 가격도 안 비싸니, 하나 사도 되겠어.

5분 체크 어법

1 빈칸에 알맞은 관련사를 쓰세요.

> [보기]　不但……而且……　　不仅……还……　　甚至……　　连……都……何况

❶ 他_____非常聪明，_____还很努力。

❷ 现在很多地方禁止吸烟，_____公共场所也开始了。

❸ 她_____想得第一名，_____想拿到奖学金。

❹ 这个字_____中国人_____不会念，_____外国人呢?

2 다음 문장을 어순에 맞게 배열한 것을 고르세요.

> a : 你不但可以寄信　　　　　　　b : 在中国的邮局
>
> c : 而且可以订报纸

❶ a − b − c　　　❷ b − c − a　　　❸ b − a − c　　　❹ c − b − a

3 다음 문장을 해석하세요.

❶ 上海的夏天非常热，而且热的时间也比较长。

　➡ _____

❷ 那部电影不仅你没看过，而且我也没看过。

　➡ _____

❸ 雨不但没停，反而越下越大了。

　➡ _____

❹ 他病得连走都走不动，更何况上学呢?

　➡ _____

104 점층복문 251

105 선택복문

학습 포인트 선택복문의 유형과 특징

最近不是刮风，就是下雨。
Zuìjìn búshì guā fēng, jiùshì xiàyǔ.
요즘엔 바람이 불지 않으면, 비가 온다.

宁可站着死，不愿跪着生。
Nìngkě zhànzhe sǐ, bú yuàn guìzhe shēng.
서서 죽는 한이 있어도, 굴욕적으로 살진 않겠어.

➕ 선택복문 : 동시에 제시되는 몇 가지 선택 상황 중에서 하나를 선택할 때 쓴다.

是……，还是…… ~이거나 아니면 ~이다 *의문문에 쓰여 선택을 나타내는데, 还是 는 평서문에 쓰여도 선택의 뜻을 나타냄	你们是来学习的，还是来旅游的? Nǐmen shì lái xuéxí de, háishi lái lǚyóu de? 너희들은 공부하러 온 거니, 아니면 놀러 온 거니? 他是去法国呢，还是去英国呢? Tā shì qù Fǎguó ne, háishi qù Yīngguó ne? 그는 프랑스에 가는 거야, 아니면 영국에 가는 거야?
或者……或者…… ~이거나(하거나) ~이거나(하거나) *회화와 문어체에 고루 쓰임	这本书，或者你先看，或者我先看。 Zhè běn shū, huòzhě nǐ xiān kàn, huòzhě wǒ xiān kàn. 이 책은 네가 먼저 보든지, 내가 먼저 보든지.
或……或…… ~하거나 ~하거나 *'或A或B'의 고정형식으로 쓰이기도 함	或问他，或问我，都行。 그에게 묻든지, 나에게 묻든지 다 괜찮아. Huò wèn tā, huò wèn wǒ, dōu xíng. 或多或少 huò duō huò shǎo 많거나 적거나 / 或快或慢 huò kuài huò màn 빠르거나 늦거나 / 或好或坏 huò hǎo huò huài 좋거나 나쁘거나
不是……就是…… ~아니면 ~이다	他不是坐公交车来，就是骑自行车来。 Tā búshì zuò gōngjiāochē lái, jiùshì qí zìxíngchē lái. 그는 시내버스를 타고 오지 않으면, 자전거를 타고 온다.
与其……(还)不如…… ~하느니, 차라리 ~하는 게 낫다 *관점이나 견의를 나타냄	与其看这样的电影，还不如在家看电视。 Yǔqí kàn zhèyàng de diànyǐng, hái bùrú zài jiā kàn diànshì. 이런 영화를 보느니, 집에서 TV를 보겠어. 与其你去，不如我去。 네가 가느니, 내가 가는 게 나아. Yǔqí nǐ qù, bùrú wǒ qù.
宁可/宁肯/宁愿……， 也不…… ~할지언정, ~하지 않겠다	我宁可饿死，也不吃你们的饭。 Wǒ nìngkě èsǐ, yě bù chī nǐmen de fàn. 난 굶어 죽을지언정, 당신들이 주는 밥은 안 먹어.
宁可/宁肯/宁愿……， 也要…… ~할지언정, ~하겠다	我宁可开夜车，也要写完这篇文章。 Wǒ nìngkě kāi yèchē, yě yào xiěwán zhè piān wénzhāng. 난 밤을 새더라도, 이 글을 마무리할 거야. 她宁愿吃苦，也要嫁给他。 Tā nìngyuàn chīkǔ, yě yào jiàgěi tā. 그녀는 고생스러워도, 그에게 시집가려 한다.

| 要么……要么……
~하든지, ~하든지
*要么는 구만 연결함 | 要么踢足球，要么打篮球，你快决定吧。
Yàome tī zúqiú, yàome dǎ lánqiú, nǐ kuài juédìng ba.
축구를 하든지, 농구를 하든지, 너 빨리 결정해.

我们要么爬山，要么在家休息。 우리는 등산을 하거나, 집에서 쉰다.
Wǒmen yàome páshān, yàome zài jiā xiūxi. |

5분 체크 어법

정답 ➡ 273쪽

1 빈칸에 알맞은 관련사를 쓰세요.

> [보기]　宁可……也要……　　要么……要么……
>
> 　　　　或者……或者……　　不是……就是……

❶ 星期天我＿＿＿＿＿去图书馆，＿＿＿＿＿去爬山。

❷ ＿＿＿＿＿你去，＿＿＿＿＿他去，谁去都可以。

❸ 我＿＿＿＿＿不吃饭，＿＿＿＿＿去帮别人。

❹ ＿＿＿＿＿在家休息，＿＿＿＿＿出去玩儿，你说怎么办?

2 다음 문장을 어순에 맞게 배열한 것을 고르세요.

> a : 你每天就知道玩儿　　　　　　b : 从来不看书
>
> c : 不是去跳舞，就是去唱歌

❶ a – b – c　　　❷ a – c – b　　　❸ b – a – c　　　❹ c – a – b

3 다음 문장을 해석하세요.

❶ 他不是星期二来，就是星期六来。

➡ ＿＿＿＿＿＿＿＿＿＿＿＿＿＿＿＿＿＿＿＿＿＿＿＿＿＿＿

❷ 或者你去，或者我去，反正得一个人去。

➡ ＿＿＿＿＿＿＿＿＿＿＿＿＿＿＿＿＿＿＿＿＿＿＿＿＿＿＿

❸ 这台冰箱与其扔掉，不如送人。

➡ ＿＿＿＿＿＿＿＿＿＿＿＿＿＿＿＿＿＿＿＿＿＿＿＿＿＿＿

106 가정복문

가정복문의 유형과 특징

如果同意，就请举手。
Rúguǒ tóngyì, jiù qǐng jǔshǒu.
만약에 동의한다면, 손을 들어 주세요.

幸亏遇到你，不然我就找不到路了。
Xìngkuī yùdào nǐ, bùrán wǒ jiù zhǎo bu dào lù le.
다행히 널 만났기에 망정이지, 그렇지 않았으면 길을 못 찾았을 거야.

➕ 가정복문 : 앞 절에서 가정 상황을 제시하고, 뒤 절에서 '결과가 어떠하다'라고 설명하는 복문을 말한다.

如果/要是……, 就(则)…… 만약 ~하면, 바로 ~	如果는 회화와 문어체에, 要是는 회화에 많이 쓴다. '如果/要是……的话' 형식 또는 '……的话' 형식으로도 쓸 수 있다.
	如果你有事儿，就先去吧。 만약에 일이 있으면, 먼저 가. Rúguǒ nǐ yǒu shìr, jiù xiān qù ba.
	如果他不紧张的话，会说得更好。 Rúguǒ tā bù jǐnzhāng de huà, huì shuō de gèng hǎo. 만약에 그가 긴장을 안 했다면, 말을 더 잘했을 거야.
	我是你的话，我就选择那个。 내가 너라면 저걸 선택하겠어. Wǒ shì nǐ dehuà, wǒ jiù xuǎnzé nàge.
如果……, 那(么)…… 만약 ~하면, 그러면 ~	那는 회화에, 那么는 회화와 문어체에 쓰인다.
	如果你喜欢这个，那就拿走吧。 너 이게 맘에 들면, 가져가. Rúguǒ nǐ xǐhuan zhège, nà jiù názǒu ba.
假如/假使……, 就/那(么)…… 만약 ~하면, 바로(그러면) ~	假如와 假使는 문어체에 많이 쓰이며, 주어 앞뒤에 쓸 수 있다.
	假如你们八点出发，就能赶上火车。 Jiǎrú nǐmen bā diǎn chūfā, jiù néng gǎnshàng huǒchē. 만약에 너희들이 8시에 출발한다면, 기차를 탈 수 있을 거야.
	假如今天不能答复，那我明天再来一趟。 Jiǎrú jīntiān bù néng dáfù, nà wǒ míngtiān zài lái yí tàng. 만약에 오늘 대답할 수 없다면, 내가 내일 다시 한 번 올게.
幸亏……, 不然/否则/要不/要不然 다행히 ~했기에 망정이지, 그렇지 않았으면	幸亏你及时提醒我，否则就误事了。 Xìngkuī nǐ jíshí tíxǐng wǒ, fǒuzé jiù wùshì le. 네가 제때 깨우쳐 줬기에 망정이지, 아니었으면 일을 그르칠 뻔했어.
(要)不是…… 就/还要…… ~하지 않았다면, ~했을 것이다	要不是你及时回来，我一个人就忙不过来了。 Yàobúshì nǐ jíshí huílai, wǒ yí ge rén jiù máng bu guòlai le. 네가 딱 맞춰 돌아오지 않았다면, 나 혼자 바빠서 쩔쩔맸을 거야.
即使……, 也…… 설령 ~일지라도 그래도 ~	양보의 가설을 나타낸다. 即使는 주어 앞뒤에 위치하며, 문어체에 많이 쓰인다.
	即使是一个天才，也要刻苦努力。 Jíshǐ shì yí ge tiāncái, yě yào kèkǔ nǔlì. 천재라 할지라도, 열심히 노력해야 해.

哪怕……，也…… 설령 ~일지라도, 그래도 ~	양보의 가설을 나타내며 회화에 많이 쓰인다. 哪怕는 주어 앞뒤에 위치한다.
	哪怕是一分钟，我们也要珍惜它。 Nǎpà shì yì fēnzhōng, wǒmen yě yào zhēnxī tā. 1분일지라도, 우리는 그 시간을 소중히 해야 한다.
就是……，也…… 설령 ~일지라도, 그래도 ~ ＊양보의 가설을 나타냄	就是天再冷，风再大，我也不怕。 Jiùshì tiān zài lěng, fēng zài dà, wǒ yě bú pà. 설령 날씨가 아무리 춥고, 바람이 아무리 거세도, 난 두렵지 않다.

⏱ 5분 체크 어법

정답 ➡ 273쪽

1 빈칸에 알맞은 관련사를 쓰세요.

> [보기]　　如果……就……　　　要不是……就……　　　即使……也……

❶ _____明天下雨，我们_____要去西湖。

❷ _____你去过那个城市，你_____给大家介绍一下。

❸ 今天_____堵车，我早_____到了。

2 다음 문장을 어순에 맞게 배열한 것을 고르세요.

> a：今天出门带了伞　　　　　　　　b：不然的话，被淋湿了
>
> c：幸亏我昨晚看了天气预报　　　　＊淋湿 línshī 통 흠뻑 젖다

❶ a - b - c　　　❷ c - a - b　　　❸ c - b - a　　　❹ b - c - a

3 다음 문장을 해석하세요.

❶ 要是你不去，就告诉我一声。

　➡ _____

❷ 哪怕你亲自去，也不能解决问题。

　➡ _____

❸ 假如可以实现的话，我就想回到从前。

　➡ _____

❹ 如果我很有钱，就买一辆进口汽车。

　➡ _____

107 인과복문

• 학습 포인트 인과복문의 유형과 특징

因为**身体不舒服，**所以**他没来上课。**
Yīnwèi shēntǐ bù shūfu, suǒyǐ tā méi lái shàngkè.
몸이 안 좋기 때문에 그래서, 그는 수업하러 못 왔다.

既然**来了，**就**多呆几天吧。**
Jìrán lái le, jiù duō dāi jǐ tiān ba.
기왕 왔으니, 며칠 더 묵고 가.

➕ 인과복문 : 앞 절에서 원인을 제시하고, 뒤 절에서 그 결과를 설명하는 복문을 말한다.

因为……， 所以…… ~이기 때문에, 그래서 ~하다	문어체에 많이 쓰인다. 因为는 앞 절과 뒤 절에 모두 쓸 수 있으며, 因此(因而) 와 호응하지 않는다. 因为路上堵车，所以迟到了。 길이 막혀서 지각했어. Yīnwèi lùshang dǔchē, suǒyǐ chídào le. 我没去参加聚会，因为有急事。 내가 모임에 참석 못한 건, 급한 일 때문이었어. Wǒ méi qù cānjiā jùhuì, yīnwèi yǒu jíshì.
之所以……， 是因为…… ~한 것은 ~이기 때문이다	문어체에 많이 쓰이며, 원인과 이유를 부각시킨다. 我之所以跟你合作，是因为我相信你。 Wǒ zhīsuǒyǐ gēn nǐ hézuò, shì yīnwèi wǒ xiāngxìn nǐ. 내가 자네랑 합작하는 것은, 내가 자네를 믿기 때문이라네.
由于……所以…… ~로 인해, 그래서 ~하다	由于는 앞 절에만 쓰이고, 주어 앞뒤에 위치한다. '由于……的缘故' 형식으로 도 쓸 수 있다. 由于工作忙，所以半年没回家看父母。 Yóuyú gōngzuò máng, suǒyǐ bàn nián méi huíjiā kàn fùmǔ. 업무가 바빠서, 반년 동안 부모님을 뵈러 못 갔어. 由于工作的缘故，他在上海逗留了很长时间。 Yóuyú gōngzuò de yuángù, tā zài Shànghǎi dòuliú le hěn cháng shíjiān. 업무 관계로, 그는 상하이에서 오랫동안 머물렀다.
由于……， 因此…… ~로 인해, ~하다	因此는 뒤 절의 주어 앞뒤에 위치한다. 由于害羞，因此她的脸变红了。 부끄러워서, 그녀의 얼굴이 빨개졌다. Yóuyú hàixiū, yīncǐ tā de liǎn biànhóng le.
既然…… 就/也/还…… 기왕 ~했으니, ~하겠다	이미 상황이 이러하니, 그에 따라 상응하는 조치를 취하겠다는 뜻이다. 既然은 주어 앞뒤에 위치한다. 既然你已经决定了，我就不反对了。 Jìrán nǐ yǐjing juédìng le, wǒ jiù bù fǎnduì le. 네가 이미 결정했으니, 나도 반대하지 않을게.
……，以至(于)…… ~에 이르다	앞의 상황으로 뒤의 결과가 초래되었음을 나타낸다. 주어 앞에 위치하며, 뒤에 수량, 범위, 시간, 정도를 나타내는 단어들이 온다. 他睡得太香了，以至于小偷进来了也不知道。 Tā shuì de tài xiāng le, yǐzhìyú xiǎotōu jìnlai le yě bù zhīdào. 그는 너무 달게 자는 바람에, 도둑이 들어온 것도 몰랐다.

……，以致…… ~에 이르다	앞에서 일어난 상황때문에 안 좋은 결과나 희망하지 않은 일이 초래되었음을 나타내며, 주어 앞에 위치한다.
	化学厂发生火灾，以致四十三人死亡。 Huàxué chǎng fāshēng huǒzāi, yǐzhì sìshísān rén sǐwáng. 화학 공장에 화재가 발생해, 43명이 사망했다.
……不免/难免 ~하면, ~하게 마련이다	难免은 '是……的' 형식에 쓸 수 있다.
	第一次去面试，心里不免有些紧张。 Dì- yī cì qù miànshì, xīnli bùmiǎn yǒuxiē jǐnzhāng. 처음 면접 보러 가면, 마음이 조금 긴장될 수밖에 없어.
	朋友之间有些误会是难免的。 Péngyou zhījiān yǒuxiē wùhuì shì nánmiǎn de. 친구 사이에 약간의 오해가 생기는 것은 어쩔 수 없는 일이다.

5분 체크 어법

정답 ➡ 273쪽

1 빈칸에 알맞은 관련사를 쓰세요.

> [보기]   之所以……是因为……   既然……就……   因为……所以……

❶ _____ 你病了_____不要来上课。

❷ _____他每天锻炼，_____他很健康。

❸ 我_____不让你去，_____我要保护你。

2 다음 문장을 어순에 맞게 배열한 것을 고르세요.

> a：如果你去找小张   b：这点小事   c：他就会帮你解决的

❶ a－b－c   ❷ c－a－b   ❸ b－a－c   ❹ b－c－a

3 다음 문장을 해석하세요.

❶ 既然你请我，那么我一定去。

➡ _____

❷ 因为我修的学分不够，所以我不能毕业。

➡ _____

108 역접복문

학습 포인트 역접복문의 유형과 특징

虽然我感冒了，但是没有发烧。
Suīrán wǒ gǎnmào le, dànshì méiyou fāshāo.
비록 나는 감기엔 걸렸지만, 열은 안 난다.

他爱发脾气，不过现在好多了。
Tā ài fā píqi, búguò xiànzài hǎoduō le.
그는 화를 잘 냈지만, 지금은 많이 좋아졌다.

➕ 역접복문 : 앞 절에서 어떤 상황을 제시하고, 뒤 절에서 앞 절의 내용을 부정하거나 반대의 결과를 제시한다.

虽然……, 但是/可是/却…… 비록 ~지만, 그러나(오히려) ~하다	虽然이 앞 절에 쓰일 때는 주어 앞뒤에 위치할 수 있다. 虽然이 뒤 절에 쓰일 때는 반드시 주어 앞에 위치한다. 但是는 회화와 문어체에 고루 쓰이고, 可是는 회화에 많이 쓰인다.
	虽然外面在下雪，但是不冷。 밖에 눈은 오지만 춥지는 않다. Suīrán wàimiàn zài xiàxuě, dànshì bù lěng. 会议照常进行，虽然他没来。 Huìyì zhàocháng jìnxíng, suīrán tā méi lái. 회의는 평소대로 진행되었어, 그 사람이 안 왔더라도. 他虽然学历不高，工作却很出色。 Tā suīrán xuélì bù gāo, gōngzuò què hěn chūsè. 그는 고학력은 아니지만 업무 처리가 뛰어나다.
但是/可是……却…… 그러나 ~ 오히려 ~	我们说好八点见面，可是已经九点了，他却还没到。 Wǒmen shuōhǎo bā diǎn jiànmiàn, kěshì yǐjing jiǔ diǎn le, tā què hái méi dào. 우리는 8시에 만나기로 했는데, 이미 9시가 되었는데도, 그는 아직 안 왔다.
虽……, 但/可/也/却…… 비록 ~지만, 그러나 ~하다	虽는 앞 절의 주어 뒤에만 위치한다.
	文章虽短，但内容不错。 글이 짧긴 해도 내용은 괜찮아. Wénzhāng suī duǎn, dàn nèiróng búcuò. 这种花虽不好看，可生命力很强。 이 꽃은 예쁘진 않지만 생명력은 강해. Zhè zhǒng huā suī bù hǎokàn, kě shēngmìnglì hěn qiáng.
尽管……但是/可是/然而/还是…… 비록 ~지만 그러나 ~하다	尽管은 앞 절에 쓰여 주어 앞뒤에 위치하는데, 뒤 절에 쓰일 때는 문두에만 위치한다.
	他尽管很瘦，可是胆子很大。 그가 마르긴 했어도, 담은 크다고. Tā jǐnguǎn hěn shòu, kěshì dǎnzi hěn dà. 尽管下着大雨，我们还是去了。 비가 많이 왔지만 우린 그래도 갔어. Jǐnguǎn xiàzhe dà yǔ, wǒmen háishi qù le.
虽说……, 可是/但是/不过/还是…… 비록 ~라 하지만, 그러나 ~하다	일단 앞의 일을 인정하고, 그렇지만 결과는 변하지 않을 것임을 나타낸다.
	虽说我们是第一次见面，可是也很投机。 Suīshuō wǒmen shì dì-yī cì jiànmiàn, kěshì yě hěn tóujī. 우리는 처음 만났는데도, 아주 잘 통하더라고.

……, 不过 ~한데, 그러나 ~	뒤 절에 쓰이고 완곡한 어감을 나타낸다. 不过只是 형식으로 쓸 수 있다.
	这件风衣很好看，不过价格贵了点儿。 Zhè jiàn fēngyī hěn hǎokàn, búguò jiàgé guì le diǎnr. 이 트렌치코트는 예쁘긴 한데 가격이 조금 비싸다.
……, 反而 ~한데, 도리어(반대로) ~	뒤 절에 쓰이고, 주어 앞뒤에 위치한다.
	他天天吃补药，身体反而不如以前了。 Tā tiāntiān chī bǔyào, shēntǐ fǎn'ér bùrú yǐqián le. 그는 날마다 보약을 먹는데, 건강은 반대로 예전보다 못하다.
……, 然而 ~ 그러나 ~	虽然과 호응하며, 뒤 절에 쓰인다.
	我说的你可能不相信，然而是事实。 Wǒ shuō de nǐ kěnéng bù xiāngxìn, rán'ér shì shìshí. 내가 말한 걸 넌 아마도 못 믿겠지만, 사실이야.
其实…… 사실은	뒤 절에 쓰이고 주어 앞에 위치한다.
	大家只知道他会说汉语，其实他的英语也很好。 Dàjiā zhǐ zhīdào tā huì shuō Hànyǔ, qíshí tā de Yīngyǔ yě hěn hǎo. 다들 그가 중국어만 하는 줄 아는데, 사실은 그 친구 영어도 잘한다.

5분 체크 어법

정답 ➡ 273쪽

1 다음 빈칸에 들어갈 알맞은 말을 고르세요.

> [보기] 不过……   可是……却……   其实……

❶ 我们只知道他会写文章，_____他诗写得也很好。

❷ 爸爸特别喜欢喝酒，_____妈妈_____不喜欢。

❸ 这个包很好看，_____价格贵了点儿。

2 다음 문장을 어순에 맞게 배열한 것을 고르세요.

> a：因为他缺乏进取心   b：但不会成功   c：他虽然聪明

❶ a - b - c   ❷ c - a - b   ❸ b - a - c   ❹ c - b - a

3 다음 문장을 해석하세요.

❶ 尽管这个地方很难找，我还是找到了。

➡ _____

❷ 天气虽热，但教室却很凉快。

➡ _____

109 조건복문

학습 포인트 조건복문의 유형과 특징

你只要相信自己，我就永远支持你。
Nǐ zhǐyào xiāngxìn zìjǐ, wǒ jiù yǒngyuǎn zhīchí nǐ.
네가 자신을 믿는다면, 나는 너를 영원히 응원할 거야.

只有你出面，才能解决问题。
Zhǐyǒu nǐ chūmiàn, cái néng jiějué wèntí.
네가 나서야만, 비로소 일을 해결할 수가 있어.

➕ 조건복문 : 앞 절에서 어떤 조건을 제시하고, 뒤 절에서 앞 절의 내용에 의해 나타난 결과에 대해 말하는 복문이다.

只要……， 就…… ~하기만 하면 ~하다	只要 뒤의 조건만 충족되면, 바로 어떤 결과가 나올 것임을 나타낸다. 只要는 주어 앞뒤에 위치한다.
	只要我们不断努力，就能成功。 Zhǐyào wǒmen búduàn nǔlì, jiù néng chénggōng. 우리가 꾸준히 노력하기만 하면, 성공할 수 있다.
只有……，才…… ~해야만, 비로소 ~하다	只有 뒤의 조건이 충족되어야만 어떤 결과를 얻을 수 있음을 나타낸다. 只有는 주어 앞뒤에 위치한다.
	鱼只有在水里，才能呼吸。 물고기는 물에 있어야만 숨을 쉴 수가 있어. Yú zhǐyǒu zài shuǐ li, cái néng hūxī.
不管/无论……， 也/都 ~에 관계없이, ~하다	어떤 조건에 상관없이 결과는 마찬가지임을 나타낸다. 不管은 회화에 많이 쓰이고, 无论은 문어체에 많이 쓰인다.
	不管天气怎么样，他都骑自行车去上班。 Bùguǎn tiānqì zěnmeyàng, tā dōu qí zìxíngchē qù shàngbān. 날씨가 어떻든 상관없이, 그는 언제나 자전거를 타고 출근해.
	无论如何，我都不去。 어쨌든, 난 안 가. Wúlùn rúhé, wǒ dōu bú qù.
凡是……， 都…… 무릇 ~이라면, 다 ~하다	凡是는 어떤 범위 안에 포함되어 있는 모든 것을 나타낸다.
	凡是喜欢运动的同学，都能参加这次比赛。 Fánshì xǐhuan yùndòng de tóngxué, dōu néng cānjiā zhècì bǐsài. 운동을 좋아하는 학우라면, 다 이번 시합에 참가할 수 있어.
	凡是你看过的电影，我都看过。 네가 봤던 영화는 나도 다 봤어. Fánshì nǐ kànguo de diànyǐng, wǒ dōu kànguo.
任……都…… ~하든 ~하다	任은 不管의 뜻을 갖는다. 任은 주어 앞에 위치하고, 문장에 의문사가 자주 동반된다.
	任你是谁，也不能看不起别人。 당신이 누구든, 다른 사람을 깔보면 안 돼요. Rèn nǐ shì shéi, yě bù néng kànbuqǐ biéren.

除非…… 否则/不然…… ~해야지, 그렇지 않으면 ~	除非는 유일 조건을 나타낸다. 否则와 不然은 '앞의 상황이 일어나지 않으면 ~할 것이다'라는 뜻을 나타낸다.
	除非明天下雨，否则八点一定出发。 Chúfēi míngtiān xiàyǔ, fǒuzé bā diǎn yídìng chūfā. 내일 비가 오면 모를까, 그렇지 않으면 8시에 반드시 출발해.
	除非病了，不然他不会请假的。 Chúfēi bìng le, bùrán tā bú huì qǐngjià de. 병이 나면 모를까, 그렇지 않으면 그는 휴가를 내지 않아.
除非……才…… ~해야만, 비로소 ~하다	유일 조건에 부합해야만 어떤 동작을 할 수 있다는 뜻을 나타낸다. 除非是로 쓸 수 있다.
	除非你去，他才会去。네가 가야만, 그가 갈 것이다. Chúfēi nǐ qù, tā cái huì qù.
	除非是到了夏天，你才能看到这种花。여름이 되어야만 이 꽃을 볼 수 있다. Chúfēi shì dào le xiàtiān, nǐ cái néng kàndào zhè zhǒng huā.

⏱ 5분 체크 어법

정답 ➡ 273쪽

1 빈칸에 알맞은 관련사를 넣으세요.

> [보기]   除非……不然……   不管……都……   只要……就……

❶ _____你去还是不去，我_____去。

❷ 同学们_____努力，_____一定能学好汉语。

❸ _____有急事，_____他不会请假的。

2 다음 문장을 어순에 맞게 배열한 것을 고르세요.

> a : 不论哪本书   b : 都可以借走   c : 只要你喜欢看

❶ a – b – c   ❷ a – c – b   ❸ b – a – c   ❹ b – c – a

3 다음 문장을 해석하세요.

❶ 只有你去，才能解决问题。   ➡ _____

❷ 无论他说什么，我都相信。   ➡ _____

❸ 除非那儿附近有地铁站，否则我会搬到那儿的。

   ➡ _____

110 목적복문

학습 포인트 **목적복문의 유형과 특징**

为了您的安全，请系好安全带。
Wèile nín de ānquán, qǐng jìhǎo ānquándài.
손님의 안전을 위해, 안전띠를 매주세요.

多穿点儿衣服，省得感冒。
Duō chuān diǎnr yīfu, shěngde gǎnmào.
옷을 많이 껴입어, 감기 걸리지 않게.

➕ 목적복문 : 어떤 행동을 하는 것이 모종의 목적을 이루기 위한 것임을 나타내는 복문이다.

为了…… ~를 위해	为了는 앞 절과 뒤 절에 쓸 수 있다.
	为了漂亮，她正在减肥。 예뻐지기 위해 그녀는 다이어트 중이다. Wèile piāoliang, tā zhèngzài jiǎnféi.
	我一定会回来，为了你。 나는 꼭 돌아올 거야, 너를 위해서 Wǒ yídìng huì huílai, wéile nǐ.
……，是为了/ 为的是…… ~하는 것은, ~를 위한 것이다	是为了와 为的是는 뒤 절에 놓여, 앞 절의 행동이 뒤 절의 목적을 이루기 위한 것이었음을 강조한다. 주로 이미 일어난 일에 쓴다.
	我今天早点儿回家，为的是跟家人一起吃团圆饭。 Wǒ jīntiān zǎo diǎnr huíjiā, wèideshì gēn jiārén yìqǐ chī tuányuánfàn. 내가 오늘 일찍 집에 가는 것은, 가족과 함께 식사하기 위해서야.
	我这么做是为了你们好。 내가 이렇게 하는 것은 너희들이 잘되라고 그러는 거야. Wǒ zhème zuò shì wèile nǐmen hǎo.
……，以便…… ~하기 쉽도록	以便은 뒤 절에 쓴다. 앞 절의 내용은 뒤 절의 동작을 쉽게 이루기 위한 것임을 강조한다. 아직 일어나지 않은 일에 많이 쓴다.
	你把你的英文名告诉我，以便我帮你订机票。 Nǐ bǎ nǐ de Yīngwénmíng gàosu wǒ, yǐbiàn wǒ bāng nǐ dìng jīpiào. 네 영문 이름을 알려줘, 내가 네 항공권을 예약하기 쉽도록.
……，省得…… ~하지 않도록	회화에 많이 쓰이며, 뒤 절의 주어 앞에 위치한다.
	你应该经常给家里打电话，省得妈妈担心。 Nǐ yīnggāi jīngcháng gěi jiāli dǎ diànhuà, shěngde māma dānxīn. 넌 당연히 자주 집에 전화해야 해, 엄마가 걱정하시지 않도록.
……，免得…… ~하지 않도록	회화와 문어체에 고루 쓰이며, 뒤 절의 주어 앞에 위치한다.
	你最好别让他走，免得以后后悔。 Nǐ zuìhǎo bié ràng tā zǒu, miǎnde yǐhòu hòuhuǐ. 너 그 사람이 못 떠나게 잡아, 나중에 후회하지 않도록.
……，以免…… ~하지 않도록	문어체에 많이 쓰이며, 주로 아직 일어나지 않은 일에 쓴다.
	你得说清楚，以免引起误会。 너 말을 확실히 해, 오해가 생기지 않게끔. Nǐ děi shuō qīngchu, yǐmiǎn yǐnqǐ wùhuì.

好…… ~하기 쉽도록	회화에 많이 쓴다. 앞 절의 동작은 뒤 절의 동작을 쉽게 하기 위한 것임을 나타낸다.
	你把手机号码留下来，有事好联系。 Nǐ bǎ shǒujī hàomǎ liú xiàlai, yǒu shì hǎo liánxì. 자네 전화번호를 남겨 놓게, 무슨 일 있으면 연락하기 쉽게.
以…… ~을 위한 것이다	문어체에 많이 쓴다.
	学校的图书馆关门较晚，以方便学生学习。 Xuéxiào de túshūguǎn guānmén jiào wǎn, yǐ fāngbiàn xuésheng xuéxí. 학교 도서관이 좀 늦게 문을 닫는 것은 학생들이 공부하는 데 편의를 봐주기 위해서다.

5분 체크 어법

정답 → 273쪽

1 다음 빈칸에 들어갈 알맞은 말을 고르세요.

[보기] 以便   省得   为了   以

❶ 我必须努力，_____实现我的理想。

❷ _____提高汉语口语水平，他每天看电视剧。

❸ 有事提前打电话来，_____你白跑一趟。

❹ 您要大声讲，_____后面的同学能听清楚。

2 다음 문장을 어순에 맞게 배열한 것을 고르세요.

| a : 他在那里站了很久 | b : 为了画好那棵树 | c : 看了很久 |

❶ a – b – c   ❷ c – a – b   ❸ b – a – c   ❹ b – c – a

3 다음 문장을 해석하세요.

❶ 你要说清楚，免得别人误会。

→ _____

❷ 他这次来中国，为的是做生意。

→ _____

❸ 为了美好的未来，我要努力。

→ _____

앞에서 배운 내용들은 재미있게 공부하셨나요? 그래도 헷갈리는 문제들이 있다고요? 50문 50답을 통해 확실하게 이해하자고요. 자! 그럼 출발할까요?

 '只要……就……'와 '只有……才……' 형식은 어떻게 다른가요?

이 두 복문 형식은 모두 조건복문인데요. '只要……就……' 형식은 '이 정도만 충족되면, 어떤 일을 할 수 있다'라는 뜻을 나타내고, '只有……才……' 형식은 '반드시 이 조건을 충족시켜야만 어떤 일을 할 수 있다'라는 뜻을 나타냅니다.

只要有你在，我就不怕! 너만 있으면, 난 안 두려워!
Zhǐyào yǒu nǐ zài, wǒ jiù bú pà!

只有你去，他才去。 네가 가야만, 그 사람이 갈 거야.
Zhǐyǒu nǐ qù, tā cái qù.

 복문에 쓰이는 접속사는 항상 주어 앞에만 위치하나요?

복문에 쓰이는 접속사가 항상 주어 앞에만 위치하는 것은 아닙니다. 예를 들면, '既……也……' 형식의 병렬복문에서 앞뒤 절의 주어가 같을 때는, 既가 주어 뒤에 위치합니다.

既她喜欢唱歌，也喜欢跳舞。(✕) → 她既喜欢唱歌，也喜欢跳舞。(○)
Tā jì xǐhuan chànggē, yě xǐhuan tiàowǔ.
그녀는 노래도 좋아하고, 춤추는 것도 좋아한다.

앞뒤 절의 주어가 다를 경우, 동반되는 접속사는 주어 앞에 위치합니다.

不但明明爱打篮球，而且东东也爱打篮球。 밍밍이 농구를 즐길 뿐 아니라, 동동 역시 농구를 즐긴다.
Búdàn Míngming ài dǎ lánqiú, érqiě Dōngdong yě ài dǎ lánqiú.

 '不是……而是……'와 '不是……就是……'는 다 병렬관계를 나타내나요?

'不是……而是……'와 '不是……就是……'는 언뜻 보면 둘 다 병렬관계를 나타내는 복문 같은데요. '不是……而是……'는 병렬관계를 나타내고, '不是……就是……'는 선택관계를 나타내지요. 많이 혼동되는 복문 구조이니 조심하세요!

他不是选择了上大学，而是选择了工作。 그는 대학 진학을 선택하지 않고, 일을 선택했다.
Tā búshì xuǎnzé le shàng dàxué, érshì xuǎnzé le gōngzuò.

她不是星期一来，就是星期三来。 그녀는 월요일에 오지 않으면, 수요일에 온다.
Tā búshì xīngqīyī lái, jiùshì xīngqīsān lái.

以便을 쓰는 목적복문과 以免을 쓰는 목적복문은 어떻게 다른가요?

以便과 以免 모두 목적복문의 뒤 절에 쓰여 어떤 목적을 나타냅니다. 以便을 쓰는 목적복문은 '뭔가 유리한 결과를 얻기 위한 목적'을 나타내고, 以免을 쓰는 목적복문은 '뭔가 불리한 결과를 피하려는 목적'을 나타냅니다.

你把你的英文名告诉我，以便我帮你订机票。 네 영문 이름 알려줘, 내가 네 항공권을 예약하기 쉽도록.
Nǐ bǎ nǐ de Yīngwénmíng gàosu wǒ, yǐbiàn wǒ bāng nǐ dìng jīpiào.

你得说清楚，以免引起误会。 너 말을 확실히 해, 오해 생기지 않게끔.
Nǐ děi shuō qīngchu, yǐmiǎn yǐnqǐ wùhuì.

양보를 나타내는 접속사 虽然과 即使에는 어떤 차이가 있나요?

虽然은 실제 사실에 근거해 '상황이 비록 이러하지만~'의 뜻을 나타내고, 即使는 가설적인 사실에 대해 '상황이 비록 이러할지라도~'의 뜻을 나타냅니다.

虽然情况有变化，我们也要去。 비록 상황은 변했지만, 우리는 그래도 갈 거야.
Suīrán qíngkuàng yǒu biànhuà, wǒmen yě yào qù.

即使情况有变化，我们也要去。 설령 상황이 변할지라도, 우리는 그래도 갈 거야.
Jíshǐ qíngkuàng yǒu biànhuà, wǒmen yě yào qù.

복문을 활용할 때 가장 많이 실수하는 점은 뭐예요?

복문을 활용할 때 가장 많이 실수하는 점은 아무래도 접속사를 엉뚱하게 쓰는 것이겠지요. 예를 들면, '你喝咖啡，或者喝茶?'를 볼까요? 이 문장은 선택복문인데요, 의문문 형식을 띠고 있으니 접속사를 或者가 아닌 还是로 써야 맞겠네요. 이 문장을 고치면 아래와 같습니다.

你喝咖啡，还是喝茶? 너 커피 마실래 아니면 차 마실래?
Nǐ hē kāfēi, háishi hē chá?

또 하나는 복문의 구성 요소로 사용되는 접속사나 부사의 위치를 틀리게 쓰는 것입니다. 아래 제시된 복문은 인과관계를 나타내는 복문인데요,

既然你去过中国，就你给大家介绍一下。(×)

이 복문에서 就는 부사이기 때문에 你 뒤에 있어야 정확하게 되는 것이지요.

既然你去过中国，你就给我们介绍一下。(○) 네가 중국에 가봤으니, 우리에게 소개 좀 해줘.
Jìrán nǐ qùguo Zhōngguó, nǐ jiù gěi wǒmen jièshào yíxià.

5분 체크 어법 점수 기입표

5분 체크 어법을 풀어보며 자신의 부족한 부분을 확인하세요!

	과	점수	과	점수	과	점수
Part 0 중국어 기본 정보	01	/4	36	/8	76	/3
	02	/21	37	/6	77	/8
	03	/7	38	/6	**Part 4** 문장 — 78	/4
	04	/24	39	/12	79	/7
	05	/6	40	/12	80	/3
Part 1 발음과 성조	01	/5	41	/7	81	/7
	02	/17	42	/7	82	/6
	03	/6	43	/6	83	/6
	04	/5	44	/7	84	/8
	05	/7	45	/15	85	/13
	06	/7	46	/13	86	/7
	07	/5	47	/7	87	/7
	08	/5	**Part 2** 품사 — 48	/8	88	/6
	09	/7	49	/6	89	/3
	10	/8	50	/5	90	/5
	11	/9	51	/6	**Part 5** 특수 문형 — 91	/10
	12	/4	52	/4	92	/8
	13	/10	53	/5	93	/8
	14	/7	54	/8	94	/9
	15	/6	55	/4	95	/4
	16	/9	56	/9	96	/5
	17	/9	57	/7	97	/6
	18	/9	58	/8	98	/5
	19	/9	59	/7	99	/7
Part 2 품사	20	/10	60	/6	100	/9
	21	/7	61	/7	101	/7
	22	/7	62	/4	102	/9
	23	/6	63	/7	103	/9
	24	/9	64	/5	104	/9
	25	/15	65	/6	105	/8
	26	/6	66	/6	**Part 6** 복문 — 106	/8
	27	/6	67	/8	107	/6
	28	/7	**Part 3** 문장 성분 — 68	/5	108	/6
	29	/11	69	/7	109	/7
	30	/11	70	/7	110	/8
	31	/10	71	/7		
	32	/7	72	/8		
	33	/6	73	/8		
	34	/11	74	/8		
	35	/8	75	/8		

부록

정답

Part 0

01
3. ① nǐ, qù, wǒ, lái
② māma, lǎoshī, Zhōngguó, xuéxiào
4. ① hǎo, shì, wáng, zài
② xuéxí, gōngzuò, xǐhuan, chīfàn

02
1. ① 대명사 – 그 사람, 그 ② 동사 – 기다리다 ③ 명사 – 비행기 ④ 부사 – 대단히 ⑤ 명사 – 올해 ⑥ 부사 – 아주 ⑦ 형용사 – 예쁘다 ⑧ 조사 – ~지? ⑨ 전치사 – ~로부터 ⑩ 동사 – 배우다 ⑪ 명사 – 미국 ⑫ 동사 – 사랑하다

2. ① 我们　都　想　喝　茶。
　 대명사　부사　조동사　동사　명사

② 妹妹 在 书店 买 了 一 本 书。
　 명사 전치사 명사 동사 조사 수사 양사 명사

③ 他　先　去　北京，然后　去　上海。
　 대명사 부사 동사 명사 접속사 동사 명사

④ 我　哥哥　也　喜欢　看　电影。
　 대명사 명사 부사 동사 동사 명사

3. ① 我妹妹很聪明。② 他也跟我们一起去。
③ 哥哥非常喜欢喝咖啡。④ 他们都去学校。
⑤ 我朋友不买苹果。

03
1. ① 姐姐　也　吃　面包。
　 주어　부사어　술어　목적어

② 他　住　在　三　楼。
　 주어　술어　보어　관형어　목적어

③ 我　朋友　坐　明天上午的　火车。
　 관형어　주어　술어　관형어　목적어

2. ① 我　家　有　四　口　人。
→ 대명사　명사　동사　수사　양사　명사
→ 관형어　주어　술어　관형어　관형어　목적어

② 他们　已经　准备　好　了。
→ 대명사　부사　동사　형용사　조사
→ 주어　부사어　술어　보어

③ 我　想　买　三　斤　苹果。
→ 대명사　조동사　동사　수사　양사　명사
→ 주어　부사어　술어　관형어　관형어　목적어

④ 去　那儿　的　人　很　多。
→ 동사　대명사　조사　명사　부사　형용사
→관형어　관형어　　　주어　부사어　술어

04
1. ① 学 ② 买 ③ 树 ④ 书 ⑤ 贵 ⑥ 远 ⑦ 园 ⑧ 儿 ⑨ 实 ⑩ 场 ⑪ 业 ⑫ 飞
2. ① 说 – shuō ② 爱 – ài ③ 语 – yǔ ④ 长 – cháng ⑤ 卖 – mài ⑥ 电 – diàn ⑦ 机 – jī ⑧ 岁 – suì
3. ① 爸爸去公司，我去学校。② 他也喜欢喝茶。③ 我去书店见朋友。　 4. ④

05
1. ③　　2. ④
3. ① 他去中国。② 弟弟吃面包。/ 弟弟不吃面包。　4. ④　　5. 他喜(欢)不喜欢看电影? / 谁喜欢看电影?

Part 1

01 1. ③　2. ②　3. ①　4. ④　5. ②
02 1. ① yào ② wǒ ③ yǔ ④ yá ⑤ wèn ⑥ yǎn ⑦ yī ⑧ bù ⑨ yě ⑩ yòng ⑪ wǎn ⑫ yuán　2. ③　3. ① d ② c ③ b
4. ②
03 1. ① b ② d　2. ②　3. ①
4. ① 반3성, 제2성, 반3성, 반3성
② 반3성, 제2성, 반3성, 반3성
04 1. ③　2. ④　3. ②　4. ②　5. ③
05 1. ②　2. ②　3. ① bù 제4성 ② bu 경성 ③ mian 경성　4. ④　5. ③

Part 2

06 1. ③　2. ①　3. ②　4. ① 二零零八年 ② 二零一六年　5. ③　6. ④
07 1. ②　2. ④　3. ① 两点半, 两点三十

分 ②五点三刻, 五点五十五分
4. 凌晨, 中午, 晚上

08 1. ② 2. ③ 3. ①목적어 ②관형어
4.

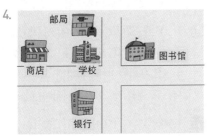

도서관은 학교 동쪽에 있고, 상점은 학교 서쪽에 있다. 학교 남쪽에는 은행이 있고, 우체국은 학교 북쪽에 있다.

09 1. ② 2. ③ 3. ② 4. ①下 ②后
③前 5. 中间, 중간

10 1. ③ 2. ② 3. ④ 4. ④ 5. ③
6. ①우리는 모두 유학생이다. ②넌 중국을 좋아하니? ③남이 할 수 있으면, 나도 할 수 있어.

11 1. ② 2. ① 3. ①这儿 ②那儿
③那儿 ④这儿 4. ①이분은 미스 장입니다. ②이 책은 한 선생님이 쓰신 거예요. ③네 지갑 나한테 있어.

12 1. ② 2. ③ 3. ③ 4. ④

13 1. ② 2. ③
3. ①百分之三点八 ②百分之九十九点九 ③百分之二百 4. ② 5. ①倍
②分之 ③第 6. ②

14 1. ③ 2. ①B ②B 3. ①
4. ①多 ②左右 ③上下

15 1. ③ 2. ② 3. ②
4. ①两 ②俩 ③二

16 1. ①只 ②块 ③辆 ④条 ⑤张, 把
⑥家 2. ③ 3. ①副 ②双

17 1. ①次 ②遍 ③下 ④场 ⑤趟
⑥一下 2. ③ 3. ③ 4. ①

18 1. ①在 ②出发 ③去, 去 ④给 ⑤爱
⑥毕业 2. ③ 3. ② 4. ④

19 1. 见面, 结婚, 开玩笑, 跑步, 帮忙, 生气, 毕业, 请客 2. ①请客 ②生我的气呢
3. ③ 4. ①我想睡觉。②我已经睡着了。③我睡不着觉。④我每天睡午觉。
⑤我没睡好。

20 1. 告诉, 还, 找, 给, 问, 发, 送, 借, 交
2. ①告诉 ②找 ③教 ④问 ⑤给
3. ④ 4. ①그는 나에게 장미 100송이를 주었어. ②너 나한테 돈 좀 빌려 줄 수 있어? ③나는 도서관에 소설책을 반납했다.

21 1. 毕业, 死, 来, 去, 结婚 2. ②
3. ①离开 ②站 ③结婚 ④看, 看
⑤穿

22 1. ③ 2. ①想 ②会 ③能 ④不要
3. ①你觉得他会来这儿吗?
②我要去美国留学。

23 1. ② 2. ② 3. ①
4. ①该 ②愿意 ③敢

24 1. ② 2. ①A ②B ③C 3. ②
4. ① 我想跟你一起去。② 你们应该注意身体。 5. ①[해석] 그녀는 말을 아주 잘한다. [의미] 말을 질적으로 잘하는 것을 말함 ②[해석] 그녀는 말을 잘한다. [의미] 말을 양적으로 많이 하는 것을 말함

25 1. ①一定 ②就 ③才 ④一直 ⑤已经
⑥非常 2. ①都 ②只 ③多 ④不
⑤互相 ⑥常常 3. ①他做的菜很好吃。②我来北京才一个星期。
③姐姐太喜欢看书了。

26 1. ③ 2. ④ 3. ① 4. ①B ②C
③A

27 1. ② 2. ③ 3. ① 4. ①都 ②又
③也

28 1. ①又 ②再 ③再 ④又 2. ①再

②还　3. ③

29 1. ①就 ②才 ③才, 就 ④就
2. ① 횟수가 많다. ② 시간이 늦다. ③ 시간이 이르다.　3. ①C ②D ③D ④C

30 1. ①没 ②不 ③不 ④没 ⑤没 ⑥不
2. ②　3. ①B ②D ③B ④D

31 1. ③　2. ①一点儿 ②点儿 ③有点儿 ④有点儿　3. ①本来 ②原来 ③原来 ④本来 ⑤本来

32 1. ④　2. ③　3. ④　4. ① 그들이 다 술 마시는 걸 좋아하는 것은 아니다. ② 우리는 모두 자주 산책 가지 않는다. ③ 우리 동네는 자주 비가 온다. ④ 동생은 책 보는 걸 그다지 안 좋아한다.

33 1. ①刚才, 刚才 ②刚　2. ①
3. ①D ②C ③B

34 1. ②　2. ①B ②A　3. ①曾经 ②已经 ③已经　4. ①不再 ②再也不 ③不再 ④不再 ⑤再也不

35 1. ④　2. ①可 ②却 ③好 ④可
3. ① 내가 원래 너한테 가려고 했는데, 네가 (오히려) 먼저 올 줄은 몰랐어. ② 마음속에는 하고 싶은 말이 너무 많은데, 입으로는 (반대로) 뱉어지질 않네. ③ 그들은 다 우리 둘이 닮았다고 하는데, 난 그런 생각이 안 들어.

36 1. ①简直 ②差不多 ③几乎 ④差点儿
2. ①C ②B ③A ④C

37 1. ③　2. ④　3. ①万万 ②千万 ③万万 ④千万

38 1. ③　2. ①赶快 ②从来 ③反正
3. ① 너 그냥 가지 마라, 거기가 위험하대. ② 가든 안 가든 맘대로 해, 어쨌든 배표는 이미 샀으니까.

39 1. ①恐怕 ②其实 ③稍 ④亲自 ⑤尽量 ⑥总是 ⑦尤其　2. ① 집에 급한 일이 있어서, 내일 난 아마도 못 갈 거야. ② 많

은 일들이 사실은 결코 네가 상상하는 것 같지 않아.　③ 우리가 다 그애한테 가지 말라고 말렸는데도, 그녀석 굳이 가겠다는 거야. ④네가 쓴 글에다 내가 살짝 몇 글자만 손댔어.

40 1. ①在 ②给 ③离 ④对 ⑤被
2. ③　3. ①从 ②往 ③比 ④跟
4. ① 유화를 배우기 위해 그는 프랑스에 갔다. ② 젊을 때, 여기저기 많이 다니세요.

41 1. ①　2. ①中 ②下 ③上
3. ①在 ②于
4. 这种茶叶产于福建、云南省等。

42 1. ③　2. ①自 ②从 ③离 ④自从
3. ① 우리 집에서 학교까지 10분만 걸어가면 돼. ② 비행기 이륙까지 한 시간도 안 남았어.

43 1. ②　2. ④
3. ①跟 ②对 ③给 ④给

44 1. ①对于 ②关于　2. ①他们对于这件事都非常关心。② 人们对环境保护问题越来越重视了。　3. ① 나에게 있어, 너는 그 누구보다 더 위대해. ② 유학생에게 있어서는, 중국의 역사와 문화를 이해하는 것이 중요해. ③ 나는 중국의 대외 정책에 관해 많이 알고 싶다.

45 1. ①往 ②朝 ③向 ④往 ⑤向
2. ②　3. ①向 ②跟 ③向
4. ①本次列车开往青岛。②他们都朝着我笑。③向右拐就是人民广场。

46 1. ①不如 ②要是 ③虽然 ④因为 ⑤既然　2. ①哪怕 ②免得 ③由于 ④所以 ⑤然后　3. ① 만약에 너의 도움이 없었다면, 지금의 난 없었을 거야. ② 이 약만 먹으면, 너의 병은 나을 거야. ③ 그 애만 가고 싶은 게 아니라 나도 가고 싶다고.

47 1. ①而 ②要不 ③总之 ④以及
2. ②　3. ①我已经想不起他的名字, 总之他是我高中的同学。
②他可能出事了, 要不早该到了。

48 1. ① 不然 ② 况且 ③ 此外
2. ① 还是 ② 或者 ③ 或者 ④ 还是
3. ②

49 1. ③　 2. ①D ②B ③A
3. ① 他会说汉语了。② 我下了班就去你
家。

50 1. ②　 2. ①　 3. ②　 4. ① 我还没
有写完信呢。② 我们还没商量呢。

51 1. ③　 2. ④　 3. ① 他经常去中国。
② 她昨天没买衣服。
4. ① 我跟朋友一起去爬山了。② 我们在
公园照了很多照片。

52 1. ①　 2. ④　 3. ①C ②B

53 1. ③　 2. ②　 3. ① 他唱着歌出去
了。② 她手里拿着一朵花。　 4. 그의 방
은 크지 않지만, 깨끗하게 정리되어 있었다. 벽
에는 세계 지도가 걸려 있고, 창문은 열려 있고,
침대는 창문 아래에, 책상 위에는 노트북 컴퓨
터 한 대와 책 몇 권이 놓여 있다. 그는 침대 위
에 앉아 주전부리를 하며 잡지를 보고 있다.

54 1. ③　 2. ①C ②A ③D ④C　 3. ④
4. ① 我买了明天下午三点的船票。
② 她从来不买贵的东西。

55 1. ④　 2. ③　 3. ②　 4. ③

56 1. ① 的 ② 得 ③ 地 ④ 得 ⑤ 地 ⑥ 的
2. ②　 3. ① 等 ② 什么的

57 1. ②　 2. ③　 3. ①　 4. ① 啊 ② 吧
③ 啊, 啊　 5. ②

58 1. ③　 2. ①　 3. ① 吗 ② 呢 ③ 嘛
④ 呢 ⑤ 吗 ⑥ 嘛

59 1. ②　 2. ①　 3. ②　 4. ④　 5. ②
6. ① 这里的衣服件件都好看。② 他回回
都打车去那儿。

60 1. ②　 2. 认真, 清楚, 漂亮, 高兴, 安静,
简单, 干净, 舒服　 3.① 干干净净的

② 雪白雪白　 4. ① 他喜欢吃甜甜的饼
干。(很 생략)　② 那个学生慢慢地走过来
了。(非常 생략)

61 1. ②　 2. ③　 3. ①　 4.① 尝尝
② 休息休息 ③ 看看, 听听 ④ 散散步

Part 3

62 1. ②　 2. ④　 3. ① 这个小孩是谁家
的孩子? ② 我买的是那条蓝裤子。

63 1. ①　 2. ②　 3. ④　 4. ①A ②A
③B ④C

64 1. ②　 2. ③　 3. ④　 4. ① 他特别认
真地工作。② 你们都可以这么做。

65 1. ①　 2. ②　 3. ④
4. ①B ②A ③B

66 1. ③　 2. ②　 3. ① 清楚 ② 干净
③ 对 ④ 满

67 1. ④　 2. ②　 3. ① 完 ② 着 ③ 住
④ 开 ⑤ 成 ⑥ 见

68 1. ①　 2. 英语她说得非常好。
3. ① 我妹妹唱歌唱得非常好。② 他汉字
写得不好看。　 4. 他们说得不流利。

69 1. ③　 2. ①　 3. ①B ②C ③D
4. 足球他踢得很好。/他足球踢得很好。/
他踢足球踢得很好。　 5. ③

70 1. ②　 2. ①B ②D　 3. ① 술어(동사)
② 가능보어 ③ 방향보어　 4. ④

71 1. ③　 2. ②　 3. ①C ②D　 4. ③
5. ① 그는 가방에서 열쇠를 하나 꺼냈다.
② 그녀는 구두를 사가지고 돌아왔다.

72 1. ④　 2. ① 起来 ② 下去 ③ 起来
④ 下来 ⑤ 下来 ⑥ 下去　 3. ③

73 1. ① 过去 ② 过来 ③ 出来 ④ 上来
⑤ 上去　 2. ① 过来 ② 过来　 3. ②

74 1. ④   2. ①买得到 ②买到 ③吃
④听 ⑤洗得   3. ①我的话你听得懂
听不懂? ②星期天你们回得来回不来?

75 1. 买不到: 물건이 없어서 못 사는 것을 말한
다. 买不起: 돈이 없어서 못 사는 것을 말한
다.   2. ①动 ②到 ③及 ④了 ⑤下
⑥上 ⑦起

76 1. ②   2. ①   3. ④

77 1. ①D ②D ③D ④B
2. ①我买的书比他买得多一些。
②他在餐厅比我多吃了一碗饭。
③这件衣服比那件衣服贵一点儿。
④他比我早走了五分钟。

Part 4

78 1. ④   2. ③   3. ②   4. ③

79 1. ①   2. ③   3. ①他 ②眼睛
③妹妹 ④裤子   4. ④

80 1. ③   2. ①   3. ④

81 1. ④   2. ①多少 ②怎么样 ③为什么
④哪 ⑤什么时候 ⑥几, 几

82 1. ③   2. ①내가 어떻게 네 마중을 안
갈 수 있겠어? ②그는 네 동생이 아니니?
③너 설마 정말로 말을 안 할 거야?
3. ②   4. ③

Part 5

83 1. ②   2. ①이다 : 단순 서술 ②존재를
나타냄 ③강조 용법 : ~하지만
3. ①그 사람도 회사원이야.
②내가 사려고 하던 게 바로 이것들이에요.

84 1. ③   2. ④   3. ①我有三本汉语
书。②我妹妹有男朋友了。   4. ①~에
달하다 ②비교 ③연동문 ④존재

85 1. ③   2. ①동사(존재) ②전치사(장소)
③결과보어(~에 있다) ④진행부사(~하는
중이다)   3. ①有 ②是 ③在 ④是 ⑤
有 ⑥在   4. ①医院在公司西边。②公
园在宾馆旁边。

86 1. ④   2. ①B ②A   3. ①방향보어
②연동문 제1동사   4. ①그는 옷을 입고
있지 않다.(일반동사술어문) ②그는 입을 옷이
없다.(연동문)

87 1. ②   2. ③   3. ④   4. ①A ②D
③C ④B

88 1. ①   2. ③   3. ④   4. ①B ②B
③B

89 1. ③   2. ①   3. ②

90 1. ①   2. ③   3. ②   4. ①他把今
天的作业交给老师了。②你把这些东西
带回去吧。

91 1. ③   2. ①A ②A ③C ④A
3. ①나는 책상을 정리했다. ②너는 당연히
그의 지갑을 돌려줘야 해. ③너 그녀더러 숙
제를 얼른 선생님께 제출하라고 해.   4. ③
5. ②

92 1. ③   2. ④   3. ①我的书被弟弟带
了。②我差点儿被卡车撞了。   4. ①D
②C   5. ①내가 그들한테 도둑 취급을 받
을 줄 몰랐어.   ②엄마는 동생 때문에 화가
잔뜩 나셨다.

93 1. ③   2. ①A ②D ③B ④B   3. ④
4. ①可乐被弟弟喝掉了。
②他被公司派到美国去了。

94 1. ①   2. ③   3. ③   4. ①존재
②출현 ③소실 ④존재 ⑤소실 ⑥출현

95 1. ②   2. ③   3. ①이 산은 저 산만큼
높다. ②그는 너만큼 똑똑하지 않아.

96 1. ②   2. ③   3. ①   4. ②   5. ④

97 1. ②   2. ③   3. ④   4. ②

5. ① 그의 성적이 전보다 훨씬 좋아졌다.
② 오늘 기분이 더할 나위 없이 좋다.

98 1. ②　2. ①　3. ④　4. ③　5. ②

99 1. ③　2. ②　3. ①　4. ① A ② C
5. ① 이 편지는 엄마가 나한테 쓰신 거야.
② 그는 내가 가장 어려울 때 도와준 사람이야.

100 1. ① 连……也 ② 一点儿都 ③ 就 ④ 没
有……不　　2. ① 这次期中考试谁也没
有不及格。② 我就不相信他是个骗子。
3. ① 다른 운동은 내가 다 싫어하는데, 달리
기만 좋아해. ② 이 브랜드 가방을 난 한 번
도 사본 적이 없어. ③ 그 사람은 수영조차
못하는데, 다이빙은 말할 것도 없지.

101 1. ① 还 ② 不……不 ③ 非……不可
④ 没有……吗?　　2. ③　　3. ① 你没看
出来吗? 他喜欢你。② 妈妈非要我去相
亲不可。

Part 6

102 1. ① 既……又…… ② 既……也……
③ 一边……一边…… ④ 又……又……
2. ③　　3. ① 이 옷은 예쁘기도 하고 저렴
하기도 하다. ② 그들은 노래도 하고 춤도 추
면서 재미있게 논다. ③ 네가 가도 괜찮고,
안 가도 괜찮고, 우린 상관없어. ④ 그녀는
영어도 할 줄 알고, 스페인어도 할 줄 안다.

103 1. ① 先……然后…… ② 先……再……
③ 刚……就…… ④ ……就　　2. ④
3. ① 그는 들어오자마자 모자를 벗었다.
② 나는 먼저 비행기를 타고 상하이에 갔다
가, 기차를 타고 난징에 가. ③ 기사님이 우
리에게 와이탄에 도착했다 하셔서, 우리는 다
차에서 내렸다. ④ 우리 먼저 생각 좀 한 후
에 결정하자고.

104 1. ① 不但……而且…… ② 甚至……
③ 不仅……还…… ④ 连……都……何
况　　2. ③　　3. ① 상하이는 여름에 아

주 더운데다 더운 날씨가 오래 계속 돼. ② 그
영화는 너만 안 본 게 아니라, 나도 안 봤어.
③ 비가 그치기는커녕 갈수록 더 거세지네.
④ 그는 병이 나서 걸음도 못 걷는데, 하물며
학교는 어떻게 가니?

105 1. ① 不是……就是…… ② 或者……或
者…… ③ 宁可……也要……
④ 要么…… 要么……　　2. ②
3. ① 그는 화요일에 오지 않으면, 토요일에
와. ② 네가 가든, 내가 가든 어쨌든 한 사람
은 가야 해. ③ 이 냉장고는 버리느니 남 주
는 게 낫겠어.

106 1. ① 即使……也…… ② 如果……
就…… ③ 要不是……就……　　2. ②
3. ① 네가 안 가게 되면 나한테 알려줘.
② 설령 네가 직접 간다 해도 문제를 해결하
진 못해. ③ 만약 될 수만 있다면, 난 예전으
로 돌아가고 싶어. ④ 내가 돈이 많다면 수입
차를 사겠어.

107 1. ① 既然……就…… ② 因为……
所以…… ③ 之所以……是因为……
2. ③　　3. ① 기왕 자네가 날 초대했으니,
내가 꼭 가겠네. ② 내가 이수한 학점이 부족
해서, 난 졸업을 못해.

108 1. ① ……其实 ② ……可是……却
③ ……不过　　2. ④　　3. ① 이곳이 아주
찾기 힘듦에도 불구하고, 난 그래도 찾았어.
② 날씨는 더운데, 교실은 오히려 시원하네.

109 1. ① 不管……都…… ② 只要……
就…… ③ 除非……不然……　　2. ②
3. ① 네가 가야만 문제를 해결할 수 있어.
② 그가 무슨 말을 하든, 난 다 믿어. ③ 그
근처에 지하철역이 있어야지, 아니면 난 그리
로 이사 가지 않아.

110 1. ① 以 ② 为了 ③ 省得 ④ 以便
2. ③　　3. ① 다른 사람이 오해하지 않도
록, 분명히 얘기하라고. ② 그가 이번에 중국
에 온 것은, 사업하기 위해서야. ③ 아름다운
미래를 위해 난 노력할 거야.

한 단계 업그레이드!
관용어, 성어, 속담 파헤치기

★ 예쁘게 오린 후, 언제든지 들고 다니며 외워 보세요!

🔍 관용어

帮倒忙 bāngdàománg 도우려다 오히려 방해가 되다

我这次总是给大家帮倒忙，真是不好意思。
Wǒ zhècì zǒngshì gěi dàjiā bāngdàománg, zhēnshi bù hǎoyìsi.
제가 이번에 여러분께 도움을 드리려다 방해만 된 것 같아요. 정말 죄송합니다.

不管怎么说 bùguǎn zěnme shuō 어쨌든, 하여튼

不管怎么说，我也有自尊心啊。
Bùguǎn zěnme shuō, wǒ yě yǒu zìzūnxīn a.
어쨌든 나도 자존심이 있다고.

不好意思 bùhǎoyìsi 죄송합니다(미안합니다), 부끄럽다

真不好意思，我来晚了。
Zhēn bùhǎoyìsi, wǒ láiwǎn le.
정말 죄송합니다, 제가 늦었습니다.

不是故意的 bú shì gùyì de 고의가 아니다

昨天的事，我真的不是故意的，相信我。
Zuótiān de shì, wǒ zhēnde bú shì gùyì de, xiāngxìn wǒ.
어제 일은, 내가 정말 고의로 그런 게 아니야, 날 믿어줘.

不是闹着玩的 bú shì nàozhe wán de 장난이 아니다

结婚不是闹着玩的，你一定要想清楚啊。
Jiéhūn bú shì nàozhe wán de, nǐ yídìng yào xiǎng qīngchu a.
결혼은 장난이 아니야, 너 생각 잘해라.

不一定 bùyídìng 반드시 ~한 것은 아니다

计划总是不一定能实现，那我们也得做计划。
Jìhuà zǒngshì bùyídìng néng shíxiàn, nà wǒmen yě děi zuò jìhuà.
계획이 언제나 실현되는 것은 아니라 해도 우리는 계획을 세워야만 한다.

不怎么样 bù zěnmeyàng 별로이다, 보통이다

这个饭店的条件不怎么样。 이 호텔의 시설이 별로야.
Zhège fàndiàn de tiáojiàn bù zěnmeyàng.

差不多 chàbuduō 거의 비슷하다, 그럭저럭하다

你想的和我差不多，我们真的是好朋友啊!
Nǐ xiǎng de hé wǒ chàbuduō, wǒmen zhēnde shì hǎo péngyou a!
네 생각은 나랑 비슷해, 우린 정말 좋은 친구라니까.

差得太远了 chà de tài yuǎn le 아직 멀었다

我的汉语差得太远了! 我还得努力学习啊!
Wǒ de Hànyǔ chà de tài yuǎn le! Wǒ hái děi nǔlì xuéxí a!
내 중국어 실력은 아직 멀었어. 더 열심히 노력해야 해.

吃醋 chīcù 질투하다

亲爱的，你吃什么醋啊，他是我大学同学。
Qīn'ài de, nǐ chī shénme cù a, tā shì wǒ dàxué tóngxué.
자기야, 무슨 질투를 하고 그래. 저 친구는 내 대학 동창이야.

打招呼 dǎ zhāohu 인사하다, 알리다

回国之前，你得跟我打个招呼啊。
Huíguó zhīqián, nǐ děi gēn wǒ dǎ ge zhāohu a.
귀국하기 전에 나한테 꼭 알려달라고.

倒霉 dǎoméi 재수 없다

今天真倒霉，我的钱包被偷走了!
Jīntiān zhēn dǎoméi, wǒ de qiánbāo bèi tōuzǒu le!
오늘 정말 재수 없어, 내 지갑을 도둑 맞았어!

得了 déle 됐어

得了吧，别跟他生气了，不值得。
Déle ba, bié gēn tā shēngqì le, bù zhídé.
됐어, 걔한테 화내지 마, 그럴 가치도 없어.

动不动 dòngbudòng 걸핏하면

姐姐最近心情不好，所以动不动就发火。
Jiějie zuìjìn xīnqíng bù hǎo, suǒyǐ dòngbudòng jiù fāhuǒ.
언니(누나)는 요즘 기분이 안 좋아서 걸핏하면 화를 낸다.

看起来 kànqǐlai 보기에, 보아하니

看起来今天要下雨啊，你带雨伞上班吧。
Kànqǐlai jīntiān yào xiàyǔ a, nǐ dài yǔsǎn shàngbān ba.
보아하니 오늘 비 오겠어, 너 우산 갖고 출근해.

可不是嘛 kěbúshì ma 그렇고말고

你说得对，可不是嘛，女人都喜欢化妆品。
Nǐ shuō de duì, kěbúshì ma, nǚrén dōu xǐhuan huàzhuāngpǐn.
네 말이 맞아, 암 그렇지, 여자들은 다 화장품을 좋아해.

还行 hái xíng 그럭저럭하다

今天的咖啡还行，比昨天的好喝。
Jīntiān de kāfēi hái xíng, bǐ zuótiān de hǎo hē.
오늘 커피 맛이 괜찮네, 어제 것보다 나아.

合得来 hédelái 잘 맞다

我们公司那么多人，我就和李主任合得来。
Wǒmen gōngsī nàme duō rén, wǒ jiù hé Lǐ zhǔrèn hédelái.
우리 회사에 사람이 그렇게 많아도 나는 이 주임하고 잘 맞아.

就这么定了 jiù zhème dìng le 이렇게 하기로 하다

咱们就这么定了，明早7点见!
Zánmen jiù zhème dìng le, míng zǎo qī diǎn jiàn!
우리 이렇게 하는 걸로 하자, 내일 아침 7시에 만나.

来不及 láibují 미처 ~하지 못하다, 늦다

现在去机场来不及了，换明天的机票吧。
Xiànzài qù jīchǎng láibují le, huàn míngtiān de jīpiào ba.
지금 공항에 가면 늦어, 내일 비행기 표로 바꿔.

没法说 méifǎshuō 뭐라 말할 수가 없다

现在的事没法说，今天不知道明天会怎么样。
Xiànzài de shì méifǎshuō, jīntiān bù zhīdào míngtiān huì zěnmeyàng.
현재의 일은 뭐라 할 수가 없다, 오늘은 내일 어떻게 될지 알 수 없다.

没关系 méiguānxi 상관없다, 괜찮다

你是刚毕业的新职员，不知道这个也没关系。
Nǐ shì gāng bìyè de xīn zhíyuán, bù zhīdào zhège yě méiguānxi.
자녠 갓 졸업한 신입 사원이니, 이걸 몰라도 괜찮네.

没那么简单 méi nàme jiǎndān 그렇게 쉽지(간단하지) 않다

事情没你说的那么简单，我们再看看吧。
Shìqing méi nǐ shuō de nàme jiǎndān, wǒmen zài kànkan ba.
일이 네 말처럼 그렇게 간단한 게 아니니, 우리 지켜보자꾸나.

没想到 méi xiǎngdào 생각하지 못했다, 뜻밖이다

没想到你是游泳高手! 네가 수영 고수였다니 뜻밖이다.
Méi xiǎngdào nǐ shì yóuyǒng gāoshǒu!

拿手菜 náshǒu cài 가장 잘하는 음식

快来尝尝，饺子可是我妈妈的拿手菜。
Kuài lái chángchang, jiǎozi kěshì wǒ māma de náshǒu cài.
얼른 와서 맛 좀 봐, 만두는 우리 엄마가 가장 잘 하시는 음식이야.

你放心 nǐ fàngxīn 안심하세요

你放心，有我就没问题! 안심해, 내가 있으니 문제없어!
Nǐ fàngxīn, yǒu wǒ jiù méi wèntí!

你一言，我一语 nǐ yì yán, wǒ yì yǔ 저마다 한 마디씩

大家你一言，我一语地热闹极了。
Dàjiā nǐ yì yán, wǒ yì yǔ de rènao jíle.
모두들 한마디씩 거들어 분위기가 열기로 가득했다.

牛 niú 대단하다, 최고다

他开着大奔上班，真牛!
Tā kāizhe dàbēn shàngbān, zhēn niú!
저 친구 벤츠 몰고 출근하다니, 정말 멋진 걸!

舍不得 shěbude 아쉽다, 서운하다

我舍不得你走。 너를 보내기가 서운하구나.
Wǒ shěbude nǐ zǒu.

受不了 shòubuliǎo 참을 수 없다, 못 봐주다

今天的天气真让人受不了。
Jīntiān de tiānqì zhēn ràng rén shòubuliǎo.
오늘 날씨 정말 사람 미치게 하네.

帅呆了 shuàidāi le 정말 멋지다, 정말 잘생기다

哇! 你哥哥帅呆了! 와! 너희 오빠(형) 정말 잘생겼다!
Wā! Nǐ gēge shuàidāi le!

说不定 shuōbudìng ~일지도 모른다

说不定明年老板会加薪!
Shuōbudìng míngnián lǎobǎn huì jiāxīn!
내년엔 사장님께서 월급을 올려 주실지도 몰라.

算了 suànle 됐어, 필요 없어

算了，我再也不说了。
Suànle, wǒ zài yě bù shuō le.
됐어, 나 다시는 얘기하지 않을 거야.

太不像话了 tài bú xiànghuà le 정말 말도 안 돼!

他实在是太不像话了。 쟨 정말이지 너무 한심해.
Tā shízài shì tài bú xiànghuà le.

太过分了 tài guòfèn le 너무 심하다, 너무 지나치다

你这样做太过分了!
Nǐ zhèyàng zuò tài guòfèn le!
네가 이렇게 하는 건 너무 심한 거야.

听说 tīngshuō 듣자 하니

听说，你考上北大了? 너 베이징대학에 붙었다며?
Tīngshuō, nǐ kǎoshàng Běidà le?

我不是那种人 나 그런 사람 아니야
wǒ bú shì nà zhǒng rén

我不是那种人，你想错了!
Wǒ bú shì nà zhǒng rén, nǐ xiǎngcuò le!
나 그런 사람 아니거든, 네가 잘못 생각한 거야.

无所谓 wúsuǒwèi 상관없다

有没有钱都无所谓，健康最重要!
Yǒu méiyǒu qián dōu wúsuǒwèi, jiànkāng zuì zhòngyào!
돈이 있고 없고는 상관없고, 건강이 가장 중요해.

要命 yàomìng 죽을 지경이다, 너무 심하다

我的嗓子疼得要命。 내 목이 아파 죽을 지경이야.
Wǒ de sǎngzi téng de yàomìng.

有的是 yǒu de shì 얼마든지 있다, 아주 많다

我没有钱，有的是劲儿! 난 돈은 없고, 힘만 넘친다.
Wǒ méiyǒu qián, yǒu de shì jìnr!

再说吧 zàishuō ba 다시 얘기하자

这事不急，以后再说吧。
Zhè shì bù jí, yǐhòu zàishuō ba.
이 일은 급하지 않으니, 다음에 다시 얘기하자.

怎么回事 zěnme huí shì 어떻게 된 거야?

怎么回事？今天你怎么没上班？
Zěnme huí shì? Jīntiān nǐ zěnme méi shàngbān?
어떻게 된 거야? 오늘 자네 왜 출근을 안 했어?

真是的 zhēnshi de 진째! 참나!

你也真是的，这么天真。 너도 참, 순진하다.
Nǐ yě zhēnshi de, zhème tiānzhēn.

🔘 성어

爱不释手 ài bù shì shǒu 좋아해서 잠시도 손에서 놓지 않다

我的手机让我爱不释手。
Wǒ de shǒujī ràng wǒ ài bù shì shǒu.
내 휴대 전화를 나는 잠시도 손에서 놓지 않는다.

半途而废 bàn tú ér fèi 중도에서 그만두다

学习汉语最怕的是半途而废。
Xuéxí Hànyǔ zuì pà de shì bàn tú ér fèi.
중국어 공부할 때 가장 무서운 것이 중도 포기하는 것이다.

变化无常 biànhuà wúcháng 변화무상하다

最近天气变化无常，人也跟着变化无常。
Zuìjìn tiānqì biànhuà wúcháng, rén yě gēnzhe biànhuà wúcháng.
요즘 날씨가 변덕스러워, 사람도 따라서 변덕스러워진다.

别具一格 bié jù yì gé 이채를 띠다, 독특한 풍격을 지니다

这家咖啡厅的装修别具一格。
Zhè jiā kāfēitīng de zhuāngxiū bié jù yì gé.
이 카페의 인테리어는 독특하다.

彬彬有礼 bīn bīn yǒu lǐ 점잖고 예절이 밝다

我们部长是个彬彬有礼的人。
Wǒmen bùzhǎng shì ge bīn bīn yǒu lǐ de rén.
우리 부장님은 점잖고 예절이 밝은 사람이다.

不可思议 bù kě sīyì 불가사의하다, 이해할 수 없다

你拿到奖学金了？不可思议！
Nǐ nádào jiǎngxuéjīn le? Bù kě sīyì!
네가 장학금을 받았다고? 믿을 수 없어!

不言不语 bù yán bù yǔ 아무 말도 하지 않다

他总是不言不语地做好自己的工作。
Tā zǒngshì bù yán bù yǔ de zuòhǎo zìjǐ de gōngzuò.
그는 언제나 말없이 자신의 일을 한다.

层出不穷 céng chū bù qióng 끊임없이 나타나다, 꼬리를 물고 나타나다

有关这个明星的报道层出不穷。
Yǒuguān zhège míngxīng de bàodào céng chū bù qióng.
이 연예인에 관한 기사가 끊임없이 나고 있다.

沉默不语 chénmò bù yǔ 말없이 침묵하다

他坐在沙发上沉默不语。
Tā zuòzài shāfā shang chénmò bù yǔ.
그는 소파에 앉아 침묵하고 있다.

川流不息 chuān liú bù xī 사람과 차들이 끊임없이 오가다

大街上车来人往，川流不息。
Dàjiē shang chē lái rén wǎng, chuān liú bù xī.
거리에는 자동차와 사람이 계속 오간다.

垂头丧气 chuí tóu sàng qì 의기소침하다, 풀이 죽다

他没考上大学，整天垂头丧气。
Tā méi kǎoshàng dàxué, zhěngtiān chuí tóu sàng qì.
그 애는 대학에 떨어져, 종일 의기소침해 있다.

当务之急 dāng wù zhī jí 당장 급히 처리해야 하는 일, 급선무

现在的当务之急是解决吃饭问题。
Xiànzài de dāng wù zhī jí shì jiějué chīfàn wèntí.
현재의 급선무는 먹고 사는 문제를 해결하는 것이다.

丢三落四 diū sān là sì 흐리멍덩하다, 이것저것 빠뜨리다, 잘 잊어버리다

我总是丢三落四的，今天又丢了信用卡。
Wǒ zǒngshì diū sān là sì de, jīntiān yòu diū le xìnyòngkǎ.
난 늘 잘 흘리고 다녀, 오늘 신용 카드를 또 잃어버렸지 뭐야.

丰富多彩 fēngfù duōcǎi 풍부하고 다채롭다

我爸爸的业余生活丰富多彩。
Wǒ bàba de yèyú shēnghuó fēngfù duōcǎi.
우리 아빠는 다양한 여가 생활을 즐기신다.

古色古香 gǔ sè gǔ xiāng 고색이 창연하다, 옛 모습 그대로다

爷爷家的家具都是古色古香的古董。
Yéye jiā de jiājù dōu shì gǔ sè gǔ xiāng de gǔdǒng.
할아버지 댁의 가구들은 다 고풍스런 골동품이다.

后悔莫及 hòuhuǐ mòjí 후회막급이다

年轻时读书不努力，他现在真是后悔莫及。
Niánqīng shí dúshū bù nǔlì, tā xiànzài zhēnshi hòuhuǐ mòjí.
젊을 때 공부를 열심히 안 해서, 그는 지금 정말로 후회막급이다.

见多识广 jiàn duō shí guǎng 식견이 풍부하다, 박식하고 경험이 많다

他以前在国外生活了很多年，见多识广。
Tā yǐqián zài guówài shēnghuó le hěn duō nián, jiàn duō shí guǎng.
그는 예전에 해외에서 생활을 오래해서, 식견이 풍부하다.

将心比心 jiāng xīn bǐ xīn 처지를 바꾸어 생각하다, 역지사지하다

我们做事要将心比心，理解别人的难处。
Wǒmen zuò shì yào jiāng xīn bǐ xīn, lǐjiě biérén de nánchù.
우리는 일할 때 상대방과 입장을 바꿔 생각하고, 다른 사람의 어려움을 이해해야 한다.

斤斤计较 jīnjīn jìjiào 사소한 것까지 지나치게 따지다

李代理是个斤斤计较的人，我们都不喜欢他。
Lǐ dàilǐ shì ge jīnjīn jìjiào de rén, wǒmen dōu bù xǐhuan tā.
이 대리는 쩨쩨한 사람이라 우리는 다 그를 싫어한다.

举世瞩目 jǔshì zhǔmù 전 세계 사람들이 주목하다, 세계적으로 주목 받다

中国的经济发展举世瞩目。
Zhōngguó de jīngjì fāzhǎn jǔshì zhǔmù.
중국의 경제 발전은 세계적으로 주목을 받고 있다.

可想而知 kě xiǎng ér zhī 미루어 알 수 있다

你平时不学习，考试成绩就可想而知了。
Nǐ píngshí bù xuéxí, kǎoshì chéngjì jiù kě xiǎng ér zhī le.
네가 평소에 공부를 안 하는 걸로 봐서, 시험 성적이 안 봐도 뻔해.

可有可无 kě yǒu kě wú 있어도 되고 없어도 되다

张顾问在我们公司就是个可有可无的人。
Zhāng gùwèn zài wǒmen gōngsī jiù shì ge kě yǒu kě wú de rén.
장 고문은 우리 회사에서 있으나마나한 사람이다.

空前绝后 kōng qián jué hòu 전무후무하다

这部电影真是空前绝后的佳作。
Zhè bù diànyǐng zhēnshi kōng qián jué hòu de jiāzuò.
이 영화는 그야말로 전무후무한 걸작이야.

狼吞虎咽 láng tūn hǔ yàn 게걸스럽게 먹다, 마파람에게 눈 감추듯 먹다

他狼吞虎咽地吃了三碗面条。
Tā láng tūn hǔ yàn de chī le sān wǎn miàntiáo.
그는 마파람에게 눈 감추듯 국수 세 그릇을 먹어 치웠다.

理所当然 lǐ suǒ dāng rán 당연히 그렇다, 당연하다

不要以为别人对你的好是理所当然的。
Búyào yǐwéi biérén duì nǐ de hǎo shì lǐ suǒ dāng rán de.
다른 사람이 너한테 잘해주는 걸 당연하게 생각하지 마라.

没完没了 méi wán méi liǎo 한도 끝도 없다

王阿姨说起话来就没完没了。
Wáng āyí shuō qǐ huà lái jiù méi wán méi liǎo.
왕 씨 아주머니는 말을 시작하시면 끝이 없으셔.

莫名其妙 mò míng qí miào 영문을 모르다, 이해가 안 되다

他突然骂了我一顿，我觉得莫名其妙。
Tā tūrán mà le wǒ yí dùn, wǒ juéde mò míng qí miào.
그가 갑자기 나한테 욕을 해서, 난 어이가 없다.

目瞪口呆 mù dèng kǒu dāi 아연실색하다

他看到自己的考试成绩，目瞪口呆。
Tā kàndào zìjǐ de kǎoshì chéngjì, mù dèng kǒu dāi.
그는 자신의 시험 성적을 보고, 할 말을 잃었다.

岂有此理 qǐ yǒu cǐ lǐ 어찌 이럴 수가 있단 말인가?, 기가 막히다

这是谁做的? 真是岂有此理!
Zhè shì shéi zuò de? Zhēnshi qǐ yǒu cǐ lǐ!
이거 누가 그런 거야? 정말 기가 막히는 구나!

勤工俭学 qín gōng jiǎn xué 일하면서 배우다, 고학하다

她要去法国勤工俭学，学习时装。
Tā yào qù Fǎguó qín gōng jiǎn xué, xuéxí shízhuāng.
그녀는 프랑스에 가서 고학하며 디자인 공부를 하려 한다.

全力以赴 quánlì yǐ fù 전력투구하다

不管比赛结果怎么样，我们都会全力以赴的。
Bùguǎn bǐsài jiéguǒ zěnmeyàng, wǒmen dōu huì quánlì yǐ fù de.
경기 결과가 어떻든 우리는 최선을 다할 것이다.

三长两短 sān cháng liǎng duǎn 뜻밖의 재난이나 변고

她有个三长两短的，让她妈妈怎么办?
Tā yǒu ge sān cháng liǎng duǎn de, ràng tā māma zěnme bàn?
그녀가 잘못되면, 그녀의 어머니는 어떻게 하니?

省吃俭用 shěng chī jiǎn yòng 절약해서 생활하다

这一年我省吃俭用存了5万块钱。
Zhè yì nián wǒ shěng chī jiǎn yòng cún le wǔ wàn kuàiqián.
1년 동안 나는 절약해서 5만위엔을 저금했다.

十有八九 shí yǒu bā jiǔ 십중팔구

太晚了，十有八九他是来不了了。
Tài wǎn le, shí yǒu bā jiǔ tā shì láibuliǎo le.
너무 늦었어, 그 친구 십중팔구 못 올 거야.

实事求是 shí shì qiú shì 사실에 토대하여 진리를 탐구하다, 실사구시

我们应该实事求是地看问题。
Wǒmen yīnggāi shí shì qiú shì de kàn wèntí.
우리는 문제를 볼 때 실사구시 해야 한다.

手忙脚乱 shǒu máng jiǎo luàn 허둥지둥하다

他一紧张就手忙脚乱的。
Tā yì jǐnzhāng jiù shǒu máng jiǎo luàn de.
그는 긴장했다 하면 허둥지둥 대.

数一数二 shǔ yī shǔ èr 뛰어나다, 손꼽히다

他的汉语在我们公司数一数二。
Tā de Hànyǔ zài wǒmen gōngsī shǔ yī shǔ èr.
그 친구 중국어 실력은 우리 회사에서 내노라하지.

讨价还价 tǎo jià huán jià 값을 흥정하다

我不喜欢逛街，也不喜欢讨价还价。
Wǒ bù xǐhuan guàngjiē, yě bù xǐhuan tǎo jià huán jià.
나는 쇼핑하는 것도 싫어하고, 값을 흥정하는 것도 싫어해.

望子成龙 wàng zǐ chéng lóng 아들이 훌륭한 인물이 되기를 바라다

父母都"望子成龙"。
Fùmǔ dōu "wàng zǐ chéng lóng".
부모님은 다 자식이 잘 되길 바라신다.

无精打采 wú jīng dǎ cǎi 기운 없다, 풀이 죽다

你怎么了？今天无精打采的？
Nǐ zěnme le? Jīntiān wú jīng dǎ cǎi de?
너 왜 그래? 오늘 기운이 하나도 없네.

无能为力 wú néng wéi lì 무능해서 아무 일도 못하다

这件事我是无能为力了。
Zhè jiàn shì wǒ shì wú néng wéi lì le.
이 일은 나도 어쩔 수가 없구나.

无缘无故 wúyuán wúgù 전혀 관계가 없다, 아무런 이유가 없다

他最近总是无缘无故地生气。
Tā zuìjìn zǒngshì wúyuán wúgù de shēngqì.
그는 요즘 계속 아무 이유 없이 발끈한다.

物美价廉 wù měi jià lián 상품의 질이 좋고 값도 저렴하다

这个商店的东西物美价廉。
Zhège shāngdiàn de dōngxi wù měi jià lián.
이 가게의 물건은 품질이 좋고 값이 싸다.

小心翼翼 xiǎoxīn yìyì 매우 조심하다

他小心翼翼地问她为什么这么伤心。
Tā xiǎoxīn yìyì de wèn tā wèishénme zhème shāngxīn.
그는 조심스럽게 그녀에게 왜 그리 슬픈 거냐고 물었다.

谢天谢地 xiè tiān xiè dì 천만다행이다, 깊이 감사하다

谢天谢地！我儿子终于醒过来了！
Xiè tiān xiè dì! Wǒ érzi zhōngyú xǐng guòlai le!
고맙습니다, 우리 아들이 마침내 깨어났습니다.

心不在焉 xīn bù zài yān 마음이 딴 데 가 있다, 정신을 딴 데 팔다

他心不在焉地看着外边。
Tā xīn bù zài yān de kànzhe wàibian.
그는 심드렁하게 밖을 쳐다보고 있다.

心甘情愿 xīn gān qíng yuàn 달갑게 바라다, 기꺼이 원하다

为了你，做什么我都心甘情愿。
Wèile nǐ, zuò shénme wǒ dōu xīn gān qíng yuàn.
너를 위해서라면, 난 뭐든 하길 원해.

幸灾乐祸 xìng zāi lè huò 남의 재앙을 고소하게 생각하다

千万不要在别人失败的时候幸灾乐祸。
Qiānwàn búyào zài biérén shībài de shíhou xìng zāi lè huò.
다른 사람의 실패를 보고 고소해하지 마세요.

一刀两断 yì dāo liǎng duàn 명확하게 매듭을 짓다, 단호하게 관계를 끊다

我想跟男朋友一刀两断。나는 남자 친구와 끝내고 싶다.
Wǒ xiǎng gēn nánpéngyou yì dāo liǎng duàn.

一帆风顺 yì fān fēng shùn 순풍에 돛을 올리다, 일이 순조롭게 진행되다

我祝你去中国出差一帆风顺。
Wǒ zhù nǐ qù Zhōngguó chūchāi yì fān fēng shùn.
자네가 중국 출장을 무사히 마치고 오길 바라네.

一见如故 yí jiàn rú gù 처음 만남에서 의기투합하다

初次见面我和他一见如故，就像二十年的老友。
Chūcì jiànmiàn wǒ hé tā yí jiàn rú gù, jiù xiàng èrshí nián de lǎoyǒu.
초면인데도 나와 그 사람은 말이 잘 통해서, 20년은 된 친한 친구 같았다.

一举两得 yì jǔ liǎng dé 일거양득

游泳又能锻炼身体，又能减肥，一举两得。
Yóuyǒng yòu néng duànliàn shēntǐ, yòu néng jiǎnféi, yì jǔ liǎng dé.
수영은 운동도 되고, 다이어트도 되니 일거양득이다.

一目了然 yí mù liǎo rán 일목요연하다, 한눈에 환히 알다

他做的课件简单明了，让人一目了然。
Tā zuò de kèjiàn jiǎndān míngliǎo, ràng rén yí mù liǎo rán.
그가 만든 PPT 자료는 간단명료해서, 한눈에 알아볼 수 있다.

一如既往 yì rú jì wǎng 지난날과 다름없다

希望我们明年也一如既往地认真工作。
Xīwàng wǒmen míngnián yě yì rú jì wǎng de rènzhēn gōngzuò.
우리가 내년에도 변함없이 열심히 일했으면 합니다.

依依不舍 yī yī bù shě 헤어짐을 아쉬워하다

南老师就要回国了，我们都依依不舍的。
Nán lǎoshī jiùyào huíguó le, wǒmen dōu yī yī bù shě de.
남 선생님께서 곧 본국으로 가시기 때문에 우리는 다 서운해하고 있다.

有声有色 yǒu shēng yǒu sè 생생하다, 실감나다

他给别人讲故事总是有声有色的。
Tā gěi biérén jiǎng gùshi zǒngshì yǒu shēng yǒu sè de.
그는 다른 사람한테 이야기를 해줄 때, 언제나 실감나게 한다.

与众不同 yǔ zhòng bù tóng 다른 사람과 다르다, 남보다 뛰어나다

他的设计就是与众不同。그의 디자인은 남들과 다르다.
Tā de shèjì jiù shì yǔ zhòng bù tóng.

赞不绝口 zàn bù jué kǒu 입에 침이 마르게 칭찬하다

老板对我的工作赞不绝口，我高兴极了!
Lǎobǎn duì wǒ de gōngzuò zàn bù jué kǒu, wǒ gāoxìng jíle!
사장님께서 내가 한 일에 대해 입에 침이 마르게 칭찬해 주셔서, 난 참으로 기뻤다.

众所周知 zhòng suǒ zhōu zhī 모든 사람이 다 알고 있다

众所周知，长城是中国的名胜古迹。
Zhòng suǒ zhōu zhī, Chángchéng shì Zhōngguó de míngshèng gǔjì.
다들 알고 있듯이, 만리장성은 중국의 명승 고적이다.

坐立不安 zuò lì bù ān 안절부절 못하다

我的口袋里没有钱的时候，我坐立不安。
Wǒ de kǒudài li méiyǒu qián de shíhou, wǒ zuò lì bù ān.
내 주머니에 돈이 없을 때, 난 불안해져.

🔍 속담

가는 날이 장날
来得早不如来得巧 lái de zǎo bùrú lái de qiǎo

가뭄에 단비
久旱逢甘雨 jiǔhàn féng gānyǔ

가까운 남이 먼 일가보다 낫다
远亲不如近邻 yuǎnqīn bùrú jìnlín

강 건너 불구경
隔岸观火 gé'àn guānhuǒ

걱정도 팔자
庸人自扰 yōngrén zì rǎo

검은 머리가 파뿌리 되도록
白头偕老 báitóu xiélǎo

개구리 올챙이 시절 기억 못한다
得了金饭碗，忘了叫街时；得鱼忘筌
déle jīnfànwǎn, wàng le jiào jiē shí; dé yú wàng quán

개천에서 용 났다
穷山沟里出状元 qióng shāngōu li chū zhuàngyuán

마파람에 게 눈 감추듯
狼吞虎咽 láng tūn hǔ yàn

계란으로 바위치기
以卵击石 yǐ luǎn jī shí

고양이 쥐 생각
黄鼠狼给鸡拜年 huángshǔláng gěi jī bàinián

고생 끝에 낙이 온다
苦尽甘来 kǔ jìn gān lái

그 아버지에 그 아들
有其父，必有其子 yǒu qí fù, bì yǒu qí zǐ

급하다고 바늘허리에 실 매어 쓸까
欲速则不达 yù sù zé bù dá

낮말은 새가 듣고 밤 말은 쥐가 듣는다
隔墙有耳 gé qiáng yǒu ěr

누워서 떡먹기
易如反掌 yì rú fǎn zhǎng

눈 가리고 아웅
掩耳盗铃 yǎn ěr dào líng

내 코가 석자
泥菩萨过河自身难保 nípúsà guò hé zìshēn nánbǎo

도둑이 제 발 저리다
做贼心虚 zuò zéi xīn xū

도토리 키재기
半斤八两 bàn jīn bā liǎng

돈만 있으면 귀신도 부릴 수 있다
有钱能使鬼推磨 yǒu qián néng shǐ guǐ tuīmò

동에 번쩍 서에 번쩍
神出鬼没 shén chū guǐ mò

양 다리를 걸치다
脚踏两只船 jiǎotà liǎng zhī chuán
(=脚踩两只船 jiǎo cǎi liǎng zhī chuán)

들으면 병, 안 들으면 약
耳不闻，心不烦 ěr bù wén, xīn bù fán

등잔 밑이 어둡다
灯下不明 dēng xià bù míng

뛰는 놈 위에 나는 놈 있다
强中自有强中手 qiáng zhōng zìyǒu qiáng zhōng shǒu
(=人上有人，天外有天 rén shang yǒu rén, tiānwài yǒu tiān／一山更比一山高 yì shān gèng bǐ yì shān gāo)

마른 하늘에 날벼락
晴天霹雳 qíngtiān pīlì

무자식이 상팔자
无子无忧 wú zǐ wú yōu

사람은 겪어 보아야 알고 물은 건너 보아야 안다
路遥知马力，日久见人心
lù yáo zhī mǎlì, rì jiǔ jiàn rénxīn

믿는 도끼에 발등 찍힌다
狗咬吕洞宾 gǒu yǎo Lǚ Dòngbīn

범은 죽으면 가죽을 남기고, 사람은 죽으면 이름을 남긴다
虎死留皮，人死留名 hǔ sǐ liú pí, rén sǐ liú míng

호랑이 굴에 가야 호랑이 새끼를 잡는다
不入虎穴，焉得虎子 bú rù hǔxué, yān dé hǔzǐ

쇠귀에 경 읽기
对牛弹琴 duì niú tán qín

벙어리 냉가슴 앓 듯하다
哑巴吃黄连，有苦说不出
yǎba chī huánglián, yǒu kǔ shuō bu chū

불 난 집에 부채질하다
火上浇油 huǒ shàng jiāo yóu

아니땐 굴뚝에 연기나랴
无风不起浪 wú fēng bù qǐ làng

빛 좋은 개살구
华而不实 huá ér bù shí

백문이 불여일견이다
百闻不如一见 bǎi wén bùrú yí jiàn

사후약방문
马后炮 mǎhòupào

재수 없으면 앞으로 넘어져도 코가 깨진다
人要倒霉，喝凉水也塞牙
rén yào dǎoméi, hē liángshuǐ yě sāiyá

십 년 세도 없고 열흘 붉은 꽃 없다
好花不长开，好景不长在；人无千年好，花无
十日红 hǎo huā bù cháng kāi, hǎojǐng bù cháng zài; rén
wú qiānnián hǎo, huā wú shí rì hóng

색시가 고우면 처갓집 말뚝 보고 절을 한다
爱屋及乌 ài wū jí wū

자라 보고 놀란 가슴 소댕(솥뚜껑) 보고 놀란다
惊弓之鸟 jīng gōng zhī niǎo(=杯弓蛇影 bēi gōng shé
yǐng; 草木皆兵 cǎo mù jiē bīng)

장님 코끼리 만지듯
盲人摸象 mángrén mō xiàng

제 버릇 개 못 준다
狗改不了吃屎 gǒu gǎi bu liǎo chī shǐ

제 꾀에 제가 넘어가다
聪明反被聪明误 cōngming fǎn bèi cōngming wù

쥐도 새도 모르게
神不知，鬼不觉 shén bùzhī, guǐ bùjué

쥐 죽은 듯
鸦雀无声 yā què wú shēng

쥐구멍에도 해 뜰 날이 있다
瓦片也有翻身日 wǎpiàn yě yǒu fānshēnrì

쥐뿔도 모르다
一无所知 yī wú suǒ zhī

천리 길도 한걸음부터
千里之行，始于足下 qiān lǐ zhī xíng, shǐyú zú xià

콩 심은 데 콩 나고 팥 심은 데 팥난다
种瓜得瓜，种豆得豆
zhòng guā dé guā, zhòng dòu dé dòu

첫술에 배부를까
胖子不是一口吃撑的
pàngzi bú shì yì kǒu chīchēng de

하늘이 무너져도 솟아날 구멍이 있다
天无绝人之路 tiān wú jué rén zhī lù

평안감사도 저 싫으면 그만이다
老牛不饮水，不能强按头
lǎoniú bù yǐnshuǐ, bù néng qiáng àn tóu

하나를 듣고 열을 안다
闻一知十 wén yī zhī shí

하나만 알고 둘은 모른다
只知其一，不知其二 zhǐ zhī qí yī, bù zhī qí'èr

하늘과 땅 차이
天壤之别 tiān rǎng zhī bié

하늘의 별 따기
难如上天摘星星 nán rú shàngtiān zhāi xīngxing

하루가 멀다 하고
一二再，再二三；三天两头
yī èr zài, zài èr sān; sān tiān liǎng tóu

한 번 엎지른 물은 다시 담지 못한다
一言既出，四马难追 yì yán jì chū, sì mǎ nán zhuī(=覆
水难收 fù shuǐ nán shōu, 泼水难收 pō shuǐ nán shōu)

호랑이 없는 산중에 토끼가 선생
山中无老虎，猴子称大王
shān zhōng wú lǎohu, hóuzi chēng dàwáng

호랑이도 제 말하면 온다
说曹操曹操就到 shuō Cáo Cāo, Cáo Cāo jiù dào

엎친 데 덮친 격이다
雪上加霜 xuě shàng jiā shuāng

옥의 티
美中不足 měi zhōng bù zú

우물 안 개구리
坐井观天 zuò jǐng guān tiān

윗물이 맑아야 아랫물이 맑다
上梁不正，下梁歪 shàngliáng bú zhèng, xiàliáng wāi

인명은 재천
人命在天 rénmìng zài tiān

은혜를 원수로 갚다
恩将仇报 ēn jiāng chóu bào

옷이 날개다
人靠衣装，马靠鞍 rén kào yīzhuāng, mǎ kào ān

NEW
맛있는
중국어
어법

한민이 지음

워크북

맛있는 books

맛있는 중국어 어법 | 워크북

각 과별로 학습한 어법 내용을 파트별로 종합하고 심화하여 다양한 유형의 문제로 구성하였습니다. 문제를 풀면서 자신의 어법 실력을 체크해 보고, 틀린 문제는 본책을 보며 복습해 보세요.

차례

TEST 01

1 다음 성모 중 권설음이 아닌 것을 고르세요.

　❶ zh　　　　　　❷ r　　　　　　❸ ch　　　　　　❹ l

2 다음 중 발음이 다른 것을 고르세요.

　❶ 书　　　　　　❷ 树　　　　　　❸ 宿　　　　　　❹ 数

3 다음 중 성조가 다른 것을 고르세요.

　❶ 是　　　　　　❷ 吃　　　　　　❸ 去　　　　　　❹ 大

4 다음 중 1성이 아닌 것을 고르세요.

　❶ 妈　　　　　　❷ 学　　　　　　❸ 喝　　　　　　❹ 中

5 '好吃, 好朋友, 说得好'에서 '好'의 품사를 고르세요.

　❶ 대명사　　　　❷ 부사　　　　　❸ 감탄사　　　　❹ 형용사

6 다음 중 세 단어에 공통으로 들어 있는 발음을 고르세요.

点菜　　　　电影　　　　商店

　❶ dian　　　　　❷ ying　　　　　❸ cai　　　　　　❹ shang

7 다음 밑줄 친 단어의 병음과 성조가 알맞은 것을 고르세요.

A: 你去哪儿?　　　　　　　B: 我回家。
a　　　　　　　　　　　　b

　❶ a: nàr　b: huī　　　　　　　❷ a: nǎr　b: huī

　❸ a: nǎr　b: huí　　　　　　　❹ a: nàr　b: huì

★ 다음 중 품사가 틀린 것을 고르세요. [8-10]

8

❶ 我	❷ 想	❸ 喝 咖啡, 你	❹ 呢?

❶ 대명사   ❷ 조동사   ❸ 동사   ❹ 감탄사

9

❶ 这 是 我	❷ 新	❸ 买	❹ 的 包。

❶ 대명사   ❷ 부사   ❸ 동사   ❹ 조사

10

❶ 哇! 你	❷ 太	❸ 棒	❹ 了!

❶ 조사   ❷ 부사   ❸ 형용사   ❹ 조사

★ 다음 중 품사가 틀린 것을 고르세요. [1-3]

1

| 昨天下午 ❶ 下 了 | ❷ 一 | ❸ 场 | ❹ 雪。|

❶ 동사　　　　　❷ 수사　　　　　❸ 명사　　　　　❹ 명사

2

| ❶ 他 | ❷ 在 | ❸ 家 | ❹ 看 书。|

❶ 대명사　　　　❷ 동사　　　　　❸ 명사　　　　　❹ 동사

3

| ❶ 你 | ❷ 去 | ❸ 还是 | ❹ 他 去? |

❶ 대명사　　　　❷ 동사　　　　　❸ 전치사　　　　❹ 대명사

4 다음 밑줄 친 부분의 문장 성분으로 맞는 것을 고르세요.

| A: 他在做什么?　　　　　B: 他正在唱歌呢。|
| 　　a　　　　　　　　　　 b |

❶ a: 술어　　b: 부사어　　　　　❷ a: 부사어　　b: 부사어

❸ a: 관형어　b: 부사어　　　　　❹ a: 관형어　　b: 술어

5 다음 중 한자와 간체자가 바르게 묶인 것을 고르세요.

❶ 說 – 悦　　　　　　　　❷ 語 – 言

❸ 賣 – 买　　　　　　　　❹ 遠 – 远

6 다음 중 한자와 간체자가 잘못 묶인 것을 고르세요.

❶ 長 – 长　　　　　　　　❷ 貴 – 归

❸ 電 – 电　　　　　　　　❹ 機 – 机

7 다음 중 올바른 문장을 고르세요.

① 他喜欢也喝茶。 ② 爸爸公司去。

③ 他大学毕业2014年。 ④ 你快去吧。

8 다음 밑줄 친 단어의 품사와 문장 성분이 맞는 것을 고르세요.

① 他的车很新。 　　　　조사 – 주어

② 妹妹最近经常感冒。 　　부사 – 부사어

③ 昨天星期天。 　　　　명사 – 목적어

④ 去中国的人很多。 　　　동사 – 술어

9 다음 중 보어가 없는 문장을 고르세요.

① 她学了一年汉语。 ② 他英语说得很好。

③ 我给你打电话。 ④ 明天我去不了了。

10 다음 중 부사어가 없는 문장을 고르세요.

① 这是我的汉语书。 ② 她姐姐非常漂亮。

③ 他常常来我家。 ④ 我们都吃面条。

11 다음 중 제시된 문장의 의문문으로 올바르지 않은 것을 고르세요.

他是中国人。

① 他是中国人吗? ② 他是不是中国人?

③ 谁是中国人? ④ 他是哪国人吗?

12 다음 중 빈칸에 들어갈 단어로 알맞은 것을 고르세요.

> A: 先生, _____喝茶。
>
> B: 谢谢!

❶ 慢   ❷ 别   ❸ 请   ❹ 千万

13 다음 중 명령문이 아닌 것을 고르세요.

❶ 快来吧!   ❷ 慢走!

❸ 千万别说!   ❹ 你听着啊!

14 다음 빈칸에 들어갈 감탄사를 고르세요.

> _____, 你找谁呀?

❶ 哎呀   ❷ 啊   ❸ 喂   ❹ 哼

15 다음 중 밑줄 친 단어와 바꿔 쓸 수 있는 것을 고르세요.

> 嘘, 别说了!

❶ 不想   ❷ 不要   ❸ 不会   ❹ 不敢

✓ 체크 포인트!
성모, 운모, 성조 변화

TEST 03

1 다음 중 'ü'와 결합할 수 있는 성모가 아닌 것을 고르세요.

❶ j   ❷ q   ❸ n   ❹ s

2 다음 중 빈칸에 들어갈 알맞은 것을 고르세요.

> 운모 i, u, ü가 단독으로 음절을 구성할 때는 ___i, ___u, ___u로 쓴다.

❶ y – w – w   ❷ y – y – w

❸ y – w – y   ❹ y – y – y

3 다음 중 발음을 잘못 읽은 것을 고르세요.

❶ uei – 우에이   ❷ ian – 이안

❸ uan – 우안   ❹ ou – 어우

4 다음 중 '我'의 성조가 다른 것을 고르세요.

❶ 我吃   ❷ 我去

❸ 我买   ❹ 我能

5 다음 운모 중 성모와 결합할 때 변형이 없는 것을 고르세요.

❶ uei   ❷ iou

❸ uen   ❹ uai

6 다음 중 병음이 잘못 표기된 것을 고르세요.

❶ 云 – yün   ❷ 五 – wu

❸ 月 – yue   ❹ 晚 – wan

7 다음 중 '不'의 성조가 다른 것을 고르세요.

① 不去

② 不好

③ 不吃

④ 不能

8 다음 단어에 공통으로 들어 있는 운모를 고르세요.

下雨	玉米	吃鱼	遇到

① wu

② yi

③ yu

④ ao

9 다음 중 '一'의 성조가 다른 것을 고르세요.

① 一边

② 一个

③ 一本

④ 一国

10 다음 중 밑줄 친 단어의 성조와 같은 것을 고르세요.

好好 - 看看

① 书 - 吗

② 听 - 穿

③ 很 - 四

④ 也 - 个

TEST 04

1 다음 중 밑줄 친 부분의 성조가 다른 것을 고르세요.

❶ 忙<u>不</u>忙　　　❷ 长<u>长</u>　　　❸ 听<u>听</u>　　　❹ 好<u>的</u>

2 다음 중 밑줄 친 부분에 성조 변화가 없는 것을 고르세요.

❶ <u>不</u>让　　　❷ <u>见</u>面　　　❸ <u>很</u>好　　　❹ <u>不</u>吃

3 다음 중 밑줄 친 단어의 병음으로 알맞은 것을 고르세요.

> 我<u>晚上</u>8点去。

❶ uanshang　　　　　　　❷ wanshang

❸ wansang　　　　　　　❹ uansang

★ 다음 중 밑줄 친 병음에 알맞은 한자를 고르세요. [4-5]

4

> 爸爸 <u>zài</u> 家休息。

❶ 再　　　　❷ 走　　　　❸ 在　　　　❹ 就

5

> 那是我 <u>de</u> 自行车。

❶ 的　　　　❷ 得　　　　❸ 地　　　　❹ 弟

6 다음 중 성조가 틀린 것을 고르세요.

❶ 学习 – xuéxí　　　　　　❷ 爷爷 – yéyé

❸ 月亮 – yuèliang　　　　　❹ 好看 – hǎokàn

7 '法国'와 같은 성조로 이루어진 것을 고르세요.

| a 旅行 | b 请坐 | c 北京 | d 语言 | e 早上 |

❶ a – c   ❷ a – e   ❸ b – e   ❹ a – d

8 한자에 맞는 병음으로 바르게 짝지어진 것을 고르세요.

| a 汉字 – Hànzǐ | b 英语 – Yìngyǔ | c 飞机 – fēijī |
| d 谢谢 – xièxiè | e 再见– zàijiàn | |

❶ a – d   ❷ c – e   ❸ b – d   ❹ d – e

9 밑줄 친 부분의 성조가 다른 하나를 고르세요.

| a 他 们 | b 都 坐火 | c 车 去 | d 杭 州。 |

❶ a   ❷ b   ❸ c   ❹ d

10 다음 단어를 포괄하는 단어의 병음을 고르세요.

| 裤子 | 毛衣 | 衬衫 |

❶ yību   ❷ yūpu   ❸ yīfu   ❹ yūfu

TEST 05

1 다음 중 제시된 단어가 시간 순서대로 배열된 것을 고르세요.

❶ 今天 – 昨天 – 明天 – 后天

❷ 昨天 – 今天 – 明天 – 后天

❸ 昨天 – 今天 – 后天 – 明天

❹ 今天 – 明天 – 后天 – 昨天

2 다음 중 숫자를 잘못 읽은 것을 고르세요.

❶ 10 – shí

❷ 100 – yìbǎi

❸ 110 – yìbǎi shí

❹ 101 – yìbǎi líng yī

★ 다음 빈칸에 들어갈 알맞은 단어를 고르세요. [3–5]

3

A: 一年有几_____月?
B: 一年有12_____月。

❶ 多　　　　❷ 大　　　　❸ 数　　　　❹ 个

4

| 星期五 | ➡ | 星期六 | ➡ | _____ | ➡ | 星期一 |

❶ 星期二　　❷ 星期天　　❸ 星期四　　❹ 星期三

5

A: 你去拿三_____椅子过来，好吗?
B: 好的。

❶ 张　　　　❷ 把　　　　❸ 件　　　　❹ 斤

6 다음 중 틀린 문장을 고르세요.

❶ 你的书在我。

❷ 明天星期五。

❸ 下面的衣服是我的。

❹ 教室里有三个人。

7 제시된 단어를 써서 문장을 완성하세요.

[보기]	朵	封	道	本	节	块

❶ 他送了我一_____花。

❷ 这_____菜味道怎么样?

❸ 昨天我写了五_____信。

❹ 明天你有几_____课?

❺ 今天我买了几_____词典。

❻ 这_____手表是我爷爷留给我的。

8 다음 중 틀린 문장을 고르세요.

❶ 这儿附近有很多餐厅。

❷ 学校在邮局旁边。

❸ 我喜欢右边的裤子。

❹ 前边医院不大。

9 다음 중 연도를 잘못 읽은 것을 고르세요.

❶ 1998年 ➡ yī jiǔ jiǔ bā nián

❷ 1840年 ➡ yī bā sì líng nián

❸ 2000年 ➡ liǎng qiān nián

❹ 2025年 ➡ èr líng èrshí wǔ nián

10 제시된 단어를 써서 문장을 완성하세요.

[보기]	为什么	谁	多少	哪儿	什么时候	怎么样

❶ 他是_____?

❷ 苹果一斤_____钱?

❸ 你_____不去?

❹ 你妹妹去_____?

❺ 小金_____来这儿?

❻ 我的衣服_____?

11 다음 중 시간 표현이 어색한 것을 고르세요.

① 8: 15 ➡ 八点一刻

② 5: 50 ➡ 差十分六点

③ 2: 30 ➡ 两点两刻

④ 9: 45 ➡ 九点四十五分

12 다음 중 과일의 가격을 모두 합한 것을 고르세요.

苹果 10.50元	可乐 2.30元	葡萄 8.90元
牛奶 6.00元	饼干 3.50元	西瓜 11.50元
面包 8.50元	矿泉水 1.20元	橙汁 12.90元

① 22.4元

② 30.90元

③ 34.4元

④ 65.3元

13 다음 중 빈칸에 들어갈 알맞은 것을 고르세요.

A: 你什么时候回国?
B: 我_____个月回国。

① 上

② 前

③ 后

④ 下

14 다음 중 어림수가 잘못 표시된 것을 고르세요.

① 七八天

② 一个月多

③ 三年左右

④ 十来天

15 다음 중 올바른 문장을 고르세요.

① 我没去了中国。

② 你最近见了不见他?

③ 她常跟朋友吃了饭。

④ 明天下了课就去你那儿。

1 다음 중 빈칸에 들어갈 알맞은 단어를 고르세요.

> 爸爸妈妈给我的压力_____大了。

❶ 很　　　　　❷ 非常　　　　　❸ 太　　　　　❹ 挺

2 다음 중 밑줄 친 단어와 바꿔 쓸 수 있는 대명사를 고르세요.

> 你姐姐很漂亮。

❶ 她　　　　　❷ 它　　　　　❸ 他　　　　　❹ 这

3 다음 중 빈칸에 들어갈 알맞은 대명사를 고르세요.

> A: 快去吧，_____在外边等你呢。
> B: 好的，我马上就下去。

❶ 小李　　　　　❷ 人家　　　　　❸ 它　　　　　❹ 那

4 다음 빈칸에 공통으로 들어갈 단어를 고르세요.

> ·你去_____?
> ·你想去_____就去_____。

❶ 这儿　　　　　❷ 那儿　　　　　❸ 怎么　　　　　❹ 哪儿

5 제시된 단어를 써서 문장을 완성하세요.

> [보기]　　分之　　　　倍　　　　左右

❶ 十五是三的五_____。

❷ 二_____一就是一半。

❸ 金老师四十岁_____。

6 다음 빈칸에 들어갈 숫자로 알맞은 것을 고르세요.

> 给你介绍一下，这是我的_____叔，那是我的_____哥。

❶ 二，三

❷ 第二，第三

❸ 两，三

❹ 三，第二

7 다음 중 빈칸에 들어갈 알맞은 단어를 고르세요.

> 还有_____的时间我就要回国了。

❶ 八天、九天

❷ 九八天

❸ 九天、八天

❹ 八九天

8 다음 중 올바른 문장을 고르세요.

❶ 饭要一顿一顿地吃，事情要一次一次地办。

❷ 饭要一口一口地吃，事情要一件一件地办。

❸ 饭要一个一个地吃，事情要一件一件地办。

❹ 饭要一口一口地吃，事情要一次一次地办。

9 다음 중 동량사가 잘못 쓰인 것을 고르세요.

❶ 这本小说我已经看了三遍。

❷ 他曾经被蛇咬了一口。

❸ 刚才刮了一回大风。

❹ 他轻轻地敲了两下儿门。

10 다음 빈칸에 들어갈 단어로 알맞은 것을 고르세요.

> 星期天休息，我看了_____电影。

❶ 一时

❷ 一月

❸ 一年

❹ 一天

11 부사 '不'와 '没(有)'를 써서 다음 문장을 완성하세요.

❶ 刚才他们_____来这儿。

❷ 姐姐要去银行，_____去超市。

❸ 金老师现在_____忙。

❹ 昨天_____下雨。

12 다음 빈칸에 들어갈 조사로 알맞은 것을 고르세요.

A: 明天你去长城_____?
B: 我去，你_____?

❶ 吗 – 吧   ❷ 吗 – 呢   ❸ 吧 – 吗   ❹ 呢 – 吧

13 다음 중 올바른 문장을 고르세요.

❶ 他们也都是学生。   ❷ 他们是也都学生。

❸ 他们也是都学生。   ❹ 他们都也是学生。

14 다음 빈칸에 들어갈 조사로 알맞은 것을 고르세요.

妈妈做_____菜好吃_____不_____了。

❶ 的 – 地 – 得   ❷ 地 – 得 – 的

❸ 的 – 得 – 得   ❹ 的 – 得 – 地

15 다음 중 동사의 성격이 다른 하나를 고르세요.

❶ 结婚   ❷ 出发   ❸ 上课   ❹ 聊天

TEST 07

★ 다음 중 빈칸에 들어갈 알맞은 단어를 고르세요. [1-4]

1

我_____去那个公园看看。

❶ 很要   ❷ 很会   ❸ 很想   ❹ 很可以

2

这件事你看_____办吧。

❶ 过   ❷ 的   ❸ 着   ❹ 地

3

爸爸不_____我出去玩儿。

❶ 请   ❷ 使   ❸ 叫   ❹ 让

4

中国有五千_____年的历史。

❶ 多   ❷ 来   ❸ 左右   ❹ 上下

5 다음에 제시된 동사의 공통된 특징으로 알맞은 것을 고르세요.

给   告诉   借   还

❶ 목적어를 동반할 수 없다   ❷ 동작을 지속할 수 있다

❸ 보어로 쓰일 수 있다   ❹ 목적어를 2개 동반할 수 있다

6 다음 중 틀린 문장을 고르세요.

❶ 她已经毕业大学了。   ❷ 他经常请客。

❸ 我跟他见过面。   ❹ 他跳舞跳得很好。

7 다음 동사 중 성격이 다른 하나를 고르세요.

❶ 等　　　　❷ 看　　　　❸ 死　　　　❹ 站

8 다음 단어를 어순에 맞게 배열한 것을 고르세요.

李老师　　　汉语　　　我们　　　教

❶ 李老师汉语教我们。　　　　❷ 李老师教汉语我们。

❸ 汉语李老师教我们。　　　　❹ 李老师教我们汉语。

★ 다음 중 빈칸에 들어갈 알맞은 단어를 고르세요. [9–11]

9

A: 这儿_____抽烟吗?

B: 这儿不_____抽烟。

❶ 可以 – 要　　　　❷ 可以 – 能

❸ 能 – 要　　　　❹ 能 – 会

10

A: 我还_____上班，就不送你了。

B: 知道了，你快去上班吧。

❶ 想　　　　❷ 会　　　　❸ 可以　　　　❹ 要

11

A: 我_____去美国留学。

B: 那你_____好好学习。

❶ 想 – 可以　　　　❷ 要 – 得

❸ 得 – 能　　　　❹ 要 – 会

★ 다음 중 빈칸에 공통으로 들어갈 단어를 고르세요. [12-13]

12

> · 他们＿＿＿＿起床起得很早。
>
> · ＿＿＿＿八点了，该起床了。

❶ 也 　　　　　❷ 又 　　　　　❸ 已经 　　　　　❹ 都

13

> · 我＿＿＿＿想你。
>
> · 这辆车贵得＿＿＿＿。

❶ 非常 　　　　　❷ 很 　　　　　❸ 极 　　　　　❹ 特别

★ 제시된 단어가 들어갈 알맞은 위치를 고르세요. [14-15]

14 金老师的讲课 A 方法 B 适合 C 我的 D 。(挺)

15 我们 A 愿意 B 到中国 C 学习 D 汉语。(非常)

★ 다음 중 빈칸에 들어갈 알맞은 단어를 고르세요. [1–5]

1

爸爸已经决定了，你_____说也没有用。

❶ 又　　　　❷ 就　　　　❸ 再　　　　❹ 还

2

他汉字写得_____清楚_____好看。

❶ 又　　　　❷ 太　　　　❸ 再　　　　❹ 还

3

这里的环境很好，以后我_____会来的。

❶ 又　　　　❷ 也　　　　❸ 再　　　　❹ 还

4

那部电影我_____看了一遍。

❶ 又　　　　❷ 常　　　　❸ 再　　　　❹ 还

5

电脑还是放在_____的地方吧。

❶ 本来　　　❷ 原来　　　❸ 这儿　　　❹ 那儿

★ 제시된 단어가 들어갈 알맞은 위치를 고르세요. [6–8]

6　他 A 来 B 北京 C 五天，还 D 不习惯。 (才)

7　他们 A 明天 B 要 C 回来 D 了。 (就)

8　A 这里 B 的 C 交通 D 方便。 (比较)

9 빈칸에 알맞은 단어를 쓰세요.

[보기]	简直	难道	千万	到底	可

❶ 你_____去不去?

❷ 他做的菜_____好吃了。

❸ 这件事真是太可笑了，_____无法想象。

❹ 姐姐，你_____不要告诉妈妈。

❺ _____你还不知道吗?

10 다음 중 빈칸에 들어갈 알맞은 단어를 고르세요.

· 他_____在上海住过三年。

· 她昨天_____走了。

❶ 已经 - 已经   ❷ 已经 - 曾经

❸ 曾经 - 曾经   ❹ 曾经 - 已经

★ **다음 중 틀린 문장을 고르세요.** [11-12]

11 ❶ 天气突然热起来了。

     ❷ 他突然离开了这里。

     ❸ 事情来得太忽然了。

     ❹ 忽然下雨了。

12 ❶ 天刚亮，我们就出发了。

     ❷ 刚才是刚才，现在是现在。

     ❸ 刚才谁给你打电话了?

     ❹ 刚他回来。

13 다음 중 밑줄 친 부분의 쓰임이 바른 것을 고르세요.

① 我去买<u>点儿</u>水果。

② 今天<u>一点儿</u>冷。

③ 你再吃<u>有点儿</u>。

④ 我<u>有点儿</u>都不知道。

★ 다음 중 빈칸에 들어갈 알맞은 단어를 고르세요. [14-15]

14

· 他昨天来过，今天_____来了。

· 你不要_____问了，他不会告诉你的。

① 再 – 再　　　② 再 – 又　　　③ 又 – 再　　　④ 又 – 又

15

A: 他_____是你弟弟，你得好好照顾。

B: 好了，知道了。

① 到底　　　② 毕竟　　　③ 究竟　　　④ 终于

TEST 09

★ 다음 중 빈칸에 들어갈 알맞은 단어를 고르세요. [1-3]

1

A: 小张让我给他回电话吗?

B: _____ 的。小张快急死了。

❶ 好　　　　❷ 赶紧　　　　❸ 快　　　　❹ 让

2

A: 他毕业 _____ 哪个大学?

B: 他是毕业 _____ 清华大学的。

❶ 在　　　　❷ 自　　　　❸ 于　　　　❹ 从

3

A: _____ 北京到上海坐飞机要多长时间?

B: 坐飞机大概两个小时。

❶ 在　　　　❷ 离　　　　❸ 从　　　　❹ 自

4 다음 중 밑줄 친 단어와 바꿔 쓸 수 있는 부사를 고르세요.

从此以后，到了冬至，家家都包饺子，慢慢成了一个风俗。

❶ 赶紧　　　　❷ 赶快　　　　❸ 渐渐　　　　❹ 偏偏

★ '对于'나 '关于'를 써서 다음 문장을 완성하세요. [5-6]

5 我很想了解 _____ 中国的对外政策。

6 _____ 留学生来说，了解中国的文化很重要。

7 다음 중 빈칸에 들어갈 전치사로 바르게 묶인 것을 고르세요.

> · 本次列车开_____西安。
> · 他把目光转_____了我弟弟。
> · 我们都_____共同的目标努力。

❶ 往 – 朝 – 向　　　　　❷ 朝 – 往 – 向

❸ 往 – 向 – 朝　　　　　❹ 向 – 往 – 朝

★ 빈칸에 들어갈 말로 어순이 알맞은 것을 고르세요. [8–10]

8　她责任心强，_____，一定会做得好。

❶ 又况且是专家　　　　　❷ 况且又是专家

❸ 况且是又专家　　　　　❹ 又是况且专家

9　咱们该出发了，_____。

❶ 要不就末班车赶不上了　　　　　❷ 要不末班车就赶不上了

❸ 要不赶不上就末班车了　　　　　❹ 要不就赶不上末班车了

10　你_____，我也不信。

❶ 就再说得好听　　　　　❷ 就说得再好听

❸ 说得就再好听　　　　　❹ 就再好听说得

TEST 10

1 다음 밑줄 친 단어와 바꿔 쓸 수 있는 것을 고르세요.

> 外国人，<u>尤其</u>是从欧美国家来的学生，写汉字就更难了。

❶ 其实　　　❷ 其中　　　❸ 特别　　　❹ 可能

★ 다음 대화를 읽고 답하세요. [2-4]

> A: 饭做好了没有? 我＿＿＿a＿＿＿饿死了。
> B: ＿＿＿b＿＿＿了。＿＿＿c＿＿＿等一会儿吧。

2 a에 들어갈 단어를 고르세요.

❶ 就　　　❷ 快　　　❸ 就要　　　❹ 马上

3 b에 들어갈 단어를 고르세요.

❶ 几乎　　　❷ 差点儿　　　❸ 简直　　　❹ 差不多

4 c에 들어갈 단어를 고르세요.

❶ 再　　　❷ 也　　　❸ 又　　　❹ 还

5 다음 중 빈칸에 들어갈 알맞은 접속사를 고르세요.

> A: 你什么时候去天津?
> B: 我明天＿＿＿＿后天去。

❶ 还是　　　❷ 和　　　❸ 或者　　　❹ 以及

6 다음 중 틀린 문장을 고르세요.

❶ 他在中国文化感兴趣。　　　❷ 我给你买东西。
❸ 为了身体健康干杯!　　　❹ 他们为和平而战争。

7 다음 중 빈칸에 들어갈 알맞은 접속사를 고르세요.

在中国，年轻人、中老年人，_____五六岁的孩子都会背李白的诗。

❶ 于是   ❷ 至于   ❸ 却   ❹ 甚至

8 다음 중 밑줄 친 '了'의 용법과 다른 것을 고르세요.

我买<u>了</u>一件衣服。

❶ 他听了中文歌。   ❷ 他看了那本书。

❸ 我在中国呆了一年。   ❹ 她现在是画家了。

9 빈칸에 알맞은 단어를 쓰세요.

[보기]   从   离   自   自从

❶ _____早上九点到十二点我上英语课。

❷ _____七月份以后，我就没收到她的信。

❸ _____古以来，这里就以风景秀丽闻名于世。

❹ _____中秋节只有一个星期了。

10 다음 중 빈칸에 들어갈 알맞은 단어를 고르세요.

A: 我快饿死了，先吃饭吧。
B: 好的，民_____食为天。

❶ 为   ❷ 为了   ❸ 以   ❹ 对

TEST 11

★ 제시된 단어가 들어갈 알맞은 위치를 고르세요. [1–2]

1 A 小张 B 任何人 C 都 D 很热情。 (对)

2 A 这件事 B 你 C 韩老师 D 商量吧。 (跟)

★ 다음 대화를 읽고 답하세요. [3–4]

> A: 火车____a____开了，上车吧。
>
> B: 好，再见!
>
> A: 一路平安!

3 이 대화가 이루어지고 있는 장소를 고르세요.

❶ 车站　　　　❷ 地铁站　　　　❸ 火车站　　　　❹ 机场

4 a에 들어갈 단어로 적합하지 않은 것을 고르세요.

❶ 要　　　　❷ 快要　　　　❸ 快　　　　❹ 快到

5 다음 중 빈칸에 들어갈 알맞은 단어를 고르세요.

> 你给妈妈打电话了_____?

❶ 了　　　　❷ 没有　　　　❸ 呢　　　　❹ 啊

6 다음 중 '了'의 용법이 잘못된 것을 고르세요.

❶ 我买了很多东西。

❷ 我都不想了回去。

❸ 今天终于完成了这件事。

❹ 刚买的手机就坏了。

7

桂林我去_____，那儿的山水非常美。

❶ 了　　　　　❷ 过　　　　　❸ 着　　　　　❹ 的

8

不要躺_____看书，这样对眼睛不好。

❶ 着　　　　　❷ 过　　　　　❸ 了　　　　　❹ 的

9 다음 중 빈칸에 공통으로 들어갈 단어를 고르세요.

- 我不喜欢红_____。
- 这块手表是姐姐给我买_____。

❶ 色　　　　　❷ 的　　　　　❸ 了　　　　　❹ 啊

10 다음 중 '得'의 용법이 잘못된 것을 고르세요.

❶ 你得好好休息。　　　　❷ 这把椅子我拿得动。

❸ 他来这儿得很早。　　　❹ 她得了癌症。

TEST 12

1 다음 중 조사의 위치가 바르지 않은 것을 고르세요.

❶ 韩国、中国、日本亚洲国家等。

❷ 我被这首歌所感动。

❸ 他呀，最喜欢玩儿。

❹ 你是从英国来的吧?

2 다음 중 빈칸에 공통으로 들어갈 단어를 고르세요.

· 上课了，_____去教室吧!

· _____要考试了，每天他都睡得很晚。

· 新年_____到了。

❶ 快　　　　　❷ 要　　　　　❸ 就　　　　　❹ 就要

3 다음 중 빈칸에 들어갈 조사로 알맞은 것을 고르세요.

A: 李先生_____?

B: 你还不知道_____? 他走了。

❶ 吧 – 吗　　　❷ 呢 – 吧　　　❸ 吗 – 呢　　　❹ 呢 – 吗

4 제시된 조사를 써서 문장을 완성하세요.

[보기]　嘛　　呢　　啊　　吧

❶ 你也是中国人_____?

❷ 妹妹在看电视_____。

❸ 这个本来就是我的_____。

❹ 苹果_____，葡萄_____，西瓜_____，我都喜欢吃。

★ 다음 중 빈칸에 들어갈 알맞은 것을 고르세요. [5-7]

5

我想_____他的人品。

❶ 了解了了解　　　　　　❷ 了解了解

❸ 了解一了解　　　　　　❹ 了解了解了

6

你的头发太长了，你该_____了。

❶ 理发一理发　　　　　　❷ 理发理发

❸ 理理发　　　　　　　　❹ 理理发发

7

妹妹_____那条裤子，觉得很合适。

❶ 试了试　　　❷ 试试了　　　❸ 试一试　　　❹ 试又试

8 다음 문장을 바르게 고치세요.

❶ 弟弟的眼睛大大。　　➡ _____

❷ 大家都很高兴高兴地回家去了。➡ _____

9 제시된 중첩형이 들어갈 알맞은 위치를 고르세요.

他 A 5点 B 起床 C，从不 D 睡懒觉。(天天)

10 다음 중 빈칸에 들어갈 알맞은 것을 고르세요.

_____，我都吃腻了。

❶ 吃顿顿面包　　　　　　❷ 顿顿面包吃

❸ 顿顿吃面包　　　　　　❹ 面包顿顿吃

📄 **TEST 13**

1 다음 문장에서 관형어를 고르세요.

> 很多留学生都想去故宫看看。

❶ 很多　　　　　　❷ 都　　　　　　❸ 故宫　　　　　　❹ 看

2 다음 중 '给'가 부사어로 쓰인 문장을 고르세요.

❶ 你把它交给韩老师吧。　　　　❷ 他给了我一个苹果。

❸ 今天晚上我给你打电话。　　　　❹ 我的衣服让妹妹给弄破了。

★ 빈칸에 들어갈 말로 어순이 알맞은 것을 고르세요. [3-10]

3
> 小李，你＿＿＿＿＿＿＿＿＿爬山吧。

❶ 和我们明天一起去　　　　　　❷ 明天和我们去一起

❸ 明天和我们一起去　　　　　　❹ 我们明天和一起去

4
> 他是我的一位＿＿＿＿＿＿＿＿＿。

❶ 在中国的留学好朋友　　　　　　❷ 在中国留学的好朋友

❸ 在中国好的留学朋友　　　　　　❹ 在中国留学好的朋友

5
> 我觉得西安是＿＿＿＿＿＿＿＿＿。

❶ 神秘的一座古城　　　　　　❷ 一座神秘古城的

❸ 神秘一座的古城　　　　　　❹ 一座神秘的古城

6
> 你＿＿＿＿＿＿＿＿＿这里的情况吗?

❶ 能为我们介绍一下　　　　　　❷ 能为我们一下介绍

❸ 能介绍为我们一下　　　　　　❹ 能介绍一下为我们

7 　小金＿＿＿＿＿＿＿＿＿＿说出了这句话。

❶ 很流利地用汉语 　　　　　　　❷ 很用汉语流利地

❸ 很流利用汉语地 　　　　　　　❹ 用汉语地很流利

8 　我妹妹下决心＿＿＿＿＿＿＿＿＿＿。

❶ 中国到留学五年 　　　　　　　❷ 到中国五年留学

❸ 到中国留学五年 　　　　　　　❹ 五年到中国留学

9 　她＿＿＿＿＿＿＿＿＿＿。

❶ 回没宿舍去 　　　　　　　　　❷ 没回宿舍去

❸ 回宿舍去没 　　　　　　　　　❹ 回宿舍没去

10 　我＿＿＿＿＿＿＿＿＿＿。

❶ 在了中国呆一年 　　　　　　　❷ 在中国一年呆了

❸ 呆了在中国一年 　　　　　　　❹ 在中国呆了一年

TEST 14

★ 다음 중 빈칸에 들어갈 알맞은 것을 고르세요. [1–3]

1

他_____。

❶ 跑进图书馆去了　　　　　❷ 跑图书馆进去了

❸ 图书馆跑进去了　　　　　❹ 跑进去图书馆了

2

做作业时，我把"买"写_____"卖"了。

❶ 了　　　　❷ 好　　　　❸ 完　　　　❹ 成

3

A: 你来中国多长时间了?
B: 我来中国快_____了。

❶ 去年　　　❷ 半年　　　❸ 星期三　　　❹ 三月

4 다음 중 방향보어가 잘못 쓰인 것을 고르세요.

❶ 他下来了。　　　　　❷ 他回去家了。

❸ 她拿去了一个本子。　　❹ 她没带相机来。

5 다음 빈칸에 들어갈 방향보어로 알맞은 것을 고르세요.

· 你真聪明! 这么难的题都能做_____。
· 这座山太高了，走_____一定很累。

❶ 出来 - 下去　　　　　❷ 起来 - 下去

❸ 出来 - 上去　　　　　❹ 起来 - 上去

★ 결과보어 '饱', '好', '错'를 써서 다음 대화를 완성하세요. [6-8]

6

A: 你怎么不吃了?

B: 我吃_____了，你们慢慢吃。

7

A: 喂! 金老师在家吗?

B: 对不起，您打_____了。

8

A: 你们什么时候见面?

B: 我们说_____星期天见面。

9 다음 중 결과보어가 잘못 쓰인 것을 고르세요.

❶ 这个教室能坐下五十个人。

❷ 帽子挂在衣架上吧。

❸ 第一次见面的时候，我就爱上你了。

❹ 这个词你用完地方了。

10 다음 중 빈칸에 들어갈 알맞은 것을 고르세요.

昨天她还好好的，今天早上却_____了。

❶ 发烧起来

❷ 发起烧来

❸ 发起来烧

❹ 起来发烧

TEST 15

★ 다음 문장을 보고 답하세요. [1-2]

> · 我们班的同学都<u>学得很好</u>。
>   a
>
> · 他们<u>说得很流利</u>，汉字<u>写得也很清楚</u>。
>   b   c
>
> · 老师有时候<u>说话得太快</u>。
>   d

1 위 문장 중 정도보어 용법이 잘못된 것을 고르세요.

❶ a   ❷ b   ❸ c   ❹ d

2 b문장을 부정문으로 바르게 바꾼 것을 고르세요.

❶ 他们说得流利不。   ❷ 他们说得不流利。

❸ 他们说得很不流利。   ❹ 他们不说得流利。

3 다음 중 빈칸에 들어갈 알맞은 단어를 고르세요.

> A: 你们回得来回不来？
> B: 今天晚上我们_____回得来。

❶ 想   ❷ 能   ❸ 要   ❹ 得

4 빈칸에 들어갈 말로 어순이 알맞은 것을 고르세요.

> 刚晴了一天，怎么又_____？

❶ 雪下起来了   ❷ 下了起雪来

❸ 下起雪来了   ❹ 下雪起来了

★ 다음 문장을 읽고 답하세요. [5-6]

> 我在一家贸易公司工作。最近工作很忙，经常加班a 到深夜。这样做b 下去，我快要累坏了。我曾经说c 过不怕累，这可真是说d 起来容易，做起来很难。

5 밑줄 친 부분 중 보어가 아닌 것을 고르세요.

❶ a   ❷ b   ❸ c   ❹ d

6 지금 화자의 상태를 표현한 말을 고르세요.

❶ 즐겁다   ❷ 피곤하다   ❸ 짜증 나다   ❹ 자고 싶다

★ 다음 문장을 읽고 답하세요. [7-8]

> A: 你为什么不买呢?
> B: 其实，我也很想买，可是买_____起。

7 다음 중 빈칸에 들어갈 알맞은 단어를 고르세요.

❶ 不   ❷ 得   ❸ 没   ❹ 到

8 B가 사지 않은 이유를 고르세요.

❶ 안 팔아서   ❷ 사고 싶지 않아서
❸ 돈이 없어서   ❹ 돈이 아까워서

★ 다음 빈칸에 들어갈 알맞은 것을 고르세요. [9-10]

9 他办公室的电话号码我也_____了。（A. 没记清 / B. 记不清)

10 我_____了一些水果。（A. 买回来 / B. 买得回来)

★ 다음 대화를 읽고 답하세요. [1-2]

> A: 我的话你听得懂吗?
>
> B: 你说得太快，我听不懂。

1 B가 A의 말을 알아듣지 못한 이유를 고르세요.

❶ A의 말이 너무 느려서   ❷ A의 말이 너무 어려워서

❸ A의 말이 너무 빨라서   ❹ A의 발음이 안 좋아서

2 A의 물음을 정반의문문으로 바꾼 것을 고르세요.

❶ 我的话你听得懂不懂?   ❷ 我的话你听得懂听不懂?

❸ 我的话你听懂听不懂?   ❹ 我的话你听得懂没懂?

★ 다음 문장을 읽고 답하세요. [3-4]

> 西安离北京有一千公里，坐火车大概要a 十五个小时，坐飞机 b 一个半小时就够了。火车明天c 下午五点从北京出发，第二天早上 七点半到西安。他想先去西安玩d 三天，再去上海玩两天。

3 밑줄 친 내용 중 시간보어가 아닌 것을 고르세요.

❶ a   ❷ b   ❸ c   ❹ d

4 위의 내용으로 틀린 것을 고르세요.

❶ 베이징에서 시안까지 대략 15시간 걸린다

❷ 기차는 내일 오후에 출발한다

❸ 기차는 이틀 후 시안에 도착한다

❹ 그는 시안에 갔다가 상하이에 갈 생각이다

5 우리말을 중국어로 옮길 때 밑줄 친 부분의 어순이 바른 것을 고르세요.

나는 중국어를 5년 동안 배웠다.

➡ 我学 a 了 b 汉语 c 五年 d 学。

① a – b – d – c   ② b – d – a – c

③ b – d – c – a   ④ a – d – b – c

6 다음 중 보어의 쓰임이 잘못된 것을 고르세요.

① 我等了半天他。   ② 这本小说我看过两遍。

③ 他去过一次北京。   ④ 你等一会儿。

★ 빈칸에 들어갈 알맞은 것을 고르세요. [7-8]

7

人一天平均要＿＿＿＿＿＿＿＿＿＿＿＿＿＿。

① 吃三顿饭，睡觉八个小时   ② 吃三顿饭，睡八个小时的觉

③ 吃饭三顿，睡觉八个小时   ④ 吃饭三顿，睡八个小时的觉

8

宿舍的钥匙找不到了，我和青青＿＿＿＿＿＿＿＿＿＿。

① 找了半天也找不到   ② 半天找了也找得到

③ 半天找了也不找到   ④ 找了半天也没找到

★ 다음 중 빈칸에 들어갈 보어로 알맞은 것을 고르세요. [9-10]

9

我得去＿＿＿＿＿＿邮局，你在咖啡厅等我。

① 一下   ② 一遍   ③ 一趟   ④ 一会儿

10

我突然想＿＿＿＿＿＿了那年冬天的事情。

① 出   ② 起   ③ 好   ④ 对

Part 4 문장

✓ 체크 포인트!
평서문, 의문문

TEST 17

1 '我喜欢吃肉。'를 부정문으로 바르게 바꾼 것을 고르세요.

❶ 我不吃肉喜欢。   ❷ 我吃肉不喜欢。

❸ 我不喜欢吃肉。   ❹ 我不吃喜欢肉。

★ 다음 중 빈칸에 공통으로 들어갈 단어를 고르세요. [2-3]

2

A: 你好吗?

B: 我_____好，你呢?

A: 我也_____好。

❶ 很   ❷ 的   ❸ 最   ❹ 可以

3

· 今天_____星期天。

· 他_____中国人。

❶ 的   ❷ 是   ❸ 做   ❹ 叫

4 다음 조사 중에서 의문문에 쓰이지 않는 것을 고르세요.

❶ 吗   ❷ 呢   ❸ 吧   ❹ 啊

5 다음 중 틀린 문장을 고르세요.

❶ 我妹妹非常漂亮。   ❷ 今年2016年。

❸ 他不美国人。   ❹ 我不去学校。

6 다음 중 주어가 잘못 표시된 것을 고르세요.

❶ 他的鼻子很高。➡ 鼻子   ❷ 我头很疼。➡ 头

❸ 我妹妹去图书馆。➡ 妹妹   ❹ 兔子尾巴很短。➡ 兔子

★ 다음 중 빈칸에 들어갈 알맞은 단어를 고르세요. [7–9]

7

A: 他明天出发_____?
B: 对。明天上午十点。

① 吗　　　　② 吧　　　　③ 呢　　　　④ 的

8

A: 公共汽车来了，你哥哥_____?
B: 他上厕所了。

① 吗　　　　② 吧　　　　③ 呢　　　　④ 啊

9

A: 你们学校离你家_____远?
B: 很近，走五分钟就能到。

① 多少　　　② 多　　　　③ 怎么　　　④ 什么

10 다음 중 빈칸에 '吗'가 들어가지 않는 것을 고르세요.

① 难道我说错了_____?
② 你不是上海人_____?
③ 我明天来，可以_____?
④ 我哪儿有时间_____?

✔ 체크 포인트!
是자문, 有자문, 在를 쓰는 문장,
有 비교문, 겸어문, 연동문

TEST 18

1 다음 중 빈칸에 들어갈 알맞은 단어를 고르세요.

> 我家＿＿＿六＿＿＿人。爸爸、妈妈、三个妹妹＿＿＿我。

❶ 是 - 口 - 跟　　　　❷ 有 - 口 - 和

❸ 是 - 个 - 跟　　　　❹ 有 - 个 - 和

2 '是', '有', '在'를 써서 문장을 완성하세요.

❶ 我们＿＿＿＿韩国人。　　　❷ 他＿＿＿＿宿舍。

❸ 小金＿＿＿＿两个弟弟。　　　❹ 你的书＿＿＿＿老师那儿。

❺ 他们＿＿＿＿前天晚上到的。　❻ 桌子上＿＿＿＿几本书。

★ 빈칸에 들어갈 말로 어순이 알맞은 것을 고르세요. [3-4]

3
> 我＿＿＿＿＿＿＿＿＿，想请他吃中餐。

❶ 想不请他吃西餐　　　❷ 不想吃西餐请他

❸ 想请他不吃西餐　　　❹ 不想请他吃西餐

4
> 妈妈＿＿＿＿＿＿＿＿吃饭。

❶ 你叫快回家　　　❷ 你快叫回家

❸ 叫你快回家　　　❹ 叫你回家快

5 다음 중 '有'가 비교의 뜻을 나타내는 것을 고르세요.

❶ 我有三本书。　　　❷ 我有衣服穿。

❸ 弟弟有你这么高。　　❹ 她有三十岁。

6 다음 빈칸에 공통으로 들어갈 동사를 고르세요.

> · 他_____金泰山。
>
> · 老师_____你到办公室来。

❶ 叫   ❷ 让   ❸ 是   ❹ 使

7 다음 중 밑줄 친 단어와 바꿔 쓸 수 있는 것을 고르세요.

> 这是令人十分高兴的事儿。

❶ 命令   ❷ 使   ❸ 要求   ❹ 对

★ 다음 중 틀린 문장을 고르세요. [8-9]

8 ❶ 我送你去机场。   ❷ 他请我常常喝酒。
　 ❸ 妈妈不让弟弟出去。   ❹ 不是我叫你。

9 ❶ 他正在给朋友写信。   ❷ 我没正在看电影。
　 ❸ 他们在开会。   ❹ 我们吃饭呢。

10 다음 중 연동문이 아닌 것을 고르세요.

❶ 我坐飞机去中国。   ❷ 我没有衣服穿。
❸ 我去吃饭。   ❹ 我喜欢喝咖啡。

TEST 19

★ 제시된 단어가 들어갈 알맞은 위치를 고르세요. [1-4]

1 我 A 买完 B 东西 C 去 D 你家。（再）

2 我们没有 A 车 B，只好走 C 去 D 那儿。（着）

3 A 我 B 买 C 几瓶啤酒 D。（去商店）

4 我 A 有 B 几个问题 C 问 D 你。（要）

★ 다음 문장에서 들어가지 않아도 될 단어를 고르세요. [5-6]

5

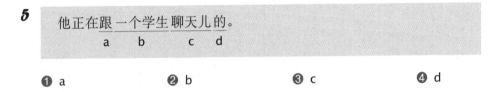

他正在跟 一个学生 聊天儿 的。
　　　a　　b　　　c　　d

① a　　　　② b　　　　③ c　　　　④ d

6

我把 一件衣服 洗干净 了。
a b　c　　　d

① a　　　　② b　　　　③ c　　　　④ d

7 다음 중 빈칸에 들어갈 알맞은 단어를 고르세요.

大家正忙＿＿＿＿＿呢。

① 了　　　　② 过　　　　③ 着　　　　④ 的

8 다음 중 틀린 문장을 고르세요.

① 我把可乐喝了。

② 你把手表带着。

③ 他把大衣丢过。

④ 她要把照片寄给朋友。

9 다음 중 반드시 '把'자문을 써야 하는 결과보어가 아닌 것을 고르세요.

① 到　　　　　② 成　　　　　③ 给　　　　　④ 完

10 다음 중 의미상의 피동문이 아닌 것을 고르세요.

① 信写好了。

② 水送来了。

③ 自行车丢了。

④ 小狗跑了。

TEST 20

★ 제시된 단어가 들어갈 알맞은 위치를 고르세요. [1-5]

1 A 他 B 把话 C 说 D 完，就走了。（没）

2 她 A 把 B 他当做 C 自己的哥哥 D 。（一直）

3 这是刘老师让我 A 给他 B 带回来 C 作业 D 。（的）

4 她的钱包 A 可能 B 被小偷 C 偷走了 D 。（很）

5 那些包子 A 一下子就 B 让他 C 吃光 D 了。（给）

6 다음 중 틀린 문장을 고르세요.

❶ 他昨天被蚊子咬了。

❷ 我愿意不被他发现。

❸ 啤酒被喝完了。

❹ 老虎叫猎人抓住了。

★ 빈칸에 들어갈 말로 어순이 알맞은 것을 고르세요. [7-10]

7
妹妹的脸又圆又红，_____。

❶ 像一个红苹果似的　　　❷ 像红苹果一个似的

❸ 像似一个红苹果的　　　❹ 像似的一个红苹果

8
我比他_____。

❶ 两年早来了中国　　　❷ 早来了中国两年

❸ 来早了中国两年　　　❹ 两年中国早来了

Part 5

9 我觉得天天玩比＿＿＿＿＿＿＿＿＿＿。

❶ 天天工作要还累   ❷ 天天工作要累还

❸ 天天工作还要累   ❹ 天天工作累还要

10 最后＿＿＿＿＿＿＿＿＿＿＿＿＿＿。

❶ 终于困难被大家克服了

❷ 困难被大家终于克服了

❸ 困难终于被大家克服了

❹ 终于被大家克服了困难

TEST 21

1 다음 중 존현문이 아닌 것을 고르세요.

① 墙上挂着一幅画。

② 昨天来了一个学生。

③ 我们班走了几个学生。

④ 我买了几本书。

2 우리말을 중국어로 옮길 때 '大'가 들어갈 알맞은 위치를 고르세요.

오빠는 나보다 세 살 많다.

→ 哥哥 ❶ 比 ❷ 我 ❸ 三 ❹ 岁。

3 다음 중 틀린 문장을 고르세요.

① 他比我更爱运动。

② 这个包没有那个包好看。

③ 她有你这么高。

④ 我比你来得很晚。

4 다음 중 비교문의 부정문으로 틀린 것을 고르세요.

① 这里没有北京冷。

② 我的汉语成绩不如他。

③ 我买的裙子不跟你买的一样。

④ 做起来并不像说的那么容易。

★ 제시된 단어가 들어갈 알맞은 위치를 고르세요. [5-7]

5 哥哥 A 是 B 坐飞机 C 回来 D 的。(从英国)

6 A 我是 B 认识 C 他 D 的。(三年前)

7 A 刚才 B 是 C 给 D 我打的电话。(爸爸)

8 제시된 구문을 써서 문장을 완성하세요.

> [보기]   连……也   非……不可   不……不……
>
>   没有……不……   一点儿……也

❶ 这个公园＿＿＿＿买票，＿＿＿＿让进。

❷ 他在这个城市，＿＿＿＿一个亲人＿＿＿＿没有。

❸ 他今天身体不好，可他＿＿＿＿要去上班＿＿＿＿。

❹ 我妹妹又聪明又漂亮，＿＿＿＿人＿＿＿＿喜欢她。

❺ 这个房间太冷了，＿＿＿＿暖气＿＿＿＿没有。

★ 다음 빈칸에 들어갈 알맞은 단어를 고르세요. [9–10]

9
> 大学生了，＿＿＿＿这么不懂事。

❶ 也   ❷ 再   ❸ 又   ❹ 还

10
> 别的运动我都不喜欢，我＿＿＿＿喜欢游泳。

❶ 不   ❷ 才   ❸ 就   ❹ 也

TEST 22

★ 제시된 복문 형식을 써서 문장을 완성하세요. [1–5]

> [보기]　虽然……但是……　　因为……所以……　　如果……那么……
>
> 　　　　又……又……　　　不但……而且……

1 昨天晚上＿＿＿＿刮风，＿＿＿＿下雨。

2 姐姐＿＿＿＿会说英语，＿＿＿＿还会说汉语。

3 ＿＿＿＿外面下雨，＿＿＿＿他没去跑步。

4 ＿＿＿＿失败了很多次，＿＿＿＿她并没有灰心。

5 ＿＿＿＿你下个月不能来，＿＿＿＿什么时候来呢?

★ 제시된 복문 형식을 써서 문장을 완성하세요. [6–10]

> [보기]　只要……就……　　　一……就……　　　先……然后……
>
> 　　　　宁可……也……　　　一边……一边……

6 妈妈＿＿＿＿喝咖啡，＿＿＿＿听音乐。

7 我们＿＿＿＿去餐厅吃饭，＿＿＿＿再去看电影吧。

8 我弟弟＿＿＿＿到家＿＿＿＿开始看电视。

9 我＿＿＿＿回家睡觉，＿＿＿＿不看这样的电影。

10 ＿＿＿＿你有信心，＿＿＿＿一定能成功。

★ 제시된 복문 형식을 써서 문장을 완성하세요. [11-15]

> [보기]　无论……也……　　　　之所以……是因为……
>
> 　　　　就是……也……　　　幸亏……不然……　　　既然……就……

11 ＿＿＿＿＿出了什么事，＿＿＿＿＿不能不吃饭。

12 ＿＿＿＿＿你会说汉语，＿＿＿＿＿我们会遇到麻烦。

13 你们＿＿＿＿＿来了，＿＿＿＿＿好好玩儿几天吧。

14 我＿＿＿＿＿不让你去，＿＿＿＿＿那里太危险。

15 说吧，＿＿＿＿＿说错了＿＿＿＿＿没关系。

★ 제시된 단어를 써서 문장을 완성하세요. [16-20]

> [보기]　却　　　　为了　　　　越来越　　　除非　　　要是

16 冬天了，天气＿＿＿＿＿冷了。

17 ＿＿＿＿＿你劝他一下，他才会来。

18 我想跟她借钱，＿＿＿＿＿不好意思跟她说。

19 ＿＿＿＿＿提高汉语水平，他每天都复习三个小时。

20 你＿＿＿＿＿有困难，就来找我。

TEST 23

★ 다음 빈칸에 들어갈 알맞은 단어를 고르세요. [1–10]

1

雨＿＿＿＿没停，＿＿＿＿越来越大了。

❶ 固然 – 也

❷ 只有 – 才

❸ 虽然 – 但是

❹ 不但 – 反而

2

他病得走都走不动，更＿＿＿＿旅游呢?

❶ 何况

❷ 况且

❸ 甚至

❹ 而且

3

现在许多地方禁止吸烟，＿＿＿＿餐厅也开始了。

❶ 即使

❷ 而且

❸ 甚至

❹ 尽管

4

我们是朋友，＿＿＿＿你已经到了北京，就别客气了。

❶ 还

❷ 甚至

❸ 又

❹ 况且

5

我弟弟＿＿＿＿不聪明，＿＿＿＿不努力，所以学习成绩不好。

❶ 不是 – 也是

❷ 不是 – 而是

❸ 也 – 也

❹ 或者 – 或者

6　你叫我韩数，＿＿＿＿＿＿叫我小韩都可以。

❶ 也许　　　　❷ 就　　　　❸ 或者　　　　❹ 还是

7　＿＿＿＿＿＿多听、多说、多读＿＿＿＿＿＿能学好汉语。

❶ 只是 - 就　　　　　　　❷ 不但 - 而且

❸ 只有 - 才　　　　　　　❹ 越 - 越

8　＿＿＿＿＿＿你喜欢的，我＿＿＿＿＿＿喜欢。

❶ 凡是 - 都　　　　　　　❷ 既然 - 就

❸ 哪怕 - 也　　　　　　　❹ 一 - 就

9　＿＿＿＿＿＿在这里傻等，倒不如你去找他。

❶ 即使　　　　❷ 与其　　　　❸ 哪怕　　　　❹ 宁肯

10　送他上了火车，我＿＿＿＿＿＿回来了。

❶ 还　　　　❷ 又　　　　❸ 就　　　　❹ 那么

TEST 24

Part 6

★ 다음 중 어순에 맞게 배열한 것을 고르세요. [1-5]

1

  a 然后开始欣赏美丽的风景

  b 才爬到长城最高的地方

  c 我们爬了差不多两个半小时

❶ a – b – c   ❷ c – b – a   ❸ b – a – c   ❹ c – a – b

2

  a 所以就打车去公司了

  b 平时我骑自行车上下班

  c 可是今天起晚了

❶ b – a – c   ❷ a – b – c   ❸ c – b – a   ❹ b – c – a

3

  a 下次咱俩再比比

  b 算是我输了

  c 今天我身体不好，跑得不快

❶ c – b – a   ❷ b – c – a   ❸ b – a – c   ❹ c – a – b

4

  a 飞机昨天晚起飞了3个小时

  b 今天晚饭之前肯定到不了了

  c 因为天气的原因

❶ a – c – b   ❷ c – a – b   ❸ b – c – a   ❹ c – b – a

5

  a 我们应该主动去争取

  b 而不是被动地等待

  c 快乐是由我们所支配的

❶ a – b – c   ❷ a – c – b   ❸ c – a – b   ❹ c – b – a

★ 다음 중 틀린 문장을 고르세요. [6-10]

6 ❶ 我和朋友喝着啤酒，一边吃一边聊，很开心。

　　❷ 你不是不知道，而是假装不知道。

　　❸ 他先进来，接着小王也进来了。

　　❹ 别说他人，连他的影子都没看到。

7 ❶ 今天要不是堵车，我早就到了。

　　❷ 星期天我不是去图书馆，而是去爬山。

　　❸ 或者你去，或者他去，谁去都可以。

　　❹ 幸亏你提醒我，不然我就忘了。

8 ❶ 假如我是医生，我会治好你的病。

　　❷ 由于工作的缘故，我们经常搬家。

　　❸ 第一次去上班，可是心理压力很大。

　　❹ 这次展会，由于参加的人很多，因此开得很成功。

9 ❶ 哪怕工作再忙，也要去锻炼身体。

　　❷ 尽管这个工作很难，他还是完成了。

　　❸ 这些东西虽说便宜，可是质量太差了。

　　❹ 春天快到了，天气也更冷了。

10 ❶ 不论你们去哪儿，我们也都去。

　　❷ 只有坐飞机去，今天晚上就能到上海。

　　❸ 任你是谁，也得遵守交通规则。

　　❹ 除非你陪我去，不然我才不去呢。

TEST 25

★ 제시된 단어가 들어갈 알맞은 위치를 고르세요. [1-10]

1 你不要怪他，A 他 B 为了 C 帮助我才 D 这么说的。（是）

2 A 我们 B 要学习 C 汉语 D，而且还要学好。（不但）

3 A 你想 B 去 C 食堂 D 回宿舍？（还是）

4 A 学习外语 B 听、说、读、写 C 都很重要，D 听、说。（尤其是）

5 A 你 B 快去给她解释解释，C 她要有意见了 D。（要不）

6 A 无论 B 他来不来，C 我们六点准时出发 D。（反正）

7 记 A 住我的 B 手机号码，C 有急事 D 给我打电话。（好）

8 你最好 A 事先想好，B 做完 C 后悔 D。（以免）

9 我 A 必须努力，B 实现 C 我的理想 D。（以）

10 A 他丢了 B 书包，C 连毕业考试也 D 没参加。（以至）

★ 제시된 단어를 써서 문장을 완성하세요. [11-15]

[보기]	免得	不是	反而	宁可	不仅

11 明天他们 _____ 去故宫，就是去长城。

12 春天了，天气不但不暖和，_____ 很冷。

13 到了北京马上打电话，_____ 妈妈担心。

14 我 _____ 饿肚子，也不吃那种东西。

15 那本书 _____ 你没看过，而且我也没看过。

정답

Part 0 중국어 기본 정보

📄 TEST 01 　　　　　　　　　　　2쪽

1 ④		*2* ③
3 ②		*4* ②
5 ④		*6* ①
7 ③		*8* ④
9 ②		*10* ①

📄 TEST 02 　　　　　　　　　　　4쪽

1 ③		*2* ②
3 ③		*4* ②
5 ④		*6* ②
7 ④		*8* ②
9 ③		*10* ①
11 ④		*12* ③
13 ②		*14* ③
15 ②		

Part 1 발음과 성조

📄 TEST 03 　　　　　　　　　　　7쪽

1 ④		*2* ③
3 ②		*4* ③
5 ④		*6* ①
7 ①		*8* ③
9 ②		*10* ①

📄 TEST 04 　　　　　　　　　　　9쪽

1 ②		*2* ④
3 ②		*4* ③
5 ①		*6* ②
7 ④		*8* ②
9 ④		*10* ③

Part 2 품사

📄 TEST 05 　　　　　　　　　　　11쪽

1 ②		*2* ③
3 ④		*4* ②
5 ②		*6* ①
7 ①朵　②道　③封　④节			
⑤本　⑥块			
8 ④		*9* ④
10 ①谁　②多少　③为什么　④哪儿			
⑤什么时候　⑥怎么样			
11 ③		*12* ②
13 ④		*14* ②
15 ④		

📄 TEST 06 　　　　　　　　　　　14쪽

1 ③		*2* ①
3 ②		*4* ④
5 ①倍　②分之　③左右			
6 ①		*7* ④
8 ②		*9* ③
10 ④		
11 ①没(有)　②不　③不　④没(有)			
12 ②		*13* ①
14 ③		*15* ②

📄 TEST 07 　　　　　　　　　　　17쪽

1 ③		*2* ③
3 ④		*4* ①
5 ④		*6* ①
7 ③		*8* ④
9 ②		*10* ④
11 ②		*12* ④
13 ②		*14* B
15 A		

TEST 08   20쪽

1 ③   *2* ①

3 ④   *4* ①

5 ②   *6* C

7 B   *8* D

9 ❶到底 ❷可 ❸简直 ❹千万
    ❺难道

10 ④   *11* ③

12 ④   *13* ①

14 ③   *15* ②

TEST 09   23쪽

1 ②   *2* ③

3 ③   *4* ③

5 关于   *6* 对于

7 ③   *8* ②

9 ④   *10* ②

TEST 10   25쪽

1 ③   *2* ②

3 ④   *4* ①

5 ③   *6* ①

7 ④   *8* ④

9 ❶从 ❷自从 ❸自 ❹离

10 ③

TEST 11   27쪽

1 B   *2* C

3 ③   *4* ④

5 ②   *6* ②

7 ②   *8* ①

9 ②   *10* ③

TEST 12   29쪽

1 ①   *2* ①

3 ④

4 ❶吧 ❷呢 ❸嘛 ❹啊，啊，啊

5 ②   *6* ③

7 ①

8 ❶弟弟的眼睛大大的。
    ❷大家都高高兴兴地回家去了。

9 A   *10* ③

Part 3   문장 성분

TEST 13   31쪽

1 ①   *2* ③

3 ③   *4* ②

5 ④   *6* ①

7 ①   *8* ③

9 ②   *10* ④

TEST 14   33쪽

1 ①   *2* ④

3 ②   *4* ②

5 ③   *6* 饱

7 错   *8* 好

9 ④   *10* ②

TEST 15   35쪽

1 ④   *2* ②

3 ②   *4* ③

5 ③   *6* ②

7 ①   *8* ③

9 B   *10* A

TEST 16   37쪽

1 ③   *2* ②

3 ③   *4* ③

5 ②   *6* ①

7 ②   *8* ④

9 ③   *10* ②

정답

Part 4 문장

TEST 17 — 39쪽

1 ❸		*2* ❶	
3 ❷		*4* ❹	
5 ❸		*6* ❷	
7 ❷		*8* ❸	
9 ❷		*10* ❹	

Part 5 특수 문형

TEST 18 — 41쪽

1 ❷
2 ❶是　❷在　❸有　❹在
　　❺是　❻有

3 ❹		*4* ❸	
5 ❸		*6* ❶	
7 ❷		*8* ❷	
9 ❷		*10* ❹	

TEST 19 — 43쪽

1 C		*2* C	
3 B		*4* C	
5 ❹		*6* ❸	
7 ❸		*8* ❸	
9 ❹		*10* ❹	

TEST 20 — 45쪽

1 B		*2* A	
3 C		*4* A	
5 C		*6* ❷	
7 ❶		*8* ❷	
9 ❸		*10* ❸	

TEST 21 — 47쪽

1 ❹		*2* ❸	
3 ❹		*4* ❸	
5 B		*6* B	
7 C			

8 ❶不……不……
❷连……也
❸非……不可
❹没有……不……
❺一点儿……也

9 ❹		*10* ❸	

Part 6 복문

TEST 22 — 49쪽

1 又……又……
2 不但……而且……
3 因为……所以……
4 虽然……但是……
5 如果……那么……
6 一边……一边……
7 先……然后……
8 一……就……
9 宁可……也……
10 只要……就……
11 无论……也……
12 幸亏……不然……
13 既然……就……
14 之所以……是因为……
15 就是……也……
16 越来越
17 除非
18 却
19 为了
20 要是

TEST 23 — 51쪽

1 ❹		*2* ❶	
3 ❸		*4* ❹	
5 ❷		*6* ❸	
7 ❸		*8* ❶	
9 ❷		*10* ❸	

1 ②		*2* ④	
3 ①		*4* ②	
5 ③		*6* ①	
7 ②		*8* ③	
9 ④		*10* ②	

1 B		*2* B	
3 D		*4* D	
5 C		*6* C	
7 D		*8* B	
9 B		*10* C	
11 不是		*12* 反而	
13 免得		*14* 宁可	
15 不仅			

MEMO

语法

중국어 어법의
달인이 되는
필독 기본서

13720

외국어 전문 출판 브랜드

9 791161 480732

ISBN 979-11-6148-073-2

www.booksJRC.com

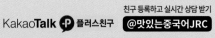